예수 호흡 기도

정원 지음

영성의 숲

서문

예수 호흡기도는 전통적으로 동방의 기독교에서 영성훈련을 위하여 많이 사용하여왔던 기도의 방법입니다만, 일반적으로는 그리 알려져 있지 않은 것 같습니다.
제가 여기에 대하여 이해가 깊거나 전문가라고 할 수는 없지만 이 기도가 주는 풍성함을 통하여 많은 유익을 누렸었기 때문에 이 기도에 대하여 정리하고 소개하는 싶은 마음이 많이 들었습니다.
예수 호흡기도는 아주 쉽고 자연스러운 기도의 방법입니다.
이 기도는 우리를 자연스럽게 주님의 가까우신 임재에로 나아가게 합니다. 아마 조금만 이 기도를 시도해보면 그 놀라운 열매들을 경험할 수 있을 것입니다.
저는 이 기도를 통하여 자신의 영이 고양되고 주님의 따뜻한 임재와 사랑을 경험하게 된 간증과 고백을 많이 들었습니다. 본인에게도 다양한 열매가 있었지만 다른 이들에게 가르쳤을 때도 놀라운 열매들을 경험했다는 이야기를 듣기도 했습니다.

예수 호흡기도 - 그것은 우리의 영을 민감하게 하며 주님의 풍성함을 맛보게 하는 것입니다.
당신도 이 기도를 시도해보십시오.
당신의 기도도 변화되기 시작할 것입니다.

2003. 1. 정원

목 차

서문

1부 예수 호흡기도에 대한 소개

1. 예수 호흡기도의 기원과 발전 · 11
2. 예수 호흡기도의 기본 요소 · 12
3. 『순례자의 길』저자의 경험과 고백 · 15
4. 기도의 중심 · 19
5. 탄식하는 기도 · 22
6. 주의 영을 마시는 기도 · 25
7. 예수 호흡기도의 경험과 열매 · 30
8. 토털 기도 · 38

2부 호흡과 영의 원리

1. 호흡은 기도입니다 · 47
2. 호흡은 생명입니다 · 49
3. 호흡, 바람, 영 · 51
4. 영의 공급과 숨을 내쉬는 것, 입의 기운 · 54
5. 주의 이름을 부르며 주의 영을 들여 마심 · 58
6. 호흡의 영을 분별해야 함 · 61
7. 호흡과 생명의 충만 · 66
8. 마시는 호흡과 내보내는 호흡 · 68
9. 호흡의 세기 · 71
10. 약한 호흡의 문제점들 · 75
11. 약한 호흡의 원인과 치유 · 79

12. 호흡의 탈진과 회복 · 83
13. 호흡을 풍성하게 하는 것 · 85
14. 운동과 호흡 · 87
15. 나쁜 기운의 배출 · 90
16. 호흡과 감정의 조절 · 96
17. 사람들과의 접촉과 호흡 · 99
18. TV의 접촉과 호흡 · 106
19. 호흡의 두 가지 측면 · 113
20. 강한 호흡과 깊은 호흡 · 116
21. 음식과 호흡 · 121
22. 사명과 호흡 · 128
23. 호흡, 영혼, 영적 기운 · 131
24. 예수 호흡기도와 주님의 임재 · 138

3부 예수 호흡기도의 방법

1. 예수를 구하는 기도 · 143
2. 주의 이름을 부르십시오 · 147
3. 반복하여 부르십시오 · 150
4. 호흡에 맞추어 기도하십시오 · 152
5. 호흡으로 주의 영을 마시십시오 · 153
6. 호흡을 마시면서 주의 영의 임하심을 기다리십시오 · 156
7. 주님을 상상하십시오 · 157
8. 짧은 단어를 사용하십시오 · 159
9. 코로 호흡하십시오 · 162
10. 호흡을 의식하십시오 · 165
11. 배출 호흡으로 가슴의 답답함을 처리하십시오 · 169
12. 충분히 호흡하십시오 · 174
13. 강한 호흡기도 · 180

14. 깊은 호흡기도 · 183
15. 정지 호흡기도 · 186
16. 배 호흡기도 · 194
17. 가슴 호흡기도 · 200
18. 머리 호흡기도 · 207
19. 성경을 마시는 호흡기도 · 213
20. 마시는 호흡의 다양한 사용 · 221
21. 즐거움을 따라 가십시오 · 225
22. 호흡기도의 현상들 · 230
23. 호흡의 균형 · 234
24. 쉬지 말고 기도하십시오 · 239

4부 예수 호흡기도의 적용

1. 적용의 기본 원리 · 244
2. 가슴이 답답할 때의 호흡기도 · 245
3. 외로울 때의 호흡기도 · 247
4. 마음이 약한 사람의 호흡기도 · 249
5. 근심과 두려움이 있을 때의 호흡기도 · 251
6. 이별을 위한 호흡기도 · 255
7. 상처의 치유를 위한 호흡기도 · 259
8. 무기력한 사람의 호흡기도 · 263
9. 성격이 급한 사람의 호흡기도 · 265
10. 말하기가 힘든 사람의 호흡기도 · 268
11. 분노가 치밀어 오를 때의 호흡기도 · 271
12. 머리가 혼미할 때의 호흡기도 · 275
13. 우유부단한 사람의 호흡기도 · 278
14. 중독에서 벗어나기 위한 호흡기도 · 282
15. 모든 풍성함을 위한 호흡기도 · 288

5부 사역자와 예수 호흡기도

1. 사역자의 호흡과 기운 · 293
2. 집회와 은혜, 호흡과 기운 · 300
3. 호흡과 소리와 기운 · 309
4. 대화와 호흡의 공급 · 315
5. 사역과 영적 분별력 · 322
6. 사역의 준비와 예수 호흡기도 · 326
7. 사역자와 배출 호흡 1) · 331
8. 사역자와 배출 호흡 2) · 338
9. 사역자와 배출 호흡 3) · 345
10. 집회 인도와 예수 호흡기도 · 348
11. 사역자의 집회 준비와 예수 호흡기도 · 354
12. 사역자의 특성과 호흡 · 362
13. 사역자의 호흡 관리 · 367

6부 예수 호흡기도 소감

1. 너무나 달콤한 느낌 -H목사- · 373
2. 영이 예민해 짐 -J권사- · 374
3. 주님의 숨결이 느껴져요 -Y자매- · 375
4. 호흡기도의 기쁨 -M집사- · 376
5. 예수 호흡기도의 비밀 -J자매- · 377
6. 예수 호흡의 행복 -H자매- · 378
7. 호흡기도 경험담 정리 -K자매- · 379
8. 호흡기도로 통증의 치유가 -O자매- · 383
9. 나의 예수 호흡기도 -H자매- · 385
10. 호흡기도로 기쁨을 얻었어요 -K집사- · 392
11. 호흡기도의 효과 -K자매- · 393

12. 호흡기도를 통한 변화들   -N집사- · 394
13. 생명의 호흡기도   -Y자매- · 396
14. 호흡기도로 음식이 절제됨   -K자매- · 398
15. 호흡기도와 내적 치유   -O자매- · 400
16. 호흡기도로 열리는 영계   -Y전도사- · 402
17. 나의 예수 호흡기도 체험기   -J자매- · 404
18. 예수 호흡기도를 통한 변화   -K집사- · 409

7부 질의 응답 및 정리

1. 단전호흡을 하는 사람도 주님을 만난 것인가? · 414
2. 코와 입, 사역의 관계에 대하여 · 422
3. 음식과 호흡의 관계에 대하여 · 426
4. 인격적인 호흡이 되려면? · 428
5. 배 호흡기도에 대하여 · 430
6. 머리 호흡기도와 후유증에 대하여 · 433
7. 성도들의 호흡기도 경험에 대하여 · 436
8. 예수 호흡기도와 충전에 대하여 · 439
9. 호흡기도를 모르는 이들은? · 441
10. 호흡기도에 대한 몇 가지 질문 · 443
11. 호흡기도의 체험과 신앙 인격과의 관계는? · 447
12. 호흡기도와 무기력 상태의 관계는? · 451
13. 충만한 영성과 예수 호흡기도 · 452

결언

1부

예수 호흡기도에 대한 소개

1. 예수 호흡기도의 기원과 발전

기도는 호흡이며 호흡과 같은 것이라는 표현은 많이 알려지고 사용되어 왔습니다. 그러나 호흡은 또한 기도이며 호흡을 통하여 기도할 수 있다는 것은 별로 알려져 있지 않을 것입니다.

이 기도는 전통적으로는 예수 기도라고 불리며 더러 심장 기도, 마음의 기도라고 불리기도 하는 동방기독교 전통의 뿌리가 깊은 기도로서 기독교 영성사에 중요한 위치를 차지하고 있으며 광범위하게 사용되어 왔습니다.
이 기도는 예수의 이름을 호흡에 맞추어서 반복하여 기도하는 것으로 여기에는 예수의 이름과 호흡의 요소가 포함되어 있습니다. 그래서 나는 이해하기 쉽도록 예수 호흡기도라는 명칭을 사용하였습니다.

이 기도는 5세기에서 8세기에 이르기까지 다양한 형태로 표현되고 발전되었고 사막에서 생활한 남녀 교부들에게서 발견되었습니다. 시내 반도의 저술가들은 예수 기도와 호흡의 리듬 사이의 관계에 대하여 언급하였는데 이것은 중세 시대에 분명해졌습니다.

중세 시대에 이 기도는 정교회 수도자들에 의해 널리 사용되었으며 19세기에 익명의 저서인『순례자의 길』로 말미암아 이 기도가 러시아에서 서방으로 전해지게 되었습니다. 그리하여 20세기에 동방과 서방에서 그 어느 때보다 많이 사용되게 되었습니다. (기독교 영성사, 105-108쪽, 브레들리 홀트, 은성출판사)

2. 예수 호흡기도의 기본 요소

이 기도의 기본 사상은 끊임없이 기도하는 것이며 예배당에서 기도나 예배를 드릴 때만이 아니라 일상의 생활을 하면서도 생활 속에서 하나님께 집중할 수 있도록 자신의 호흡이나 심장의 고동과 리듬을 맞추어 짧은 기도를 되풀이하는 것입니다.

그 기도문의 내용으로 가장 널리 알려져 있는 것은 '주 예수 그리스도시여, 나를 불쌍히 여기소서' 입니다. 비슷한 내용의 다양한 기도문이 있었으나 5세기부터 8세기에 이르러 점진적으로 발전하여 이 형태가 가장 보편적인 것이 되었습니다.

이 기도의 중요한 요소는 1. 예수의 이름을 사용하며 2. 하나님의 자비를 호소하며 3. 반복하여 되풀이하며 4. 내적으로 침묵을 지키는 것입니다. (기독교 영성사, 106쪽)

이 기도의 이러한 요소들은 성경에 근거하고 있는 것입니다.

1. 예수의 이름을 부름

하나님이 죽은 자 가운데서 살리신 나사렛 예수 그리스도의 이름으로 이 사람이 건강하게 되어 너희 앞에 섰느니라 이 예수는 너희 건축자들의 버린 돌로서 집 모퉁이의 머릿돌이 되었느니라 다른 이로써는 구원을 받을 수 없나니 천하 사람 중에 구원을 받을만한 다른 이름을 우리에게 주신 일이 없음이니라 (행4:10-12)

네가 만일 네 입으로 예수를 주로 시인하며 또 하나님께서 그를 죽은 자 가운데서 살리신 것을 네 마음에 믿으면 구원을 받으리라 사람이 마음으로 믿어 의에 이르고 입으로 시인하여 구원에 이르느니라 (롬10:9-10)

주께서 모든 사람의 주가 되사 그를 부르는 모든 사람에게 부요하시도다 (롬10:12)

누구든지 주의 이름을 부르는 자는 구원을 받으리라 (롬10:13)

이 말씀은 오직 예수 이름만이 하나님께 나아가며 구원과 은총을 받을 수 있는 길인 것을 보여줍니다. 예수 기도는 이 말씀에 근거해서 존귀한 예수의 이름을 부르면서 기도하는 것입니다.

2. 주의 자비를 간구함

하나님이여, 불쌍히 여기소서 나는 죄인이로소이다 (눅18:13)

이것은 죄인인 세리의 고백입니다. 예수님은 자기를 의롭게 여긴 바리새인의 기도는 받지 않으셨습니다. 그러나 죄인 세리가 자기의 죄인됨을 고백하며 주의 긍휼을 구하는 기도는 들으심을 얻고 의롭다함을 받았다고 가르치셨습니다.
예수 기도는 주님의 이 가르침에 근거해서 낮은 마음으로, 갈망하는 마음으로 주의 긍휼과 자비를 구하는 기도를 드리는 것입니다.

3. 쉬지 않고 기도함

쉬지 말고 기도하라 (살전5:17)

모든 기도와 간구를 하되 항상 성령 안에서 기도하고 이를 위하여 깨어 구하기를 항상 힘쓰며 (엡6:18)
이것은 교회에서 예배를 드릴 때, 급한 일이 있을 때에만 기도하는 것이 아니라 모든 삶의 순간에, 언제나 항상 기도할 것을 권하는 것입니다.

예수 기도는 이렇게 쉬지 않는 기도를 드리는 방법으로 거룩한 주의 이름을 반복하여 부르는 것과 호흡을 사용하는 것을 선택하였습니다.
사람의 마음에는 끊임없이 복잡한 상념과 생각이 떠오르기 때문에 그것을 제어하고 기도에 몰입하기 위하여 단순한 형태의 기도와 호흡을 사용하는 것입니다.

4. 생각의 침묵을 지키며 예수로 채움

그러므로 함께 하늘의 부르심을 받은 거룩한 형제들아 우리가 믿는 도리의 사도이시며 대제사장이신 예수를 깊이 생각하라 (히3:1)

이 기도는 생각의 복잡함이나 산만함에서 벗어나 마음을 예수님께 집중하는 것입니다. 어떤 문제의 해결이나 소원 성취에 마음을 두지 않고 오직 예수를 갈망하며 바라보는 것입니다.
이러한 4가지가 예수 기도의 기본적인 요소입니다. 이와 같이 예수 기도, 예수 호흡기도는 호흡에 맞추어 갈망하는 마음으로 쉬지 않고 예수를 부르며 내가 예수에게 녹아지며 사로잡히기를 구하는 것입니다.

3.『순례자의 길』저자의 경험과 고백

예수 기도가 널리 퍼지게 된 것은 19세기 후반 러시아의 한 무명 청년이 쓴『순례자의 길』(은성출판사) 이라는 책에 의해서 입니다. 이 책은『기도』,『이름 없는 순례자』등의 제목으로 여러 출판사에서 번역이 되어 나와 있습니다.

이 청년은 바울이 데살로니가전서에 기록한 "쉬지 말고 기도하라"는 말씀을 읽고 이 말씀에 사로잡히게 되었습니다. 그는 사람이 일상생활을 하면서 밥을 먹을 때나 잠잘 때나 그 모든 순간에 어떻게 쉬지 않고 기도할 수 있는지 그 방법을 구하고 찾게 되었습니다.

그는 아가서 5장 2절에 기록된 "내가 잘찌라도 마음은 깨었는데"라는 구절을 읽고 몹시 충격을 받습니다. 어떻게 그렇게 잠을 자면서도 쉬지 않고 주님을 생각하며 기도할 수 있는지 그는 답을 찾아서 순례의 길을 떠났습니다.

청년은 많은 사람들에게 답을 물었으나 답을 얻지 못하여 오랫동안 방황했습니다. 그러다가 한 스승으로부터 "주 예수 그리스도시여, 나를 불쌍히 여기소서"를 부드럽게 숨을 쉬면서 계속 반복하여 기도하는 예수 기도를 드리라는 조언을 받게 됩니다.

청년은 몹시 기뻐하며 이 기도를 하루에 삼천 번씩 드리기 시작하였습니다. 처음에는 조금 힘들었지만 차츰 이 기도의 기쁨을 경험하게 되었습니다. 조금 더 익숙해지자 다음에는 육천 번, 나중에는 하루에 만 이천 번이나 이 기도를 드리게 됩니다.

청년은 스승의 지도를 받아 예수 기도를 드리면서 점점 더 깊은 기쁨과 감격과 변화들을 경험하게 되었습니다.

"예수 그리스도께 끊임없이 기도를 드리면서 나의 영혼은 완전한 평화를 느꼈습니다. 종종 잠자는 동안에도 기도하는 꿈을 꾸었습니다. 나의 모든 생각은 저절로 고요해졌습니다. 나는 오로지 기도만 생각했고 내 정신은 기도에 귀를 기울였고 때때로 내 마음은 저절로 따뜻함과 즐거움을 느끼기 시작했습니다. 내가 혼자 사는 오두막은 마치 화려한 궁전 같았습니다." (순례자의 길, 35-36쪽, 은성출판사)

"나는 이제 어디를 가든지 이 세상 그 무엇보다 소중하고 감미로운 예수 기도를 항상 반복합니다. 어떤 때는 하루에 70킬로미터나 되는 먼 길을 걸어가면서도 걷고 있는 것을 느끼지 못할 정도입니다. 나는 그저 예수 기도를 드리고 있다는 것만을 의식합니다.

날씨가 몹시 추울 때는 더 열심히 기도하면서 몸이 따뜻해집니다. 배가 고플 때에 예수의 이름을 자주 부르면 배고픔을 잊을 수 있습니다. 병이 들거나 허리와 다리가 아플 때에도 기도에 집중하면 고통을 느끼지 못합니다.

누가 나를 괴롭혀도 "예수기도는 얼마나 달콤한가?"라고 생각하면 모든 것을 잊고 분노는 사라집니다. 이 세상의 어떤 일에도 관심을 갖지 않고 아무 것도 염려하지 않습니다. 내가 바라는 것은 오직 홀로 있으면서 쉬지 않고 기도하는 것뿐입니다. 그렇게 하면 나는 기쁨이 충만합니다. 이 기쁨은 하나님만이 아십니다. 나는 비록 마음속에서 스스로 작동하는 끊임없는 기도의 경지에 도달하지는 못하였지만 [쉬지 말고 기도하라]는 말씀의 의미를 이해한 것만으로도 하나님께 감사를 드립니다."
(순례자의 길, 37-38쪽)

청년은 이 기도의 기쁨을 경험하면서 점차 더 깊은 예수 기도의 세계를 경험하게 됩니다.

"얼마 되지 않아서 나는 예수 기도가 저절로 움직여 입에서 마음(심장)으로 이동하는 것을 느꼈습니다. 마치 내 심장이 고동에 맞추어 예수기도의 단어를 말하기 시작한 것 같았습니다. 예를 들면 심장이 한번 뛸 때는 '주', 두 번째 뛸 때는 '예수', 세 번째에는 '그리스도' 하면서 계속되었습니다. 나는 이제 입으로 기도하지 않고 내 마음이 말하는 것을 경청했습니다.

마치 내가 눈으로 심장을 들여다보는 것 같았습니다. 나는 마음속으로 가벼운 아픔 같은 것을 느꼈고 내 생각에는 예수 그리스도에 대한 사랑이 가득 찼습니다.

만일 내가 그분을 볼 수만 있다면 그의 발 앞에 엎드려 두 발을 붙잡고 부드럽게 입을 맞추며 무가치하고 죄악된 나에게 예수의 이름 안에서 큰 위로를 발견하게 해주신 그 분의 사랑과 은혜를 소유하게 된 데 대해 눈물을 흘리면서 감사드리는 모습을 상상했습니다. 게다가 은혜로운 뜨거움이 내 마음 속에 들어와서 가슴 전체로 퍼져 나갔습니다." (순례자의 길, 40쪽)

"나는 신학자 시므온이 가르친 방법으로 나의 마음(심장)을 살피기 시작했습니다. 나는 눈을 감은 채로 생각, 즉 상상 속에서 내 심장을 주시하였습니다. 나는 가슴 왼편에 있는 심장을 그려보면서 그 고동 소리를 듣기 시작하였습니다.

한 번에 30분씩 하루에 몇 차례 시행하였는데, 처음에는 단지 어둠의 감각만을 느꼈지만 곧 조금씩 내 심장을 상상하고 그 움직임을 눈여겨 볼 수 있었습니다. 게다가 호흡의 도움을 받아 시나이의 그레고리나 칼리스투스나 이그나티우스가 가르친 방식으로 예수기도를 심장 속에 넣었다 뺐다 할 수도 있게 되었습니다.

나는 숨을 들이마시면서 영으로 내 심장을 바라보면서 '주 예수 그리스도시여'라고 말하고 숨을 내쉬면서 '나를 불쌍히 여기소서'라고 말했습니다. 처음에는 한 번에 한 시간 동안 했고 다음번에는 2시간, 그 다음에는 할 수 있는 한 오랫동안 하였고 나중에는 하루 종일 하였습니다. 약 20일쯤 지났을 때 나는 심장에 고통을 느꼈고, 그리고 나서는 기분 좋은 온기와 위로와 평안을 느꼈습니다. 이에 자극을 받은 나는 예수기도에 더 많은 관심을 기울이게 되었고 온통 그것만 생각하고 더 큰 즐거움을 느끼게 되었습니다.

이때부터 때때로 나는 마음과 정신 속에 여러 가지 느낌을 가지기 시작하였습니다. 나는 때때로 마음속에서 경쾌함과 자유와 위로가 포함되어 있는 기쁨이 솟아나는 것 같은 느낌을 받았습니다.

어떤 때는 예수 그리스도와 하나님의 모든 피조물을 향한 뜨거운 사랑을 느꼈고, 어떤 때는 죄인인 나에게 자비를 베푸시는 하나님께 대한 감사의 눈물이 흘러내리기도 했습니다. 또 어떤 때는 어리석었던 나의 지성에 빛이 주어져서 지금까지는 생각도 할 수 없었던 일들을 쉽게 생각하고 이해할 수도 있었습니다.

어떤 때는 마음속에 있는 뜨거운 기쁨의 의식이 나의 존재 전체로 퍼졌고, 모든 곳에 하나님이 임재하신다는 사실을 의식하면서 깊은 감동을 받았습니다. 어떤 때는 예수의 이름을 부름으로써 천국의 기쁨에 압도되었고, '**하나님 나라는 너희 안에 있느니라**'(눅17:21)는 말씀의 의미를 알게 되었습니다." (순례자의 길, 49-50쪽)

청년은 여행을 하면서 꾸준히 이 기도를 실행하였으며 기도의 깊은 은총의 세계를 경험하게 되었습니다. 그가 처음부터 찾고 있었던 쉬지 않고 기도하며 주님과 교류하는 은혜를 그는 얻게 되었던 것입니다. 이 청년은 세상에서 아무 소유도 없고 대단한 지위도 없는 사람이었지만 그는 진정한 의미에서 성공한 사람이라고 할 수 있을 것입니다. 이 청년의 이야기는 전 세계에 퍼졌고 예수 기도를 널리 알리는데 중요한 역할을 하였습니다.

4. 기도의 중심

예수 호흡기도는 예수의 이름을 부르며 호흡을 하면서 드리는 기도입니다. 예수의 이름을 부르며 기도한다는 것은 익숙한 일이지만 호흡을 매개로 하여 기도를 드린다는 것은 익숙하지 않을 것입니다. 그러나 기도의 중심을 이해한다면 호흡으로 드리는 기도도 또한 자연스러운 것이라는 사실을 이해할 수 있을 것입니다.
기도의 중심은 무엇입니까? 기도가 다른 행위와 구별될 수 있는 중요한 요소는 무엇입니까? 그것은 기도가 인격적인 것이며 그 대상이 있다는 것입니다. 기도는 독백이 아니며 구체적인 대상과 함께 교제를 나누는 것입니다.

기도는 삼위일체 하나님과 교류하는 것입니다. 내가 혼자 하는 것이 아닙니다. 기도하는 자의 마음이 하나님이라는 분명한 대상을 향하는 것입니다. 기도의 대상이 있고 그 대상을 향한 마음이 있는 것, 이것이 기도의 중심요소입니다. 그러므로 기도는 인격적인 것이며 기계적인 것이 아닙니다. 인격적인 교류이며 방법적이고 테크닉적인 것이 아닙니다. 외적으로 보았을 때 기도하는 것 같은 자세와 행위가 있다고 해도 대상이 없거나 그 대상을 향한 마음이 없다면 그것은 기도가 아닙니다.
어떤 이가 무릎을 꿇고 있다거나 엎드려 있다거나 하는 외적으로 보기에 경건한 기도의 자세를 취하고 있다고 해도 그 사람이 기도를 하고 있다고 단언할 수는 없습니다.
그 사람은 겉으로는 기도의 자세를 가지고 있지만 속으로는 기도의 대상이 없이 혼자서 명상에 잠겨 있을 수도 있습니다. 그렇다면 그것은 기도가 아닙니다. 하나님이라는 대상이 있고 기도자의 마음이 그 대상을 향하지 않는다면 그것은 기독교의 기도가 아닙니다.

어떤 사람이 열심히 통성기도를 하고 있습니다. 그러나 그가 습관적으로 통성으로 기도할 뿐 그의 마음과 의식이 하나님을 향하지 않고 다른 곳에 있다면 그것은 진정한 의미에서 기도가 아닙니다. 그것은 중언부언과 같은 것입니다.

그의 기도는 기도의 대상은 있으나 그의 마음 중심이 기도의 대상을 향하지 않았기 때문입니다. 진정한 기도란 마음 중심이 기도의 대상을 분명하게 향하고 있어야 합니다.

그러므로 기도의 외적 행위가 있어도 그 마음의 중심이 주를 향하고 있지 않다면 그것은 기도가 아닙니다. 그러나 단순히 엎드려 있고 아무 말이 없다고 하더라도 그 마음의 중심이 주를 향하고 있다면 그것은 기도입니다.

기도의 언어가 있어도 그 마음의 중심이 주를 향하지 않는다면 그것은 기도가 아닙니다. 유창한 기도의 언어가 있다고 해도 그것은 기도가 아닙니다. 기도문을 단순히 읽고 외우기만 한다면 그것은 기도가 아닙니다. 그러나 기도문을 읽으며 그 마음이 간절하게 주를 향한다면 그것은 기도입니다.

호흡에 있어서도 이러한 기도의 원리를 적용할 수 있습니다. 어떤 사람이 호흡을 하면서 단지 자신에게 의식을 향하고 있다면 그것을 기도라고 볼 수는 없습니다. 그것은 단지 생리적인 호흡일 뿐입니다. 단지 좋은 기분을 느끼기 위하여 호흡을 훈련하고 있다면 그것은 기도가 아닙니다. 건강을 위하여 호흡을 훈련한다면 그것을 나쁘다고 할 수는 없겠지만 그러나 그것은 기도가 아닙니다.

그러나 호흡을 하면서 그의 마음이 기도의 대상인 주님을 향하고 있다면 그것은 기도입니다. 그는 호흡을 통하여 기도를 드리고 있는 것입니다. 그가 주를 부르며 토하는 호흡, 한숨, 탄식은 기도입니다.

우리는 호흡을 통하여 기도할 수 있습니다. 주를 바라보면서 숨을 들이마시고 숨을 토할 수 있습니다. 숨을 마시고 토함을 통하여 우리의 마음을 토하고 우리의 진정을 토하고 표현할 수 있습니다. 그렇게 호흡을 통하여 우리는 구체적으로 실제적으로 기도를 드릴 수 있는 것입니다.

기도가 기도되게 하는 것은 기도의 대상이며 기도의 대상을 향한 마음의 자세입니다. 그러므로 간절한 마음으로 주를 향하고 구한다면 우리는 충분히 호흡을 통해서 기도할 수 있으며 주의 은총을 입을 수 있는 것입니다.

5. 탄식하는 기도

예수 호흡기도는 호흡에 맞추어 갈망하는 마음으로 쉬지 않고 예수를 부르며 내가 예수에게 녹아지고 사로잡히기를 구하는 것입니다.

이와 같이 예수에게 집중하기 위하여 짧은 기도문과 호흡을 사용하는데, 성경에는 예수의 이름을 사용하지 않고 단순하게 호흡을 사용하여 기도하는 사례도 많이 등장합니다.

탄식하는 기도가 그 사례입니다. 탄식은 믿음이나 기도와 상관없이 일상적으로 할 수 있습니다. 사람들은 누구나 마음에 슬픔이나 근심이나 문제가 있을 때 한숨을 쉬고 탄식을 합니다. 그러나 그리스도인이 자기의 슬픔과 아픔을 가지고 하나님 앞에 나아가 그의 임재 앞에서 탄식하는 것은 곧 기도라고 할 수 있으며 기도의 한부분입니다.

호흡은 들이쉼과 내쉼으로 나뉩니다. 탄식은 내쉬는 호흡이며 숨을 토하고 내쉬는 것입니다. 그리스도인들은 누구나 하나님 앞에서 자기의 고통과 문제와 슬픔을 깊은 탄식으로 토하며 그분에게 올려 드릴 수 있습니다.

성경에는 기도와 관련되어 탄식이 언급되는 경우가 많이 있습니다. 다음은 그 대표적인 구절입니다.

이와 같이 성령도 우리의 연약함을 도우시나니 우리는 마땅히 기도할 바를 알지 못하나 오직 성령이 말할 수 없는 탄식으로 우리를 위하여 친히 간구하시느니라 (롬8:26)

말할 수 없는 탄식.. 이 표현은 많은 것을 말해줍니다. 감히 말로 표현하기 어려운 아픔과 고통이 있습니다. 그럴 때 탄식은 말이 없으면서도 많은 것들을 표현해줍니다. 어떤 때는 수많은 언어와 표현보다 말없이 흐느끼거나 단순히 한숨을 쉬는 것, 깊이 탄식하는 것으로 더 마음을 표현할 수도 있습니다.

우리 안에서 우리를 위하여 말할 수 없는 탄식으로 간구하시는 성령님의 탄식에는 우리를 위하여 안타까워하시는 그분의 깊은 애정과 사랑이 포함되어 있습니다. 탄식에는 언어가 없지만 그것은 마음의 깊은 표현이기도 합니다.

우리는 기도를 드릴 때 무엇을 어떻게 기도해야할지 알 수 없을 때가 많이 있습니다. 때로 우리를 둘러싼 문제나 두려움이 너무 크고 때로는 우리의 죄와 더러움이 너무 끔찍하여 도대체 어떻게 기도해야 할지 알 수 없습니다. 때로는 너무 많은 슬픔으로 인하여 어떻게 기도를 시작해야 할지 모를 때가 있습니다.

그 때 우리 안에 거하시는 성령님은 우리 안에서 깊은 탄식을 허락하십니다. 우리는 하나님의 임재 아래서 아무 말도 하지 못하고 그저 탄식하면서 주의 긍휼을 기다릴 수 있습니다. 그 탄식은 우리를 하나님 앞으로 나아가게 합니다. 그 탄식은 우리를 치유합니다. 우리를 회복시킵니다. 성령께서 우리 안에서 깊은 탄식을 일으키시는 것입니다.

구약에도 탄식으로 기도하거나, 기도하면서 탄식하는 모습이 많이 등장합니다.

이 탄식 소리를 귀 담아 들어 주십시오. 나의 임금님, 나의 하나님, 내가 주님께 기도를 드리니 (시5:2, 표준새번역)

주여 나의 모든 소원이 주 앞에 있사오며 나의 탄식이 주 앞에 감추이지 아니하나이다 (시38:9)

시인은 하나님 앞에서 자기의 마음과 근심과 소원을 탄식으로 올려드립니다. 때로는 많은 말과 탄원보다도 주 앞에서 한숨을 쉬고 탄식을 하는 것이 마음을 표현하는 데에 도움이 되기 때문입니다. 아무런 말이 없지만 그것은 기도입니다. 아무 말 없이 하나님 앞에서 깊은 한숨과 탄식을 쏟아붓는 것.. 그것은 아름다운 기도의 한 부분입니다. 하나님을 향하고 있다면, 하나님의 임재 앞이라면 한숨도 기도가 될 수 있습니다.

숨을 들이마시고 토하고 하는 것은 일반적으로는 그저 생리작용일 뿐입니다. 그러나 그것에 마음을 담아 하나님 앞에서 드리면 그것은 기도입니다. 주님의 이름을 부르며 갈망하며 주의 긍휼을 구하며 마음을 토하고 한숨을 토하는 것은 아름다운 기도입니다.

> 저녁과 아침과 정오에 내가 근심하여 탄식하리니 여호와께서 내 소리를 들으시리로다 (시55:17)

성경은 그러한 한숨과 탄식을 하나님이 들으시며 받아주신다고 말씀합니다. 호흡은 생각 없이 하면 그저 호흡일 뿐이지만 하나님을 향해서 드리면 기도의 한 부분이 되는 것입니다.

6. 주의 영을 마시는 기도

호흡은 들이쉬는 숨과 내쉬는 숨으로 이루어집니다. 내쉬는 숨인 한숨과 탄식을 통하여 기도하는 것에 대해서 앞 장에서 다루었습니다. 또한 들이쉬는 숨, 들이쉬는 호흡도 기도와 영에 관련되어 있음을 성경은 보여줍니다.

이날 곧 안식 후 첫날 저녁 때에 제자들이 유대인들을 두려워하여 모인 곳의 문들을 닫았더니 예수께서 오사 가운데 서서 이르시되 너희에게 평강이 있을지어다 이 말씀을 하시고 손과 옆구리를 보이시니 제자들이 주를 보고 기뻐하더라
예수께서 또 이르시되 너희에게 평강이 있을지어다 아버지께서 나를 보내신 것 같이 나도 너희를 보내노라
이 말씀을 하시고 그들을 향하사 숨을 내쉬며 이르시되 성령을 받으라
너희가 누구의 죄든지 사하면 사하여질 것이요 누구의 죄든지 그대로 두면 그대로 있으리라 하시니라 (요20:19-23)

이것은 주님께서 부활하신 후에 두려움에 떨고 있던 제자들에게 나타나신 장면입니다. 주님은 제자들에게 자신을 보여주시고 그들을 격려해주시면서 그들을 파송하시는 것, 사명에 대하여 말씀하셨습니다. 그리고는 바로 이어서 성령을 받으라고 말씀하십니다. 여기서 성령을 받으라고 말씀하실 때에 아주 인상적인 구절이 있습니다.

이 말씀을 하시고 그들을 향하사 숨을 내쉬며 이르시되 성령을 받으라 (요20:22)

주님은 제자들에게 성령을 받으라고 말씀을 하실 때에 제자들을 향하여 숨을 내쉬면서 말씀하셨습니다. 제자들을 향하여 '후우-' 하는 식으로 숨을 내쉬면서 "성령을 받으라" 하고 말씀하셨던 것입니다.
다른 번역들을 보아도 그 의미는 분명합니다.

이렇게 말씀하신 다음 예수께서는 그들에게 숨을 내쉬시며 말씀을 계속하셨다. "성령을 받아라." (요20:22 공동번역)

이 말씀을 하시고, 그들을 향해 숨을 내쉬며 말씀하셨습니다. "성령을 받아라." (요20:22 쉬운 성경)

이렇게 말씀하신 뒤에, 그들에게로 숨을 내뿜으시고 말씀하셨다. "성령을 받아라." (요20:22 표준새번역)

주님은 성령을 받으라고 말씀을 하시면서 숨을 내쉬셨습니다. 그것은 혼자의 탄식이 아니었습니다. 제자들이라는 대상을 향하여 분명하게 숨을 내뿜으신 것입니다. 이것은 제자들에게 성령을 받으라고 성령을 주시면서 취하신 행동이었습니다. 예수님은 제자들을 향하여 숨을 내쉬면서 성령을 부어주시고, 제자들은 예수님의 그 숨을 들이마시면서 성령을 받게 되었습니다. 예수님께서 제자들을 향하여 숨을 내쉰 것은 단순한 한숨이 아니라 예수님 안에 충만한 그 영을 제자들에게 공급하시는 방편이었던 것입니다.
무디와 함께 부흥운동을 일으켰던 R.A토레이 목사님의 손자로서, 한국의 예수원에서 중보기도 운동을 일으켰던 토레이 신부님이 있습니다. (영국 성공회의 신부, 한국명 대 천덕) 이 분은 성령운동과 독특한 성경 연구로 한국교회에 많은 영향을 끼쳤던 분입니다. 신앙계에서 오랫동안 연재했던 〈산골짜기에서 온 편지〉는 많은 독자들에게, 특히 젊은 층에게 깊은 인상을 주었습니다.

토레이 신부님은 이 본문 요한복음 20장 22절에 대해서 인상적인 해석을 보여주고 있습니다.

"고린도 전서 12장 13절의 [성령으로 세례를 받아 한 몸이 되었고 또 다 한 성령을 마시게 하셨느니라] 여기서 '성령을 마신다'는 것에 관해서 보기로 하겠습니다. 예수님은 내쉬시며 그들에게 성령을 불어넣어주셨습니다. 그런데 여기서 '숨을 쉬시며'(breathed upon)란 정확한 번역이라고 할 수 없습니다. 이것은 오순절에 강림하신 성령과도 일치하지 않습니다. 오히려 이것은 창세기 2장 7절에 하나님이 인간을 창조하신 날 '하나님의 영을 인간에게 불어넣으셨다'(breathed into man his own Spirit) (생기를 그 코에 불어넣으시니 창2:7)는 말씀과 일치하는 것입니다." (산골짜기에서 외치는 소리, 22-23쪽, 한국양서)

"이 말씀을 하시고 저희를 향하사 숨을 내쉬며 가라사대 성령을 받으라"
이 말은 성령이 사람의 안에 들어갔다는 말입니다. (산골짜기에서 외치는 소리, 238쪽, 한국양서)

토레이 신부님의 가르침 중에서 가장 대표적인 것은 '성령의 이중사역'에 대한 것입니다. 토레이 신부님은 성령의 사역은 이중적인 것으로서 외적인 충만함과 내적인 충만함이 있다고 하였습니다. 외적인 충만함은 권능적이고 일시적이고 은사적인 것이며 내적인 충만함은 지속적이고 열매적인 것이라고 하였습니다.
성경에는 이 두 가지 성령의 사역이 구분되어 설명되고 있으며, 신자는 성령의 외적인 충만함을 입을 때 유능하고 강력한 신자가 될 수 있고 성령의 내적인 충만함을 입을 때 사랑과 온유와 온갖 아름다운 열매를 맺는 성숙한 신자가 될 수 있다고 하였습니다.
요한복음 20장 22절에 대한 토레이 신부님의 이야기는 이 부분이 성령의 외적인 충만함이 임한 오순절 사건과 구분되는 것이며 예수님이 직접 숨을 쉬시며 나누어주신 성령을 제자들이 받아들였고 그것은 주님의 숨을 마셔서 내면에 임한 것이므로 내적인 충만함과 관련된 것이라고 한 것입니다.

예수님께서 제자들에게 숨을 내뿜으시면서 성령을 받으라고 하신 것은 숨을 들이마심을 통해서 성령을 받을 수 있다는 것을 보여줍니다. 고린도 전서 12장 13절의 말씀도 성령을 마실 수 있다는 것을 보여줍니다. 어떻게 마실 수 있을까요? 성령은 바람이고 숨이시므로 우리는 그 숨을 호흡함으로써 마실 수 있는 것입니다.

우리가 유대인이나 헬라인이나 종이나 자유인이나 다 한 성령으로 세례를 받아 한 몸이 되었고 또 다 한 성령을 마시게 하셨느니라 (고전12:13)

오순절 날이 이미 이르매 그들이 다 같이 한곳에 모였더니 홀연히 하늘로부터 급하고 강한 바람 같은 소리가 있어 그들이 앉은 온 집에 가득하며 (행2:1-2)

예수의 영과 성령은 한 영입니다. 예수님이 우리에게 부어주시는 영은 다른 영이 아니라 한 성령입니다. 우리는 예수의 영, 주의 영, 거룩한 영, 성령을 받을 수 있습니다. 믿음으로 취할 수 있습니다. 숨을 들이마심으로 취할 수 있습니다.

사람들은 생리적으로 별 생각 없이 호흡을 합니다. 습관적으로 숨을 들이마십니다. 그것은 일반적인 호흡이며 기도와 믿음과 상관이 없는 것입니다. 그러나 믿음을 가지고 주를 바라보면서 그 영을 마시는 것은 곧 기도이며 충만함을 얻는 방법입니다.

기도란 간단하게 정의하자면 나를 토하고 주님으로 채우는 것입니다. 나의 죄성과 악성을 토하고 나 자신을 토해내며 믿음으로 예수를 받아들이고 그 영으로 나를 채우는 것입니다. 바른 믿음 생활을 할수록 나는 점점 더 줄어들고 예수가, 그 예수의 영이 나를 지배하게 됩니다. 그것이 진정한 신앙생활이며 또한 진정한 기도입니다.

숨을 토하는 기도, 탄식하는 기도가 있습니다. 그것은 나를 비우는 것입니다. 예수를 바라보며 숨을 마시는 기도, 충전하는 기도가 있습니다. 그것은 나를 주의 영으로, 예수의 영으로 채우는 것입니다. 그렇게 믿음으로 마시면 그것은 기도입니다. 그 믿음의 호흡을 통해서 주님은 우리를 주의 영으로, 하나님의 성령으로 충만하게 해주십니다.

호흡은 기도입니다. 믿음으로 나를 토할 때 주님은 그것을 들으시고 받아주십니다.

믿음으로 주의 영을 마실 때 주님은 우리에게 임하십니다. 이와 같이 호흡을 통해서 우리는 자신을 비우고 주님의 영으로 충만하게 되어 변화와 승리와 풍성한 삶을 향하여 나아갈 수 있게 되는 것입니다.

할렐루야.

7. 예수 호흡기도의 경험과 열매

내가 이 책을 처음 발견한 것은 십여 년 전, 90년대 초반의 어느 헌 책방에서였습니다. 이 책은 한손에 잡히는 작은 문고판 사이즈로『이름없는 순례자』라는 제목이 붙어있었습니다.
잠시 훑어보면서 나는 이 책에 매료되었습니다. 가격은 불과 천원이었는데, 나는 이 책의 내용에 너무나 감동을 받아서 이 책방에 있었던 십여 권의 책을 다 구입해서 가까운 사람들에게 선물을 하기도 했습니다.
나는 이 기도를 시도해보기 시작했습니다. 내가 간절히 바라고 있던 것도 이 청년과 다르지 않았기 때문입니다.
나도 어떤 문제의 해결이나 개인적인 소원이나 기도의 응답을 받는 것보다 쉬지 않고 기도하며 언제나 주님의 임재 속에서, 주님과의 교제 속에서 사는 것을 갈망했었습니다.
나는 항상 다양한 기도의 훈련을 통해서 주님께 나아가는 길을 찾고 있었기 때문에 이 기도는 내게 아주 매력적인 것이었습니다.

책의 본문에 있는 내용들이 감동적이기도 했고 의아하기도 했습니다. '심장을 들여다보면서 기도한다' 는 것이 무엇인지, 호흡의 리듬 속에서 기도하는 것이 어떤 것인지, 예수 기도를 심장에 넣었다 뺐다 한다는 것이 어떤 의미인지 궁금했습니다. 안타까운 것은 이 청년은 경험이 많은 스승의 지도를 받아서 은혜의 세계에 들어가게 되었지만 나는 혼자서 이 기도를 배워야 했다는 것입니다.
책의 내용은 감동적이었지만 이 기도는 내게 쉽지 않았습니다. 어떤 때는 예수의 이름을 부르며 호흡하는 것이 몹시 감미롭고 행복하기도 했지만 또한 많은 시간들이 지루하고 따분했습니다. 반복적으로 이 기도를 하고 있다 보면 이것은 너무 기계적이고 비인격적인 기도가 아닌가 하는 생각이 들기도 했습니다. 이제 많은 시간이 지나서 내가 지금 이해하고 있는 것은 예수 기도와 같은 조용한 내적인 기도는 어느 정도 발성기도의 훈련이 전제될 때 더 풍성해진다는 것입니다.
조용한 기도는 깊고 아름다운 기도이지만 지나치면 무기력해질 수도 있습니다. 영이 깊고 예민해지지만 약해질 수도 있습니다. 또한 부르짖는 기도나 발성기도에만 너무 치중하면 영이 거칠어질 수도 있습니다. 그러므로 소리를 내어서 하는 기도, 부르짖는 기도나 발성기도, 그리고 예수 호흡기도는 서로가 상호보완적인 측면이 있는 것입니다.
이 기도를 훈련하는 초기에는 이러한 균형에 대해서 잘 몰랐고 영적으로도 둔감해서 많이 헤매기도 하였습니다.

나는 수시로 이 기도를 드렸습니다. 앉아서도 드렸고 길을 걸으면서도 드렸고 잠을 자면서도 드렸습니다. 숫자를 세면서 기도하는 것은 너무 기계적인 것 같아서 숫자는 세지 않았습니다. 이미 나는 오래 전부터 잠을 잘 때 항상 예수의 이름을 부르면서 자는 것이 습관이 되어 있었습니다. 그래서 이 예수 기도를 드리면서 잠이 들곤 했습니다.
그런데 예수 기도를 드리면서 이 기도문에 맞추어서 호흡을 하고 심장을 관찰한다는 것이 몹시 어렵다는 것을 느끼게 되었습니다.
숨을 들이마시면서 '주..', 다시 숨을 내쉬면서 '예수..', 다시 들이마시면서 '그리스도시여..' 다시 숨을 내쉬면서 '나를..' 이런 식으로 하는 것이 사실 복잡했습니다. 단어와 호흡에 신경을 쓰다보면 오히려 숨이 헝클어지고 예수님을 바라보는 것보다 마치 기계적인 수련을 하고 있는 느낌이 들기도 했습니다. 역사적으로 많은 이들이 이 기도를 익숙하게 하였지만 나에게는 좀 어려운 면이 있었습니다.

예수 기도의 변형, [예수 충만]의 기도

나는 이 기도를 실행하면서 차츰 중요한 것은 주를 바라보는 마음이지 문장이나 문구 자체가 아니라는 생각을 하게 되었습니다. '주 예수 그리스도시여, 나를 불쌍히 여기소서'라는 기도문은 원어로 '끼리에 엘레이손'인데 이것은 원어로서는 짧고 운율이 있지만 우리말로써는 호흡을 하면서 드리기에는 조금 숨이 차기도 하고 길다는 생각도 하게 되었습니다.

그래서 좀 더 짧은 단어를 선택하여 기도해보았습니다. 단순히 "예수.. 예수.. 예수.."를 부르기도 했고 "예수님으로 충만되게 하옵소서" "예수 충만.. 예수 충만.." "예수.. 할렐루야.."하고 호흡에 맞추어서 기도를 드리기도 했습니다. 단순히 "나의 하나님.. 나의 하나님.."하고 기도하기도 했습니다. 이것은 십자가에서 주님이 마지막 돌아가시면서 드렸던 기도입니다.

여러 기도의 언어를 사용하면서 내가 가장 감미롭고 풍성하게 느꼈던 것은 주님을 바라보면서 마음속으로 "예수.. 충만.." 하는 짧은 문구를 드리며 기도할 때였습니다. 나는 수천 번, 수만 번, 수십만 번이 넘게 이 문구로 기도를 드렸습니다. 그러면 점차적으로 예수의 영, 예수님의 임재가 전신을 뒤덮는 듯이 느껴지곤 했습니다.

온 몸에 황홀한 전율이 휩쓸고 가기도 했고 강렬한 임재 속에서 숨을 쉬기도 힘들 때도 있었고 기쁨과 황홀함으로 심장이 터지는 것 같은 느낌이 들기도 했습니다.

내가 분명히 느낀 것은 이러한 단순한 기도를 통해서도 주님이 역사하시고 임하신다는 것입니다. 주의 영의 임재가 얼마나 아름답고 풍성한지, 이 기도를 드린 후에 성경을 읽으면 말씀의 생명력과 은총이 너무 생생하게 살아나 온 영혼을 사로잡는 것처럼 느껴지기도 하고 찬양을 드리면 하염없는 눈물이 깊은 감동과 함께 흐르기도 했습니다.

나는 많은 시도를 하고 시행착오를 하면서 나름대로 쉽게 이 기도를 적용하게 되었습니다. 나중에는 문구 자체보다 예수님 자신에 더 집중하면서 단순한 문구로 기도하게 되었습니다.

나는 이 단순한 문구와 호흡을 사용하는 기도를 통해서 영적으로 많이 예민해지게 되었습니다. 나는 원래 생각이 많고 복잡한 편이었는데 차츰 마음과 생각이 단순해지게 되었고 조용히 예수님을 생각하는 것만으로 충만한 기쁨을 누리게 되고 주님의 아름다우심을 경험하게 되었습니다.

내가 이 책에서 언급하고 있는 예수 호흡기도는 전통적인 예수 기도와 다소 차이가 있을 것입니다. 나는 이 기도를 훈련하면서 호흡을 통하여 기도할 수 있으며 다양한 풍성함을 누릴 수 있다는 것을 알게 되었습니다. 또한 여러 영적인 원리들을 발견하게 되었습니다.

또한 호흡 자체도 하나님이 우리에게 허락하신 귀한 복인 것을 실감하게 되었습니다. 하나님은 사람에게 생기를 주셔서 호흡을 하게 하셨습니다. 그러므로 호흡은 생명과 직접적인 관련이 있는 것입니다.

나는 주를 바라보며 호흡을 적절하게 사용하여 기도를 드릴 때 주의 영으로 충만해질 수 있으며 몸과 마음의 건강과 풍성함을 경험하고 누릴 수 있으며 일상의 삶에서 부딪치는 여러 어려움들도 극복할 수 있는 것을 알게 되었습니다.

그래서 나는 전통적으로 내려오는, 다소 기계적으로 느껴지는 예수 기도보다는 개인적인 경험과 훈련을 통해서 그것을 나름대로 쉽게 드릴 수 있는 방법으로 기도를 드리게 되었습니다. 단순 반복적인 문장의 기도문보다는 단순히 예수님께 집중하고, 좀 더 쉽고 다양한 단순한 어휘를 자유롭게 사용하여 기도하게 되었습니다. 그리고 호흡도 좀 더 자연스럽게, 다양한 방법으로 사용하면서 기도를 드리게 되었습니다.

나는 이 책에서 이 기도를 설명하면서 좀 더 쉽게 기도하고 적용할 수 있도록 개인적으로 경험하고 발견한 이러한 여러 원리들과 설명을 덧붙였습니다. 그러므로 전통적인 예수기도와는 다른 면이 있습니다.

하지만 기본적인 방식에서 예수를 생각하고 예수를 부르며 호흡을 사용하여 기도한다는 원리는 동일한 것입니다. 누구든지 단순하게 이 기도를 시도해본다면 주님의 풍성하신 임재 속으로 들어가게 될 것이라고 나는 확신합니다.

나는 이 기도를 드리면서 많은 승리와 풍성함을 경험하였습니다. 놀라운 변화를 겪었습니다. 그리고 아주 많은 사람들이 이 기도를 통하여 변화와 승리와 자유를 경험하고 있습니다. 변화의 수준이나 경험의 수준은 다 다르지만 많은 이들이 주님의 가까우신 임재를 경험하였습니다. 이들의 간증과 경험을 모두 기록한다면 한권의 책으로도 부족할 것입니다.

예수 호흡기도의 열매들

예수 호흡기도에는 많이 열매들이 있습니다. 전신에 감동이나 전율, 평화로움, 황홀경이나 기쁨들을 경험하기도 합니다. 하지만 우리가 누리는 것은 단순히 그러한 신체적이고 영적인 현상만이 아닙니다. 이 기도를 실행하는 많은 사람들이 예수 그리스도를 인격적으로 가까이 누리고 경험하게 되었다고 간증을 하고 있습니다.

이 기도를 통하여 얻어지는 가장 놀라운 일은 주님을 더 사랑하게 된다는 것입니다. 그리고 영혼의 감각이 눈을 뜨게 되기 때문에 말씀을 읽고 묵상할 때 말씀을 더 선명하게 깨닫고 맛있게 먹게 된다는 것입니다. 그리고 영혼들을 사랑하게 된다는 것입니다.

또한 영의 세계에 대해서 아주 예민해지게 됩니다. 그러므로 주의 영뿐 아니라 반대되는 영들, 세상의 영들, 악령들에 대해서 민감하게 느끼게 됩니다.

어떤 이들은 예수 호흡기도가 단전호흡과 비슷한 종류의 것인 줄 압니다. 외형적으로 보면 호흡을 하는 것은 비슷해 보이기 때문입니다. 그러나 예수 호흡기도와 단전호흡은 하늘과 땅만큼 다른 것입니다.

예수 호흡기도를 통해서 주의 영이 가까이 임하시면 영적으로 예민해지고 분별력이 증가됩니다. 그래서 어둠의 영에 대해서 예민하게 느끼게 됩니다. 그러므로 뉴에이지나 단전호흡과 같은 악한 영, 미혹의 영에 대해서 아주 고통스럽게 느끼게 되는 것입니다.
예수 호흡기도를 실행하는 가운데 영이 예민해지고 많은 풍성함을 경험할 수 있지만 이것은 말씀을 대치하는 것이 아닙니다.
예수 호흡기도를 열심히 하기만 하면 저절로 말씀의 진리가 깨달아지는 것이 아닙니다. 아무리 열심히 예수 호흡기도를 해도 말씀을 읽고 묵상하지 않으면 그는 진리를 전혀 알 수 없습니다.
그러나 예수 호흡기도는 말씀의 생기를 충만하게 받아들일 수 있는 영적 위장을 확장시킵니다. 예수 호흡이 충만한 상태에서 말씀을 읽을 때 말씀의 능력과 감동과 깨달음을 얻게 되는 것입니다.

예수 호흡기도를 통해서 영적으로 분별력이 증가되기 때문에 세상의 더러운 영이나 세상의 더럽고 악한 문화에 접하게 될 때 많은 고통을 느끼게 됩니다.
보통의 그리스도인들은 영적으로 둔감하기 때문에 세상의 영을 가지고 있는 사람들의 옆에 있어도 통증을 잘 느끼지 못합니다. 그러나 영이 예민해지게 되면 TV의 소음이나 악한 프로그램, 컴퓨터의 악한 사이트나 기사 등에 의해서 많은 고통을 느끼게 됩니다.
그러므로 성결하게 자기의 영을 지키려고 노력하게 됩니다. 특히 뉴에이지의 영이나 종교다원주의의 영과 같은 것에 대해서는 더욱 심한 고통을 느끼게 됩니다.

어둠의 영에 대하여 예민해짐

몇 년 전에 이런 일이 있었습니다. 어떤 목사님과 만남을 약속하였는데, 만나기 하루 전에 멀쩡하던 머리에 갑자기 통증이 너무 심하게 일어나서 도저히 만날 수가 없었습니다. 그 목사님만 생각하면 머리가 깨어지는 것 같아서 만남이 불가능했습니다.

할 수 없이 사정을 이야기하고 약속을 취소하였습니다. 그렇게 약속을 취소하는 순간 나의 머리 통증은 깨끗이 사라졌습니다.
나는 그 목사님에게 어떤 문제가 있는지 궁금했습니다. 나는 누군가를 만나게 되면 그를 만나기 전에 상대방의 영적 상태를 느낄 수 있었습니다. 그래서 영의 상태가 좋지 않거나 문제가 있는 사람을 만나려고 약속을 하면 만나기 전부터 심한 통증을 느끼곤 했습니다.
그런데 이 목사님은 순수하고 맑고 주님께 대한 갈망이 있는 분이라고 느꼈기 때문에 왜 머리가 아픈지 이해가 가지 않았습니다.
나중에 시간이 많이 지난 후에 그 목사님을 만나게 되었고 당시의 사정을 듣게 되었습니다.
이 목사님은 당시에 종교다원주의에 깊이 물든 어떤 분과 가까이 교제하고 있었습니다. 그 분과 만나서 종교다원주의가 옳지 않다, 아니다.. 하면서 한참 논쟁을 하고 있었기에 이 목사님에게도 그와 관련된 영이 역사하고 있었던 것입니다.

나는 당시에 이 목사님이 무엇을 하고 있는지는 몰랐지만 그에게 관련된 영이 너무 흑암과 혼미함으로 가득해서 그 영과 접촉을 하는 것이 너무나 고통스러웠던 것입니다.
만약 당시에 억지로 이 목사님과 만나야했다면 나는 한참 기도로 그 영을 결박하고 승리한 후에야 만날 수 있었을 것입니다. 하지만 나는 당시에 여러 일로 바빠서 그렇게 전쟁을 하고 있을 여유가 없었습니다.
이 이야기는 종교다원주의의 영이 얼마나 악하고 무서운 영인지를 잘 보여줍니다. 일반적인 악들, 거짓말을 하고 욕심을 부리고.. 이러한 일도 악이며 이러한 악을 일으키는 것도 악한 영들이지만 종교다원주의처럼 예수 외에도 구원이 있다, 모든 종교는 다 거기서 거기이다.. 이런 가르침, 이런 생각을 일으키는 영들은 아주 지독하고 무서운 악령의 세력입니다.
예수의 영에 민감할수록, 빛으로 가득해질수록 속이는 영에 대한 분별은 예민해집니다. 주님의 임재에 대해서도 예민해지지만 마귀의 세력과 그 실체에 대해서도 선명하게 느끼게 되는 것입니다.

주님으로부터 오는 것과 마귀로부터 오는 미혹의 느낌을 감지하게 되며 인간적인 선과 예수로 인한 선의 차이를 분명하게 느끼게 됩니다. 이러한 분별력도 예수 호흡기도의 한 열매들입니다. 그러한 것을 논리적으로 이해하는 것이 아니라 온 몸으로 선명하게 느끼게 되는 것입니다.

예수 호흡기도에는 이외에도 다양하고 놀라운 삶의 열매들이 있습니다. 많은 영적인 변화와 인격적인 변화가 있으며 풍성한 삶의 변화가 있습니다.

그러한 구체적인 것들은 직접적으로 이 기도를 경험하면서 당신이 직접 누려가야 할 것입니다. 이미 많은 사람들이 이 아름다움을 맛본 것처럼 당신도 그러한 은총을 누릴 수 있게 될 것입니다.

8. 토털 기도

『순례자의 길』의 저자인 청년이 예수 기도를 시작한 동기는 어떻게 하면 쉬지 않고 기도할 수 있을까에 대하여 의문을 가지는 것에 있었습니다. 그리고 그가 발견한 해답이 단순한 예수 기도문을 호흡에 맞추어 반복해서 기도하는 것이었습니다.

복잡하거나 어렵거나 긴 문장의 기도라면 그것은 쉬지 않고 드리기가 어려울 것입니다. 기도원에 가거나 교회에 가거나 하지 않고 일상생활을 하면서 기도하기는 어려울 것입니다. 그러나 아주 짧고 단순한 문장의 기도라면 상황에 구애받지 않고 어디서나 기도할 수 있습니다.

또한 호흡으로 기도하는 것도 어디서나 할 수 있습니다. 호흡은 언제나 어디서나 살아있는 동안에는 멈추지 않기 때문입니다.

그러므로 호흡으로 기도할 수 있다면 직장에서도 집에서도 길에서나 차 안에서도 어디서도 드릴 수 있습니다. 단순히 호흡에 마음을 싣고 주님을 바라보는 것은 언제 어디서나 드릴 수 있는 기도인 것입니다. 기도원에 가지 않아도, 산에 가서 기도하지 않아도, 교회에 가지 않아도 호흡은 어디서나 할 수 있기 때문입니다.

청년은 이 기도를 사용하여 끊임없이 기도를 드렸습니다. 그가 처음부터 원했던 쉬지 않고 드리는 기도를 마침내 할 수 있었던 것입니다.

"예수 그리스도께 끊임없이 기도를 드리면서 나의 영혼은 완전한 평화를 느꼈습니다. 종종 잠자는 동안에도 기도하는 꿈을 꾸었습니다." (순례자의 길, 35쪽)

"나는 길을 가면서 기도를 계속 하였습니다... 나는 이제 어디를 가든지 이 세상 그 무엇보다 소중하고 감미로운 예수 기도를 항상 반복합니다. 어떤 때는 하루에 70킬로미터나 되는 먼 길을 걸어가면서도 걷고 있는 것을 느끼지 못할 정도입니다... 날씨가 몹시 추울 때는 더 열심히 기도하면 몸이 따뜻해집니다. 배가 고플 때에 예수의 이름을 자주 부르면 배고픔을 잊을 수 있습니다.." (순례자의 길, 36쪽)

이것이 청년 순례자의 원하는 것이었습니다. 그는 길을 걸으면서도 잠을 자면서도 배가 고플 때에도 추울 때에도 언제나 어떤 상황에서나 항상 기도를 드리면서 주를 붙들고 그의 은혜 안에 거하였습니다. 이것이 쉬지 않고 기도를 드리는 신자에게 임하는 아름다운 은총입니다.
예수의 이름을 부르며 호흡하면서 쉬지 않고 기도할 수 있다는 것은 은총입니다. 그러나 과연 이렇게 쉬지 않고 기도하는 것은 모든 신자들에게 다 가능한 것일까요? 아마 그렇지 않을 것입니다. 모든 사람들이 이 기도를 드릴 수 있는 것은 아닙니다.
그것은 기술적인 문제가 아닙니다. 어렵기 때문이 아닙니다. 예수의 이름을 부르는 것이나 믿음으로 주를 바라며 호흡을 하는 것은 어려운 일이 아닙니다.
문제는 소원입니다. 쉬지 않고 기도하고 싶다는 것, 그러한 소원이 있는 사람만이 이 기도를 드릴 수 있을 것입니다. 아무리 쉽다고 해도 자신이 흥미를 느끼지 못하는 것을, 즐거움을 느끼지 못하는 것을 계속 지속적으로 할 사람은 없을 것이기 때문입니다.
순례자의 길에서 이 청년을 지도해주었던 스승은 그를 이렇게 칭찬하며 권면하여 말했습니다.

"당신에게 예수 기도를 하려는 갈망이 나타난 것, 그리고 그처럼 능숙하게 하게 된 것에 대해 하나님께 감사하십시오. 그것은 꾸준한 노력과 영적 성취에 따르는 자연스러운 결과입니다.
당신 스스로 경험한 것처럼, 은혜의 상태 밖에 있어 정욕이 억제되지 못한 죄악된 영혼 안에서 어떤 감정이 만들어지는지 당신은 알고 있습니다. 하나님께서 기꺼이 자동적으로 작용하는 영적인 기도의 은사를 주시고 영혼에게서 모든 육욕을 씻어주시는 것은 얼마나 놀랍고 위로가 되는 일인지 모릅니다.
그것은 말로 표현할 수 없는 상태입니다. 이와 같은 기도의 신비를 발견하는 것은 세상에서 하늘나라의 축복을 미리 맛보는 것입니다. 그러한 행복은 단순히 사랑하는 마음으로 하나님을 찾는 사람들을 위해 예비된 것입니다.
이제부터는 하고 싶은 대로, 능력이 닿는 대로 자주 그 기도를 드려도 좋습니다. 깨어 있는 모든 순간 기도를 드리며 횟수를 세지 말고 예수 그리스도의 이름을 부르고 겸손히 하나님의 뜻에 복종하며 그 분의 도움을 구하십시오. 하나님은 당신을 버리지 않으시고 옳은 길로 인도해 주실 것입니다."(순례자의, 길 35쪽)

청년의 스승은 청년의 갈망과 사모함에 대하여 칭찬하였습니다. 쉬지 않고 기도하고 싶다는 청년의 갈망에 대하여 칭찬하면서 그렇게 단순하게 하나님을 사랑하고 찾는 사람들에게 하늘나라의 은총과 축복이 임하는 것임을 말하였습니다.
핵심은 바로 그것입니다. 과연 어떤 사람이 쉬지 않고 기도를 드릴 수 있을까요? 그것은 진정 주님을 갈망하고 사모하는 사람들입니다. 그러한 사람들이 쉬지 않고 기도할 수 있으며 쉬지 않고 언제 어디서나 주님의 임재 안에서 살아갈 수 있습니다.
오늘날 많은 신자들이 있지만 대부분의 신자들은 급할 때만 주님을 찾습니다. 어려울 때, 문제가 생길 때만 하나님을 구합니다.
그리고 문제가 해결되고 고통이 사라지면 그들의 마음은 곧 쉽게 주님을 떠납니다. 예배를 드릴 때는 눈을 감고, 예배 시간에 찬양을 드릴 때는 손을 들지만 집에 와서는 주님을 잊어버립니다. 직장에서 일을 할 때는 주님을 잊어버리며 기도하는 것을 잊어버립니다. 그것이 보통의 신자들입니다.
그러한 신자들은 쉬지 않고 기도할 수가 없습니다. 이들은 그것이 어렵습니다. 기도는 어려운 것이 아니지만 이들은 기도를 오래 하기 어렵습니다.

대부분의 신자들에게 있어서 기도란 지겨운 일입니다. 이들은 급하고 힘들 때에만 주님을 찾습니다. 이들은 고통이 사라지면 다시 세상의 즐거움이나 자아의 즐거움, 육적인 애정을 향하여 달려갑니다.

사사기에 등장하는 비극의 순환이 있습니다.

이스라엘 백성은 하나님 앞에서 악을 행하다가 이방 민족에게 사로잡힙니다. 이방의 노예가 되어 그들은 하나님 앞에서 울고 회개합니다.

살려만 주시면 오직 하나님을 사랑하고 섬기겠다고 그들은 울고 회개합니다. 그 때 하나님은 이들의 기도를 들어주시고 그들을 회복시켜주십니다.

하지만 고통이 사라지자 그들은 다시금 하나님을 떠나서 악을 행합니다. 그리고 다시 그들은 이방 민족의 노예가 됩니다. 다시 그들은 울고 회개합니다. 온갖 결단을 하고 이제는 정말 하나님을 따르겠으며 죄를 버리고 순종하겠다고 다짐합니다.

하나님은 다시금 그들을 불쌍히 여기시고 구원해주십니다. 그리고 그들은 곧 다시 하나님을 떠나 죄의 길에 빠집니다. 이것이 사사기에서 계속 끝없이 반복되는 악의 사이클입니다. 그리고 오늘날 주를 믿는다고 고백하는 대부분 신자들의 상태입니다. (삿2:11-23,3:7-6:10)

오늘날 많은 신자들이 급할 때만 주를 찾습니다. 편안한 때에 주께 굶주리며 갈망하는 이들은 많지 않습니다. 오늘날 많은 신자들은 주님 자신을 구하지 않으며 주님이 주시는 선물을 더 기뻐합니다. 주님이 자기를 높여주시고 이익을 주시며 즐거움과 평안함을 주시기만을 원합니다.

이러한 이들은 진정으로 주님을 사랑하는 것이 아닙니다. 이들은 주님을 사랑하는 것이 아니라 편안하고 고통 없는 삶을 사랑하며 문제와 골치 아픈 일이 없는 삶을 사랑하며 자아적인 기쁨을 사랑하며 자기 만족을 구하고 사랑합니다. 이러한 이들은 쉬지 않고 주님께 기도를 드릴 수 없습니다. 이들에게 있어서 그것은 너무나 괴로운 일이고 지겨운 일입니다. 그러므로 이들은 기도의 시간을 늘리기 위하여 시계를 보면서 기도를 오래 하려고 노력할 수는 있지만, 의무적으로 기도할 수는 있지만 기도를 즐기기는 어렵습니다. 기도의 아름다움에 빠질 수는 없습니다. 자기의 소원이 이루어지도록 오랜 시간 기도를 드릴 수는 있지만 주님의 아름다우심과 그 영광의 향취에 빠지기 위하여 쉬지 않고 기도하는 것은 이들에게 아주 어려운 일입니다.

그러나 다른 종류의 신자가 있습니다. 이들은 문제의 해결보다, 고통의 제거보다 오직 주님 자신을 사랑하며 그 사랑의 향취에 빠진 자들입니다. 주님을 조금이라도 더 알기 원하며 더 가까이 하기를 원하는 자들입니다. 이러한 사람들은 쉬지 않고 기도할 수 있습니다. 그들은 기도의 맛을, 기도의 행복을 아는 자들이기 때문입니다. 이들은 주님과 사랑에 빠진 자들입니다.

사랑에 빠진 이들은 사랑하는 애인을 생각하는 것이 고통스럽지 않습니다. 그것이 최대의 기쁨이 됩니다. 밥 먹는 것을 잊을지언정, 잠자는 것을 잊을지언정, 이들은 애인을 생각하고 그리는 것을 잊지 않습니다. 이들은 하루 종일 사랑의 대상을 생각합니다. 아무리 바빠도 사랑의 대상을 생각합니다. 무엇을 해도, 무엇을 보아도 사랑하는 자의 얼굴이 떠오릅니다. 그의 목소리가 떠오릅니다.

그에게 무슨 선물을 줄까, 어떻게 해서 그를 기쁘게 할까, 어떻게 언제 그를 만나고 대화할 수 있을까, 그들은 하루 종일 그것을 생각합니다. 그들은 사랑에 빠졌기 때문입니다.

그렇게 주님과 사랑에 빠진 신자들이 있습니다. 이들은 주님을 갈망하고 사모하는 신자들입니다. 이들은 잠시 예배 시간에만 기도를 드리는 것으로 만족하지 못합니다. 이들은 잠시도 주님을 잊지 않고 싶어 합니다. 주위에서는 이들을 광신자라고 부릅니다. 주위에서는 그들을 이해할 수 없습니다. 그러나 그들은 다른 이들의 비웃음 속에서도, 고통 속에서도 주님을 잊지 않고 싶어 합니다. 그들은 사랑에 빠졌기 때문입니다.

아가서에 등장하는 술람미 여인이 그러했습니다. 그녀는 고백했습니다. "내가 잘지라도 마음은 깨었는데 나의 사랑하는 자의 소리가 들리는구나."(아5:2)

그녀는 잠을 자면서도 그녀의 사랑하는 자를 잊을 수 없었습니다. 깨어서도 자면서도 그녀의 마음 속에는 오직 사랑하는 자에 대한 생각뿐이었습니다.

술람미 여인의 왕에 대한 사랑은 곧 신자의 주님에 대한 애정을 의미합니다. 오늘날에도 이 술람미 여인처럼 간절하게, 간절하게 주님을 사랑하고 구하고 그 임재를 갈망하는 사람들이 있습니다. 그러한 이들은 쉬지 않고 기도하는 것에 어려움을 느끼지 않습니다. 왜냐하면 이들은 기도를 통해서 가장 큰 기쁨을 느끼기 때문입니다.

그러므로 이들은 기쁠 때나 슬플 때나 아플 때나 건강할 때나 문제가 있을 때나 없을 때나 언제나 항상 기도하기를 원합니다.

그러므로 항상 기도하며 쉬지 않고 기도하는 것은 기도의 방법이나 테크닉의 문제가 아니라 얼마나 주님을 사랑하고 갈망하느냐에 달려 있는 것입니다. 그러한 이들만이 쉬지 않고 기도하는 일에 성공할 수 있습니다.

쉬지 않고 기도하는 것은 토털 기도입니다. 부분적으로 기도하는 것이 아니라 모든 상황에서, 모든 것을 통하여 기도하는 것입니다. 그것이 쉬지 않는 기도이며 토털 기도입니다.

토털 기도는 제한이 없는 기도입니다. 그것은 모든 상황에서 주를 기억하며 기도하는 것입니다. 일을 할 때도 대화를 할 때도 대화 속에서 주를 기억하며 기도하는 것입니다. 공부를 할 때도 주님께서 지혜와 힘을 주시기를 기도하는 마음으로 하는 것입니다. 그것이 쉬지 않고 기도하는 토털 기도이며 토털 신앙입니다. 삶의 일부에서 기도하고 믿는 것이 아니라 모든 상황, 모든 순간에 주를 기억하고 기도하는 것입니다.
또한 토털 기도는 모든 것으로 기도하는 것입니다.
우리의 언어가 기도가 되게 하고 우리의 모든 행동이 기도가 되게 하고 우리 마음의 묵상, 사소한 생각도 주님께 열납되기를 기도하며 우리의 숨소리도 주님께 드려지는 기도가 되게 하는 것이 쉬지 않는 기도이며 토털 기도입니다. 이와 같이 쉬지 않고 기도하며 모든 상황에서 기도하며 모든 것으로 기도하는 것이 토털 기도입니다.

예수 호흡기도란 쉬지 않는 기도이며 곧 토털 기도입니다.
모든 상황에서 주를 기억하고 주를 구하고 주를 부르며 모든 것으로 기도합니다. 살면서 기도하는 것이 아니라 기도로 사는 삶입니다.
예수 호흡기도는 쉬지 않고 기도하기 위한 방편으로 시작된 것입니다. 이것은 모든 것으로 기도하며 언어로도, 마음으로도, 호흡으로도 기도하는 토털 기도, 토털 신앙의 방편입니다.
이 기도의 중심은 오직 주를 갈망하며 사랑하는 것입니다. 그것이 이 기도의 방법이며 목적입니다.
예수 호흡기도를 충분히 드리기 위해서는 진정한 사모함이 있어야 합니다. 그리스도를 갈망해야 합니다.
단순한 호기심으로는 기도할 수 없습니다. 뭔가 신비한 것을 체험하고 사람들에게 인정을 받으며 영적으로 높은 경지로 가야지.. 하는 마음으로는 별로 유익을 경험할 수 없을 것이며 곧 이 기도에 싫증이 나게 될 것입니다. 그러나 오직 주를 갈망하며 자신을 주께 드리며 주님을 가까이 누리기 원하는 이들에게 주님은 가까이 오시며 은총을 베푸실 것입니다.

자, 이제는 당신이 이 아름다운 기도의 세계로 들어갈 차례입니다. 이제부터 이 아름다운 여행을 시작해보십시오.

예수의 이름을 부르며 호흡으로 주를 마시며 지속적으로 쉬지 말고 기도를 드리십시오. 당신도 풍성한 은총의 세계에 들어가게 될 것입니다. 이제 기도를 시작하십시오. 갈망하십시오.

주님을 알고 싶은 마음을 간절하게 일으켜달라고 구하십시오.

주의 이름을 부르며 호흡을 통하여 기도하면서 호흡가운데 주님이 임하시기를, 호흡을 통하여 내 영혼에 임하시고 만지시기를 기대하는 마음으로 시작하십시오.

주님은 당신에게서 멀리 계시지 않습니다. 갈망한다면, 사모한다면 주님은 당신에게 은총을 베푸실 것입니다. 당신이 간절하게 주를 구할 때 주님은 지금 이 순간부터 당신에게 역사하실 것입니다. 주님을 찬양하십시다. 할렐루야.

* 2부에서는 호흡과 기도, 영성, 삶에 대한 일반적인 원리에 대한 설명이 좀 더 있을 것입니다. 바로 기도로 들어가기를 원하시는 분들은 3부를 먼저 읽고 기도를 시작하셔도 됩니다. 인내하실 수 있다면 차분하게 기초적인 영적 원리에 대한 설명을 읽으셔도 좋을 것입니다.

2부

호흡과 영의 원리

1. 호흡은 기도입니다

살아있는 사람이면 누구나 다 호흡을 합니다. 성경이 흔히 '호흡이 있는 자마다'라고 말하고 있는 것은 살아있는 모든 이들을 의미하는 것입니다. 살아있다는 사실을 대표적으로 입증하는 호흡, 바로 이 호흡이 기도에 빗대어 흔히 사용됩니다.
사람들은 대부분 상징적인 의미에서 '기도는 호흡'이라는 말을 사용합니다. 우리가 호흡이 없이는 살 수 없는 것처럼 우리는 기도 없이는 살 수 없다는 의미에서 기도는 호흡이라고 말하기도 합니다.
또한 호흡이 우리 안의 불순물이 포함된 이산화탄소를 내뿜고 신선한 산소를 받아들이는 것처럼 기도는 우리 안에 있는 죄를 토하고 주님의 의를 받아들인다는 의미에서 '기도는 호흡'이라고 말하기도 합니다.
이것은 기도의 원리를 설명하는 좋은 표현입니다. 그러나 이 책에서 말하고 있는 호흡기도란 그러한 상징적인 표현이 아니라 실제로 호흡을 사용하여 기도하는 것을 의미하는 것입니다.

호흡은 실제로 기도입니다. 우리가 특별한 의식이 없이 자연적으로 하는 호흡을 기도라고 할 수는 없습니다. 그것은 그저 생리적인 호흡일 뿐입니다. 그러나 이 호흡에 기도를 담고 주님을 바라보며 하나의 은혜의 도구로서 생각하면서 호흡을 할 때 그것은 아주 실제적인 기도입니다. 그리고 이 호흡기도를 통하여 우리의 영은 예민해지고 주님의 임재와 가까우신 풍성함을 맛볼 수 있는 것입니다.
어떤 하나의 행위가 아주 평범하고 자연스러운 것일지라도 그 행위가 기도하는 자세, 주님을 의뢰하는 자세로 드려지는 것이라면 그것은 주님의 통로가 될 수 있습니다.
예를 들어 말을 하는 것은 아주 자연스러운 것입니다. 말을 하지 못하는 이는 아무도 없습니다. 그러나 그러한 언어를 주님께 드린다면 그것은 기도입니다.

또한 혀를 주님께 맡기고 지혜를 구하며 성경의 말씀을 전한다면 그것은 설교이며 영감이 충만한 하나님의 능력의 통로가 될 수 있습니다.

말을 한다는 것은 아주 자연스러운 일입니다. 그것은 전혀 초자연적인 행위라고 할 수 없습니다. 그러나 그 말을 하는 행위가 마음 자세에 따라서 주님과 교제하는 기도가 되고 복음을 전하는 통로가 될 수 있는 것입니다.

마찬가지로 호흡을 한다는 것은 평범하고 일반적인 일이며 전혀 신령하고 특이한 일이 아닙니다. 그러나 기도하는 마음으로 호흡을 할 때 이것은 기도가 되는 것이며 주님의 통로가 될 수 있는 것입니다.

어떤 이들은 기도가 아주 어려운 것이라는 인식을 가지고 있을지도 모릅니다. 또한 주님을 가까이 누리고 경험하는 것은 아주 신령하고 영적인 사람들에게나 가능한 일이라고 생각할지 모릅니다.

주님을 사모하고 추구하기는 하지만 기도를 해도 별 경험도 없고 주님이 멀리 느껴지는 분들도 있습니다. 그러나 그러한 이들이 호흡기도를 배우게 되면 아마 생각이 달라질 것입니다.

호흡기도는 아주 쉽습니다. 누구나 다 배울 수 있습니다. 그러므로 누구든지 이 호흡기도를 날마다 조금씩 시도해보게 될 때 그는 자신의 영성이 날마다 발전해 가는 것을 체험하게 될 것입니다. 점점 아름답고 향기로운 기도의 세계에 들어가게 되는 것을 느끼게 될 것입니다.

호흡은 기도입니다.

아주 아름답고 단순하면서 실제적인 기도입니다.

이 기도를 통해서 당신은 새로운 세계를 경험하게 될 것입니다.

2. 호흡은 생명입니다

여호와 하나님이 땅의 흙으로 사람을 지으시고 생기를 그 코에 불어넣으시니 사람이 생령이 된지라 (창2:7)

하나님께서는 흙으로 사람을 지으셨습니다. 그러나 그 코에 생기를 불어넣으시기 전에 사람은 생명이 없었습니다. 외형으로는 이미 사람의 모습을 가지고 있었지만 그 안에는 아직 생명이 없었고 그러므로 활동을 할 수 없었습니다.
코에 생기를 받고 호흡을 시작하게 되면서 사람은 비로소 생명을 지닌 존재로 움직이고 살아갈 수 있게 되었습니다.
이처럼 사람은 호흡을 통하여 생명을 유지하도록 만들어졌습니다. 호흡을 하지 못하면 사람은 잠시도 살아갈 수가 없습니다. 음식을 먹지 않아도 몇 십일을 살 수 있고 잠을 자지 않아도 며칠은 버틸 수 있지만 호흡을 하지 못한다면 불과 몇 분 만에 사람은 죽게 됩니다. 이처럼 호흡은 사람의 생명의 유지에 가장 중요하고 직접적인 것입니다.

호흡에는 생명의 신비가 있습니다. 우리가 호흡을 통하여 마시고 받아들이는 것에는 무엇인가 생명의 요소가 있습니다.
그 생명의 요소는 단순히 공기 중의 산소뿐일까요? 그렇지 않습니다. 단순히 물리적인 3차원의 요소를 통하여 생명이 유지되는 것은 아닙니다.
사람은 영혼과 육체로 지어졌습니다. 육체에는 육체를 채우는 음식이 필요하며 영혼에는 영혼의 양식이 필요합니다.
사람의 육체는 물질적인 것이며 그 재료를 이 땅에서 취한 것입니다.
그러나 사람의 영혼은 비물질적인 것이며 그것은 이 땅에서 온 것이 아닙니다. 그것은 하늘에서 온 것이며 하나님 자신으로부터 온 것입니다.

그것은 비 물리적이며 보이지 않고 만질 수 없으나 존재합니다. 그것은 영적인 세계와 교통하는 것입니다.

그러한 생명의 요소는 단순히 산소를 얻었다고 해서 주어지는 것이 아닙니다. 그것은 그 공기, 그 산소의 배후에 존재하는 어떤 영적인 에너지를 사람이 호흡을 통하여 취하기 때문입니다.

보이는 차원과 보이지 않는 차원이 있습니다. 만질 수 있는 차원과 만질 수 없는 차원이 있습니다. 물질계와 영계가 있습니다. 공기는 이 두 가지 차원의 접촉점입니다.

우리는 호흡을 통하여 공기를 마십니다. 공기 중의 산소를 마십니다. 그러나 또한 동시에 우리는 호흡을 통하여 영적인 세계, 하나님의 세계로부터 오는 생명의 에너지를 얻습니다. 그리고 그 생명을 얻으므로 살아갈 수 있으며 생기를 얻고 모든 풍성함을 누리게 됩니다.

호흡은 생명입니다. 호흡을 하는 것은 생명을 얻는 것입니다. 호흡은 자연적인 것이지만 또한 그것은 영적인 것이 될 수 있습니다. 그것은 단순히 산소를 얻는 것 이상입니다.

우리는 기도를 통하여, 믿음을 통하여 새로운 차원의 호흡을 하며 새로운 차원의 생명을 누릴 수 있습니다. 여태까지 해왔던 일반적인 호흡이 아닌 영적인 생기, 생명을 충만하게 마시고 얻는 호흡을 할 수 있습니다. 우리는 같은 성분의 산소를 마시며 호흡을 하기도 하고 호흡기도를 드리기도 합니다.

그 산소의 성분은 같은 것입니다. 그러나 물리적으로는 같은 공기, 같은 산소지만 우리가 기도하고 주님을 바라보며 의식하며 마시는 호흡의 기운과 생명은 전혀 다른 것입니다.

그것은 우리 안에 임하여 우리의 영적인 생명을 충만하게, 아름답게 만들 것입니다. 우리는 그 호흡을 통하여 하나님이 우리 안에 실제적으로 임재하시고 활동하시는 것을 알고 경험하게 될 것입니다.

3. 호흡, 바람, 영

바람이 임의로 불매 네가 그 소리는 들어도 어디서 와서 어디로 가는지 알지 못하나니 성령으로 난 사람도 다 그러하니라 (요3:8)

히브리 말로 '영'이라는 단어는 '루아흐'입니다. 헬라어로는 '프뉴마'라고 합니다. 그런데 이 두 가지 말의 의미는 비슷합니다. 그것은 '영' 또는 '바람' '호흡'과 같은 의미로 사용됩니다. 즉 영이라는 것은 호흡이나 바람과 같이 사용되는 것을 알 수 있습니다.
어떤 곳에서는 '성령님'을 '거룩한 숨님' 이라고 번역하기도 하였습니다. 이것도 영과 바람과의 관련을 보여줍니다.
요한복음 3장에서 주님은 니고데모에게 성령으로 거듭나는 것에 대하여 설명하시면서 바람에 대한 비유를 드셨습니다.

바람은 소리는 있지만 보이지 않습니다. 그러나 보이지는 않지만 그것은 분명한 실체이며 움직임입니다. 성령으로 거듭나는 것도 그와 같이 자연적으로 눈에 보이는 현상은 아니지만 분명한 실제입니다. 주님은 이렇게 바람을 사용하여 성령님의 임재와 역사를 설명하시는 것입니다. 그것은 바람의 성격이 성령님의 역사와 흡사한 면을 가지고 있기 때문입니다.

실제로 성령님이 강하게 임재하시는 현장에서 우리는 바람소리 같은 것을 듣기도 합니다. 사도행전 2장의 오순절 사건에도 보면 성령님의 임하심이 올 때에 하늘로부터 급하고 강한 바람 같은 소리가 있었다고 하였습니다. (행3:2) 바람은 성령님의 역사에 대한 일반적이고 자연스러운 묘사입니다.

우리는 성령님의 임재가 있을 때에 그것을 강한 바람으로 이해하고 느끼며 경험할 수 있습니다. 흔히 사용하는 말에도 '바람났다'든지, '춤바람이 났다'는 등의 표현이 있습니다.

그것은 음란한 영이나 춤의 영에 사로잡힌 것에 대한 표현입니다. 그것은 어떤 기운, 어떤 영의 역사를 의미하는 것입니다. 자기 스스로 통제할 수 없는 어떤 악한 영들, 세상의 영, 유혹의 영에 붙들린 상태를 말합니다. '바람이 났다', '바람이 불었다' 등의 표현은 신앙을 떠나서도 일반적으로 많이 사용하곤 합니다.

여기서 바람이라는 것은 어떤 영적인 힘, 또는 성향을 설명한다고 할 수 있습니다.

이 세상에는 자연적인 바람이 있습니다. 영적인 것과 상관없는 기압이나 날씨, 온도의 변화에 따라 부는 바람이 있습니다. 그러나 그러한 물리적인 바람이 아닌 영적인 기운, 세력이 포함되어 있는 바람도 있습니다.

그것은 갈릴리 바다에 임하였던 바람과 같은 것입니다. 그 때 주님은 바람을 꾸짖으셨고 바람은 잠잠하게 되었습니다. (마8:26)

이 바람이 그저 자연적인 바람이었다면 주님은 바람을 꾸짖지 않으셨을 것입니다. 살아있지 않은, 비인격적인 존재에 대하여 야단을 치는 사람은 없으니까요. 주님은 그 바람의 배후에 있는 악한 영들에 대하여 꾸짖으신 것입니다.

호흡은 바람과 같은 것입니다. 실제로 사람은 호흡을 통하여 숨을 쉬고 내쉼으로써 바람을 만들 수도 있습니다.

바람에 자연적인 바람이 있고 영적인 의미의 바람이 있는 것처럼 호흡도 자연적인 호흡이 있고 영적인 호흡이 있습니다.

일반적으로 아무 의식이 없이 그저 본능적으로 하는 호흡은 자연적인 호흡일 것입니다. 그러나 어떤 의식을 가지고 호흡을 하며 의미를 부여

할 때 호흡은 영적인 요소를 가지게 됩니다. 영적인 요소로서의 호흡은 악한 영이 역사하는 하나의 통로가 될 수도 있으며 주님의 영을 받아들이고 움직이게 하는 통로가 될 수도 있습니다.
호흡은 자연적인 것입니다.
그러나 또한 영적인 은혜의 도구가 될 수 있습니다.
이것을 이해하고 적용할 수 있다면
우리는 많은 변화를 경험하게 될 것입니다.

4. 영의 공급과 숨을 내쉬는 것, 입의 기운

앞에서 잠시 언급했지만, 주님은 부활하신 후에 제자들에게 나타나셔서 그들을 향하여 숨을 내쉬면서 제자들에게 성령을 받으라고 말씀하셨습니다. 이것은 주님이 숨을 내쉰 것과 주님의 영이신 성령을 받는 것과 밀접한 관련이 있는 것을 보여줍니다.

성령님은 오순절에 임하셨습니다. 그러나 그 이전에도 주님은 개인적으로 제자들에게 성령의 권능이 임하도록 해주셨습니다.

예수께서 그의 열두 제자를 부르사 더러운 귀신을 쫓아내며 모든 병과 모든 약한 것을 고치는 권능을 주시니라 (마10:1)

오순절 이후에는 모든 이들이 성령을 받을 수 있게 되었지만 그 전에는 소수의 사람들만이 특별한 목적을 위하여 성령을 받을 수 있었습니다. 주님께서 인간의 죄를 짊어지고 십자가에서 부활하셨기 때문에 이제 성령님은 아무 제한 없이 인간들에게 임하실 수 있게 되었습니다. 아직 공식적으로 성령님의 임하시는 오순절의 시간은 되지 않았지만 주님은 마지막으로 제자들에게 사명을 일깨우시면서 주님의 영을 부어주시기를 원하셨습니다.

그러한 영의 공급, 부어짐은 말하는 것, 숨을 내쉬는 것과 밀접한 관계가 있습니다. 주님은 숨을 내쉬고, 그리고 제자들은 그 내쉰 숨을 마시면서 그러한 영적인 공급이 이루어지게 되는 것입니다.

사람들은 잘 인식하지 못하지만 영의 공급은 이 숨을 내쉬는 것을 통하여 이루어지는 것이 일반적입니다. 사역자들은 예배를 인도하며 설교를 할 때 말을 하면서 숨을 내쉬게 됩니다. 그리고 이를 통하여 그들이 가지고 있는 영적인 에너지, 은혜를 공급하게 됩니다. 성도들은 그 숨을 느끼고 들이마시게 되는데 이 때 사역자의 영적인 상태에 따라서 가슴이 후련함을 느끼기도 하고 또는 반대로 답답함을 느끼게 되기도 합니다. 그러므로 사역자가 성령 충만한 상태에서 말씀을 전할 때 성도들은 은혜를 입게 되는 것입니다.

이러한 원리는 평소의 일상적인 삶에서 사람들을 만나고 대화할 때도 마찬가지입니다. 우리는 대화를 주고받으면서 동시에 숨을 내쉬고 주고받게 됩니다. 그리고 그 결과로 상대방과 마음을 나누게 되며 영향을 주고받게 됩니다. 상대방의 마음, 생각, 영, 기분, 느낌 등을 서로 나누게 되는 것입니다.

그것은 상대방의 영, 상대방의 기운을 상대방의 숨을 통해서 받아들이게 되기 때문입니다. 또한 상대방도 우리의 말과 우리의 숨을 통하여 우리의 마음, 생각, 영, 기분 등을 전달받게 됩니다. 그러므로 대화를 통하여, 숨을 통하여 상대방의 기운이 우리 안에 들어오고 우리의 기운이 상대방에게 들어가게 되는 것입니다.

우리가 대화를 나누며 교제를 하다보면 그 대상에 따라서, 그리고 대화의 분위기에 따라서 가슴이 답답해지기도 하고 또는 마음이 시원해지고 행복해지기도 합니다.

불평을 하거나 원망을 하는 사람의 말을 듣고 있으면 얼마 가지 않아서 가슴이 답답해집니다. 그 이유는 무엇일까요? 바로 호흡을 통해서 나오는 그 사람의 좋지 않은 영적 에너지, 좋지 않은 기운이 우리 안에 들어오기 때문입니다.

또한 어떤 사람이 아름다운 신앙 고백을 하며 주님에 대한, 영혼들에게 대한 사랑과 감사의 고백을 하는 것을 듣고 있으면 마음에 감동을 받게 되며 전율과 즐거움을 느끼게 됩니다. 그것도 그 사람이 말을 할 때 나오는 숨기운이 우리 안에 흘러들어오기 때문입니다. 그러한 숨기운은 단순한 공기와 바람이 아니며 영적인 힘이기 때문에 마이크 등을 사용하면 먼 거리에도 영향을 주게 됩니다.

어떤 사람이 말을 할 때 그것을 듣는 보통의 사람들은 대부분 말에만 주의를 기울이고 그 사람이 말을 할 때 나오는 입 기운, 숨의 기운에는 그다지 주의를 기울이지 않습니다. 그러나 말을 할 때 흘러나오는 입 기운, 숨의 기운은 듣는 이들에게 많은 영향을 끼치게 됩니다. 성경에는 입에서 나오는 기운으로 인한 능력과 힘에 대해서 여러 번 언급하고 있습니다.

내가 보건대 악을 밭 갈고 독을 뿌리는 자는 그대로 거두나니
다 하나님의 입 기운에 멸망하고 그의 콧김에 사라지느니라 (욥4:8-9)

입에서 나오는 기운, 코에서 나오는 김은 호흡과 숨에 관련된 것입니다. 그 기운에서 악인을 멸하는 능력이 나온다는 것입니다.

공의로 가난한 자를 심판하며 정직으로 세상의 겸손한 자를 판단할 것이며 그의 입의 막대기로 세상을 치며 그의 입술의 기운으로 악인을 죽일 것이며 (사11:4)

그 때에 불법한 자가 나타나리니 주 예수께서 그 입의 기운으로 그를 죽이시고 강림하여 나타나심으로 폐하시리라 (살후2:8)

이사야 11장 4절이나 데살로니가후서 2장 8절에 나오는 입 기운, 입술의 기운도 역시 숨을 의미합니다. 이것은 말씀의 능력이 입의 기운으로 나오는 것을 보여줍니다.
어떤 이들은 말을 할 때 말의 내용이 아주 좋습니다. 그러나 말에서 나오는 입의 기운은 아주 약합니다. 그것은 사람들에게 좋은 영향을 주지 못합니다. 어떤 이들은 말의 내용이 아름답습니다. 그러나 입에서 나오는 그 말의 기운은 냉랭하고 차갑습니다. 이러한 경우도 사람들은 그의 말을 들을 때 말의 내용이 잘 흡수되지 않는 것을 느끼게 될 것입니다.

반대로 어떤 이의 말은 아주 단순합니다. 그러나 그가 말할 때 나오는 숨의 기운은 아주 맑고 순수하며 아름답습니다. 그러한 경우에 그의 말은 사람들의 마음에 감동을 주고 스며들게 됩니다.

말의 내용은 중요합니다. 그러나 그 말의 내용이 실제적으로 전달이 되려면 말하는 자의 숨이 강해야하며 또한 그 숨의 기운이 그의 말과 조화되어야 합니다. 바르지 않은 영, 바르지 않은 인격, 바르지 않은 삶을 가지고 있으면 아무리 좋은 말을 해도 거기에는 생명의 흘러나옴이 없습니다.

이러한 부분에 대해서는 나중에 좀 더 다룰 것입니다. 여기서는 호흡이 내쉬는 것, 마시는 것과 영의 충전과 공급에 관련이 있다는 사실을 이해하는 것으로 충분할 것입니다.

영을 나누어주는 것, 그것은 호흡을 내쉬는 것과 연관이 있습니다.

또한 영을 받아들이는 것, 영적 충만함을 경험하는 것.. 그것은 호흡을 들이마시는 것과 관련이 있습니다.

이것을 분명히 이해하고 경험하게 될 때 우리는 주님을 경험한다는 것, 성령님의 임재와 그 역사를 경험하고 누리고 맛보는 것.. 그것이 결코 피상적이며 개념적인 것이 아니라는 것을 알게 될 것입니다.

그리고 많은 변화들을 경험하게 될 것입니다.

5. 주의 이름을 부르며 주의 영을 들여 마심

호흡으로 기도하는 것은 아주 쉽습니다. 그것은 너무나 단순한 것입니다. 마음속으로 주님을 생각하고 주를 부르면서 호흡을 들이마시는 것.. 그것은 어린 아이도 할 수 있는 것입니다.
그러나 그 단순한 행위가 일으키는 변화는 정말 놀라운 것입니다. 그것은 살아 계신 하나님을 우리의 몸과 영으로 경험하게 되는 놀라운 사건입니다.

몇 년 전 어떤 집회를 인도하면서 나는 예수의 이름을 부르고 외치는 것에 대하여 이야기했습니다. 그 왕의 이름을 소리 높여 외치고 찬양하는 것의 풍성함에 대하여 이야기하였습니다.
참석한 성도들은 모두 큰 소리로 주를 부르고 외치기 시작했습니다.
"예수.. 예수!"를 외치는 함성이 강당을 가득 메웠습니다.
즉시로 기쁨과 감격의 물결이 온 공간에 가득 차기 시작했고 사람들은 울고 쓰러지며 주님의 영광 가운데 사로잡혀 들어갔습니다.

그 장소에 있었던, 유일하게 그 집회에 대하여 적대적이었던 전도사 한 사람이 나중에 의문을 표시했습니다. 단순히 예수 이름을 외치는 것, 그렇게 간단한 방법을 통해서 쉽게 은혜가 임한다는 것이 말이 되지 않는다는 것이었습니다.
그러나 그 자리에 주님의 감동과 권능의 임재가 강력하게 나타난 것은 현실이었습니다. 당시에 모임에 참석했던 여러 사람들은 후에도 그 때의 이야기를 하면서 추억과 그리움에 잠기며 다시금 그러한 주님의 임재를 사모하는 고백을 하곤 하였습니다.
주님을 경험하고 구원을 맛보는 것은 사실 아주 간단한 것입니다. 성경

은 누구든지 주의 이름을 부르는 자는 구원을 받을 것이라고 말씀하고 있습니다. (롬10:13)

물론 주의 이름을 부른다는 것이 단순히 "예수님!" 하고 부르는 행위, 오직 그것만을 말하는 것은 아닙니다. 주님을 인격적으로 모시고 그분의 사랑과 사역을 이해하고 받아들이고 자신을 주님께 드리는, 그러한 모든 요소들을 포함하는 것입니다.

그러나 그럼에도 불구하고 그러한 간단한 표현은 우리 마음의 자세를 아주 쉽게 표현하는 도구가 됩니다. 그리고 그렇게 간단하게 우리가 주님 앞에 엎드려 주를 부를 때 우리 안에서는 놀라운 일들이 일어나기 시작합니다.

은혜의 도구들은 아주 쉽고 간단한 것입니다.

사실 기도도 아주 간단한 것입니다. 단순히 우리의 영혼이 주를 바라보는 것.. 그것이 바로 기도입니다. 하지만 그 간단한 행위가 얼마나 우리의 영혼에 충격과 지진을 일으키는지요!

호흡으로 기도를 드리는 것도 너무나 쉬운 일입니다.

우리는 호흡으로 주님을 마실 수 있습니다. 우리의 호흡을 통하여 주님의 임재가 우리 영혼, 우리 몸에 임하시고 지배하시기를 구하고 기대할 수 있습니다. 그것은 너무나 쉽습니다. 그러나 그렇게 너무나 쉽기 때문에 어떤 이들에게는 잘 믿어지지 않는 면이 있는 지도 모릅니다.

삼위일체이신 주님, 이 우주보다 크시며 세상을 창조하시고 역사의 수레바퀴를 돌리시며 우리의 삶 속에서 운행하시는 주님.. 우리는 그 광대하시고 놀라우신 주님에 대하여 막연히 알고 있기 때문에 이 단순하고 쉬운 방법을 통하여 그분이 그의 영광과 임재를 우리에게 부어주시고 함께 하신다는 것에 대하여 의아하게 여기는지도 모릅니다.

우리는 사막이나 광야에 가서 깊은 고행과 훈련을 통하여 아주 어렵게, 어렵게 깊으신 주님의 임재와 영광에 들어가는 것을 더 믿는 경향이 있는 것 같습니다.

하지만 복음은 그렇게 어렵고 힘든 것이 아닙니다. 복음이란 믿기 어려울 정도로 쉽고 자연스러우며 주님의 은총은 아무 자격이 없는 이들에게 그저 받아들이기만 하면 주어지는 것입니다.
주님과의 친밀한 교제와 임재를 추구하는 이들에게 있어서 예수 호흡기도는 마치 복음과도 같은 것입니다. 그것은 우리에게 주님의 임재와 풍성함을 아주 쉽게 가까이 경험하게 해 줍니다.

그저 단순하고 쉽게 기도하는 마음과 자세로 주를 부르며 호흡을 들이마시는 것, 그리고 그 코에 들어온 기운을 통해서 주님이 임하시고 역사하신다는 것을 믿고 받아들이는 것.. 이것을 통해서 당신은 새로운 역사를 경험할 수 있습니다. 주님은 가까우시며 당신을 만지시고 새롭게 하실 수 있다는 것을 당신은 경험하게 됩니다.
당신은 호흡으로 기도함으로써 주님의 영, 그 영을 받아 마시며 누릴 수 있습니다. 그분은 결코 우리와 멀리 떨어지셔서 만족을 느끼시는 분은 아닙니다. 아주 쉬운 방법을 통하여 우리에게 임재하시고 그분의 은총을 우리에게 주시기를 원하시는 분이십니다.

단순하게 주님을 들이 마시십시오.
그 영의 충만함과 풍성함이 당신 안에 들어오도록
기도함으로 호흡하십시오.
당신은 새로운 영역을 경험하게 될 것입니다.
그리고 당신은 변화되기 시작할 것입니다.

6. 호흡의 영을 분별해야 함

호흡은 자연적인 행위입니다. 그러나 마음 자세와 의도에 따라서는 영적인 행위가 될 수도 있습니다. 기독교는 오랫동안 이 호흡기도에 대하여 알고 있었고 많은 수도자들은 광야에서, 수도원에서 이 기도를 통하여 주님을 누리고 경험하였습니다. 그러나 지금 이 시대에 있어서 호흡기도란 그리 일반적인 기도의 방법이 아닙니다. 거의 잊혀졌다고 할 수 있습니다.
오히려 기독교 바깥의 세계에서 건강의 회복이나 정신 통일 등의 다양한 목적으로 호흡의 조절과 훈련을 시도하고 있는 형편입니다.
복식호흡은 건강을 위하여 많이 사용되는 것 같습니다. 실제로 마음의 안정이나 신체의 건강에 좋은 효과를 보았다는 보고가 많이 있습니다.
일종의 영적인 수련을 위하여 단전호흡을 하기도 합니다. 호흡훈련을 하면서 절을 하기도 하는 등 일종의 종교적인 요소를 가지고 있는 것도 있습니다.

기독교 바깥 세계의 호흡에 대한 이러한 분위기 때문에, 기독교인들 사이에서 호흡에 대한 이야기를 하면 거부감이나 두려움을 느끼는 이들도 있습니다. 반대로 영적인 현상에 대한 호기심으로 인하여 기독교 바깥의 그러한 수련 단체를 무분별하게 찾는 이들도 더러 있습니다. 이와 같은 상반된 입장에 대하여 여기서 어느 정도 정리가 필요한 것 같습니다.
호흡은 일반적이고 자연적인 호흡과 영적인 호흡의 두 가지로 나눌 수 있다고 하겠습니다.
일반적인 호흡은 우리가 평소에 습관적으로 하는 평범한 호흡을 말합니다. 건강이나 신체의 안정을 위하여 복식 호흡을 하거나 좀 더 깊은 호흡을 하는 것도 일반적인 호흡이라고 할 수 있습니다. 이러한 호흡은 생명의 유지와 건강을 위한 자연적인 행위일 뿐이며 몸의 컨디션이라든가 건강 등의 신체적인 영향을 미치는 것 이외에 어떠한 영적인 의미가 있는 것은 아닙니다.

그러나 이러한 호흡이 아닌 영적 의미를 지니는 호흡이 있습니다. 그것은 단순히 호흡을 하는 것이 아니고 호흡을 하면서 거기에 마음을 싣고 의미를 부여하면서 하는 호흡입니다.

이러한 호흡은 자연적인 것이 아닙니다. 이것은 어떤 영적인 세계를 접촉하는 것과 같습니다.

영의 세계에는 빛의 영, 천국에 속한 영만 있는 것이 아닙니다. 지옥에 속한 어두움의 영, 속이는 영들이 분명히 존재합니다. 일반적이고 자연적인 호흡을 할 때에는 이러한 영들과 상관이 없습니다. 그러나 영적인 호흡을 할 때 영들이 옵니다. 주의 영이 올 수도 있고 귀신의 영들이 올 수도 있습니다. 그것은 호흡하는 사람의 믿음이나 영적 상태에 달려 있는 것입니다.

우리가 주님을 바라보며 예배하는 자세로써 기도하는 자세로써 호흡을 한다면 그 호흡은 주님이 임재하시는 통로가 될 수 있습니다.

그러나 아직 복음을 알지 못하며 거듭나지 않은 이가 어떤 영적인 목적으로 호흡을 한다면? 예를 들어 신선이 되고 싶다든지 초능력을 행하고 싶다든지.. 하는 목적을 가지고 정신을 조절하는 도구로써 호흡을 사용한다면? 어떤 영이 오게 될까요? 어떤 일이 일어나게 될까요?

그들은 어떤 영적인 세력을 경험하게 될 것입니다. 그리고 그 영들은 어두움의 영들이며 속이는 영들입니다.

그들은 호흡을 하면서 어떠한 엑스타시를 경험할 수도 있습니다.

아주 유쾌하고 신비한 경험을 할 수도 있을 것입니다. 자신이 마치 신이 된 것 같은 기분을 느낄 수도 있을지도 모릅니다. 그러나 그들은 속이는 영들이 주는 거짓된 체험을 하고 있는 것입니다. 그러므로 복음을 모르고 거듭나지 않은 이들이 그러한 호흡을 하는 것은 아주 위험한 일이라는 것을 이해해야 합니다. 또한 믿는 자들이라고 해도 영적 세계에 대한 이해가 없이 신비한 체험에 대하여 무조건 마음을 열고 다 성령의 역사로 생각하는 것도 아주 위험한 일이라는 것을 알아야 합니다.

나는 복음을 받아들이기 전에 단전호흡이나 기 수련과 같은 훈련을 한 이들이 나중에 주님의 성령의 역사를 체험하면서 악한 영들이 쫓겨나가는 것에 대한 이야기를 더러 들은 적이 있습니다. 그 때 쫓겨나간 영들은 그들이 전에 호흡을 통하여 그러한 수련을 하고 있을 때 들어온 영들이었습니다.

악한 영들은 수련을 하고 있는 이들에게 신비한 체험을 주기도 하며 자신을 신적인 존재로 인식하도록 하고 여러 가지 미혹된 생각을 주입하기도 합니다. 그러므로 아직 복음에 대하여 알지 못하고 성경도 모르고 주님도 모르고 마귀와 영적 세계에 대하여 무지한 이들은 그러한 미혹에 대하여 아무런 대책이 없는 것입니다. 그러므로 우리는 자연적인 호흡에는 아무런 문제가 없지만, 영적인 의미를 부여하는 호흡에 대해서는 그것이 은혜의 도구가 될 수도 있는 반면 동시에 위험한 요소를 내포하고 있다는 것을 인식하고 조심해야 할 필요가 있습니다.

의식적으로 호흡을 할 때 그 사람이 하는 생각이나 마음에 따라 그와 관련된 미혹의 영들이 올 수 있습니다. 예를 들어 단군에 대하여 생각하면서 호흡을 할 때 자신을 단군으로 가장하여 속이는 영들이 올 수 있습니다. 부처나 어떤 종교적인 지도자를 생각하면서 호흡을 한다면 그를 가장하여 속이는 영들이 올 것입니다. 그들은 미혹의 영들이며 거기에 속는 이들은 비참한 대가를 치르게 될 것입니다.

나는 이방 세계에서 어떤 호흡 수련을 하는 사람이 자기의 경험을 고백하는 글을 읽은 적이 있습니다. 그는 말하기를 자기가 계속 호흡 수련을 하자 자기 배 안에 어떤 동자가 자리를 잡았다고 하였습니다. 그것은 귀신의 영입니다. 그의 경험은 자랑스러운 것이 아니라 무섭고 끔찍한 일인 것입니다.

그리스도인의 호흡기도는 전혀 다른 것입니다. 이것은 주를 구하는 기도이며 주님의 은총과 자비를 구하는 기도입니다. 이것은 도를 닦는 자세로 드리는 것이 아니라 하나님을 갈망하고 예배하는 자세로 드려야 하는 것입니다.

그렇게 사모하는 마음으로 주의 이름을 부르며 호흡기도를 드릴 때 우리는 실제적으로 주님의 영이 임하시는 것을 경험하게 됩니다. 우리는 감동을 받으며 전율을 느끼게 됩니다. 사람에 따라 다양하게 나타나는 여러 현상들을 경험하게 됩니다. 기쁨도 있고, 고통도 있으며 일시적으로 몸이 마비되는 것 같이 느껴지기도 하고 치유와 회복의 과정에서 트림이나 구역질이 나기도 하는 등 우리는 다양한 현상을 경험하게 됩니다.

이러한 다양한 현상들은 외부적으로 보기에는 이방의 세계에서 하는 호흡과 별로 차이가 없는 것으로 보일 수도 있습니다. 이방의 호흡 수련에도 비슷한 현상들이 있기 때문입니다.

그러나 외적으로 나타나는 현상이 비슷하게 보인다고 하더라도 그 배후에 있는 영의 종류는 엄청나게 다른 것입니다. 그것은 주의 영과 세상의 영과의 차이이며 빛과 어두움의 차이입니다. 그것은 진리의 영과 거짓의 영과의 차이입니다.

그 열매에 있어서도 이방의 호흡기도는 각종 악한 열매들이 일어나게 됩니다. 교만하고 강퍅해지며 기독교에 대한 반감이 증가됩니다. 피상적인 신자들은 성경이나 믿음에 대하여 회의가 일어나게 됩니다. 그러나 그리스도인들이 드리는 호흡기도의 경험은 그 영혼을 점점 더 맑고 아름답게 변화시키며 주님께 대한 사랑과 갈망이 증가되게 합니다.

호흡기도는 영적인 것입니다. 그리고 기독교 바깥의 세계에도 영들이 있고 영적인 체험이 있다는 것을 우리는 기억해야 합니다. 그러므로 호흡기도에 있어서 영의 분별은 아주 필요하고 중요합니다.

어떤 이가 거듭남의 경험이 없으며 아직 주 예수를 그의 구주와 주님으로 영접하지 않았다면 나는 그에게 이 호흡기도를 권하고 싶지 않습니다. 그가 믿음이 없으며 성경을 모른다면 그는 다양한 영적인 세계의 전쟁과 시험을 감당하지 못할 것입니다.

그러나 나는 어떤 이가 주님을 그의 구주와 주님으로 고백하며 그 자신을 주님께 드렸으며 성경을 읽고 말씀대로 살기를 원하며 주의 영으로 충만되기를 원하고 그분의 통로가 되기를 원한다면, 이 호흡기도를 통하여 그의 영혼이 깨어나고 주의 임재에 대하여 민감해질 수 있으리라고 생각합니다.

호흡기도는 영적인 통로가 될 수 있습니다. 그리고 영계에는 거룩한 영과 악한 영이 있습니다. 그러므로 여기에는 조심과 분별이 필요합니다. 그러나 기도하고 분별하며 오직 주님을 사랑하고 갈망하는 자세로 이 기도를 드린다면 주님은 그 영혼을 보호하실 것입니다. 그리고 갈망하는 자들에게 아름답고 풍성한 그의 은총과 임재를 허락하여 주실 것입니다.

7. 호흡과 생명의 충만

호흡은 생명의 행위입니다. 영적인 의미에서도 자연적인 의미에서도 호흡은 생명의 행위입니다. 그러므로 호흡이 없는 것은 죽은 것입니다.
물에 빠진 사람을 건지게 되면 가장 먼저 확인하는 것이 이 사람이 숨을 쉬고 있는가 하는 것입니다. 숨을 쉬고 있으면 그는 살아있는 것이고 만일 숨을 쉬지 않는다면 그는 생명이 위험하기 때문에 구조하는 사람은 그에게 억지로 인공호흡을 시킵니다. 구조대원의 인공호흡이 성공하여 그 사람이 스스로 호흡을 할 수 있게 된다면 그는 살아나게 되는 것입니다.
그러므로 호흡을 하는 사람은 다 살아있는 것입니다. 물론 이것은 영적 생명을 말하는 것이 아니라 자연적인 생명을 말하는 것입니다.

그런데 호흡을 하기만 하면 다 똑같은 수준으로 살아있는 것일까요? 아닙니다. 그렇지 않습니다. 모든 사람들이 호흡을 하고 있지만 그 호흡의 세기나 상태는 모두가 다 다릅니다. 그리고 그러한 호흡의 상태는 각 사람의 생명의 충만함의 정도와도 관련이 있는 것입니다.
어떤 이는 호흡이 아주 가늘고 약합니다. 그리고 어떤 이는 아주 강하고 당당한 호흡을 합니다. 어떤 이는 부드러운 호흡을 하며 어떤 이는 급한 호흡을 합니다. 이와 같이 호흡은 각 사람마다 다 다르고 특성이 있습니다. 그것은 곧 성품의 특성이며 생명의 특성이기도 합니다.
건강한 사람은 호흡도 아주 건강합니다. 그러나 몸이 아프거나 중병에 있는 사람은 호흡이 약하며 간신히 힘들게 숨을 쉽니다. 이처럼 호흡은 각 사람의 건강의 상태도 잘 보여주는 것입니다.
태어난 지 얼마 되지 않은 어린아이의 호흡을 보면 배로 호흡을 하는 것을 볼 수 있습니다. 숨을 쉬는 어린아이의 배는 볼록볼록합니다. 호흡이 배에까지 들어간다는 것은 숨을 깊이 들이마시고 있는 것입니다. 어린 아이는 숨을 배로 쉬기 때문에 소리도 배에서 나오게 됩니다. 그래서 어린 아이의 울음소리는 '응애, 응애..' 하고 배에서 소리가 나옵니다.
그러나 어린 아이의 배호흡은 그리 오래 가지 않습니다. 어린 아이는 이 세상에 살면서 여러 가지 스트레스와 억압을 겪게 되고 점차로 호흡은 깊이 들어가지 못하고 얕아져서 가슴 호흡을 하게 됩니다. 대부분의 성인들은 그처럼 얕은 가슴호흡을 합니다.

노인들은 더 호흡이 얕습니다. 그래서 호흡이 가슴까지도 이르지 못하고 어깨가 들썩거리면서 호흡을 하게 됩니다. 또한 마지막 숨이 넘어가는 사람을 보면 숨이 목구멍에서 깔딱깔딱 하다가 멈추게 됩니다.
이것을 보면 호흡의 깊이는 곧 생명의 충만함과 관련이 있는 것이며 그것은 곧 생명의 깊이라는 것입니다. 깊고 충분한 호흡은 충만하고 건강한 생명력을 보여주는 것이며 얕고 약한 호흡은 생명력이 약하고 쇠잔한 것을 보여주는 것입니다.

호흡은 결코 단순하고 기계적인 행위가 아닙니다. 그것은 우리의 생명을 충만하게 하고 풍성하게 하는 아주 중요한 행위입니다. 하나님께서는 사람의 코에 생기를 불어 넣어주셨으며 이로써 사람의 생명이 시작되도록 하셨습니다.
물론 이 생명은 거듭남과 관련된 영적 생명은 아닙니다. 자연적인 생명을 의미합니다. 하지만 이 자연적인 생명도 육체의 건강과 마음과 풍성한 삶에 많은 관련을 가지고 있습니다.
호흡은 건강과 생명과 영과 성품과 모든 것에 영향을 미치는 아주 중요한 것입니다. 우리가 이 호흡을 잘 이해하고 사용할 수 있다면 그리하여 우리의 호흡을 강하고 건강한 것으로 만들 수 있다면 우리는 이를 통하여 주님의 자연적인 은총과 함께 충만한 영성을 얻을 수 있는 기초를 쌓게 될 것입니다.

8. 마시는 호흡과 내보내는 호흡

상식적으로 알고 있는 바와 같이 호흡은 들이마시는 들숨과 내쉬는 날숨으로 나눌 수 있습니다. 넓게 본다면 호흡을 일시적으로 멈추는 정지도 호흡에 포함될 것입니다. 정지 호흡에 대해서는 뒤에서 조금 더 나누기로 하겠습니다.

사람은 바깥의 신선한 공기를 들이마시고 안에 있는 탁한 기운을 내보냄으로써 생명을 유지해갑니다. 만약 어떤 이가 호흡의 힘이 약하여 바깥의 신선한 공기를 충분히 마시지 못한다면 그는 무기력해질 것입니다. 또한 안에 있는 탁한 기운을 날숨을 통하여 충분히 내보내지 못한다면 그는 아주 답답하게 느끼게 되겠지요.

이것은 산소를 안에 받아들이고 이산화탄소를 밖에 버리는 단순한 물리적인 요소의 의미 이상의 것이 있습니다. 즉 들이마시는 호흡은 단순히 몸에 생기를 불어넣는 것 뿐 아니라 영적인 충전, 충만함과 관련이 있고 내보내는 호흡은 나쁜 것을 버리는 신체적인 정화뿐만이 아니라 영적인 정화와도 관련이 있는 것입니다.

흔히 마음이 안정되지 않을 때 깊이 심호흡을 하는 것이 좋다는 이야기를 하곤 합니다. 그것은 사람들의 오랜 경험에서 나온 것이기도 하지요. 그것은 호흡이 신체를 넘어서서 정신적이고 영적인 데에도 영향을 끼친다는 것을 보여줍니다. 어떤 이가 목소리에 힘이 없고 무기력하며 의욕이 부족하다면 그는 충전이 부족한 것이며 들이마시는 호흡이 부족한 것입니다. 그러므로 그는 충분히 호흡을 깊이 들이마시는 것이 필요합니다. 그는 지금 전체적으로 호흡, 즉 에너지가 부족한 상태이며 그러므로 몸 안의 여러 신진대사와 함께 정신적이고 영적인 흐름을 일으키는 원동력이 부족한 상태인 것입니다.

사람들은 지구에 생명을 주는 것이 물이라고 흔하게 이야기합니다. 물이 없다면 지구는 생명의 흐름을 갖지 못할 것입니다. 물의 흐름을 통하여 땅들은 윤택해지고 각종 유기물과 영양소를 전달받게 됩니다. 지구에서의 물의 위치는 인체에 있어서 혈액과 같은 것입니다. 혈액도 물과 같이 신체의 각 부분에 영양소를 공급하며 나쁜 병균과 같은 것을 퇴치하기도 하고 정화시키기도 합니다.

그러한 물의 작용보다 좀 더 근원적인 것이 바람의 작용입니다. 물이 비가 되어 땅에 내려오기 위해서는 구름이 있어야 합니다. 그리고 그 구름을 움직이는 것은 바람입니다.

바람이 구름을 움직이고 어느 한 곳에 머물러 비를 내리게 되면 그 물은 땅에 생명의 전달을 시작합니다. 그러므로 물의 움직임 이전에 바람의 흐름이 있는 것입니다. 그와 같이 인체에서 혈액의 흐름이 있기 전에 그 흐름을 일으키는 것은 바로 호흡입니다.

그 호흡의 들이마시는 힘이 부족하다면 신진대사와 각종 흐름이 부족하고 약해집니다. 그러므로 생명의 충만을 위하여 먼저 가장 중요한 것은 충분하게 숨을 들이마시는 것입니다. 그렇게 할 때 그 숨은 사람의 안에 들어와서 활발한 움직임을 일으키게 합니다.

물질과 정신은 서로 영향을 주고받고 있습니다. 마음이 더러우면 말과 행동에서 더러움이 나타나게 됩니다. 깨끗하고 아름다운 자연을 보게 되면 마음도 정화되고 후련해지는 것을 느끼게 됩니다.

그러므로 인체에 호흡이 충만하여 그 숨의 기운이 충분히 활동하며 움직이게 될 때 그것은 단순히 물리적인 생동감만은 아닙니다. 그것은 정신적이고 영적인 생기와 신선함도 같이 포함되는 것입니다.

그러므로 충분히 숨을 들이마시는 것은 신체에도 생기를 주지만 영적, 정신적인 면에도 긍정적인 영향을 주게 됩니다.

숨을 내뱉는 것은 인체의 안에 있는 각종 부패한 요소를 밖으로 내보내어 정화시키는 것입니다. 그리고 이 역시 단순히 물리적인 정화뿐만이 아니라 정신적, 영적인 정화를 포함하는 것입니다. 어떤 이가 만일 내보내는 날숨의 힘이 약하다면 그는 몸 안에 있는 탁한 요소가 잘 배출이 되지 않기 때문에 자주 몸이 무겁고 답답하게 느낄 것입니다. 또한 정서적으로도 각종 근심이나 두려움, 낙담, 분노 등의 부정적인 감정들이 정화되지 않은 상태로 남아 있게 될 것입니다.

그러한 부정적인 에너지는 계속 쌓이게 되면 나중에는 각종 질병으로 나타나게 될 것입니다.

그러므로 가슴이 답답하고 묵직한 느낌이 있는 사람, 자신의 속에 무엇인가 불편한 부분이 있다고 느껴지는 이들은 밖으로 내보내는 호흡에 좀 더 주의를 기울여야 합니다.

그러한 이들은 숨을 밖으로 내보내는 탄식하는 기도를 드려야 합니다. 하나님 앞에서 한숨을 쉬며 탄식하는 기도는 고통이나 두려움, 슬픔 등의 어두운 마음을 호흡을 통하여 내보내는 것입니다. 그것은 몸과 마음을 정화시키게 됩니다.

호흡은 들이마심과 내보냄으로 이루어집니다.
영적 측면에서 보았을 때 들이마심은 생명의 충전을 위한 것이며 내보냄은 부정적인 에너지의 배출을 위한 것입니다.

그러므로 호흡의 충분한 마심과 배출은 우리의 영적, 정신적, 신체적 충만함과 정화에 매우 중요한 것입니다. 그것은 우리를 강건하게 하며 맑아지게 합니다. 우리가 이에 대하여 충분히 이해하고 경험하게 될 때 우리는 좀 더 많은 영적 실제와 자유함을 누리게 될 것입니다.

9. 호흡의 세기

충분하고 강한 호흡은 그 사람의 신체, 정신, 영을 강하고 충만하게 합니다. 그러나 호흡이 약한 사람은 신체, 정신, 영이 무기력합니다.
자, 어떤 사람이 있습니다. 그는 매사에 자신감이 없습니다. 그는 대인관계에서 그리 당당하지 못합니다. 그리고 항상 상대에게 끌려 다닙니다.
그의 말투와 발음은 정확하지 못합니다. 그는 주눅이 들어서 자신 없이 간신히 입을 열어 우물거리며 이야기합니다. 그의 문제는 무엇일까요? 이런 사람들은 거의 대부분 호흡이 아주 약한 사람입니다.
그는 다른 사람과 이야기를 할 때에 상대방을 제압하거나 이끌지 못합니다. 오히려 이끌림을 당하고 제압되는 편입니다.
그는 상대방이 무엇인가를 요구할 때 별로 하고 싶지 않아도 잘 거절하지 못합니다. 상대방에게 무엇인가를 요구를 해야 하는 상황이 있을 때도 그는 잘 하지 못합니다.
기껏 용기를 내어서 간신히 이야기를 한다고 해도 그는 자신의 입에서 나오는 언어가 상대방에게 흡수되지 않고 튀어나오는 듯이 느낍니다. 반대로 상대방의 이야기에는 자신이 쉽게 빨려 들어가는 것 같습니다.

이런 사람을 귀가 얇은 사람이라고 흔히 이야기하지요. 그렇게 대인관계에서 수동적인 입장이 되기 때문에 그는 점차로 사람들과의 관계를 기피하게 되고 자신감을 점점 더 잃게 됩니다.
그는 자신이 싫어하는 상대방의 요구를 잘 거절하지 못하기 때문에 그러한 자신의 유약한 모습에 대하여 화가 나게 됩니다. 그는 하루의 삶을 마치고 혼자가 되었을 때 다시는 그렇게 다른 사람에게 끌려 다니지 않겠다고 결단을 하지만 그것은 아무 소용이 없는 일입니다. 그가 다른 사람을 만나고 이야기를 시작하면 역시 그는 또다시 끌려 다니기 시작하기 때문입니다.

반대로 어떤 사람은 말을 잘 합니다. 그는 항상 모든 모임에서 주도적인 역할을 하며 사람들을 끌어당깁니다. 그의 말에는 힘이 있으며 그리 대단한 내용의 이야기가 아니더라도 사람들은 그의 언어에 끌려갑니다. 부흥회에서 메시지를 전하는 부흥사들을 보면 그들이 전하는 메시지의 내용이 그리 깊고 진리적인 것이 아니더라도 그들이 메시지를 전할 때 강한 파워가 느껴지는 것이 보통입니다. 지성적인 사역자들은 그러한 부흥사들의 천박함과 단순함에 대하여 비난을 하기도 하지만 그들이 메시지의 전달에 있어서 자신들이 가지고 있지 않은 어떤 힘이 있다는 사실을 부정하지는 못합니다.

자, 그 차이는 어디에 있는 것일까요? 활발하고 강력한 힘이 나오는 언어와 메시지를 가지고 있는 사람, 반대로 힘이 없고 무기력한 메시지와 언어를 가지고 있는 사람.. 그들의 차이는 어디에서 기인하는 것일까요? 만약 그 원인을 알 수 있다면 무기력하고 소극적인 사람들은 쉽게 자신의 약점을 고치고 대인관계에서나 일상의 삶에 있어서 훨씬 더 자유롭고 풍성한 삶을 살 수 있을 것입니다.

물론 그러한 연약함의 문제가 단순히 호흡 하나만의 문제는 아닐 것입니다. 그러나 그러한 연약함과 호흡과의 관계는 아주 중요한 것입니다. 그렇게 마음이 약한 사람은 다른 문제도 있겠지만 기본적으로 너무나 약한 호흡을 가지고 있습니다. 그러므로 그는 자신의 호흡을 바꾸어야 합니다. 그가 자신의 약한 호흡을 바꾸지 않는다면 그는 평생을 사람들에게 시달리며 살게 될 것입니다.

이러한 유약한 사람이 그리스도인이라면 그를 통해서 전도의 열매가 맺어지는 것은 거의 어려울 것입니다. 그는 자신보다 더 마음이 약한 사람을 만나지 않는 한 상대의 영혼을 사로잡고 주님께로 이끄는 것을 엄두도 내지 못할 것입니다.

호흡이 약한 사람이 다른 사람을 만나게 될 때 상대방에게 영향을 끼치지 못하고 영향을 받게 되는 이유는 무엇일까요? 그러한 눌림의 이유는 무엇일까요?

그 원리를 간단한 예를 통하여 설명할 수 있습니다. 두 대의 선풍기가 있습니다. 그 두 대의 선풍기를 서로 마주보게 합니다. 그리고 스위치를 누릅니다. 한 대는 '강'으로 스위치를 누르고 다른 한 대는 '약'으로 스위치를 누릅니다. 그러면 선풍기는 바람을 보내며 서로에게 영향을 주게 됩니다.

이 때 다른 선풍기에게 좀 더 강한 영향을 주는 선풍기는 어떤 것일까요? 당연히 '강'으로 바람의 세기가 맞추어진 선풍기입니다. 동시에 두 바람이 서로를 향할 때 약한 바람은 강한 바람의 힘에 눌려서 바깥으로 나오지 못하게 되지요.

이것은 호흡의 힘과 대인관계, 언어의 관계를 잘 보여줍니다. 사람이 말을 하며 호흡을 할 때, 그 사람의 언어의 힘과 영향력은 선풍기의 바람처럼 호흡의 세기와 밀접하게 관련이 되어있기 때문입니다.

어떤 이는 호흡이 아주 약합니다. 따라서 말도 아주 힘이 없으며 목소리도 모기처럼 기어드는 소리로 말합니다.

이것은 선풍기의 바람세기가 '약'으로 켜져 있는 것과 같습니다. 그들의 이야기를 들으려면 신경을 집중해서 들어야 합니다. 그러나 세상에 남의 이야기를 그렇게 열심히 지성으로 들으려고 하는 사람은 별로 없습니다. 그것은 상대방을 아주 답답하게 만들지요. 그러므로 이러한 약한 언어, 약한 바람은 상대방의 안에까지 들어가지 못합니다. 상대방에게 깊은 영향을 주지 못하게 되는 것입니다.

반면에 어떤 사람의 호흡, 언어는 선풍기의 '강'에 맞추어져 있는 사람과 같습니다. 그러므로 그들이 호흡하고 말할 때 강한 바람, 기운이 그것을 듣는 사람의 속에 들어갑니다. 그리고 그것은 그 내용과 상관없이 듣는 이들의 속에까지 어떠한 영향을 미치게 됩니다. 그러므로 이러한 호흡의 힘, 바람과 기운의 차이는 상대방에 대한 영향력의 차이가 되는 것이며 곧 언어의 파워와 같은 면이 있는 것입니다. 그렇기 때문에 호흡의 힘이 약한 사람은 항상 억지로 말을 하는 것처럼 힘들게 말하며 설사 많이 말을 한다하더라도 다른 사람들에게 미미한 영향을 줄 뿐입니다.

이것은 아주 단순한 사실입니다. 물론 이것만으로 충분한 것은 아닙니다. 호흡의 세기, 바람의 세기는 단순히 하나의 능력, 힘에 관한 것이며 그 기운이 세다고 해서 그 바람이나 호흡의 기운이 아름답고 좋아지는 것은 아닙니다. 그것은 호흡, 바람, 기운, 영의 성격에 대한 문제입니다. 그 부분은 다른 기도와 훈련이 필요합니다.
그러나 일단 중요한 것은 이것입니다. 일단 호흡은 강해야 합니다. 충분하고 깊어야 합니다. 그래서 그 호흡의 기운, 그 바람이 자신의 안에 충만하다면 그는 말을 하는 것에 자신감을 얻게 됩니다. 그리고 그 힘으로 자신의 의지와 마음을 컨트롤 할 수 있으며 다른 이들에게도 끌려가지 않고 독립적인 삶을 살 수 있게 됩니다.

지금은 이것을 기억하십시오. 호흡은 강하고 깊어야 합니다. 그리고 충분해야 합니다. 당신이 호흡을 충분히 들이마시는 것을 배우고 훈련한다면 당신은 강해질 수 있습니다. 그리고 자유롭게 될 수 있습니다.
주님을 부르며, 그분을 의식하면서 호흡을 충분히 들이마실 때 당신은 이 우주 안에 가득한 하나님의 은혜와 생명을 당신 안에 받아들이며 맛보고 경험하게 됩니다.
그리고 그것은 당신의 성분을 바꾸게 될 것입니다. 당신은 곧 자신감을 얻게 되며 당신이 이제까지 가지고 있었던 많은 묶임과 눌림에서 벗어날 수 있게 될 것입니다.

10. 약한 호흡의 문제점들

앞에서도 이야기한 것처럼 호흡이 약한 사람은 언어도 시원치 않고 우물거립니다. 그의 말은 듣는 사람을 답답하게 합니다.
반면에 호흡이 충만한 사람이 말을 하면 듣는 사람이 신이 나고 힘을 얻게 됩니다. 그러니 호흡이 강한 사람은 다른 이들에게 인기를 얻으며 호흡이 약한 사람은 구박을 받거나 무시를 당하게 됩니다.
호흡은 그의 안에서 움직이는 생명의 흐름인데 호흡이 약한 사람은 그 흐름이 약하니 그 안에서 밖으로 분출되는 힘도 약해지는 것입니다.

호흡이 약한 사람의 문제는 그것만이 아닙니다. 호흡이 약한 사람은 모든 면에서 약합니다.
호흡은 곧 에너지이며 생기이며 기운인데 그것이 딸리니 각종 부작용이 생길 수밖에 없는 것입니다.
그는 에너지가 모자랍니다. 그러므로 영적으로, 정신적으로도 그는 독립적이 되기 어렵습니다. 그는 항상 뭔가 부족감을 느끼고 그 자신을 채워줄 대상을 찾게 됩니다.
이런 사람은 에너지가 모자라기 때문에 바깥의 각종 에너지들이 그의 안에 들어오게 됩니다. 그러므로 그는 무엇에나 쉽게 잘 빠지며 바깥의 영향을 많이 받게 됩니다. 그는 안이 비어있는 상태이므로 무엇이든 그의 안으로 다른 것이 쉽게 들어오기 때문입니다.
배가 부른 사람은 각종 음식을 보고도 별로 끌리지 않을 것입니다. 그러나 배고픈 사람은 눈에 보이는 모든 음식이 먹음직스러우며 끌리게 될 것입니다. 그것이 바로 호흡, 즉 에너지가 모자란 사람의 상태입니다. 그는 항상 내적으로 주리고 공허하며 배고픈 상태인 것입니다. 그러므로 그는 각종 중독에 쉽게 빠지게 됩니다.

중독이란 어떤 에너지, 어떤 기운이 그의 안에 자리를 잡은 것입니다. 일단 어떤 기운이 그 안에 자리를 잡게 되면 그 기운은 그 사람을 지배하게 됩니다. 그것은 술 중독이나 담배 중독이나 쇼핑 중독이나 연애 중독이나 다 마찬가지입니다.

그 기운은 그 사람의 의지와 상관없이 계속 그 기운을 흡수하려고 합니다. 담배의 기운은 계속 담배를 요구하며 쇼핑의 기운은 계속 쇼핑을 요구하는 것입니다.

이 사람은 자유를 얻으려고 애쓰지만 호흡이 약하고 기운이 없고 의지가 약하기 때문에 오랫동안 자기 속에서 움직이는 그 기운의 노예가 되어서 비참한 삶을 살게 됩니다.

흔히 '기가 약하다'는 말을 듣는 사람이 있습니다.

몇 명의 사람들과 대화를 할 때는 비교적 자연스럽게 자신의 생각을 표현하고 대화를 나눌 수 있지만 많은 대중 앞에 나가면 기가 눌려서 소리도 내지 못합니다.

많은 사람들의 앞에서 발표를 하거나 하는 것을 아주 어려워합니다. 이런 사람은 학생 시절에 선생님으로부터 어떤 질문을 받으면 가슴이 너무나 뛰어서 말도 제대로 하지 못합니다.

이런 현상은 왜 나타나는 것일까요? 기운이 약하기 때문입니다. 이 역시 호흡이 약한 사람들의 특징인 것입니다.

대화는 호흡을 서로 나누는 것입니다. 말을 하는 것은 자신의 안에 있는 에너지를 상대방에게 공급하는 것입니다. 말을 할 때 호흡이 바깥으로 나가게 되고 그로 인하여 약간의 에너지를 상대에게 빼앗기게 됩니다.

몇 명 정도와 대화를 할 때는 약간의 에너지를 빼앗겨도 별로 문제가 되지 않을 것입니다. 대화를 혼자 하는 것도 아니므로 그가 말한 후에는 상대방도 말을 하게 되고 그것은 그에게 다시 에너지를 되돌려줍니다. 그러나 많은 사람들 앞에 나가서 혼자서 일방적으로 말을 하게 되면 혼자서 일방적으로 많은 사람들에게 에너지를 공급하고 빼앗기는 것인데 그것은 그에게 많은 부담을 주게 됩니다. 수많은 사람들이 주목하는 것은 그가 가지고 있는 힘과 에너지를 빼앗게 되는데 그가 가지고 있는 에너지는 너무나 약하기 때문에 그것을 빼앗기게 되면 그는 에너지 상실로 인하여 말을 하는 것이 아주 힘들어집니다.
억지로 말을 하려고 해도 말이 너무 떨려서 나오게 되고 생각도 조리 있게 잘 떠오르지 않습니다. 그는 갑자기 머리가 멍해진 것 같이 아무 생각도 나지 않게 됩니다.
그것은 그의 에너지가 아주 모자라기 때문에 나타나는 현상입니다. 그는 전체의 호흡을 제압할 수 없고 그 기운에 눌려서 고생만 하게 되는 것입니다. 선생님의 지목을 받았을 때도 이와 비슷한 현상이 나타나게 되는 것입니다.

이러한 사람은 에너지가 너무 약하기 때문에 부모라든가 위 권위자로부터 약간의 꾸지람을 듣는 것도 아주 두려워합니다. 조금만 혼이 나도 아주 굳어버리게 되지요.
그러므로 이러한 사람들은 대체로 모범생인 경우가 많습니다. 그것은 이러한 이들이 도덕적으로 훌륭한 사람들이라기보다는 꾸지람이나 징벌을 두려워하기 때문입니다.
그에 비하면 어린 시절부터 아주 장난꾸러기가 있지요. 그들은 선생님이나 부모에게 아무리 혼이 나도 여전히 기가 죽지 않고 개구쟁이 짓을 합니다. 이들은 호흡의 기운이 넘치고 있는 것입니다.
호흡이 약하고 기운이 약한 사람이 겪게 되는 고통과 눌림은 아주 많습니다. 그러한 이의 삶은 항상 억압과 눌림 속에서 산다고 할 수 있을 것입니다. 호흡, 영적 기운이 모자라기 때문에 날마다 각종 근심, 염려, 두려움에 거의 젖어서 산다고 보는 것이 옳겠지요. 남들은 별로 걱정하지 않는 것까지 그들은 염려합니다.
일상의 사소한 일들, 예를 들어 상점에 가서 물건을 사는 행위 하나에도 그들은 고뇌와 고심을 반복하고 또 산후에도 계속 후회하고 힘들어합니다. 이러니 호흡이 약한 사람의 삶은 거의 노예 생활에 가깝다고 해도 과언이 아닌 것입니다.
이러한 부자유함과 눌림 속에서 오래 동안 살아왔던 사람들은 단순히 호흡을 강건하게 변화시키는 것을 통해서 자신의 삶의 스타일이 바뀌고 자유함의 세계로 갈 수 있다고 하면 아마 잘 믿어지지 않을 것입니다. 그러나 그것은 결코 불가능의 세계가 아닙니다.

호흡은 곧 생명입니다.
호흡을 하는 것은 곧 생명의 행위입니다.
그러므로 그 생명의 호흡을 통하여 주님을 실제적으로 먹고 마시며 당신의 안에 그 영의 기운으로 충만하게 한다면 그러한 변화가 일어나는 것은 결코 신기한 일이 아닌 것입니다.
나는 호흡을 통하여 변화를 경험한 많은 사람들의 경우를 알고 있습니다. 그리고 나 자신도 주님을 충분히 받아들이고 마시는 호흡을 통하여 많은 변화를 겪었습니다. 당신도 이 호흡에 대하여 이해하고 경험하게 된다면 역시 변화를 경험하게 될 것입니다.

11. 약한 호흡의 원인과 치유

호흡이 약한 것이 대인관계나 평생의 삶에 있어서 이처럼 큰 영향을 끼친다는 것은 참으로 놀라운 일입니다. 그런데 이와 같이 약한 호흡을 하는 것은 기질적인 것일까요? 아니면 환경에 의한 후천적인 것일까요? 나는 그 이유가 기질적인 데에도 원인이 있겠지만 주로 후천적인 데에서 기인하는 것이 아닐까 싶습니다. 그렇기 때문에 우리는 자신의 노력에 따라 그 호흡을 바꿀 수 있는 것입니다.

흔히 '숨도 크게 쉬지 못하고 살았다' 는 말이 있습니다. 이 말의 의미는 무엇일까요? 아마 기를 잘 펴지 못하고 살았다는 뜻이겠지요. 어려운 상황이나 고통이 오게 되면 숨을 편하게 쉬지 못하게 되는데 이러한 것이 반복되면 습관이 되어 숨이 약해질 수 있는 것입니다.
누구나 깜짝 놀랄 때에는 순간적으로 '흑!' 하고 숨을 죽입니다. 속으로 움츠러들면서 호흡이 약해집니다. 누가 화가 나서 큰 소리로 야단을 칠 때도 그렇게 됩니다. 그 이유는 무엇일까요?
누군가가 화가 나서 공격적인 말을 할 때에는 그 입에서 악한 기운이 흘러나옵니다. 물론 그가 화를 내는 대상으로 그 나쁜 기운이 들어가게 됩니다.
화를 내는 사람의 입에서 나온 기운을 압축시켜서 쥐에게 주사했더니 2분이 안 되어서 죽고 말았다는 연구 결과가 보고된 적이 있었습니다. 그처럼 분노하는 사람의 입에서는 악한 기운이 나오게 됩니다. 사람은 쥐보다야 크니까 그런 악한 기운을 받아들이게 되었을 때 쥐처럼 즉사하지는 않겠지만 적지 않은 고통을 겪게 되는 것은 당연한 일일 것입니다. 그러므로 상대방이 화를 낼 때는 그것을 받는 사람은 본능적으로 호흡을 움츠려서 상대의 분노를 통해서 들어오는 악한 기운이 적게 들어오도록 자신을 방어하게 됩니다. 크게 호흡하여 그 악한 기운, 악한 호흡을 다 마시게 되면 그는 많은 고통을 겪을 것입니다. 그렇기 때문에 그는 악한 기운, 악한 호흡으로부터 자신을 방어하기 위하여 밖으로부터 나쁜 기운이 들어오지 않도록 호흡을 최대한 줄이게 되는 것입니다.
성경에도 분노는 살인과 같다고 하였습니다. (마5:21,22) 물론 그것은 직접적인 살인은 아닙니다. 그러나 강력한 분노를 터트릴 때 그 상대방은 충격을 받게 되며 그것은 상대방의 호흡을 약화시키고 영혼을 약화시킵니다. 즉 그것은 상대방을 서서히 죽이는 것입니다. 어떤 대상에게 충격을 주어서 호흡을 약하게 한다는 것은 곧 그의 생명을 약하게 하는 것이며 그를 서서히 죽음에 이르게 하는 것과 같은 것입니다.

호흡을 약하게 하는 것은 분노만이 아닙니다. 그 외에도 여러 다양한 충격들은 사람의 호흡을 약하게 만듭니다.
놀라운 일이나 비극적인 일로 인한 충격도 그 사람의 호흡을 약하게 합니다. 갑자기 놀라운 비극적인 소식을 들은 사람이 그 자리에서 심장마비를 일으켜서 죽는 경우도 있는데 이것도 호흡과 관련이 있는 것입니다. 충격은 호흡을 죽이며 약화시키고 일시적으로 정지를 시키기 때문입니다. 그러므로 호흡이 약한 사람은 곧 심장이 약한 사람입니다.
흔히 '심폐기능'이라는 표현을 사용하는 것처럼 심장과 폐를 같이 묶어서 이야기를 하곤 하는데 이것은 서로 밀접한 관계를 가지고 있기 때문입니다.
무서운 영화를 보게 되면 호흡이 약해집니다. 이 원리도 역시 같습니다. 영화나 티브이를 보는 것은 실제로 그가 보고 있는 것을 간접적으로 경험하는 것과 같은 것입니다. 그러므로 영화나 티브이 속에서 나오는 악하고 나쁜 기운으로부터 자신의 생명을 보호하기 위하여 자기도 모르게 본능적으로 숨을 죽이게 되는 것입니다. 물론 영화가 끝난 후에는 다시 숨을 내쉬게 되겠지만 그러나 일시적으로라도 그러한 영화나 티브이 드라마에 노출되는 것은 자신의 생명을 매우 약화시키는 것입니다.

충격이나 놀람, 외부의 공격, 나쁜 기운이 사람의 숨을 약하게 하고 호흡을 죽이는 것이라면 그러한 환경 속에서 어린 시절을 보낸 사람이 약한 호흡을 가지게 되는 것은 당연한 일입니다.
누구든지 자주 꾸지람을 듣고 야단을 맞게 되면 호흡이 약해질 수밖에 없습니다. 기질적으로 강한 체질을 가지고 있는 이들은 그러한 충격이나 꾸지람에도 불구하고 강한 호흡을 가지고 있는 경우도 있습니다.
그러나 그러한 경우에는 그러한 외부의 악한 호흡의 공격을 방어하기 위하여 자신도 그것을 방어하는 호흡을 하게 되는 데 그것이 바로 적개심이나 강한 폭발적인 분노를 속에 쌓는 것과 같은 것입니다.
이 경우에는 그의 호흡이 약해진 것은 아니지만 공격적인 기운과 호흡, 즉 나쁘고 악한 호흡을 가지게 되어서 또 다른 문제가 발생하게 되는 것입니다.

꾸지람과 비난은 사람의 에너지를 빼앗으며 기를 죽이고 호흡을 약하게 합니다. 반대로 칭찬과 격려, 사랑의 고백을 들으며 자란 사람은 당연히 호흡이 여유 있고 넓어지게 됩니다. 그는 몸과 마음이 밝고 건강하며 호흡과 기운의 흐름이 자유롭게 되겠지요. 매사에 당당하고 자신감 있게 살 수 있게 되는 것입니다.
웃음과 미소는 호흡을 확장시킵니다. 호흡을 여유 있게 한다는 것은 신체와 정신과 함께 영혼을 자유롭고 풍성하게 만드는 것이며 그것은 풍성한 삶을 위하여 매우 긍정적인 기여를 하게 되는 것입니다.
사람의 과거를 치유하는 내적치유도 호흡과의 관계에서도 적용해볼 수 있습니다.
어떤 사람이 어린 시절에 몹시 충격적이고 고통스러운 경험을 겪었다면 그는 그 사건의 당시에 숨이 막히는 것과 같은 느낌, 호흡이 막힌 느낌을 겪었을 것입니다. 그리고 그러한 과거의 경험을 잠시 되새겨보기만 해도 그 때와 비슷하게 온 몸이 경직되고 숨이 막히게 될 것입니다.
이러한 측면에서 보면 내적인 치유, 과거의 치유는 과거의 호흡을 치유하는 것과 관련이 있습니다. 지금 현재의 호흡을 바꾸는 기도와 훈련도 물론 필요하겠지만 과거의 한 사건으로부터 받은 충격의 기억과 호흡이 막혔던 경험은 우리 의식의 좀 더 깊은 곳에 자리 잡고 있을 것입니다.
그러므로 그러한 경우에 우리는 기도를 통하여 우리에게 고통이 되었던 과거로 돌아가서 그 당시에 그 곳에 함께 계셨던 주님과 같이 우리의 아픔을 치유 받으면서 당시의 우리의 호흡을 회복시키는 것은 필요하고 중요한 일입니다.
이러한 과거의 치유와 회복이 이루어지게 된다면 그 이후에는 다시 과거의 고통을 기억하게 된다고 해도 또 다시 숨이 답답하고 막히는 일은 없게 될 것입니다.

외부의 공격이나 충격을 통해서 우리의 호흡이 약해질 수 있다는 것.. 이것은 우리가 반드시 기억해야할 내용입니다.
우리의 호흡이 지금 아주 약한 상태에 있다면 우리는 반드시 그 원인에 대하여 이해하고 알아야 합니다. 그리고 우리의 호흡을 회복시켜야 합니다. 왜냐하면 호흡의 회복, 그것은 곧 생명의 회복이며 영의 회복이며 풍성한 삶의 회복이기 때문입니다.

12. 호흡의 탈진과 회복

호흡이 약한 사람은 항상 기운이 부족해 보입니다. 에너지와 열정이 도무지 느껴지지 않지요. 그들의 외모는 생기가 없고 무기력해보입니다. 호흡, 호흡하는 힘은 곧 그 사람의 생명력이기 때문입니다.
학교에 다닐 때 미술 시간에 이런 작품을 해본 경험이 아마 있을 것입니다. 종이에 그림물감을 짜놓고 입으로 강하게 바람을 불어 물감을 움직이게 해서 그림을 만드는 것입니다.
나도 미술시간에 그렇게 해 본적이 있었는데 어찌나 힘이 드는지 할 때에 어지러워서 책상에 엎드렸던 기억이 있습니다. 그 이유는 무엇일까요?
왜 입으로 바람을 불면 어지러운 것일까요?
풍선을 불어보면 이와 비슷한 현상이 생깁니다. 풍선을 힘을 다해서 여러 개를 불면 힘이 빠지고 머리가 어지러워집니다. 풍선을 2-3개가 아니고 100개쯤 불어야 한다면 아마 쓰러져 죽을지도 모르지요. 그 이유는 무엇일까요?
그것은 우리의 안에 있는 바람, 공기가 생명의 기운인데 그 바람을 몽땅 내보내면 사람이 살 수 없기 때문입니다.

말을 많이 해야 하는 직업을 가진 사람은 말을 많이 하다 보면 자주 자신이 탈진상태에 이르는 것을 느끼게 됩니다. 너무 기운이 빠져서 말을 더 이상 하기 힘든 상태가 됩니다. 아예 입을 벌릴 힘도 없게 되지요.
그것은 사람이 말을 할 때 동시에 입에서 바람이 나가기 때문입니다. 그러므로 그렇게 속에서 바람, 기운, 호흡이 많이 빠져나간 상태에서는 이야기를 하는 것이 아주 힘이 들게 됩니다.
이럴 때 누군가가 말을 시킨다면 대답을 하는 것은 고역이 됩니다. 그럴 때에는 그저 아무 말도 하지 않고 조용히 쉬고 싶을 것입니다.
그는 쉬면서 어떻게 휴식을 하고 충전을 해야 할까요?
간단합니다. 그는 조용한 안식하면서 잃어버린 호흡을 다시 채워야 합니다. 그가 움직이고 말을 하는 사이에 빠져 나가버린 호흡을 조용히 쉬면서 다시 들이마시고 충전을 하는 것입니다. 그래서 그의 안에 호흡이 어느 정도 채워지면 이제 그는 다시 활기를 얻게 됩니다. 그렇게 충전이 되고 나면 그는 이제 말을 하는 것도 그리 어렵지 않고 움직이는 데에도 그리 피곤을 느끼지 않게 되는 것입니다.

호흡이 충만한 사람은 별로 피곤을 느끼지 않습니다. 말을 많이 해도 별로 지치지 않지요. 호흡이 약한 사람은 억지로 입을 벌려서 말을 하며 말을 할 때에 아주 약한 기운이 나오지만 호흡이 강한 사람은 목소리가 아주 윤택하며 여유가 있습니다. 힘을 들이지 않고 부드럽게 말하는 데도 힘이 있지요. 그러므로 그러한 음성은 듣는 사람의 마음 속에 자연스럽게 스며들어가게 됩니다.
이러한 예를 보면 호흡은 곧 기운이고 생명이며 그러므로 이것을 잘 관리하고 지키지 못하면 힘든 삶을 살게 된다는 것을 알 수 있습니다. 풍성한 호흡, 풍성한 영을 받는 것도 중요하지만 그 기운을 잘 관리하고 유지하는 데도 마음을 써야 하는 것입니다.
그러므로 호흡과 영을 지키기 위해서는 언어생활에도 절제와 주의를 기울여야 합니다. 지나치게 말을 많이 하지 않도록, 충분한 호흡과 힘을 유지하도록 주의를 해야 합니다.
충분한 호흡은 충분한 생명이며 기운입니다. 이것을 잘 이해하고 호흡을 잘 관리하고 지킬 수 있을 때 우리는 풍성한 삶을 누릴 수 있게 될 것입니다.

13. 호흡을 풍성하게 하는 것

앞에서 꾸지람이나 비난, 충격 등은 호흡을 좁게 하고 약화시킨다고 하였습니다. 그렇다면 호흡을 넓게 하고 풍성하게 하는 것은 무엇일까요? 그것은 여러 가지가 있습니다.

꾸지람이나 충격과 같은 것이 호흡을 위축시키는 이유는 그것이 당하는 사람에게 긴장을 일으키기 때문입니다. 긴장이 되면 자연히 호흡에 관계된 근육도 위축되기 마련입니다. 그러므로 자연히 코를 통해서 충분히 생기를 마실 수가 없습니다.

이와 반대로 몸을 이완시키는 것들은 호흡을 확장시킵니다. 그리하여 생명의 기운을 충분히 받아들일 수 있게 하니 자연히 기분이 좋아지게 됩니다.

칭찬이나 격려와 같은 것은 사람을 이완시킵니다. 그러므로 호흡이 넓어지게 됩니다. 그러므로 사랑의 고백이나 격려를 자주 받고 자란 사람은 충분한 호흡을 하게 되며 마음도 여유 있고 낙관적인 상태가 됩니다. 그러한 이들은 매사에 적극적이며 얼굴 자체도 아주 밝고 환합니다. 이들은 충분한 생기를 받아들이고 있는 것입니다.

또한 기쁨이나 웃음과 같은 것도 사람의 근육을 이완시키며 호흡이 넓어지게 합니다.

사람이 위축되고 우울한 상태에 있다가도 장난이나 농담을 통하여 한바탕 웃고 나면 기분이 훨씬 나아질 때가 있습니다. 이것은 그러한 웃음이 그의 호흡을 확장시켜서 그의 안에 생기를 가득하게 공급하기 때문입니다. 또한 큰 소리로 외치고 나면 기분이 좋아지는 경우도 있는데 그 이유도 비슷합니다.

근심이나 염려, 두려움과 같은 것은 호흡을 위축시키며 자신의 생명력을 약화시킵니다.

염려하는 것도 생명력을 약하게 합니다. 염려는 그가 염려하는 일이 미처 생기기도 전에 그의 생명을 어두움으로 가득하게 만듭니다. 염려가 호흡을 약화시켜서 충분한 생기를 받지 못하게 하며 그리하여 신체적, 정신적, 영적으로 많은 눌림을 가져오기 때문입니다.

적극적이고 긍정적인 언어의 표현은 자신의 호흡만을 넓게 하는 것이 아니라 듣는 이들의 호흡도 넓게 열어줍니다. 그러므로 그러한 표현과 고백이 있는 곳에는 생기의 기운이 가득하게 되는 것입니다.

물론 그 반대로 원망과 불평과 분노의 고백과 언어가 있는 곳에서는 호흡의 위축과 막힘이 오기 때문에 그 곳의 공기는 답답하고 어둡고 머리를 아프게 하는 그러한 악한 기운으로 가득하게 됩니다.

호흡이 바로 생명이며 호흡의 확장이 우리의 생명과 영을 풍성하게 하는 것이라는 사실을 우리가 좀 더 분명하게 인식한다면 우리는 모든 언어와 생각을 주의 깊게 살펴보게 될 것입니다.

그 언어, 그 생각이 우리의 호흡을 확장하는 것인지 아니면 위축시키고 누르는 것인지 우리는 조심스럽게 관찰하게 될 것입니다.

그리하여 할 수 있는 한 풍성한 호흡을 유지하는 생각과 언어를 선택하게 될 것입니다. 왜냐하면 호흡은 곧 생명이며 호흡의 풍성함은 곧 생명의 풍성함과 직결되는 것이기 때문입니다.

14. 운동과 호흡

건강한 몸을 위하여 운동이 아주 중요하다는 것은 상식적인 일입니다. 그래서 많은 사람들이 시간을 내기 어려운 상황임에도 불구하고 운동을 하려고 노력합니다. 규칙적으로 운동을 하게 되면 몸도 건강해지지만 마음도 개운하고 건강해지게 됩니다. 운동을 자주 즐기는 사람의 마음이 우울하고 불안하고 예민한 경우는 보기 드물지요.
'산을 좋아하는 사람 치고 나쁜 사람이 없다'는 말이 있습니다. 등산을 하면서 산의 맑은 공기를 마시고 걷다보면 마음도 같이 넓어지고 신선해진다는 것입니다.
이처럼 운동은 우리의 몸과 마음을 신선하고 건강하게 만듭니다. 운동의 그러한 효과는 어디서 나오는 것일까요? 그것은 호흡의 확장과 중요한 연관성을 가지고 있습니다.

등산을 하다보면 중간에 힘이 들어서 잠시 앉았다 갈 때가 있습니다. 걸으면서 헉헉대다가 '아이고, 힘들다. 조금만 쉬었다 가자.'하고는 잠간 앉아서 휴식을 취하지요.
그런데 신기하게도 그렇게 잠시 앉았다가 일어나 보면 어느 새 몸이 가뿐해지고 새 힘이 생기는 것을 느끼게 됩니다. 그래서 다시금 힘을 얻고 생생한 몸으로 등산을 계속하게 되지요. 그 이유는 무엇일까요?
힘들게 걷다보면 힘이 들어서 헉헉거리게 마련인데 그렇게 헉헉대는 것을 통하여 몸 안에 가득한 노폐물과 나쁜 에너지를 밖으로 내보내기 때문입니다. 그렇게 몸 안에 있는 탁하고 나쁜 기운을 밖으로 내보내니 몸이 곧 가벼워지게 되는 것입니다.
그래서 등산을 좋아하시는 분들은 단 하루도 산에 가지 않으면 몸이 찌뿌드드해서 견딜 수가 없다고 하시는 것을 많이 보았습니다. 아내와 같이 가까운 산을 천천히 걷다보면 나이가 아주 많으신 할아버지들이 빠른 걸음으로 획획 날듯이 걷는 것을 많이 보게 됩니다. 그분들은 이미 오래 등산을 통해서 몸이 가볍게 되신 것입니다.

운동은 호흡을 확장시킵니다. 운동을 하는 상태가 평소보다 힘든 것이기 때문에 몸은 평소보다 좀 더 많은 산소를 필요로 합니다. 그래서 좀 더 크게 숨을 들이쉬게 되지요. 또한 평소보다 많은 숨이 들어오기 때문에 그 순환의 힘으로 좀 더 많은 이산화탄소, 노폐물을 배출하게 됩니다. 그러니 자연히 몸의 정화가 빨리 이루어지게 되는 것입니다. 또한 몸 안에 축적된 노폐물은 질병의 원인이 될 수도 있는데 그것을 밖으로 내보내니 몸도 신선하게 되는 것입니다.

군대에서 구보를 한 적이 많이 있습니다. 완전군장을 하고 10킬로미터를 달려야 하는 구보입니다. 몸이 아주 건강한 사람도 하기가 쉽지 않은 힘든 훈련입니다. 평소에 몸이 허약했던 나는 몹시 힘이 들어서 고생을 많이 했었지요.

그런데 달리면서 힘이 드니까 입을 벌리게 되었습니다. 무거운 짐을 지고 오래 뛰는 것은 몹시 힘이 드는 일이니까 좀 더 많은 에너지가 필요합니다. 그래서 좀 더 많은 숨을 들이마셔야 하는데 코로 들이마시는 양으로 모자라니까 입도 크게 벌려서 더 많은 숨을 받아들이려고 하는 것입니다.

그렇게 뛰다 보니까 심장이 쿵쿵거리고 심하게 뛰는 것을 느꼈습니다. 그것은 호흡과 심장의 운동이 연관성을 가지고 있음을 보여줍니다. 즉 과격한 운동을 하다보면 많은 숨이 필요하기 때문에 많은 숨을 마시게 되고 또 동시에 심장도 많이 움직여야 한다는 것입니다.

그런데 구보가 끝이 나고 보니까 구보를 잘 하는 사람은 그렇게 입을 크게 벌리고 숨을 쉬지도 않고 심장이 그렇게 쿵쿵거리며 뛰지도 않고 그저 평소보다 약간 힘들 정도로 자연스럽게 뛴다는 사실을 알게 되었습니다.

그 이유는 무엇일까요? 그들은 평소에 폐활량이 넓기 때문에 필요할 때는 많은 공기를 흡입할 수 있었습니다. 그들은 평소에도 운동을 아주 좋아해서 많은 공기를 받아들이는 습관이 되어있었기 때문입니다. 그러나 나는 운동을 별로 좋아하지 않았을 뿐더러 움직이는 것도 그리 좋아하지 않았습니다. 그래서 나의 호흡하는 힘은 아주 약했고 호흡량도 부족했으며 그래서 그런 과격한 운동에는 심한 고통을 느끼게 되었던 것입니다.

운동은 건강에 유익합니다. 그리고 그 이유는 운동이 호흡의 확장에 도움이 되기 때문입니다. 운동을 즐기는 사람은 속이 넓어지고 여유가 생기게 됩니다. 마음이 좁고 예민하여 쉽게 충격을 받던 이들도 운동을 하다보면 너그러워지는 경향이 있습니다. 호흡이 넓어지면 마음도 넓어지고 강건해지는 면이 있기 때문입니다.
운동은 참 좋은 것입니다. 힘차게 걷고 달리기를 하는 것은 정신적으로도 아주 좋은 일입니다. 그렇게 뛰다보면 숨이 차서 헉헉거리게 되는데 그 과정에서 몸 안에 있는 나쁜 기운이 밖으로 빠져나오게 됩니다.
그것은 다른 사람들에게 분노를 터뜨리거나 원망을 퍼부어 대는 것 보다 훨씬 더 자연스럽고 쉽게 우리 안의 악한 기운을 밖으로 내보냅니다. 운동을 통해서 우리의 호흡이 넓어지게 되면 우리의 마음도 넓어지며 우리 안에서 숨의 움직임이 좀 더 활성화되기 때문에 우리는 생기 있고 활발한 사람이 될 수 있습니다.
운동의 효과, 그것은 곧 호흡의 효과입니다.
그것은 호흡의 확장의 효과입니다. 운동을 통해서이든 무엇을 통해서이든 우리의 호흡이 확장되고 넓어지고 풍성해진다면 우리는 좀 더 풍성한 삶을 살 수 있게 될 것입니다. 몸도, 마음도 좀 더 여유롭게 될 것입니다.
호흡은 하나님께서 우리에게 주신 생명의 은총입니다. 우리는 그것을 아름답게 잘 발전시켜야 할 것입니다.

15. 나쁜 기운의 배출

사람은 누구나 본능적으로 가슴이 답답하면 '휴-'하고 한숨을 쉬게 됩니다. 자기도 모르게 자신의 안에 있는 나쁜 기운을 밖으로 내보내려고 하는 것이지요.

보통의 호흡을 통해서도 그런 나쁜 기운을 밖으로 내보낼 수 있지만 속에 나쁜 기운이 아주 많이 차 있을 때에는 보통의 호흡만으로는 그런 나쁜 기운을 한꺼번에 내보내기가 어렵습니다. 그래서 한숨을 통하여 가능한 많이 자기 속의 악한 에너지를 내보내려고 하는 것입니다.

영적인 집회를 할 때 집회 중에 악한 영들을 쫓는 기도를 하거나 강력한 성령의 역사가 있을 때 사람들이 하품을 하는 경우가 많이 있습니다.

이것은 능력에 의하여 악한 영들이 나가는 과정에서 각 사람의 속에 있는 나쁜 기운이 하품을 통하여 빠져나가는 현상입니다. 이 경우에 하품을 하고 나면 한숨을 쉴 때와 같이 속이 조금 시원해지지요.

한숨과 같은 현상은 우리 안의 악한 에너지, 기운을 내보내려고 하는 본능적인 작용입니다. 악한 기운이 우리 안에 있을 때에 그것은 우리의 몸과 마음을 파괴하기 때문이지요.

그러한 악한 기운, 악한 에너지는 어떤 경우에 쌓이게 될까요? 그것은 부정적인 생각이나 감정을 우리가 받아들이거나 부정적인 말을 받아들였을 때입니다.

우리는 근심이나 두려움에 잠기게 되면 가슴이 답답해지는 것을 느끼게 됩니다. 또한 마음에 원망이나 억울함을 가지고 있는 이들이 하는 말을 들으면 우리의 가슴도 같이 답답해지는 것을 느끼게 되지요. 이것은 우리의 정신이 우리의 신체에 직접적으로 영향을 끼치고 있다는 사실을 선명하게 보여주는 것입니다.

우리는 평소에 항상 호흡을 합니다. 말을 하면서도 자연스럽게 호흡을 하게 됩니다. 그리고 그 결과로 공기, 산소가 우리 안에 들어오지요. 그런데 우리가 근심과 두려움에 잡혀있는 상태에서 말을 하고 호흡을 한다면 그것은 우리에게 매우 부정적인 영향을 주게 됩니다.

우리가 어두운 말을 주고받으면서 호흡을 할 때 우리 안에 들어온 공기와 산소는 단순한 산소가 아니라 악하고 나쁜 영적 에너지를 포함하게 됩니다. 어떤 악한 영적기운을 가지고 호흡과 함께 우리 안에 들어오게 되는 것이지요. 이때는 그것이 단순한 공기가 아니라 우리의 몸과 마음, 생명을 파괴하는 기운, 에너지로서 우리 안에서 자리를 잡게 되는 것입니다. 그러므로 우리의 몸은 비상이 걸리게 되고 이 악한 기운을 빨리 소멸하기 위해서 이것을 밖으로 배출해 내려고 하는 것입니다.

한숨 쉬는 것, 탄식하는 것은 그러한 배출을 위한 작용입니다. 자기 속에 있는 악한 에너지를 배출하는 것은 한숨뿐이 아닙니다. 눈물을 흘리는 것도 이런 악한 기운을 밖으로 내보냅니다.

속이 답답할 때는 누구나 쉽게 입으로 불평을 토하곤 하는데, 그것은 일단 자기 속에 있는 기운을 밖으로 내보내므로 속이 일시적으로 시원해지기 때문입니다. 그러나 그렇게 불평을 토할 때 자기 안에 있는 악한 기운은 일단 나가는 것 같지만 그 악한 기운을 생산하는 공장은 여전히 자기 안에 있습니다.

그러므로 하소연이나 불평은 일시적으로는 시원할지 모르지만 그것은 근본적인 치유와 회복이라고 할 수는 없으며 또한 그 이야기를 듣는 이들에게 부정적인 영향을 끼치게 되므로 좋지 않은 것입니다.

우리가 어두운 상념에 빠지거나 악한 말을 하거나 들을 때, 그러한 생각이나 말을 통해서 악한 기운과 에너지가 호흡을 통하여 우리 안에 들어오고 자리를 잡으며 온갖 재앙을 일으킨다는 것을 깨닫는다면 우리는 말하는 것이나 듣는 것에 대하여, 그리고 악한 생각이나 감정에 사로잡히는 것을 아주 조심하게 될 것입니다.

그렇게 들어오는 악한 에너지는 파괴의 에너지, 죽음의 에너지입니다. 누구나 근심이나 두려움이 자기 안에 들어오게 되면 마음이 답답해지지요. 또한 상처를 받으면 가슴이 멍든 것 같이 느껴집니다. 실연을 당하게 되면 가슴의 한 부분이 에이는 것 같은 느낌이 있지요.

하지만 그 수준에서 그것은 느낌일 뿐 엑스레이를 찍어도 사진에는 나오지 않을 것입니다. 아직은 그 기운은 기체의 형태이며 물질적인 상태가 되지 않았기 때문입니다. 그러나 그러한 악한 에너지는 우리가 먹는 음식을 통하여, 우리 몸 안의 작용과 연합하여 차츰 액체가 되고 고체가 됩니다.

결국 기체의 악성 에너지는 시간이 흐르게 되면 고체의 악성 에너지가 되어 나중에는 직접적인 질병의 실체가 되는 것이지요. 그렇게 물질화가 되면 그것은 엑스레이로 확인될 수 있을 것입니다. 그것은 암이라든지, 결석이라든지.. 그런 형태를 띠게 될 것입니다.

아픈 사람이 병원에 입원했을 때 수술을 하면서 여러 관을 사람의 몸에 연결시켜서 속에 있는 시커먼 물을 빼내는 것을 여러 번 본 적이 있는데 그러한 악한 액체도 처음에는 코로 호흡으로 들어온 악한 기운, 공기에 불과했을 것입니다.

그러나 우리 안에 들어온 악한 기운, 공기, 에너지가 음식물과 결합하여 액체나 고체가 되기 전에도 우리는 그것을 느낄 수 있습니다. 기분이 상쾌하지 않고 느낌이 불편한 것을 느끼게 됩니다. 악한 기운, 에너지가 우리 속에 움직이고 있다면 비록 그것이 바로 질병으로 드러나지 않는다고 하더라도 우리는 몸이 무겁고 불편하고 행복하지 않게 느끼게 되는 것입니다.

어떤 사람은 몸의 감각이 예민합니다. 그래서 조금만 아파도 그것을 예민하게 느낍니다. 어떤 사람은 몸의 감각이 상대적으로 둔하여 병이 와도 그것을 잘 느끼지 못합니다. 그것은 사람의 기질에 따라 다르며 상대적인 것입니다. 그러므로 자신이 많이 아프다고 느끼는 것이 정말 많이 아픈 것이 아닐 수 있으며 자신이 고통을 잘 느끼지 못한다고 해서 그 사람이 완전히 건강하다고 할 수 있는 것은 아닙니다.
그러니 병에 대한 감각도 상처에 대한 감각도 본인의 감각과 느낌에 따라 다를 수 있는 것입니다.
그러나 어느 정도의 차이는 있겠지만 사람은 자기 안에 나쁜 기운이 들어올 때 그것을 분명히 인식하고 느끼게 됩니다. 예민한 사람은 좀 더 선명하게 느끼고 둔감한 사람은 조금 덜 느낄 것입니다. 그 차이는 있겠지만 분명한 것은 악한 기운, 악한 에너지가 사람의 안에 침입할 때 사람은 고통을 느끼게 됩니다.

우리가 슬픔을 느낄 때, 두려움을 느낄 때, 죄책감을 느낄 때, 분노를 느낄 때 그 때부터 호흡은 우리를 파괴하는 역할을 하기 시작합니다.
그것은 비극의 시작입니다. 우리가 원망을 하면서, 근심을 하면서 숨을 쉬면 그 순간 공간에 있는 기운, 영들은 우리 안에 들어와 어두움의 에너지를 만들어냅니다. 우리는 곧 숨이 답답해지며 기쁨을 상실하게 됩니다. 그 기운은 우리 몸과 정신을 파괴하기 시작하고 우리의 영혼은 어떻게든 이 기운을 내보내고 자신을 지키기 위해서 우리의 몸을 가동시킵니다.
우리는 분명하게 인식해야 합니다. 어두운 마음, 어두운 생각과 감정은 그 순간 호흡을 통하여 우리 안에 온갖 악한 기운을 집어넣고 우리를 파괴하기 시작한다는 사실을 말입니다. 그 생각과 감정은 눈에는 보이는 것이 아니지만 영적인 세계에서는 물질보다 더 선명한 실제입니다. 그리고 그 기운은 물질보다 강하며 물질을 사로잡고 영향을 줍니다. 그러므로 잘못된 감정, 잘못된 호흡은 우리의 몸과 영혼에 지속적인 고통을 주는 것입니다.
어떤 이들은 가슴에 마치 돌덩어리가 있는 것처럼 답답한 느낌을 항상 가지고 있습니다. 어떤 이들은 마치 무거운 막대기가 가슴을 막고 있는 것 같은 느낌을 받기도 합니다. 그러한 이들은 걱정이나 염려가 많은 이들입니다. 두려움과 염려로 가슴이 눌려있는 것입니다. 그들은 그러한 생각과 복잡한 상념에 눌려있기 때문에 호흡도 아주 약하고 좁습니다. 그들은 항상 가슴이 눌려서 불안하고 초조하기 때문에 삶 자체가 아주 피곤하고 고통스럽습니다.

그러한 이들의 호흡은 자연스럽지 않습니다. 시냇물이 흘러가다가 커다란 돌덩어리에 의해서 길이 막히거나 하면 그 부분에 물보라가 크게 일어나며 물의 흐름에 정체현상을 빚게 됩니다. 길이 아주 막히게 되면 물은 고여서 썩게 됩니다. 호흡의 흐름도 그와 비슷합니다.

근심은 가슴을 긴장시키고 호흡의 길을 좁게 합니다. 그래서 흐름이 자유롭지 않고 막히게 되고 그래서 숨도 한 곳에 고이며 썩게 되는 것입니다. 이러한 사람은 음식을 먹어도 잘 체하고 가슴에 얹히는 듯한 느낌을 갖게 되는 것이 보통입니다.

해결책은 아주 간단합니다. 이러한 막힌 흐름을 밖으로 내보내는 것입니다. 강력하게 소리를 내는 발성기도를 통해서, 또한 호흡을 강하고 충분하게 배출함으로써 이런 막혀 있는 것들을 내보내야 합니다. 근심이 다가올 때 그 영들을 대적하고 물리치는 기도도 필요합니다.

중요한 것은 이러한 막힘을 반드시 배출해야 한다는 것입니다. 그리고 그러한 배출을 위한 가장 자연스러운 방법으로 하나님께서 우리에게 주신 것이 호흡입니다. 그러므로 우리는 호흡을 통해서 그러한 악한 기운을 내보내야 합니다.

집회에서 통성기도를 하고 나면 마음이 아주 후련해진 경험을 대부분 한번쯤은 해보셨을 것입니다. 그것은 우리가 입을 벌려서 우리의 마음을 주님께 토할 때 주님의 능력으로 우리 속의 많은 나쁘고 악한 에너지가 토해지고 소멸되기 때문입니다.

침묵 기도를 통해서는 그러한 후련함과 자유함을 경험하기 어렵습니다. 침묵 기도도 아름답고 훌륭한 기도임에는 틀림없지만 속에 막힘과 눌림이 있을 때 침묵기도는 직접적인 자유와 회복을 가져오기가 어렵습니다. 실제적인 해방과 능력을 맛보기 원할 때 우리의 마음을 쏟아놓는 통성 기도는 놀라운 효과를 가져다줍니다. 통성 기도를 드릴 때 우리는 자연적으로 강력한 배출 호흡을 하게 되어 우리 속의 나쁜 요소들을 내보내게 됩니다. 그것은 우리의 호흡을 변화시키며 몸과 마음을 가볍고 자유롭게 합니다.

우리의 호흡을 통하여 우리의 생각과 감정이 힘을 발휘한다는 사실을 분명하게 기억하십시오. 악한 생각과 감정과 말은 호흡과 연합하여 파괴적인 영향을 일으킨다는 것을 분명하게 기억하십시오.
우리 안에는 잘못된 생각, 잘못된 감정을 통하여 우리 안에 들어오게 된 많은 악하고 나쁜 에너지, 병 에너지들이 있습니다. 그것들은 우리의 삶에 무서운 재앙이 될 수 있는 것들입니다. 당신의 안에 있는 그러한 부분들을 철저하게 내보내십시오.
호흡은 하나님께서 우리의 생명을 풍성하게 누리기 위하여 우리에게 주신 가장 놀랍고 귀한 선물입니다.
우리는 받아들이는 호흡을 통해서 주님의 사랑과 은총과 말씀과 능력을 받아들여야 합니다. 또한 배출하는 호흡을 통하여 이미 우리 안에 형성된 악한 습관들, 질병 에너지, 근심, 염려, 두려움, 더러움의 기운들을 다 내보내야 합니다. 그렇게 호흡을 통하여 기도할 때 우리는 예전에 알지 못했던 해방과 행복을 맛보게 될 것입니다.

16. 호흡과 감정의 조절

하나의 감정이나 생각이 호흡과 결합하여 우리에게 엄청난 영향을 미치게 된다는 것은 아주 중요한 지식입니다. 우리는 이것을 무시할 수 없습니다. 그리하여 우리의 감정과 마음을 잘 다스리며 부드럽고 자연스러운 호흡을 유지해야 합니다.
우리는 앞에서 근심이나 두려움 등으로 속에 나쁜 기운이 가득하게 될 때 자동적으로 한숨을 쉬게 된다는 것을 나누었습니다.
그것은 우리 몸 안에 우리에게 해를 끼치는 나쁜 것들이 들어올 때는 그것들을 자동적으로 소멸시키는 자동 시스템이 있는 것을 보여줍니다. 그것은 생명의 작용의 한 부분일 것입니다.
우리가 이러한 생명의 작용시스템에 대하여 조금 더 민감하게 반응하고 동조할 수 있다면 우리의 생명은 좀 더 풍성하게 될 것입니다.

화를 내게 되면 누구든지 호흡이 거칠어집니다. 어떤 사람이든지 부드럽고 자연스럽게 호흡하면서 화를 폭발시키는 사람은 없지요. 물론 어느 정도 훈련이 된 사람은 조용하게 분노를 터뜨릴 수 있을지도 모르겠습니다. 그러나 그것은 어디까지나 훈련과 자기 절제의 결과이지 본능적으로 가능한 것은 아닙니다.
기분이 조금 나빠지기만 해도 호흡은 거칠어지고 심장은 두근거리기 시작합니다. 예민한 사람들은 다른 이에게 항의를 해야겠다고 마음을 먹기만 해도 벌써부터 심장이 뛰기 시작합니다.
물론 분노를 표현하는 것은 일종의 전투이기 때문에 영이 약한 사람들은 그 자체가 큰 긴장의 요소가 될 수 있습니다.
그러나 더 중요한 이유는 우리 안의 생명 유지 자동시스템이 분노나 미움과 같은 악성 감정을 좋아하지 않기 때문입니다. 그러므로 심장이 크게 뛰기 시작하고 호흡이 나빠지는 것은 일종의 경고 장치로써 우리의 감정이 조화를 잃어버렸다는 메시지를 보내고 있는 것입니다.
심장이 마구 뛰고 호흡이 거친 상태에서 무엇인가를 결정하고 행동하는 것은 좋은 일이 아닙니다. 그것은 생명 시스템의 경고를, 영혼의 경고를 무시하는 것입니다.
그러한 것은 결코 좋은 열매를 맺지 못합니다. 미움이나 분노, 짜증, 원망, 불평, 두려움, 근심, 시기, 질투, 푸념.. 그와 같은 것들은 하나같이 우리의 호흡을 거칠고 불규칙하게 만듭니다. 그것은 우리의 영혼이 매우 고통을 겪고 있다는 것을 보여주는 것입니다.
영혼은 고요함과 평화 속에서 자연스럽게 활동하게 됩니다. 그래서 영혼은 그 깨어진 조화와 균형을 되찾기 위해서 계속 우리에게 경고하고 있는 것입니다.

갈라디아서 5장 22-24절에 기술되어 있는 성령의 아홉 가지 열매들은 하나같이 고요하고 잔잔한 호흡 속에서 이루어지는 것들입니다.
사랑도, 기쁨도, 화평도, 온유도.. 하나같이 부드럽고 자연스러운 열매들입니다. 거기에는 결코 거칠고 급하고 사나운 기운은 찾아볼 수 없습니다.
호흡은 우리에게 생명의 길을 보여줍니다. 우리가 생명의 길이 아닌 다른 것을 향하게 되면 호흡은 지체 없이 우리에게 경고를 합니다.
그는 우리의 호흡을 거칠게 만들고 불규칙하게 만듭니다. 그는 우리를 피곤하게 만듭니다.
그는 말하고 있는 것입니다.
"지금 당신은 바른 길에서 벗어나 있습니다. 어서 제자리로 돌아가시오. 평화와 사랑과 안정의 세계로! 그렇지 않으면 당신은 결코 행복해질 수 없습니다.." 라고 말입니다.
우리는 심장의 경고를 들어야 합니다.
호흡의 경고를 들어야 합니다. 그것은 곧 우리 영혼의 경고이며 이를 통해서 말씀하시는 주님의 음성이기도 합니다.
우리는 부드럽고 깊고 자연스러운 호흡을 훈련해야 합니다.
그리고 거칠고 사나운 호흡에서 벗어나야 합니다.
그렇게 우리의 호흡이 바뀌게 될 때 우리의 성품도 삶도 새롭게 변화하기 시작할 것입니다.

17. 사람들과의 접촉과 호흡

우리는 항상 호흡을 합니다. 말을 할 때도 호흡을 합니다. 그러므로 우리가 다른 사람들과 같이 대화를 나누게 될 때 우리는 호흡도 같이 나누고 있는 것입니다.

우리의 안에 있는 호흡은 상대방에게 영향을 줍니다. 또한 상대방의 안에서 나오는 호흡 기운도 우리에게 영향을 미칩니다.

거기에 문제가 있습니다.

우리가 만나고 대화를 나누는 모든 사람이 주님의 영으로 충만하고 사랑과 지혜가 가득한 사람들뿐이라면 문제가 없을 것입니다. 그러나 우리가 만나는 사람들 중 많은 사람들이 그들의 안에 두려움과 분노, 이기심, 낙담, 우울함 등 많은 어두움의 기운을 가지고 있습니다. 그러므로 우리가 그들과 같이 대화를 나눌 때 그러한 기운이 우리에게 영향을 주게 됩니다. 바로 그것이 문제입니다.

이러한 경험을 해보신 적이 있을 것입니다. 두 사람이 친근하고 재미있게 대화를 나누고 있습니다. 그 때 다른 사람이 문을 열고 들어옵니다. 그런데 그 사람이 들어오는 순간 갑자기 분위기가 싸늘하게 식어지는 것이 느껴집니다.

그 이유는 무엇일까요? 그 사람은 한 마디도 이야기를 하지 않았습니다. 그저 단순히 그 공간에 들어온 것뿐입니다.

그러나 분명한 것은 대화를 하던 이들이 그의 존재에 의하여 어떤 분위기를 느낀다는 것입니다. 각 사람은 각 사람이 가지고 있는 고유한 분위기가 있습니다.

그것을 느끼는 것은 모든 사람이 가지고 있는 영적인 감각 때문입니다. 그 감각 때문에 우리는 사람의 마음을 느끼기도 합니다. 한 마디의 말도

하지 않았는데도 그 사람이 몹시 상심하고 있는 것을 느끼게 되기도 합니다.

그것은 우리 영혼의 감각입니다. 그것은 또한 호흡을 통한 분별이며 느낌이기도 합니다. 호흡과 영은 밀접한 관계가 있기 때문입니다. 그 영혼의 감각, 호흡의 감각은 사람에 따라 예민한 사람이 있고 둔감한 사람이 있기도 합니다. 그러나 어느 정도는 다 그와 같은 감각을 가지고 있습니다.

이와 비슷한 이야기도 많습니다. 여러 친구들이 이야기를 하고 있는데 갑자기 한 사람이 그 자리에 없는 다른 친구의 이야기를 꺼냅니다. 그래서 다들 그 친구에 대한 이야기를 하기 시작합니다. 그런데 그 순간 화제의 대상이 되고 있는 그 친구가 등장합니다.

여기서 모든 친구들은 웃게 되고 갑자기 등장한 그 친구는 영문을 몰라 합니다. 흔히 이럴 때 '호랑이도 제 말하면 온다' 는 말을 합니다.

바로 이런 것이 영혼의 감각입니다. 그의 모습은 아직 나타나지 않았지만 그가 온 것을 친구들의 영혼은 느끼게 되고 갑자기 그에 대한 이야기를 하고 싶은 마음이 드는 것입니다.

이러한 것은 영혼의 감각이며 또한 동시에 호흡에 대한 감각입니다. 영혼은 호흡과 밀접한 관계가 있습니다. 그래서 어느 정도 영혼의 감각이 발전하게 되면 상대방이 어느 정도 멀리 있어도 그 사람의 고유한 호흡이나 영의 상태를 느끼게 되는 것입니다.

그렇기 때문에 어느 정도 기도의 훈련이 쌓여진 중보 기도자들은 기도를 드리면서 자신이 기도하고 있는 사람의 상태를 어느 정도 느끼게 되는 것입니다. 상대방의 영혼이 어떤 상태인지, 가슴이 답답한 상태인지, 아니면 평화로운 상태인지 느낄 수 있게 되며 그래서 상대방의 상태에 맞는 기도를 드릴 수 있는 것입니다.

아직 영혼의 기능이 발전되어 있지 않은 이들은 이러한 이야기들이 다소 낯설게 들려질지도 모릅니다. 그러나 그러한 이들도 호흡기도를 통하여 실제로 영의 움직임을 느끼고 경험하게 되면 점차로 그렇게 다른 이들의 상태를 느끼고 감지하며 돕는 것이 신기한 일이 아니라는 것을 알게 될 것입니다.

나는 몇 년 전 어느 영성원에서 집회를 한 적이 있었습니다. 집회를 마치고 피곤해서 의자에 앉아서 쉬고 있는데 어떤 사모님이 간절하게 기도를 해주기를 요청하는 것이었습니다.

나는 기도 사역을 하는 것을 별로 좋아하는 편이 아니지만 워낙 간절하게 요청을 하는 바람에 그녀의 어깨에 손을 얹고 기도를 해 주었습니다. 나는 기도를 한 후에 그녀의 심령을 느끼고 그녀에게 말했습니다.

"사모님의 심령 안에 주님을 사랑하는 마음이 가득 차 있군요."

그녀는 울면서 대답했습니다.

"주님께서 그렇게 만들어 주셨어요."

잠깐의 터치를 통하여 상대방의 영적인 상태나 마음을 느끼게 되는 그러한 인식, 감각은 어느 정도 호흡의 흐름에 익숙해지면 자연스러운 것입니다. 그녀의 심장 속에서 주님을 사랑하는 달콤한 영의 호흡, 흐름과 움직임이 감지되었기 때문에 나는 그렇게 이야기한 것이지요. 그처럼 영의 감각과 호흡의 움직임은 아주 밀접한 관계가 있습니다.

한 번은 오래 전 목회를 하고 있었을 때 어떤 집사님이 방문을 한 적이 있었습니다. 나는 그가 교회에 들어오는 순간 그의 심장이 몹시 심하게 뛰고 있는 것을 느꼈습니다. 물론 그는 겉으로는 아무런 표시도 내지 않고 태연한 척 하였습니다.

나는 그에게 기도를 해주며 말했습니다.

"도대체 이런 상태로 어떻게 살아왔습니까?"

그는 항상 마음이 불안하고 쫓기고 있는 자신의 비참한 상태를 내가 느끼고 이해를 하자 몹시 고마워하는 것이었습니다. 이러한 느낌의 전이는 영혼의 감각이 어느 정도 열리면 쉽게 감지되는 것입니다.

모든 사람은 각 자의 고유한 영혼, 영의 상태를 가지고 있으며 고유한 호흡을 가지고 있습니다. 그 호흡은 그 사람의 성질, 인격, 영성, 몸의 건강 상태 등 모든 것을 포함합니다. 그런데 대화를 할 때 그 호흡과 기운을 같이 나누게 되는 것입니다. 그리고 이러한 교류는 우리의 영혼에게 도움이 될 수도 있지만 또한 많은 고통과 눌림과 부담을 주기도 하는 것이 보통입니다.

다른 사람들과의 대화가 아주 고통스러웠던 경험은 누구나 다 가지고 있을 것입니다.
어떤 이가 원망과 불평이 가득해서 우리를 붙들고 푸념을 해댑니다. 그것을 즐거운 마음으로 잘 견딜 수 있는 사람은 그리 많지 않을 것입니다. 그들이 그렇게 말을 할 때에 악하고 나쁜 기운이 그들의 입에서 흘러나옵니다. 그리고 그 악한 기운은 듣는 이들의 안으로 흘러 들어옵니다.
그것은 아주 난처하고 고통스러운 상태입니다. 아주 일부의 사람들, 영적인 에너지, 그 안에 빛의 에너지가 충만한 사람들은 그러한 어두움의 기운이 안에 들어온다 해도 충분히 기도함으로 그의 빛으로 그러한 기운을 중화시킬 수 있습니다.
또한 그러한 영적인 감각이 아주 둔해서 뭐가 들어오는지 나가는지 모르는 이들은 그것이 그리 힘들지 않을 것입니다. 그러나 보통의 사람들은 대부분 그러한 상황이 아주 견디기 어렵습니다. 그들은 그러한 푸념을 들을 때 속이 갑갑해서 죽을 지경입니다.
대체로 삶의 고통을 많이 겪은 부모님들은 그들의 고통에 대하여 하소연할 대상을 찾지 못하고 자녀들에게 이러한 한탄을 쏟아놓기 마련입니다. 물론 그들의 문제는 환경이 아닙니다.
그들은 영적인 기운과 흐름에 대하여 알지 못하기 때문에 환경의 고통과 좌절을 통해서 영적인 메시지를 발견하고 성장해 가는 것보다는 원망과 억울함과 근심, 눌림의 영들을 받아들인 것이며 그러한 영적인 상태가 바로 문제인 것입니다.

그러나 당사자들은 일단 자기의 속이 답답하니까 누구든지 그러한 하소연을 들어줄 사람을 찾게 됩니다. 즉 자기의 속에 가득한 쓰레기들을 누군가에게 버리기를 원하는 것입니다.
자녀들의 영혼이 영적으로 충만한 상태라면 별 문제가 되지 않을 것입니다. 그러나 그렇게 영이 맑고 강한 사람은 드물기 때문에 대체로 자녀들은 부모들의 그러한 푸념에 짜증을 내기 마련이고 부모님들은 자신의 고통을 알아주지 않는 자녀들에 대하여 배신감과 분노를 느끼게 됩니다.

영적인 감옥에 갇혀있는 사람들은 다른 사람들을 자신이 묶여있는 감옥으로 같이 끌어들이려고 하는 경향이 있습니다. 그것이 지옥의 속성입니다.
사실 어두움의 영적 감옥에 떨어져 있는 이들을 빛의 세계로 인도하는 데에는 상대방이 가지고 있는 어두움의 영력보다 몇 배나 강한 빛의 영력이 필요합니다. 그것은 쉽지 않은 일입니다.
상대의 도움을 거절하는 것이 즐거운 일은 아니지만 그러나 자신의 영력을 초월하는 일을 떠맡는 것도 지혜로운 일은 아닙니다.
이러한 일에는 정말 지혜가 필요합니다. 중요한 것은 주님의 허락하시고 인도하시는 분량만큼 사람을 돕고 섬기는 것입니다.
내성적인 사람들은 영력도 그리 충만하지 않은 상태에서 다른 사람들의 푸념이나 원망에 대하여 거절하지도 못하고 이기지도 못하기 때문에 그들은 항상 주위의 쓰레기를 받아들이게 됩니다.
당연히 그들의 속은 오염된 쓰레기로 가득하게 되지요. 자신이 충분히 쓰레기를 정화시킬 능력도 없으면서 구세주가 되려고 하면 사람은 누구나 그 대가를 지불하게 되는 것입니다.
이것은 참으로 문제입니다. 이 세상 안에는 자신의 안에 가득한 쓰레기를 버릴 대상을 찾는 이들이 엄청나게 많습니다. 그러한 이들은 그들 안에 있는 쓰레기를 다 받아주는 사람이야말로 진정 사랑이 가득한 사람이라고 생각합니다. 그들은 그들이 겪는 고통들이 자신의 상념과 생각에서 비롯되며 그 자신의 생각과 호흡이 잘못되었기 때문에 온다는 사실을 모릅니다. 자신의 마음과 자신의 생각과 자신의 호흡 때문에 괴로운 것이라고 제대로 인식하는 사람은 그리 많지 않을 것입니다.

쓰레기는 단순히 하소연과 푸념을 하는 이들을 통해서만 전달되는 것이 아닙니다. 쓸데없이 큰 소리를 치고 화를 내는 사람들을 통해서도 그 입에서 악한 기운, 사망의 기운들이 흘러나오게 됩니다.

부모님들이 자주 싸우는 집안의 아이들은 정서가 불안하고 무기력하거나 공격적인 상태가 됩니다. 그것은 부모님들이 싸울 때 그들의 입에서 나오는 악한 기운들이 자녀들에게 들어가기 때문입니다. 그 악한 에너지는 자녀들의 안에 들어가서 그들의 몸과 마음을 오래 동안 지배하고 파괴하게 되는 것입니다.

이 세상에는 사람들의 코와 입을 통해서 아름답지 않은 기운들이 참으로 많이 나가고 움직입니다. 코와 입을 통하여 아름답고 따뜻하고 사랑스러우며 생기와 풍성함을 주는 기운이 흘러나가는 이를 찾기란 몹시 어려운 일입니다. 오늘날 사람들의 영혼은 많이 병들었으며 그리스도인이라고 하더라도 주님의 풍성한 임재와 실제적인 따뜻한 교제를 가지고 있는 이들은 그리 많지 않습니다. 그러므로 우리는 조심하며 자신을 방어하고 자신의 영을 지켜야 합니다.

우리는 호흡과 영의 흐름에 대하여 배워야 합니다. 그리고 경험해야 합니다. 그리고 그 기운들을 분별할 수 있어야 합니다.

우리는 사람들과의 대화와 접촉을 조심해야 합니다. 그리하여 악한 기운이 흐르는 사람을 대하게 될 때 그 기운, 그 흐름이 내 안에 들어오지 않도록 해야 합니다.

상대방의 가지고 있는 기운이 나쁘다고 무조건 도망을 갈 수는 없을 것입니다. 그러나 그러한 경우에 우리는 온 몸의 긴장을 늦추어서는 안 됩니다. 눈에 힘을 주고 배에 힘을 주어야 합니다.

이러한 방법에 대해서는 나중에 좀 더 자세하게 나누겠지만, 긴장된 몸의 상태에서는 상대방의 나쁜 기운이 잘 들어오지 못하게 됩니다. 그러므로 그러한 자세는 자신을 방어하는 하나의 요령이 되는 것입니다.
우리는 좀 더 주님의 임재와 움직이심에 민감해야 할 것입니다. 그리고 예수 호흡기도를 통하여 그 실제적인 영의 움직임을 맛보고 알아가야 할 것입니다. 그리고 그 영으로 충만함을 얻어야 합니다.
그러나 자신의 영이 충만하기 전에 함부로 과신하여 다른 사람의 나쁜 기운이 들어오는 것을 내버려두어서는 안 됩니다. 우리는 주님의 풍성한 영을 얻어야 하며 또한 동시에 세상으로부터 오는 악한 기운, 나쁜 호흡, 숨을 경계하고 자신을 지켜야 합니다.

기억하십시오. 사람들의 만남에는 영의 흐름이 있습니다. 호흡의 교류가 있습니다.
성도의 교제를 통해서 상대방이 경험한 풍성한 은혜를 맛보고 누리는 것은 아주 좋고 행복한 일입니다. 상대방이 아주 맑고 아름다운 영성을 가지고 있다면 그와 같은 만남은 바로 축복입니다.
그러나 그렇지 않은 이, 세상의 기운, 정욕과 어두움으로 가득 찬 이들을 본의 아니게 접촉해야할 때 부디 조심하십시오.
주님의 도우심과 보호를 구하십시오.
그리고 상대방의 그러한 기운이 들어오지 않도록 깨어있으십시오.
이 어두운 세상 속에서 정욕과 완악함이 가득한 세상에서 당신의 영혼을 보호하십시오. 당신의 영혼이 세상과 구별되게 하십시오.
당신 안에 거하시는 주님의 임재, 그 풍성함, 그 아름다운 호흡과 흐름을 항상 맑고 신선하게 유지하십시오. 주님의 충만한 임재, 아름다운 교제 가운데 거하십시오. 영적 충만함과 신선함의 유지에 성공하는 사람은 곧 모든 것에 성공한 사람입니다. 왜냐하면 그는 곧 천국의 임재를 누리고 있는 것이며 값으로 매길 수 없는 영원한 보화를 누리고 맛보고 있는 것이기 때문입니다.

18. TV의 접촉과 호흡

사람은 독립적으로 존립이 가능한 존재가 아닙니다. 외부로부터의 어떠한 공급과 유입을 통해서만이 생명을 유지할 수가 있습니다.
그래서 사람은 입으로 음식을 받아들이며 코로 공기를 받아들입니다. 눈으로 보이는 것을 받아들이며 귀로 소리를 받아들이고 머리로 생각을 받아들입니다. 그러한 것들이 사람에게 에너지를 주어 활동과 생존을 가능하게 합니다.
음식은 눈에 보이는 것이지만 코로 받아들이는 숨이나 귀로 들어오는 소리, 머리에 들어오는 생각 등은 눈에 보이지 않습니다.
그러나 그것들은 보이지 않을 뿐 확실한 실체입니다. 그것들은 고유한 특성과 파장을 가지고 있는 하나의 에너지이며 기운입니다.
그 기운들은 빛에 속한 기운과 어두움에 속한 기운으로 나눌 수 있습니다. 사람에게는 빛의 세계로부터 오는 기운도 들어올 수 있지만 어둠의 세계로부터도 그 기운이 들어올 수 있다는 것입니다.

요한복음 13장 2절을 보면 마귀가 가룟 유다에게 예수를 팔려는 생각을 넣었다고 기록하고 있습니다. 즉 가룟 유다에게서 일어난 생각은 어두움의 영계에서 온 것이었습니다.
마태복음 13장을 보면 말씀의 씨앗을 뿌릴 때 새들이 와서 먹어 버린다는 표현이 있는데 주님은 그 말씀을 해설하시면서 복음의 말씀을 깨닫지 못할 때 악한 자들이 와서 그 말씀을 빼앗아 간다고 하셨습니다. 이와 같이 악한 영들은 지옥으로부터 오는 악한 생각, 충동, 기운을 사람들에게 집어넣기도 하고 천국의 빛으로부터 오는 말씀과 진리를 빼앗아 가기도 합니다. 주님은 제자들이 손을 씻지 않고 음식을 먹는다고 트집을 잡는 바리새인들에게 이렇게 대답하셨습니다.

"그것이 무엇이 그렇게 중요하냐? 입으로 들어가는 음식은 뒤로 나오면 그만이다. 그러나 사람의 속에서 나오는 살인과 간음과 같은 각종 더럽고 악한 생각들, 그것이 더 문제가 되는 것이다." (마15:1-11)

주님께서는 입으로 들어가는 것들보다 사람의 마음속으로 들어가는 것들에 대하여 더 주의를 기울이셨습니다. 그리고 그것은 실로 중대한 문제입니다!

입으로 들어가는 음식을 먹을 때도 할 수 있는 한 깨끗한 음식을 먹어야 합니다. 그러나 그것은 물질적인 영역이며 본질적인 영역은 아닙니다. 하지만 생각과 마음을 자극하는 기운이 우리 안에 들어오는 것에 대해서는 좀 더 주의를 기울이지 않으면 안 됩니다. 음식은 몸을 형성하지만 그러한 기운의 침투는 우리의 영혼을 형성하기 때문입니다.

우리에게 세상의 온갖 악한 에너지, 기운을 공급하고 나누어주는 대표적인 존재, 그것이 TV입니다.

앞의 장에서 사람들과의 접촉, 대화는 서로의 호흡을 나누는 것이라고 하였습니다. 그리고 영과 호흡이 좋지 않은 이들과의 접촉을 통하여 그 호흡이 우리 안에 들어오게 되고 그 결과 몸과 영의 눌림이 올 수 있다는 것을 이야기하였습니다.

TV와의 접촉도 이와 비슷합니다. TV를 보는 것은 그 안에서 등장하는 사람들의 호흡을 흡입하는 것입니다. 그러나 TV가 실제의 만남보다 훨씬 더 위험하고 파괴적인 이유는 사람을 만나는 것보다 TV를 만나는 것이 훨씬 더 쉽기 때문입니다.

TV는 누구나 집에서 가만히 있으면서 리모컨을 누르는 것만으로 그 세계와 접촉하는 것이 가능합니다. 그 단순한 행위를 통하여 자기의 방안에 세계의 온갖 다양한 영들을 끌어들일 수 있습니다.

TV속에 등장하는 사람들의 입에서 나오는 각종 악하고 더러운 영들을 시청자들은 받아들이고 마시게 됩니다. 그들의 호흡을 취하게 됩니다.

그것은 그저 스쳐지나가는 기운이 아닙니다. 그것은 실제적인 영이며 기운이며 에너지입니다. TV를 통해 시청자들의 안에 들어온 영들은 시청자들을 지배하고 그들의 영혼에 영향력을 행사합니다.

보기 드물게 내용이 좋은 TV프로그램도 있습니다. 감동과 자유함의 호흡을 공급하는 프로그램도 있습니다. 그러나 호흡을 막고 누르며 영혼에 악한 영향을 끼치는 프로그램이 훨씬 더 많은 것이 현실입니다.

대부분의 TV프로그램은 호흡을 방해합니다. 그것은 호흡을 약하게 만들고 심장을 상하게 하며 영혼에게 충격을 주고 혼란스럽게 만듭니다. TV를 오래 보면서 마음의 평화를 유지할 수 있는 사람은 별로 없을 것입니다.

드라마를 보면 화를 내고 싸우는 장면이 흔하게 나옵니다. 사람들은 그것을 단순히 연기일 뿐이라고 생각하지만 그러한 연기를 할 때 실제로 악하고 나쁜 기운이 그들의 입과 코를 통해서 나옵니다.

연기에 능숙한 배우일수록 그들은 실제적인 악한 기운을 공급하는 것에 능숙합니다.

그러므로 그러한 연기를 보고 있는 사람들은 실제로 사람들이 그들에게 분노와 짜증을 터트리는 것을 당하는 것과 동일한 영적 눌림을 가지게 됩니다. 그것은 실제의 삶에서 직접 겪는 고통과 흡사한 고통과 압력을 그들에게 끼치는 것입니다.

시기와 질투, 육의 욕망, 헛된 야망을 추구하는 삶.. 그것도 TV에서 많이 등장하는 내용입니다. 그러한 영, 그러한 기운은 연기자들의 말과 호흡과 함께 시청자들의 심령 속에 스며들어갑니다.

공포영화나 잔인한 장면을 보고 있는 것은 일종의 자살행위와 같습니다. 보는 사람들의 심장은 굳어지며 영혼은 병들고 영의 감각은 마비됩니다.

다소 긴장이 덜한 오락 프로그램도 별로 상황이 낫다고 보기는 어렵습니다. 그것은 웃음을 유발하기도 하지만 그 웃음의 뒤끝은 허무한 것입니다. 그것은 영혼 안에 들어와 깊은 만족감과 행복을 주는 웃음이 아닙니다.

우리가 영혼의 평화, 자유롭고 풍성한 생명의 호흡을 하기 원한다면 우리는 TV시청을 조심하여야 하며 절제해야 합니다. 그것은 우리의 호흡을 답답하게 합니다. 호흡을 답답하게 하며 우리의 생명을 서서히 병들게 합니다. 그것은 영혼을 더럽히고 망가뜨리는 것입니다. TV는 처음에 우리에게 잠시 즐거움을 주지만 그 후에는 오랜 고통과 온갖 악한 증상을 일으킵니다.

예배를 드리고 기도를 하는 것은 아름다운 것이지만 그 시작은 쉽지 않습니다. 처음에는 하기 싫을 때가 많이 있습니다.
예배를 드리고 기도를 하기 위해서 교회에 가는 것이 부담스러울 때도 있습니다. 그것은 마귀가 그것을 방해하기 때문입니다. 그러나 마귀의 유혹을 물리치고 교회에 가서 예배를 드리고 찬송을 부르며 기도를 마치고 나면 돌아오는 발걸음은 아주 가볍고 편안합니다. 마음도 아주 유쾌해집니다. 처음 시작은 어렵지만 나중의 열매는 아주 아름답고 풍성한 것입니다.
그러나 TV의 시청은 그 반대입니다. 처음에는 사람의 겉사람과 본능의 욕망을 끌어당기는 요소가 있어서 사람들은 쉽게 TV에 빠져듭니다. 그러나 시청이 끝난 후에는 결코 진정한 만족을 얻을 수 없습니다. 사람들은 허무하고 허전함을 느낍니다. 그리고 다시는 보지 말아야겠다고 결심하게 됩니다. 그러면서도 다시 보게 되고 또 다시 그런 결심을 되풀이하는 것이 보통입니다.
도박을 하는 사람도 컴퓨터 게임에 빠진 사람도 항상 끝이 난 후에는 다시 하지 않겠다고 결심을 합니다. 그것이 자기에게 일시적인 만족을 주기는 해도 결과적으로는 해로운 것임을 잘 알고 있기 때문입니다. 하지만 그러한 결단을 지키는 것은 어려운 일입니다. 호흡을 통하여 그의 안에 들어온 그 기운은 다시 도박을 하도록 다시 게임을 하도록 다시 그를 끌고 다니기 때문입니다. 그는 단지 노예에 불과할 뿐 그 기운을 이겨낼 힘이 없습니다.

생기가 모자라고 에너지가 모자란 사람은 그 마음이 항상 공허하고 허전하기 때문에 무엇에든 중독되기 쉽습니다. 연애에도 중독되고 술에도 중독되며 쇼핑에도, 사소한 잡기에도 중독됩니다. 그중에서 가장 보편적이고 일반적인 중독은 TV 시청의 중독입니다.

오늘날 많은 사람들이 TV 시청의 중독에 빠져 있습니다. 아침에 일어나기만 하면, 그리고 집에 오기만 하면 습관적으로 TV를 켜는 이들이 많이 있습니다. 이것은 보편적인 일이지만 많은 재앙을 가져오며 영혼을 혼탁하게 만듭니다. 그러므로 그리스도인들은 반드시 TV를 조심하고 절제해야 합니다.

TV는 우리의 호흡을 망가뜨립니다. 영혼의 깊고 잔잔한 호흡을 무너뜨립니다. TV 출연자들의 입에서 나오는 각종 혼란스러운 호흡과 기운이 시청자들안에 들어옵니다. 그리고 그 기운은 사람들의 입으로 코로 귀로 들어옵니다. 그 기운은 음란의 기운이며 분노의 기운이며 온갖 더럽고 악한 기운입니다. 그리고 그 기운은 그를 지배하고 주도하며 끌고 다니게 됩니다.

야한 내용의 영화를 본 이후에 그러한 영상에서 벗어나지 못하여 고통을 겪으며 폭력적인 내용의 프로그램이나 영화를 본 후 그 기운에 사로잡혀서 비슷한 행동을 하는 사람들을 많이 볼 수 있습니다. 영혼이 약하고 민감한 사람일수록 그 증상은 심각해집니다.

TV 자체가 마귀라고 할 수는 없습니다. 문제는 TV가 아니라 프로그램이며 그 안에서 흘러나오는 기운과 영입니다.

TV에서 다루는 좋은 프로그램도 있으며 사람들에게 유익한 정보를 주는 경우도 있습니다. 문제는 TV 자체가 아니라 그것을 사용하고 지배하는 이들의 영적인 수준과 상태가 문제가 되는 것입니다.

영이 강하며 자신을 잘 컨트롤할 수 있는 사람은 TV로부터 비교적 적은 피해를 입을 것입니다. 그러나 현실적으로 분명한 사실은 TV에서 나오는 세상적인 문화와 그 기운은 대부분 영혼의 흐름과 움직임을 방해하고 고통스럽게 한다는 것입니다.

그러므로 그리스도인들은 가급적이면 TV를 시청하는 시간을 줄여야 합니다. 영혼이 얇고 민감한 사람들은 될 수 있는 한 TV의 근처로 다가가지 말아야 합니다. 그들에게는 각종 악한 기운이 그들 영혼의 깊은 곳까지 침투하게 될 수도 있습니다. 또한 깊은 기도의 세계로 나아가 놀라운 하나님의 임재를 경험한 이들은 될 수 있는 한 TV에서 멀어져야 합니다. 많은 경우 TV의 프로그램은 주님의 임재를 소멸시키기 때문입니다.

호흡으로 기도하며 주를 추구하는 이들은 점점 더 주님의 가까우신 임재를 경험하게 됩니다. 그리고 영적으로 예민해지게 됩니다. 그들은 점차로 사람의 입에서 나오는 기운과 느낌에 대하여 분별할 수 있게 될 것입니다. 그 기운이 밝고 아름다운 것인지 아니면 어둡고 추하며 더러운 것인지 점점 더 선명하게 인식하게 될 것입니다. 그러므로 무엇을 조심해야 하고 어떤 기운을 받아들여서는 안 되는 것인지에 대하여 분별할 수 있게 될 것입니다.

그 호흡과 영의 느낌을 분별할 수 있다면 자연스럽게 편안하게 그 호흡을 받아들여야 하는지 아니면 그것을 방어하고 거부해야 하는지 알 수 있을 것입니다.

호흡을 받아들이는 것은 그저 자연스럽게 긴장을 풀고 충분히 깊이 호흡하면 됩니다. 우리가 주님을 사랑하는 사람들과 함께 편안하고 아름다운 교제를 나누고 있다면 우리는 긴장할 필요가 없습니다. 우리는 편안하게 주님을 같이 나누면 됩니다. 그러나 별로 좋지 않은 기운이 흘러나오는 것을 접하는 상태에 있다면, 악한 문화를 접해야 하는 상황에 있다면, 그래서 그 호흡을 받아들이지 않고 싶을 때에는 긴장하는 것이 필요합니다.

그리고 눈에 힘을 주고 그 호흡과 기운이 자신에게 들어오지 못하도록 방어를 하고 있어야 합니다. 눈은 영혼의 창문이며 입구이기 때문에 눈이 긴장을 하고 있으면 다른 기운들이 함부로 들어올 수 없기 때문입니다.

주님의 영, 주님의 호흡은 너무나 맑고 아름답고 섬세하고 포근하고 행복합니다. 그 기운과 임재를 경험한 사람은 그것을 쉽게 분별할 수 있을 것입니다.

그러나 이 세상에는 그 반대되는 악하고 거칠고 더러운 호흡, 영들의 기운이 너무나 많이 흐르고 움직이고 있습니다. 우리는 우리의 영혼을 맑게 지키기 위하여 그것을 분별하고 조심해야 합니다.

주님의 영의 실제를 누리고 맛보기 원한다면 우리는 호흡을 하는 것을 조심해야 합니다. 세상의 호흡, 세상의 기운이 우리 안에 함부로 들어오도록 허용해서는 안 됩니다. 우리 안에 계신 주님은 너무나 아름답고 존귀하신 분이기 때문에 악하고 더러운 호흡으로 그분과 같이 섞어서는 안 됩니다.

부디 세상의 호흡을 분별하고 그 기운으로부터 자신을 지키십시오.
오직 맑고 따뜻하고 아름답고 성결한 호흡만이 당신의 안에 가득하도록 하십시오.
당신은 좀 더 깊이 주님의 임재와 실제를 누리게 될 것입니다.
그리고 주님만이 주실 수 있는 거룩함과 자유함 속에서 순결한 행복을 누릴 수 있게 될 것입니다.

19. 호흡의 두 가지 측면

호흡은 들이마심과 내보냄으로 이루어집니다. 들이마시는 것은 충전이며 내보내는 것은 방전과 같습니다. 들이마심은 나를 주님의 은혜로, 생기로 충만하게 하는 것이며 내보내는 것은 내 안에 있는 죄와 악, 탁한 기운을 내보냄으로써 나를 정화시키는 것입니다.
호흡은 어두움을 버리고 빛으로 채우는 것입니다. 그것은 물리적으로도, 정서적으로도, 영적인 측면에서도 같습니다.

앞에서 호흡은 단순히 생리적인 것만이 아니며 정신적이고 영적인 측면이 있음을 나누었습니다. 어떤 사람이 아무 생각 없이 호흡을 한다면 그것은 단순한 물리적인 호흡이지만 그가 의식을 가지고 호흡을 한다면 그것은 정신적이고 영적인 호흡이 되는 것입니다. 그러므로 호흡은 물리적인 측면과 함께 영적이고 정신적인 측면이 존재합니다.
그리고 그러한 정서적인 측면에서 보았을 때도 호흡은 아름다운 것을 들이마시는 충전의 요소와 나쁜 기운, 감정을 내보내는 배출로 나눌 수 있습니다.
호흡, 바람, 기운은 영적인 세계와 물리적인 세계를 연결하는 하나의 접촉점과 같습니다. 그러므로 우리는 호흡을 통하여 아름다운 영의 세계에 접할 수도 있으며 정서적인 변화를 경험할 수도 있습니다. 예수 호흡 기도를 통하여 주를 마실 수도 있으며 또한 호흡을 통하여 악한 정서를 내보내며 선한 정서를 받아들임으로써 정서적으로 건강하고 맑은 상태가 될 수도 있습니다.
3부에서 좀 더 나누겠지만 영적인 호흡은 바로 이와 같이 빛의 의식, 빛의 감정, 빛 되신 주님을 누리는 것이며 또한 어두운 의식, 어두운 정서, 어두운 영들을 내보내는 것입니다.

우리는 호흡을 들이마시면서 주님의 임재를 초청할 수 있습니다. 그분의 사랑과 용서와 은혜를 호흡을 하면서 믿음으로 마실 수 있습니다.

단순히 찬양과 사랑의 고백과 감사를 드리는 것보다 충분한 호흡과 함께 그러한 것들을 주님께 드리고 구하는 것은 훨씬 더 실제적인 영의 풍성함을 우리에게 가져다줍니다. 그것을 시도해본 사람이면 이 호흡을 통하여 주님의 은총을 경험하는 것이 결코 이론이 아님을 알게 될 것입니다.

또한 우리는 우리 안에 있는 나쁜 정서적인 요소들을 호흡을 하면서 배출할 수 있습니다. 도저히 용서가 되지 않는 마음을 내보낼 수 있습니다.

마음이 불안할 때 그 마음을 호흡을 통하여 내보낼 수 있습니다.

어떤 중독에 대한 기운을 밖으로 보낼 수 있습니다. 술을 끊을 수 없을 때, 담배를 끊을 수 없을 때 우리는 그것을 호흡을 통하여 밖으로 내보낼 수 있습니다.

어떤 사람에게 지나치게 집착을 하고 거기에서 벗어날 수 없을 때 우리는 간단하게 상대방에 대한 기억이나 상처를 호흡을 하면서 밖으로 배출 할 수 있습니다. 우리는 곧 자유함을 얻을 수 있으며 그것은 아주 쉬운 일입니다.

주님의 은혜가 임하고 자유함을 얻는 과정에는 많은 원리와 도구가 필요합니다. 나는 오직 호흡만이 유일한 길이라고 이야기하고 싶지 않습니다. 그리고 이것으로 모든 문제가 끝이 난다고 이야기하고 싶지도 않습니다.

그러나 분명한 것은 이것은 우리에게 놀라운 자유와 은총을 선사한다는 것입니다. 무기력 가운데 있던 많은 사람들은 생기를 얻고 생생해지며 주님의 임재에 대하여 무감각하고 닫혀있던 많은 이들은 실제적으로 주님을 느끼게 되며 새로운 주님과의 신선한 교제 속으로 들어가게 됩니다. 이것을 경험하게 되면 주님이 멀리 떨어져 계신 분이 아니며 아주 가까이 계셨던 분이었으나 자신이 그 사실을 알지 못했었다는 것을 알게 될 것입니다.

배출하는 호흡은 그 사람을 묶고 있었던 많은 잘못된 습관이나 감정으로부터 그 사람을 자유롭게 합니다. 물론 한 순간에 모든 것에서 해방되고 끝이 나는 것은 아니지만 적어도 자유함으로 가는 길목에 서있게 되는 것입니다.

호흡에는 자연적인 측면과 영적인 측면이 있습니다.
자연적으로도 바른 호흡은 건강에 유익합니다. 충분한 호흡, 깊은 호흡은 그에게 생기를 주고 편안함을 줍니다. 그러나 호흡의 영적인 측면이 주는 유익은 그보다 훨씬 더 놀라운 것입니다.
그것은 우리에게 주님의 사랑과 임재를 가까이 가져다줍니다.
그것은 우리의 영을 강화시킵니다. 그것은 오래 동안 우리 안에 있었고 우리를 괴롭혔던 많은 것에서 우리를 풀어주고 자유롭게 합니다.
호흡은 주님께서 우리에게 허락하신 놀라운 선물입니다.
당신이 이 기도를 배우고 호흡을 통하여 주님께 나아가게 될 때 당신은 선명하게 그것을 깨닫게 될 것입니다.

20. 강한 호흡과 깊은 호흡

강하고 충만한 호흡은 연약하고 소극적인 사람을 생기 있고 적극적인 사람으로 바꾸어줍니다. 대인관계에서 눌리고 상처받으며 무기력하고 창백한 스타일의 사람을 역동적이고 매력적인 사람으로 바꾸어주는 힘이 있습니다.

강하고 충분한 호흡만을 가지고도 사람들은 많은 변화와 자유를 경험하게 될 것입니다. 그러나 여기에도 문제는 있습니다. 강한 호흡에만 치우칠 경우 그것은 사람을 거칠어지게 할 수 있습니다. 열정과 자신감을 얻을 수는 있겠지만 성품적인 면에서 다소 경박해질 위험도 간과할 수 없습니다.

앞에서 소개한 예수원의 원장을 지냈던 대천덕 신부님은 [성령님의 이중 사역]에 대한 가르침을 통하여 한국 교회에 많은 도움을 주셨습니다. 성령님의 이중사역이란 신부님이 성경을 연구하는 과정에서 깨닫게 된 것으로 성령의 충만은 외적인 충만과 내적인 충만의 두 가지를 다 포함한다는 것입니다.

여기에서 외적인 충만은 은사적인 충만으로 이해할 수 있습니다. 그리고 내적인 충만은 열매적인 충만으로 볼 수 있습니다.

그러므로 성도는 성령의 충만을 받아야 하는데 외적인 충만을 입어서 능력있는 성도가 되어야 하며 내적으로도 충만해서 아름답고 성숙한 성령의 열매를 맺는 성도가 되어야 한다는 것입니다.

이 가르침의 중심은 결국 균형잡힌 그리스도인입니다. 외적인 측면에만 치우쳐서는 안 되며 또한 내적인 측면으로만 치우쳐도 안 된다는 것입니다.

균형잡힌 그리스도인이 되는 것은 모든 그리스도인의 목표라고 할 수 있습니다. 대체로 은사적이며 외적인 충만함을 가지고 있는 이들은 내적인 성숙이 부족하여 성품에 있어서 부족한 부분을 많이 드러냅니다. 또한 내면적인 성숙과 열매를 구하는 이들은 인격이 아름답고 헌신적인 면이 있으나 외적인 권능이 부족하여 수시로 잘 눌리고 묶여있는 소극적인 삶을 살게 됩니다. 그러므로 내면적으로는 아름답고 성숙하며 외적으로는 권능과 은혜가 충만하여 세상을 이기는 그리스도인이 되어야 하는 것입니다.

오순절에 임하신 성령의 역사에 대한 언급에서 급하고 강한 바람과 같다는 표현이 있습니다. (행2:2) 이 역사는 외적인 충만함의 역사이며 권능적인 것입니다.

또한 주님은 그를 믿는 자의 받을 성령에 대해서 말씀하시기를 그 배에서 생수가 흘러날 것이라고 하셨습니다. 이것은 성령님의 내면적인 역사에 대한 언급입니다. (요7:37-39)

호흡기도에 있어서 강한 호흡과 깊은 호흡, 이 두 가지의 호흡은 이러한 균형과 관련이 있습니다.

강력한 호흡은 강력한 영의 흐름, 움직임과 관련이 있으며 깊은 호흡은 내면에 임하는 깊은 은혜와 관련이 있습니다.

주를 부르며 강한 호흡으로 기도하는 것은 강력한 영의 흐름을 일으키며 성도의 영을 외적으로 강건하고 충만하게 합니다. 또한 고요히 깊은 내면에서 주를 부르며 깊은 호흡으로 기도하는 것은 내면에 깊은 은혜와 충만함이 임하게 합니다. 그러므로 이 두 가지 호흡기도에 익숙해지는 것은 영의 균형과 조화를 이루는 데에 도움이 되는 것입니다.

깊은 호흡으로 기도하는 것과 강한 호흡으로 기도하는 것은 다소 차이가 있습니다.

강한 호흡은 마음속으로 주님을 부르며 단순히 강하게 숨을 마시는 것입니다. 그러나 깊은 호흡은 주님을 부르면서도 호흡을 부드럽고 조용히 깊이 하는 것입니다. 이것은 부드럽고 잔잔한 호흡입니다.

강한 호흡은 힘차기는 하지만 속의 깊은 부분까지 호흡이 이루어지지는 않습니다. 그러나 깊은 호흡은 천천히 우리의 깊은 부분까지 스며들어 가는 호흡입니다. 물론 그 깊다는 것은 단순히 육체의 깊은 곳을 의미하는 것만은 아닙니다. 우리의 의식, 영혼의 깊은 부분까지 영향을 준다는 의미입니다.

사람이 많은 활동을 할 때에는 많은 호흡이 필요합니다. 그래서 거칠고 강한 호흡을 하게 됩니다.

그러나 잠을 자는 사람을 보면 거칠고 씩씩하게 호흡을 하면서 자는 사람은 없습니다. 누구나 잠이 들면 호흡이 깊고 부드럽고 잔잔하게 됩니다. 이것을 보면 충분한 휴식을 위해서는 호흡이 깊고 부드러워야 함을 알 수 있습니다. 또한 다른 차원, 영적인 세계에 들어갈 때도 호흡이 깊고 부드러워야 함을 알 수 있습니다.

깊고 잔잔한 호흡은 그 사람의 성격과도 많은 관련이 있습니다.
호흡의 상태는 언어와 바로 직결이 되고 있는데 거칠게 함부로 말을 하는 사람이 사려 깊고 아름다운 성품을 가지고 있는 경우는 별로 없을 것입니다. 호흡과 언어를 사용하는 방식, 그것은 그 사람을 보여줍니다.

깊은 호흡은 사람의 마음을 안정시킵니다. 그것은 사람의 인격을 깊은 곳으로 인도합니다.

마음이 급하고 불안하고 쫓기는 사람은 이 깊은 호흡을 사용하여 기도하는 것이 좋습니다. 충동적인 성격의 사람도 마찬가지입니다. 그들은 그들의 호흡을 고치지 않으면 행동도, 인격도, 삶도 고치기 어렵습니다.

깊이 들이마시는 호흡은 그 마음의 숨겨진 상처나 슬픔을 의식의 표면 위로 떠오르게 하기도 합니다. 그러므로 주님의 이름을 부르며 그 임재를 초청하며 깊은 숨을 쉴 때에 갑자기 슬픔이 복받치거나 심한 고통을 느끼게 될 수도 있습니다.

가슴속에 깊은 상처와 고통을 담아둔 사람은 깊은 호흡을 하기 어렵습니다. 그는 속이 상처로 인하여 막혀 있습니다. 그러므로 호흡이 깊은 속으로 들어가게 되면 고통을 느끼게 됩니다. 그래서 본능적으로 호흡이 짧아지게 되는 것입니다.
그러므로 주님과 같이 깊은 호흡으로 들어갈 때 그 치유과정에서 숨겨진 가슴속의 고통, 아픔이 나타날 수도 있는 것입니다.
물론 그것은 정화의 과정이며 주님과 같이 기도하는 것이므로 별로 걱정할 필요는 없습니다. 단순히 속에서 나오는 것들을 충분히 쏟아내고 자연스럽게 풀어놓는 것으로 충분합니다.
이 과정에서 어느 정도의 분별은 필요합니다. 속의 슬픔이나 고통을 쏟아내는 과정에서 지나치게 슬퍼진다든지, 어두운 생각이 심각하게 떠오른다거나 하게 되면 주의 이름으로 대적하고 물리치는 것이 좋습니다.

깊고 고요한 호흡은 마음을 안정시킵니다. 깊은 호흡으로 기도하는 것에 익숙한 사람은 세상의 여러 사건이나 상황에 대하여 그리 놀라지 않을 것입니다. 전쟁의 소문이 있고 각종 사고의 소식이 있더라도 그는 별로 놀라지 않을 것입니다.
깊은 호흡은 영혼을 안정시키며 그는 깊은 곳에서 주님을 붙잡고 있기 때문에 어차피 그림자와 같은 세상의 부침에 대하여 그다지 마음을 쓰지 않게 되기 때문입니다.
깊은 호흡은 겉사람의 마음, 육체의 마음을 고요하게 하여 영혼의 문을 엽니다. 겉사람이 지나치게 흥분하고 움직일 때 우리의 영혼은 그저 잠잠하게 쉴 수밖에 없으나 겉사람이 조용해지게 되면 우리의 영혼은 활동을 시작하게 됩니다.
사랑, 지혜, 평화, 안식.. 그러한 모든 아름다움들은 다 같이 영혼이 눈을 뜨고 활동하기 시작할 때에 임하고 나타나기 시작하는 것입니다.
오늘날 사람들이 애쓰고 노력하고 힘을 다하지만 그러한 평화와 안식 속에 잘 도달하지 못하는 것은 대부분 겉사람의 의지와 노력으로 인생을 살며 신앙생활을 하고 있기 때문입니다.
그러나 영혼이 눈을 뜨게 되고 그리하여 자연스럽게 주님의 임재와 교제 가운데 나아가게 되면 쉽고 자연스럽게 주님의 열매를 맺는 것이 그리 어렵지 않다는 것을 알게 됩니다.
깊은 호흡은 영혼을 깨웁니다. 그것은 영혼의 감각을 일으킵니다. 그러므로 우리는 깊은 호흡기도에 대하여 알고 경험해가야 합니다.
우리는 강한 호흡을 통하여 힘과 자신감을 얻을 수 있습니다. 또한 우리는 깊은 호흡을 통하여 영적인 세계의 또 다른 아름다움을 누릴 수 있습니다.

순서로 말하자면 일단 강한 호흡에서부터 시작해야 합니다. 그리고 나서 차츰 깊은 호흡으로 들어가야 합니다. 영성의 발전단계에서도 처음에는 은사와 권능 쪽으로 개발이 되기 시작합니다. 은사는 육체에 임하는 영성이며 아직 영혼이 발전되지 않은 이들에게 먼저 은사가 나타나게 되는 것입니다.
그래서 처음에는 기사와 이적과 같이 눈에 보이고 나타나는 쪽으로 영성을 추구하게 됩니다. 그러다가 차츰 영혼의 감각이 열리기 시작하며 깊고 잔잔한 내적 생명의 역사가 이루어지게 되는 것입니다.
호흡기도의 발전도 그와 비슷합니다. 처음에는 강력한 호흡을 통해서 몸에 강한 주님의 기름 부으심을 경험하게 됩니다. 그러다가 차츰 영혼의 감각이 깨어나기 시작하며 좀 더 섬세하고 깊은 주님의 임재 가운데로 나아가게 되는 것입니다.
호흡으로 기도하는 것은 우리에게 주어진 주님의 놀라운 선물입니다.
이 기도를 통하여 경험하는 주님의 놀라우신 임재와 은총.. 그것은 우리의 삶과 신앙에 있어서 아주 귀한 유산이 될 것입니다.

21. 음식과 호흡

음식을 먹는 것과 호흡을 하는 것은 아주 밀접한 관계가 있습니다.
누구나 과식을 한 후에는 숨이 가쁘고 호흡을 하기가 어려웠던 경험을 한 적이 있었을 것입니다. 그처럼 음식을 너무 많이 먹으면 호흡에 직접적인 불편함을 초래하게 됩니다.
사람이 입으로 음식을 먹으면 그것은 식도를 거쳐서 위장으로 들어가게 됩니다. 사람이 코로 호흡을 하면 그것은 폐로 들어갑니다.
그리고 이 위장과 폐 사이에는 횡경막이 가로막고 있습니다. 위장과 폐는 그러므로 횡경막이라는 막을 중심으로 해서 서로 대치하고 있는 모양이 되는 것입니다.

과거 삼국 시대 때에 신라와 백제는 서로 국경선을 맞대고 있었습니다. 그리고 자기들의 영토를 넓히기 위하여 서로 치열한 싸움을 했었지요. 그래서 백제가 승리하면 백제의 영토는 넓어지고 신라의 영토는 줄어들었습니다. 물론 반대로 신라가 이기면 백제의 영토가 줄어들었지요.
지금 위장과 폐는 마치 삼국 시대의 백제와 신라처럼 한쪽의 상태에 따라 서로의 영토가 늘었다 줄었다 하는 것입니다. 위장에 음식이 많이 들어가면 자연히 횡경막을 통하여 폐에 압박을 가하게 됩니다. 그러므로 폐가 숨을 쉬는 것이 어려워지지요.
반대로 충분히 숨을 들이쉬면 위장에 압력을 가하게 되어 위장을 일시적으로 작게 축소하는 의미가 있습니다. 그러므로 위장은 음식을 충분히 많이 담는 것이 부담스럽게 될 것입니다.
입으로 들어오는 음식은 땅의 기운을 가지고 있는 것입니다. 이 땅에서 뿌리를 내리고 살고 있는 식물과 땅에서 활동하는 동물을 사람들은 입으로 먹게 됩니다. 그러므로 입은 땅의 기운을 받아들이는 곳이라고 할 수 있습니다. 코는 반대로 하늘의 기운을 받아들이는 곳입니다. 그것은 단순히 바람, 기운이 아닌 생명의 요소를 가지고 있습니다. 그러므로 상징적으로 예표적으로 코와 입을 하늘과 땅, 영혼과 육체를 대표하는 것으로 이해할 수 있습니다.

성경에는 땅을 추구하고 보이는 것을 추구하는 이와 영원을 추구하는 이를 분명히 구분하고 있습니다. 그리하여 바울은 땅의 일을 생각하는 이들은 가리켜 '그들의 신은 배' 라고 표현하였습니다.(빌3:19)

또한 땅을 추구하는 대표적인 인물로서 성경은 에서를 보여주고 있습니다. 그는 한 순간의 음식 욕망 때문에 장자권을 판 사람입니다.

그처럼 입은 위장과 연결되며 땅의 생명을 예표합니다. 코는 폐와 연결되며 그래서 폐는 하늘의 생명을 대표하는 것입니다.

물론 이것은 위장이 저급한 것이라는 의미는 아닙니다. 하늘과 땅은 본질과 그림자라고 할 수 있습니다. 본질이 중요한 것이기는 하지만 그것을 드러내는 형상도 의미있고 가치있는 것입니다. 내면은 본질이지만 그것은 바깥을 통하여 표현됩니다. 영혼도 아름다운 것이며 육체도 아름다운 것입니다. 이것은 서로 상호보완적인 것으로 어떤 것은 좋고 다른 것은 나쁜 것이 아닙니다.

그러나 그림자인 육체가 영혼이라는 본질을 벗어나 독립적으로 움직인다면 그것은 좋지 않습니다. 거기에서부터 많은 문제가 발생하기 시작합니다. 육체가 영혼을 표현하고 돕는 역할을 넘어 독립하여 스스로의 욕망을 추구하는 방향으로 간다면 그것은 문제입니다. 지나친 탐식이 그 중의 한 경우입니다.

일반적으로 지나치게 먹는 것을 추구하고 좋아하는 사람은 영원한 부분, 보이지 않는 가치를 대수롭지 않게 여깁니다.

입과 위장의 행복을 지나치게 추구하는 이들은 영성과 영원에 대하여 소홀히 하는 경향이 있습니다. 필요 이상으로 먹는 것을 즐기는 것은 모든 육적 쾌락의 시작점으로 그것은 영혼의 감각을 무디게 합니다. 인간은 먹는 것으로 인하여 타락하였으며 주님은 금식으로부터 그분의 사역을 시작하셨습니다. 신자들의 경험으로 보아도 금식을 통하여 일시적으로 식욕을 제어하는 것은 영혼의 감각을 예민하게 만드는 면이 있습니다.

과식은 위장에 부담을 주어서 소화를 어렵게 하고 각종 질병의 원인이 될 수 있습니다. 영적인 측면으로 보아도 필요 이상으로 흡수된 음식은 그에게 여러 가지 육적인 욕망을 일으키는 원인이 됩니다.

과식이나 탐식과 같은 것은 일종의 정신적인 질병이라고도 할 수 있습니다. 심령적으로 고통이나 문제가 있으면 사람은 고통을 잊기 위해서 음식을 많이 먹는 경향이 있습니다.

음식을 많이 먹게 되면 영의 감각이 둔해지기 때문에 자기 안에 내재된 그러한 고통을 감지하지 못하게 되는 것입니다. 물론 문제가 사라지는 것이 아니라 문제는 여전히 있지만 자신이 그것을 느끼지 못하는 것뿐입니다.

금식을 하게 되면 일시적으로 몸이 약해지고 힘이 들기는 하지만 조금 지나면 몸이 가벼워지고 뇌가 맑아집니다. 위장이 가벼워지게 되면 폐가 넓어지며 따라서 몸이 가볍게 느껴지는 것은 당연한 일입니다.

그러므로 영의 자유함을 위해서 호흡의 자유로움을 위해서 적당한 금식과 절식은 아주 좋은 것입니다.

자신의 위장에 음식을 가득 채우는 것으로 만족을 얻는 것과 자신의 위장은 가볍게 하고 폐에 생기를 가득 채움으로서 만족을 얻는 기쁨은 분명히 차이가 있는 것입니다.

나는 집회를 인도할 때에는 잘 먹지 않는 편입니다. 먹더라도 아주 적은 양을 먹게 됩니다. 또 집회가 영적인 방해를 받아서 잘 안 될 때는 며칠이고 금식을 하면서 집회를 하곤 합니다. 그러면 집회를 하기 전에는 몸이 조금 힘이 없지만 일단 강단에 올라가면 금식을 하는 쪽이 몸이 훨씬 가볍고 힘이 넘치는 것을 느끼게 됩니다.

언젠가 어떤 영성원에서 오전, 오후 집회를 인도하게 되었습니다. 그런데 초청을 하신 목사님께서 점심을 대접하시는데 가격이 조금 비싼 음식점으로 데려가시는 것이었습니다. 고기를 대접해야겠다는 것이지요. 그래서 오후에도 집회가 있어서 점심은 간단하게 먹어야 한다고 했더니 의아하게 여기시는 것이었습니다.

그러면서 다른 목사님들을 초청할 때도 이 곳으로 모시고 왔는데 다들 잘 먹어야 힘을 내서 힘차게 외칠 수 있다고 하시며 고기를 많이 잘 드시더라고 하는 것이었습니다.

그러더니 웃으면서 다음과 같은 말을 덧붙였습니다.

"아. 그런 것 같군요. 아마 많이 먹어야 집회가 잘 되시는 분들은 체력으로 집회를 하시는 것 같고 적게 드셔야 집회가 잘 되는 분들은 영력으로 하시는 모양이군요."

나는 그 말이 재미있어서 같이 웃었습니다.

사역의 스타일은 사람마다 다를 것입니다. 집회를 인도하기 위해서 강한 체력과 힘이 필요 없다고 할 수는 없습니다. 그러나 육체가 강하고 힘이 넘치는 상태가 반드시 은혜가 넘치고 충만한 집회를 인도하는 데 중요한 요소라고 할 수는 없습니다. 주님의 진정한 능력은 육체에서 나오지 않고 내적인 생명에서 나오기 때문입니다. 그러므로 집회의 준비에 있어서 육체의 보충이나 강건함보다 더 중요한 것은 사역자의 심령이 주님으로 가득하고 충만한 상태를 유지하는 것입니다.

호흡과 식욕과의 관계는 이렇습니다. 아직 호흡으로 충분히 깊이 기도하는 것에 익숙하지 않다면 그 기도는 식욕에 그리 영향을 끼치지 못합니다. 또한 외적인 호흡, 강한 호흡으로만 기도하면 그것은 깊은 호흡기도가 아니기 때문에 주님의 역사가 내면보다는 외부에 많이 나타나게 됩니다. 그것은 소극적인 사람을 외적으로, 활동적으로 변화시키는 측면이 있습니다. 다만 그것은 일종의 운동 효과를 가져오기 때문에 활동적이고 적극적이 되는 가운데 식욕도 많이 일어나게 됩니다.

그러나 호흡이 좀 더 깊어져서 깊은 심령으로 예수를 부르는 기도에 익숙해지면 대체로 음식에 대한 욕망은 많이 사라지는 것이 보통입니다. 음식을 통한 기쁨, 위장의 기쁨보다 더 깊은 만족과 행복을 심령에서 느껴가기 시작하기 때문에 음식에 그다지 끌리지 않게 됩니다. 적은 음식으로도 만족을 하게 되고 위장이 채워진 상태보다 가볍게 비워진 상태에서 내면의 충일함을 느끼며 행복감을 느끼게 되는 것입니다.
위에서 언급했듯이 탐식에는 정신적인 문제가 있습니다. 그것은 내면적인 고통의 문제를 피하기 위해서 형성되는 것이 보통이므로 호흡을 통하여 영이 정화되고 치유되어 내적인 회복과 만족이 이루어지게 되면 그 이후에는 음식을 통한 위로와 만족을 구할 필요가 더 이상 없어지게 되는 것입니다.

주님은 금식 후에 다가온 사탄의 음식에 대한 유혹에 대하여, 사람이 떡으로만 살 것이 아니며 하나님의 입에서 나오는 말씀으로 살아야 한다고 말씀하셨습니다.
말씀이란 곧 하나님의 호흡이며 감동이며 하나님 자신입니다. 우리가 영혼이 열리고 민감해져서 주님의 임재 자체에 대하여 더 예민해지고 깊어진다면 우리는 그것이 음식이 주는 것 이상의 실제적인 배부름과 만족을 준다는 것을 알게 될 것입니다.
오늘날 많은 사람들이 자신의 활동에 비하여 지나치게 많은 음식을 먹음으로써 그것을 소화하느라고 지치고 피곤하게 살고 있습니다.
그리하여 그들의 폐는 그 음식들을 소화하고 분해하는 과정에서 생긴 노폐물로 가득하여 신선함을 잃어버리고 있습니다.
사람들은 쉽게 음식을 먹고 그것이 바로 에너지가 되고 영양이 된다고 생각하지만 사실 음식을 먹고 그것을 소화하는 것은 적지 않은 경우 몸에 많은 부담을 주는 것입니다. 거기에는 엄청난 에너지가 필요합니다. 입은 가볍게 먹고 끝내지만 몸에게 그것은 결코 가벼운 일이 아닙니다.
사람의 몸과 빵이나 고기 같은 물체는 전혀 다른 물질입니다. 그런데 이 다른 물질이 하나가 되는 과정은 결코 쉬운 일이 아닙니다. 한 사람의 여자가 다른 남자와 결혼을 하고 하나가 되는 과정은 쉽지 않은 일입니다. 그것은 많은 고통과 적응의 과정이 필요합니다.

마찬가지로 음식이 온전히 소화가 되어서 사람의 몸이 되는 것은 결코 쉬운 일이 아닙니다.

사람들은 그저 기분과 마음에 따라서 쉽게 자기의 몸 안에 음식을 집어넣지만 그 순간부터 몸에서는 전쟁이 일어납니다. 외부의 침입자를 완전히 분해하고 소화하는 전쟁이 일어나지요. 그래서 음식을 먹고 나면 한동안 사람은 정신이 흐려지고 피곤해지고 무기력해지는 것입니다.

음식물을 받아들이고 소화하는데 엄청난 에너지가 필요하기 때문에 모든 야생동물들은 몸이 심하게 아프게 되면 절대로 음식을 먹지 않습니다. 몸이 아플 때 음식을 먹어야 낫는다고 생각하는 동물은 오직 인간뿐입니다. 음식을 소화하느라고 모든 에너지가 거기에 쏠려서 병과 싸울 치유에너지가 없게 된다는 것을 오직 사람만이 무시하는 것이지요. 그러므로 사람은 몸이 아프게 되면 자연히 입맛을 잃게 됩니다. 그것은 우리 안에 있는 생명의 본능이 몸의 회복을 위하여 위장과 모든 기능에게 안식을 취할 것을 요구하는 것입니다. 그러나 사람은 그럼에도 불구하고 억지로 음식물을 안에 집어넣음으로써 회복을 방해하곤 합니다. 이처럼 자연적인 생명의 작용을 거스르는 것은 어리석은 일입니다.

음식물, 그것은 물론 에너지원이 됩니다.
그러나 우리는 필요 이상의 음식을 취해서는 안 됩니다.
우리의 활동량보다 많은 음식은 반드시 우리에게 해를 끼칩니다.
그것은 몸과 영혼을 피곤하게 합니다.
가능하면 천천히, 적게 먹으십시오.
그리하여 당신의 위장을 비워두십시오.
그리고 당신의 폐에 하늘의 신선한 기운이 가득 차게 하십시오.

입의 즐거움보다 심장의 즐거움을 더 많이 누리고 경험하십시오.
입으로 들어가는 즐거움보다
호흡을 통해서 더 많은 즐거움과 달콤함을 얻으십시오.
호흡의 행복,
그 영의 즐거움을 당신이 누리게 된다면
당신은 좀 더 적게 먹게 될 것입니다.
그리고 비워진 위장으로
가벼워진 위장으로
만족하게 될 것입니다.

위장이 가득하면 호흡이 무겁습니다.
위장이 가벼우면 호흡이 신선합니다.
호흡을 사용하여 기도하며
그 호흡의 만족과 자유함을 통하여
우리는 주님께 더 가까이 나아가게 될 것입니다.

22. 사명과 호흡

호흡기도는 우리의 삶에 많은 변화와 풍성함을 가져다줍니다.
지치고 피곤하고 무기력하게 지내던 많은 이들이 주님의 임재, 실제적인 영의 풍성함을 맛보고 경험하게 되면서 삶에 신선함과 활기가 넘치기 시작합니다. 그러한 풍성한 변화 중의 하나가 바로 사명에 대한 것입니다.
귀여운 동물 모양으로 만들어진 풍선이 있습니다.
이 풍선을 불지 않고 그냥 내버려두면 그것은 그저 풍선일 뿐입니다.
그러나 이 풍선에 바람을 불어 넣어주면 풍선이 탱탱해지면서 풍선에 새겨져 있는 예쁜 동물의 형태가 나타납니다. 그래서 어떤 것은 강아지 모양의 풍선이 되고 어떤 것은 토끼 모양의 풍선이 됩니다.

이것은 우리 자신과 사명과의 관계를 잘 보여주는 그림입니다.
어떤 의미에서 우리는 풍선과 같습니다. 예쁜 모양의 형태를 가지고 있는 풍선과 같습니다.
그러나 그 풍선에 바람이 들어가지 않으면 우리는 우리 안에 새겨진 아름다운 모양이 어떠한 것인지 잘 모릅니다. 아니, 그 모양과 형태에 대하여 잘 알고 있다고 하더라도 그것은 우리의 삶 속에서 제대로 나타나지 않습니다. 우리는 바람이 없는 풍선과 같은 것입니다.
하지만 그 풍선에 바람이 들어가면 그 풍선이 가지고 있는 원래의 모양이 드러나듯이 우리가 우리 안에 영적인 호흡, 숨을 받아들이고 충분히 마시게 되면 우리 안에서도 숨겨져 있는 아름다운 모양이 나타나기 시작합니다. 자신의 고유한 특성, 고유한 사명과 성향이 드러나기 시작하는 것입니다.

호흡이 부족한 사람들은 대체로 억압되고 눌린 삶을 삽니다. 그들은 삶을 누리고 즐기는 것이 아니라 그저 간신히 지탱해나가고 있는 것에 불과합니다.

그러므로 그들은 그들이 해야 하는 일상의 업무들을 간신히, 억지로 해나갈 뿐입니다. 학생은 억지로 학교에 가고 직장인들은 억지로 지치고 피곤한 상태에서 직장을 가며 주부는 별 즐거움 없이 의무적으로 집안일을 할 뿐입니다.

그들은 적극적으로 자신에게 주어진 일, 자신에게 주어진 사명을 감당하지 못합니다. 자신이 진정으로 하고 싶은 일, 자신이 해 나가면서 행복해지는 일을 찾지 못합니다.

사람은 누구나 사명이 있습니다. 하나님은 모든 사람에게 그에게 적당한 일을 맡기셨습니다. 그러므로 사람은 첫째 복음을 듣고 진리를 깨닫고 주님을 영접하고 거듭나야 하며 그 다음에는 자신에게 주어진 사명을 발견해야 합니다. 그리고 감당해야 합니다. 자신에게 주어진 사명을 발견하고 그것을 감당할 때 그는 진정 가슴이 벅차고 행복한 삶을 살게 됩니다.

그러나 가슴이 눌리고 호흡이 눌리고 영이 눌린 사람들은 그러한 일을 찾지도 못하고 하지도 못합니다. 자신의 마음 안에서 막연하게 '나는 언젠가 이런 일을 하고 싶은데..' 하는 마음만 있을 뿐이지요. 영이 약하고 현실의 무게에 억눌려서 진정 하고 싶어 하는 자신의 일을 할 엄두를 내지 못하는 것입니다.

그러나 호흡을 통하여 영적인 충전을 경험하고 실제적인 주님의 임재를 누리며 활기찬 삶을 회복하게 될 때 그의 안에서는 그가 원하기는 했지만 용기가 부족해서, 상황이 잘 허락하지 않아서, 에너지가 부족해서 젖혀두었던 그러한 소망이 꿈틀거리며 일어나게 됩니다.

전도에 대한 열망이 있지만 자신이 없었던 이들에게는 갑자기 그러한 열망들이 더 크게 일어나게 됩니다. 가르침에 대한 열망이 있는 사람에게는 새로운 지식과 지혜에 대한 깨달음이 일어나기 시작하며 그러한 자신의 달란트를 발휘할 기회를 찾고 기도하게 됩니다.

자신만이 가지고 있는 독특한 취향이나 일에 대한 것에 대해서도 강한 소원과 자신감이 일어나게 됩니다. 그래서 자기에게 맡겨진 일을 감당할 수 있도록 에너지를 얻게 되는 것입니다.

호흡을 통한 기도, 영의 충전.. 그것은 우리의 달란트와 사명을 감당할 수 있는 힘을 일으킵니다. 그것은 우리의 눌린 영혼을 회복시키며 사명에 대한 불타는 의지와 힘을 솟아나게 합니다.

오늘날 많은 이들이 그 영이 피곤하고 연약하여 자기에게 맡겨진 사역을 무거운 짐으로 여기며 고통을 겪고 있습니다. 교회에서 봉사를 하는 많은 사람들이 그러한 부담과 짐 속에서 고통을 겪고 있습니다.

그러나 그들이 호흡기도를 통하여 그 영의 충전과 풍성함을 경험하게 되면 그들은 그러한 봉사와 사역에 대하여 새 힘을 얻게 될 것입니다. 그리고 부담을 느끼는 것에서 보람과 기쁨을 얻는 것으로 바뀌게 될 것입니다.

우리는 모두 여러 가지 모양이 새겨진 풍선과 같습니다. 그러므로 우리가 호흡의 충만함을 경험하고, 영의 충전을 경험할 때 우리의 풍선은 부풀어 오를 것입니다. 그래서 하나님이 창조하신 원래의 모습이 나타나게 될 것입니다. 주님께서 우리의 삶 속에 예정하셨던 그 풍성한 모습이 드러나게 될 것입니다.

주의 이름을 부르며 호흡으로 기도하는 것, 이를 통한 풍성한 영의 움직임.. 그것은 우리의 삶을 아름답고 풍성하게 만드는 아주 중요한 요소인 것입니다.

23. 호흡, 영혼, 영적 기운

사람은 흙과 생기로 만들어졌습니다. 하나님은 흙으로 사람을 빚으시고 그 코에 생기를 불어넣어 주셨습니다. 그래서 사람은 비로소 숨을 쉬기 시작했고 살아서 움직이게 되었습니다.
그러므로 사람의 생명은 흙의 어떠함, 육체의 어떠함에 있는 것이 아닙니다. 육체가 아무리 아름다워도 아무리 견고해보여도 그 자체에는 생명이 없었습니다. 그런 육체, 흙 속에 하나님이 주신 생기가 들어가자 비로소 생명이 된 것입니다.
이것은 아주 자명한 일입니다. 그러므로 사람의 모든 문제는 결코 육체, 겉사람의 조건이나 상태에 있지 않으며 오직 생기의 상태, 생기의 움직임에 달려 있는 것입니다.
그 사람의 외모가 아무리 뛰어나도 생기에 문제가 있으면 문제가 있는 것입니다. 그 사람의 외모가 아무리 매력적이고 재능이 있고 멋있어도 그의 생기가 약하거나 나쁘면 그것은 문제가 있는 것입니다.
생기는 곧 생명입니다. 그러므로 어떠한 외적인 조건도 이 생기의 상태와 비교할 수 있는 것은 없습니다.

에스겔 골짜기에 뼈들과 시체가 있었습니다. 그것은 도저히 움직일 수 없고 살아날 수 없는 상태였습니다. 그러나 에스겔이 하나님의 명령을 좇아 대언하였을 때 뼈들이 붙고 움직이며 살이 덮이고 생기가 그들에게 들어가 극히 큰 군대가 되었습니다. (겔37:1-14) 그가 대언한 대로 사방으로부터 생기가 들어가서 그들은 살게 되었습니다.
이 말씀은 하나님의 신을 부어주신다는 예언의 메시지와 이어지는데 여기서 생기와 하나님의 신을 대비하여 말씀하신 것은 인상적인 일입니다. 하나님의 신, 하나님의 주신 생기.. 그것은 서로 연관성을 가지고 있습니다. 죽은 듯이 보이는 하나님의 백성들을 오직 하나님의 신이 임하실 때 회복시킬 수 있듯이 오직 생기만이 죽은 생명을 살릴 수 있는 것입니다.

생기는 하늘의 기운이며 하나님의 기운이며 생명입니다. 사람은 입을 통하여 땅의 음식과 영양을 취하고 코로 숨을 쉬는 것을 통하여 하늘의 기운을 받아들이도록 만들어졌습니다.

영혼과 생기, 호흡은 서로 밀접한 관계를 가지고 있습니다. 그것은 같은 어원을 가지고 있습니다.

호흡은 곧 영혼이며 영혼의 상태입니다. 호흡은 영적인 기운입니다. 사람은 말을 할 때 호흡을 하게 되며 입을 통하여 그의 기운이 흘러나옵니다. 그러므로 사람의 말은 그 사람의 영을 드러내줍니다.

우리는 어떤 이의 말을 들으면 그의 영의 상태를 알고 느끼게 됩니다. 말하는 사람의 감정이나 마음의 상태를 알 수 있습니다. 어떤 사람이 말을 하는 것을 들으면 불과 몇 마디에도 그의 성격과 지적인 수준과 상태가 드러납니다. 어떤 이가 말을 할 때 그 입에서 나오는 기운을 통하여 그의 속이 어떠한 상태인지 알 수 있게 되는 것입니다.

어떤 이가 다른 사람을 비판하면서 사랑한다고 말한다고 합시다. 그는 상대방을 사랑하고 염려하기 때문에 비판하는 것이라고 말합니다. 그러나 그가 그렇게 듣기 좋게 말한다고 하더라도 그의 입에서 나오는 기운이 날카롭고 악한 기운이면 우리는 그의 말이 사실이 아닌 것을 느끼게 됩니다. 그의 입술은 사랑을 말하지만 우리의 영은 그렇지 않음을 느끼게 됩니다.

어떤 이가 자신은 행복하다고 말한다고 합시다. 그러나 그가 그렇게 말할 때 입에서 나오는 기운이 어둡고 우울한 상태라면 우리는 그의 말에 공감하기 어려울 것입니다. 입에서 나오는 기운은 그 사람을 보여주며 그 사람의 내적인 상태를 잘 대변해주기 때문입니다.

그 사람의 입에서 나오는 호흡은 그 사람의 상태를 보여줍니다. 그가 말을 할 때 그의 속에 있는 기운, 호흡, 영적인 상태가 그대로 드러납니다. 오늘날 사람들은 자신의 영, 자신의 호흡이 어떻게 형성되는지, 흘러나오는지에 대해서 그다지 관심을 두지 않습니다. 그러나 그것은 무지한 것입니다. 호흡과 기운은 자신의 영혼, 자신의 생명을 형성하며 자신의 마음을 보여주는 것입니다.

호흡은 영적인 기운을 마시고 토하는 것입니다. 사람들은 날마다 호흡을 하며 날마다 영적인 기운을 받아들이고 토해냅니다. 우리는 그렇게 호흡을 통하여 영적인 기운과 영적 세계에 접촉합니다. 그리고 그것은 우리를 만들어 가고 있는 것입니다.

TV를 오래 보면 머리가 아픈 것은 일반적인 일입니다. 영적으로 예민한 사람일수록 그러한 증상이 심합니다. 어떤 이는 가슴이 울렁거리기도 합니다.

그 이유는 무엇일까요? 그것은 TV의 프로그램 안에서 흘러나오는 어떤 악한 기운이 그의 안에 들어왔기 때문입니다. 그렇게 일단 안으로 들어온 기운은 하나의 파워를 형성하며 그가 보고 들은 대로 행동하도록 압력을 행사합니다.

왜 사람들은 더러운 것들을 보면 마음이 더러워짐을 느끼게 되고 더러운 생각이 일어나며 더러운 행동의 충동을 느끼게 될까요? 그것은 더러운 것을 보면서 호흡을 할 때 그 더러운 기운이 그의 안으로 들어왔기 때문입니다.

영적으로 어두운 사람과 오래 대화를 나누면 마음이 무거워지는 것은 흔히 있는 일입니다. 왜 그럴까요? 대화를 하면서 호흡을 통하여 그 사람의 어두운 기운이 자신 안으로 들어왔기 때문입니다.

어떤 이가 영적인 사역을 합니다. 영적으로 약한 이를 도와주고 기도합니다. 그런데 그리고 나서 탈진을 하게 됩니다. 그 이유는 무엇일까요? 그는 사역을 하면서 호흡을 많이 빼앗겼기 때문입니다. 상대방을 도와주고 기도해주는 가운데 호흡을 통하여 그의 영적 기운, 에너지를 배출

한 것이지요. 이럴 때 그가 회복하기 위해서는 호흡을 마셔야 합니다. 어떤 책을 읽든, 게임이나 오락을 하든, 무엇을 하든 우리는 거기에 관계된 영과 기운을 받아들이는 것입니다. 그리고 우리가 그것에 대하여 즐거움을 느끼게 되면 그 영과 기운은 우리를 사로잡게 됩니다.

그것이 옳지 않다고 느껴서 그것을 버리고 싶어도 일단 그것을 통하여 우리가 즐거움을 느끼게 되면 그 영과 기운은 우리를 사로잡고 놓아주지 않습니다. 그런 식으로 어떠한 영과 기운의 노예가 되는 사람은 아주 많습니다.

우리가 접촉하는 것들을 통해서 그 기운이 우리 안에 들어오며 우리를 지배하고 사로잡는 것에 대하여 사람들은 어렴풋이 느끼고 있을 것입니다. 그러나 별로 대수롭게 여기지 않습니다. 그것은 실로 어리석은 일입니다.

우리가 의식을 하든 안 하든 호흡을 통해서 어떠한 기운이 우리에게 항상 들어오고 영향을 미치기 때문에 우리는 어떤 영과 어떤 기운이 우리 안에 들어오는지 항상 주의를 기울여야 합니다. 우리의 생각과 감정에 영향을 끼치는 모든 것에 대하여 조심을 해야 합니다.

사람에게 들어오는 기운이 그 사람을 만듭니다. 그러므로 우리는 우리 안에 들어오는 것에 주의해야 합니다. 그것은 곧 생명의 문제입니다.

이 세상 안에는 악한 죄, 악한 문화와 관련된 기운이 아주 가득합니다. 경계심이나 분별없이 그것들과 함부로 접촉하고 호흡하며 그 기운을 마시면 어떻게 될까요? 우리의 영혼은 고통을 겪고 병들게 될 것입니다. 처음에 우리의 영혼은 고통을 느끼지만 거기에 익숙해지고 영혼의 감각이 마비되면 그 이후에는 고통을 느끼지 못하고 오히려 세상의 영, 세상의 쾌락을 즐기게 될 것입니다. 그것은 이 시대에 보편적인 일이며 보편적인 비극입니다.

우리 그리스도인들은 오직 주님의 영, 주님의 기운을 마셔야 합니다. 그것은 관념이 아닙니다.

주님은 성령님으로 우리 가운데 오셨습니다. 그분은 거룩한 호흡이며 거룩한 숨이십니다. 우리는 호흡을 통하여 그 영을 마실 수 있습니다. 그리고 채워집니다. 그리하여 그 생명의 기운이 우리 안에 들어오게 됩니다. 충만케 되는 것입니다.

우리는 이 세상에 살 동안 우리가 받아들일 수 있는 가장 아름답고 풍성하고 놀라운 기운이 바로 예수의 영인 것을 알아야 합니다.

사랑과 평안, 기쁨, 지혜.. 그 모든 하늘의 영광, 아름다움이 오직 예수의 이름, 그 영을 통하여 오는 것입니다. 그것은 결코 개념이 아닙니다.

우리가 예수의 이름을 부르며 그 영, 그 기운을 마실 때 그것은 너무나 선명한 실제입니다. 실제로 예수의 영을 마시고 누리는 사람들은 그 말이 결코 과장이 아닌 것을 알 것입니다. 그 영은 너무나 실제적이며 우리의 마음, 생각, 감정, 가치관.. 모든 것을 바꾸게 하며 우리의 삶을 천국으로 만듭니다.

호흡은 바로 생명입니다. 그러므로 예수의 생명을 가지고 있는 이들은 예수의 호흡을 해야 합니다. 항상 예수의 영, 예수의 기운을 마시도록 애써야 합니다. 그렇지 않으면 세상의 온갖 혼탁한 영들, 기운들이 들어올 수 있기 때문입니다.

예수를 알고 누리고 교제한다는 것은 바로 그 신선한 기운과 영으로 우리의 몸과 마음이 온전히 채워지는 것을 말하는 것입니다. 주님은 이론이나 관념이 아닌 실제이시며 바로 우리 곁에 살아 계셔서 그 놀라운 사랑과 기쁨과 평강을 우리에게 주시는 분인 것입니다.

나는 예수를 오래 동안 믿는다고 말하는 이들이 막상 어떠한 말을 할 때는 그 입에서 예수의 향기와 아름다움과는 상관이 없는 기운이 흘러나오는 것을 많이 보았습니다.

주를 믿는다고 말하면서도 말할 때 분노, 악함, 강퍅함, 미움, 어두움의 기운이 흘러나오는 이들을 많이 보았습니다. 그것은 아직 그들이 실제적으로 예수가 어떤 분인지 잘 모른다는 것을 말해주는 것입니다. 그것은 신앙의 경력이나 지위와는 아무런 상관이 없는 일입니다. 언젠가 길을 걷고 있는데 "도에 관심 있으세요?" 하고 물으며 사람들이 접근하는 것을 몇 번 겪은 적이 있었습니다.
그럴 때 나는 이렇게 대답하곤 합니다.
"나는 도인입니다."
그들은 놀라서 다시 묻습니다.
"아.. 그러세요? 무슨 도인이세요?"
나는 태연하게 대답하곤 했습니다.
"나는 도인이요. 그리스도인이요."

그렇습니다. 우리는 그리스도인이며 진정한 도인들입니다. 그리스도인들이란 주님을 실제적으로 알고 따르는 사람을 의미하는 것입니다. 그리고 주님은 길이며 도이며 진리이며 생명이십니다. 그 도는 바로 십자가의 도입니다. 그 십자가의 도는 단순히 이 땅에서 잘 먹고 잘 살며 우리 육체의 욕구를 만족시키려는 것이 아니라 우리 영혼을 거듭나게 하고 참된 생명을 일으키는, 이 우주 안에서 하늘과 땅 안에서 가장 놀랍고 위대한 진리의 도인 것입니다.
그 도를 발견한 이를 우리는 거듭난 사람이라고 말합니다. 그 도는 살아있으며 역사하는 것입니다. 그 도는 우리 안에 임하고 우리의 가장 깊은 곳에 들어와 역사하는 것입니다. 그 도는 우리를 진정으로 변화시킵니다.

호흡은 영적 생명의 통로입니다. 우리는 세상의 기운, 세상의 영, 세상의 호흡을 받아들이지 않고 주의 영, 주의 기운, 주의 호흡을 받아들입니다.
그리고 우리 안에 가득한 나, 자아, 이기심, 근심, 두려움, 분노, 악성을 주를 바라보며 토해냅니다.
우리는 나를 토하여 버리며 주를 마시고 채웁니다.

우리는 계속 어둠을 토하며 빛 되신 주의 영을 마십니다.
우리는 날마다 그렇게 함으로써 변화되어 가며 주님의 풍성하심을 경험하고 주님의 사람으로 만들어져 가게 되는 것입니다.
호흡은 은혜의 통로입니다.
호흡기도는 주의 영의 임하심의 통로입니다.
우리가 날마다 이 호흡을 되풀이 할 때 우리는 진정 주님 앞에 날마다 좀 더 가까이 가게 될 것입니다.

24. 예수 호흡기도와 주님의 임재

예수 호흡기도는 우리의 영적인 여정에 있어서의 귀한 동반자입니다. 그것은 우리의 몸과 마음에 많은 변화와 열매를 선사해줍니다.
그 모든 유익 중에서 가장 중요한 한 가지를 꼽으라면 그것은 무엇보다도 우리의 영혼이 주님의 임재하심에 대하여 예민해진다는 것입니다.
얼마 전 나는 기독교 방송국의 "새롭게 하소서" 프로그램에 출연한 적이 있습니다.
사람들 앞에 서게 되는 것을 좋아하지 않는 편이라 망설였지만 내가 쓴 책을 소개하고 싶은 마음이 있어서 출연을 허락하였습니다. 나는 그 프로그램이 라디오 프로그램인줄 알고 허락을 했었는데 나중에 알고 보니 TV프로그램이었습니다. 알고 나서는 많이 후회했지만 어쩔 수 없는 일이었습니다.

진행을 맡고 있는 탤런트 송채환 님이 같이 대담을 하면서 여러 가지 질문을 하셨는데 그 중 한 질문이 이것이었습니다.
"평생 영성을 추구하셨는데, 그렇게 하나님을 경험한 후 그 체험이 가져다 준 변화는 어떤 것이었습니까?"
나는 잠시 생각하다가 대강 이러한 대답을 하였습니다.
"주님을 경험하는 것.. 그것은 물론 많은 변화와 유익을 줍니다. 내 삶에 있어서도 그러했습니다.
그 경험은 나의 성품이라든지 사람들과의 대인관계라든지, 인생을 보는 관점이나 가치관, 등에서 많은 변화를 일으켰습니다. 무엇보다도 비관적이고 소극적이었던 나의 성격이 밝고 긍정적인 쪽으로 바뀌었고 불편하게 여겼던 대인관계가 이제는 아주 즐거운 것으로 바뀌게 되었지요.
그리고 우중충했던 나의 삶이 행복하고 즐거운, 너무나 재미있는 것으로 변화되었습니다. 그러나 그 무엇보다도 더 내게 의미가 있었고 행복했던 것은 주님 자신과의 관계가 변화된 것이었습니다. 주님이 내게 주신 기도의 응답이나 선물보다 주님 그분의 임재를 가까이 경험하고 느끼게 되면서 얻게 된 만족감.. 그것은 말로 무엇이라 표현하기가 어려운 것입니다.

나는 어린 시절부터 오랫동안 주님을 경험하려고 애를 썼습니다. 그러나 나는 주님을 경험할 수 없었고 그것은 내게 얼마나 좌절을 주었는지 모릅니다.

그러나 내가 그 주님의 임재와 영광을 경험하게 되었을 때 그것은 그 자체로 내게 형용할 수 없는 기쁨과 행복을 주었습니다.

주님.. 그렇게 주의 이름을 부를 때 내 영혼 속에서 일어나는 행복감과 만족, 희열을 나는 표현할 길이 없습니다.

주님을 만나기 위해서 기도실로 들어가던 때, 문을 여는 순간 느껴지던 강렬한 주님의 임재와 사랑, 그 달콤함과 행복감은 이 세상에 살면서 더 이상 다른 기쁨을 구할 필요가 없을 정도로 선명한 것이었습니다.

나는 지금도 침상에서 자다가 주를 부릅니다. 그리고 자다 깨면 다시 주를 부릅니다. 그리고 선명하신 주님의 임재와 사랑을 아주 가깝게 느낍니다. 그리고 나는 그 이상의 만족을 알지 못합니다. 주님을 가까이 느낀다는 것.. 그 이상으로 내게 행복과 만족을 주는 것은 없었습니다. 그리고 그것이 내게는 가장 큰 변화였습니다."

대답을 하면서 눈물이 나는 것을 참기 위해서 나는 잠시 말을 멈추어야 했습니다.

다시 비슷한 질문을 받는다고 해도 나는 아마 이와 비슷한 대답을 하게 될 것입니다. 이 세상에는 많은 풍요함과 가치 있는 것들, 중요한 것들이 있지요.

그러나 내게는 주님 그 분 자신, 그분을 아는 것이 가장 가치 있고 놀랍고 행복한 것이었습니다. 여기서 호흡기도에 대한 이야기를 하면서 나는 비슷한 이야기를 하고 싶습니다. 예수 호흡기도는 우리의 영혼을 깨웁니다. 그것은 많은 영적인 현상을 경험하게 합니다. 그것은 우리의 영감을 예민하게 만들고 영적인 전쟁과 많은 현상들을 감지하게 하고 경험하게 합니다.

그것은 우리에게 얼마간의 자유를 주며 또한 어떤 면에서 어려움도 가져옵니다. 그 어려움들은 우리의 영혼이 정화되고 발전하는 과정의 어려움들입니다.

우리는 이 예수 호흡기도를 통해서 삶의 활기를 찾을 수도 있을 것입니다. 또한 대인관계에서 해방과 자유함을 누릴 수도 있을 것입니다. 여태껏 알지 못했던 새로운 것들을 알게 되기도 하겠지요.

그러나 그 무엇보다도 더 호흡기도가 우리에게 유익을 주는 것은 바로 이것입니다. 호흡기도는 우리의 영혼의 감각을 민감하게 해서 주님의 임재를 가까이 쉽게 경험할 수 있도록 해준다는 것입니다.

우리 가운데에는 주님을 몹시 사모하면서도 기질적으로 생각이 너무 복잡하거나 기질적으로 둔감하거나 하는 등의 여러 가지 이유로 주님을 가까이 경험하지 못하고 좌절하는 분들이 있을지 모릅니다.

예를 들어 지나치게 지적인 기질을 가지고 있는 머리형의 사람들은 영적 균형에 있어서 치우치기가 쉬워서 영적인 감각이 발달하기가 어렵습니다.

그러한 이들은 주님의 임재를 자주 경험하기가 어렵습니다.

그러나 그러한 분들도, 영적인 현상에 둔감한 이들도 이 예수 호흡기도를 갈망하는 마음으로 꾸준하게 시도하여 주님의 이름을 부르고 주를 마시며 호흡한다면 조금씩 그 영의 변화와 열림을 경험하게 될 것입니다. 차츰 주님의 가까우신 임재와 사랑을 경험하게 되실 것입니다.

그리고 주님은 결코 멀리 계신 분이 아니라 가까이 내 침상 옆에, 그리고 내 안에서 운행하시고 역사하시는 분이신 것을 깨닫고 느끼게 될 것입니다.

호흡기도는 주님의 임재에 대하여 예민한 감각을 일으킵니다. 호흡기도는 영의 움직임, 영의 기운, 영적 감각에 우리를 민감하게 만듭니다. 우리는 새로운 사람이 됩니다. 이론으로만 알고 있었던 주님의 사랑과 임재와 달콤함에 대하여 알게 됩니다. 그분의 체취, 그 분의 향기와 부드러움이 얼마나 놀라운 것인지 알게 됩니다.
나에게는 주님의 임재를 너무나 사모하고 알고 싶어 울던 시절이 있었습니다. 나는 주님을 간절히 사모하고 또 사모하였지만 그분을 경험할 수 없었고 그것은 나에게 정말 지독한 고통이며 좌절이었습니다.
그러나 나는 지금 그분을 알고 경험합니다. 그분은 너무 가까우십니다. 주는 영이십니다. 바람이며 호흡입니다. 나는 이 기도를 통하여 주님의 아름다우신 은총을 많이 경험하였습니다. 당신도 그 은총의 세계에 들어갈 수 있을 것이라고 나는 생각합니다.

나는 오직 이 방법으로만 기도하는 것이 중요하다고 생각하지는 않습니다. 하나님께 나아가는 기도의 방법은 아주 다양합니다. 그리고 하나님께서는 다양한 방식으로 사람에게 역사하실 수 있습니다. 우리는 부르짖어 기도할 수 있고 깊은 묵상으로 기도할 수도 있으며 걸으면서 기도할 수 있고 노래함으로 기도할 수도 있습니다.
예수 호흡기도는 그 많은 방식 중의 하나일 뿐입니다. 그러나 사모함으로 예수 호흡기도를 드릴 때 이 기도는 주님의 은총이 우리에게 임하게 하는 아름다운 통로가 될 것입니다.
예수 호흡기도는 주님의 축복입니다.
그것은 우리가 주님께로 가까이 나아가고
주님의 은총이 우리에게 임하게 하는
아름답고 귀중한 통로입니다.
우리가 호흡을 통하여 주님의 그 사랑과 향취를 맛보게 될 때
우리는 그 분의 놀라우신 영광 안에 사로잡히게 될 것입니다.

3부

예수 호흡기도의 방법

1. 예수를 구하는 기도

예수 호흡기도는 예수를 구하는 기도입니다. 예수를 얻는 기도입니다. 예수님의 선물이 아니라 예수님 자신을 얻기 위한 기도입니다.
이러한 기도는 일반적으로 그리 익숙한 기도가 아닐 것입니다. 사람들은 대부분 문제가 있을 때만 기도합니다. 어려움이 있을 때만 기도합니다. 몸이 아플 때 기도하며 경제적으로 어려움에 처했을 때 기도합니다. 자녀가 중요한 시험을 치를 때 기도합니다. 자녀들이 대학 입시를 치를 때에는 평소에 거의 기도하지 않는 사람들도 교회에 와서 기도를 드리곤 합니다.
하지만 예수 호흡기도는 그러한 기도와는 다른 것입니다. 이것은 예수 자신을 위한 기도입니다. 예수로 인한 어떤 응답이나 이익을 얻기 위한 기도가 아니라 예수를 알기 위한 기도입니다. 예수를 맛보고 예수를 경험하며 예수께 속하고 예수에게 자신을 던지기 위한 기도입니다.

오늘날 이 기도는 대다수의 그리스도인들에게 잘 납득이 가지 않을 것입니다. 세상은 바쁘게 돌아가고 기도해야할 현실적인 필요는 산적해 있고 응답을 받아야 할 문제들도 가득 쌓여져 있는데 단순한 예수를 부르고 호흡을 하면서 느긋하게 기도하는 것은 한가한 기도가 아닌가 생각될 것입니다.
중세의 수도자들에게는 이러한 기도가 맞을지 모르지만 현대의 바쁘고 치열한 삶을 사는 그리스도인들에게는 어울리지 않게 느껴질지도 모릅니다. 중세의 수도자들이 하루 종일 도를 닦듯이 기도를 드리고 호흡을 하면서 예수의 이름을 수천 번씩이나 부르면서 기도하는 것이 우스꽝스럽게 여겨질 수도 있습니다.
하지만 기억해야 할 것이 있습니다. 기도란 본질적으로 현실의 문제를 해결받기 위한 것은 아니라는 사실입니다. 기도의 본질은 하나님과의 교제입니다. 하나님을 알며 하나님께 나아가는 것이 곧 기도의 목적인 것입니다.

사람들은 흔히 현실적인 문제의 해답을 얻기 위해서 기도를 드리고 주님께 나아갑니다. 그러므로 주님과의 가까운 만남 자체보다 빨리 기도가 응답되고 그들의 문제가 해결되는 것을 원합니다.

하지만 알아야 할 것은 우리가 겪고 있는 문제들은 주님의 허락 속에서 우리에게 다가온다는 것입니다. 그 문제들은 문제들을 통해서 주님이 우리에게 무엇인가를 가르치시기 위한 것입니다.

그러므로 우리들은 문제를 통해서 기도하고 씨름하면서 결국 무엇인가를 배우게 되고 주님께 가까이 나아가게 됩니다. 결국 우리 그리스도인들에게 주어지는 모든 문제와 상황들은 이를 통하여 주님과의 더 가까운 교제로 나아가도록 우리를 부르시는 주님의 인도하심이며 프러포즈라고 할 수 있는 것입니다.

주님은 문제와 고통을 통해서 우리 자신의 모습을 보여주십니다. 우리의 무능함과 연약함, 더러움과 비열함 등 모든 허물들을 보여주시며 절망으로 이끄십니다. 그리하여 우리에게는 진정 주님이 필요하고 주님만이 우리 삶의 주인이시며 우리는 주님이 없이는 잠시도 살 수 없다는 것을 가르치시는 것입니다.

그러므로 급할 때만 주를 찾으며 문제가 해결되면 마음이 주를 떠나는 그리스도인들은 아직 피상적인 그리스도인들이며 마땅히 알 것을 알지 못하는 사람들입니다. 그들의 마음은 잠시의 즐거움을 따라 세상을 따라 방황하지만 조금의 시간이 지나면 다시 울고 좌절하며 주님 앞에 엎드러질 때가 오게 되는 것입니다.

그러므로 진정 알아야 할 것은 이것입니다. 그 어떠한 기도보다도 주님 자신을 구하고 주님을 알기 원하며 주를 높이고 교제하며 주님께 가까이 나아가는 기도가 가장 중요하며 본질적이고 생명적인 기도라는 것입니다. 진정한 기도란 주님을 아는 것이며 주님과 같이 아름다운 시간을 보내는 것이며 주님을 먹고 마시고 누리는 것입니다.
그렇기 때문에 주님을 가까이 경험하기 위하여 주님을 간절히 부르며 주를 마시며 기도하는 이 예수 호흡기도는 귀하고 아름다운 기도이며 본질적인 기도에 속한 것이라고 할 수 있습니다.
눈앞의 이익을 좇아, 현실적인 유익을 위하여 바쁘게 움직이는 현대의 그리스도인들은 영리하고 똑똑하며 합리적인 것 같지만 그러나 진정 알아야 할 것을 알지 못하는 것입니다. 적은 시간을 기도하고 적은 고통을 받으며 쉽게 빨리 응답받기를 원하는 인스턴트 그리스도인들은 아직 알아야 할 것을 알지 못하는 것입니다.

예수 호흡기도는 본질에 몰입하는 기도입니다. 이것은 그림자를 구하는 기도가 아니고 본체를 구하는 기도입니다. 이것은 현실적인 약간의 이득을 위한 것이 아니라 보화의 근원을 얻는 기도이며 천국의 실상을 경험하는 기도입니다.
오늘날 이 시대의 믿음과 영성은 아주 낮은 상태입니다. 그리하여 아버지의 품을 떠난 탕자가 쥐엄 열매를 구하듯이 낮은 수준의 욕망과 필요에 머물러 있으며 낮은 본능의 영역에서 발전하지 못하고 있습니다. 그러므로 주님 자신을 구하는 열망을 가진 이들은 이미 귀한 은총을 입은 것입니다.
이 기도는 주님 자신을 얻기 위한 기도입니다. 그러므로 이 기도는 예수님께 대한 몰입이 필요합니다. 갈망이 필요합니다.
주님 자신에 대한 갈망을 별로 가지고 있지 않으며 세상에서의 출세나 성공이나 부유함이나 명예와 같은 면에 더 많은 관심을 가지고 있다면 그러한 이들에게 이 기도는 별로 맞지 않을 것입니다. 그러한 이들에게는 좀 더 시간이 필요합니다. 예수님을 알아가는 것이 인생의 최고 목적이며 가치라는 인식이 그들의 안에 심겨질 때까지 그들에게는 좀 더 세월이 필요할 것입니다.

그러나 주님 자신을 갈망하는 자, 하늘의 은총을 사모하는 자들에게 이 기도는 유익할 것입니다. 그리고 많은 기쁨을 줄 것입니다. 주님은 이들에게 가까이 오시며 은총을 베풀어주실 것입니다.

그러므로 이 기도의 기본 목적을 분명히 인식해두십시오. 이것은 주를 알기 위한 기도입니다. 이 기도는 나를 버리고 주께 사로잡히기 위한 기도입니다. 목표와 갈망이 분명할수록 그는 은총과 풍성함에 가까워지게 될 것입니다. 할렐루야.

2. 주의 이름을 부르십시오

예수 호흡기도는 예수의 이름을 부르는 것으로 시작됩니다. 예수의 이름에는 하나님의 사랑과 능력과 은혜가 나타납니다. 예수의 이름에는 인간의 죄를 담당하시고 십자가에서 죽으시고 부활하신 예수의 사역이 포함되어 있습니다.

예수의 이름을 부르는 것은 하나님의 사랑을 신뢰하는 것이며 믿음을 고백하는 것입니다. 성경은 누구든지 주의 이름을 부르는 자는 구원을 얻을 것이라고 말씀합니다. (롬10:13) 우리가 예수의 이름을 부르는 것은 예수의 이름으로 하나님 앞에 나아가는 것을 의미합니다. 이것은 단순히 '예수'라는 문자의 힘이 아닙니다. 이것은 하나님의 말씀을 신뢰하고 그의 사랑과 하신 일을 믿음으로 고백하는 의미를 담는 것입니다.

주의 이름을 부르는 것을 오직 '예수'라는 단어로만 불러야 한다고 못 박을 필요는 없습니다. 예수님은 곧 하나님이시기 때문입니다. 주를 부르는 것은 예수님을 부르는 것이며 곧 하나님을 부르는 것입니다.

'주 예수님..' 하고 부를 수도 있습니다. '주 예수여'하고 부를 수도 있습니다. '나의 하나님' 하고 부를 수도 있습니다.

예수님의 제자 도마는 부활하신 예수님을 한 때 의심하였다가 직접 그의 눈으로 부활하신 주를 보고 '나의 주, 나의 하나님'이라고 고백하며 불렀습니다. (요20:28)

주의 이름을 부르는 것은 신약에만 있는 것이 아닙니다. 구약의 창세기 초기, 아직 사람이 많지 않고 아브라함이 나기도 오래 전이며 민족이 형성되기도 전에 사람들은 주의 이름을 불렀습니다.

"셋도 아들을 낳고 그 이름을 에노스라 하였으며 그때에 사람들이 비로소 여호와의 이름을 불렀더라" (창4:26)

당시의 상황은 가인이 하나님 앞에서 악을 행하고 하나님 앞을 떠나서 에덴 동편으로 가서 성을 쌓고 하나님과 단절된 문화를 형성하고 있을 때였습니다. 가인의 자손들을 통하여 음악과 기계 산업과 축산업 등 다양한 문화가 발전하였으나 그들은 하나님을 알지 못하는 사람들로 각종 범죄들도 급격하게 증가되고 있었습니다.

가인의 자손들은 하나님과 단절된 삶, 문화를 가지고 있었습니다. 이에 반하여 셋은, 아담이 고백하기를 가인에게 죽임을 당한 아벨을 대신하여 하나님께서 주셨다고 한 것처럼 하나님께 속한 믿음과 삶을 가지고 있었습니다.

셋과 셋의 자손들은 하나님께 속한 사람들이었는데 그렇게 하나님께 속한 사람들의 특성이 바로 하나님의 이름을 부르는 것이었습니다.

오늘날도 그리스도에게 속한 사람은 주의 이름을 부릅니다. 그것은 믿는 자들의 특성이며 특권입니다. 예수 호흡기도는 가장 먼저 주의 이름을 부르면서 시작하는 것입니다.

당신도 주의 이름을 부르십시오. 나의 하나님, 혹은 나의 주님, 주 예수님.. 아버지 하나님.. 아니면 단순히 예수.. 예수.. 어떻게든 주의 이름을 부르십시오.

입으로 부를 수도 있습니다. 마음속으로 부를 수도 있습니다. 그것은 각자에게 달려 있는 것입니다. 입으로 부른다면 거기에는 제한이 있을 것입니다. 사람들이 옆에 있을 때, 직장에서는 주를 부르기가 어려울 것입니다. 그러나 마음속으로 주를 부른다면 그것은 어디서나 가능합니다. 일하면서도, 길을 가면서도 어디서나 부를 수 있습니다.

주의 이름을 부르는 것은 놀라운 일입니다. 사람들이 우리의 이름을 부른다면 우리는 그를 돌아볼 것입니다. 그처럼 우리가 주의 이름을 부를 때 주님께서 우리를 돌아보십니다. 우리는 이 우주의 창조자, 구속자를 부르며 그분은 우리를 돌아보십니다. 이것은 아주 놀라운 일입니다.

주의 이름을 부르십시오. 이것은 놀라운 기도입니다.

모든 대화는 상대방을 호칭하는 것으로 시작됩니다. 우리도 하나님의
이름을 부를 수 있습니다. 주의 이름, 예수의 이름을 부를 수 있습니다.
그것으로 교제와 관계와 대화가 시작될 수 있습니다.
주의 이름을 부르십시오.
주님은 우리의 소리를 들으십니다.
사랑의 주님, 능력의 주님이 그를 부르는 우리의 소리를 들으십니다.
주의 이름을 부르는 것..
이것은 예수 호흡기도의 시작입니다.
그 시작이 얼마나 아름답고 놀라운 것인지
당신은 곧 느끼고 경험하게 될 것입니다.

3. 반복하여 부르십시오

우리가 어떤 이의 이름을 계속하여 부르면 아마 상대방은 짜증을 낼 것입니다. "불렀으면 말을 해야지?" 할 것입니다. 그러나 주의 이름을 부르는 것은 그렇지 않습니다. 우리가 주의 이름을 계속하여 반복하여 불러도 주님은 화를 내지 않으십니다. 오히려 우리에게 더욱 더 강력하고 충만하게 임하십니다.

산에 올라가서 기도하면서 밤을 새워 "주여~"를 반복하는 이들도 있습니다. 수백 번, 수천 번 "아버지!"를 부르는 이들도 있습니다. 그것은 아주 단순한 기도이지만 우리 영혼을 충만하게 하고 힘을 줍니다. 경험자들은 그 기도의 놀라운 후련함과 능력을 잘 알고 있습니다. 그렇게 밤을 새워 주를 부를 때에 주님은 우리에게 "이제 그만 부르고 말을 해라"라고 하시지 않습니다. 주님은 우리의 기도를 들으십니다. 주님이 그러한 기도에 임하시고 함께 하시기 때문에 그렇게 밤을 새워 주를 부르고 부르짖는 이들이 주의 영으로 충만해지고 기쁨과 감격으로 가득해지는 것입니다.

어떤 이들은 이렇게 반복하여 주를 부르는 것이 마태복음 6장 7절에서 주님이 기도에 대하여 경고하시는 중언부언이 아닌가 하고 염려합니다. 하지만 중언부언이란 마음에 없는 이야기를 반복하여 장황하게 늘어놓는 것입니다. 간절한 마음을 담고 주의 이름을 부르는 것은 중언부언이 아닙니다.

주님과 깊은 대화에 잠기는 것은 아름다운 일입니다. 그러나 그보다 더 중요한 것은 우리가 주님과 함께 있다는 것입니다. 우리가 주의 이름을 부를 때 주님은 거기 계시며 우리와 함께 하십니다. 이것은 아주 놀라운 일입니다.

간절한 마음으로 반복하여 주를 부르십시오. 하나님의 이름을 부르고 아버지의 이름을 부르십시오. 소리를 내어 부르고 마음속으로 부르십시오. 부르면 부를수록 우리는 충만해집니다.
계속하여 주를 부를수록 주님이 우리와 함께 하시며 우리에게 임하신다는 것을 우리는 경험할 수 있습니다.
당신이 주님을 아주 아프게 한 큰 죄를 지었다든지, 주님이 싫어하시는 것을 지속적으로 행한다든지, 아주 강퍅하거나 교만한 마음을 가지고 있거나.. 하는 등의 어떤 문제가 있는 상태가 아닌 이상 당신은 주를 반복하여 부를 때 주님이 임하시는 것을 경험하게 될 것입니다. 곧 당신의 내부에서 뜨거운 무엇인가가 일어나는 것을 느끼게 됩니다. 물론 당신이 문제가 있는 상태라면 먼저 당신은 죄를 고백하고 용서를 구해야 합니다.

반복하여 주를 부르십시오. 반복하여 주의 이름을 부르고 불러서 그 이름이 당신의 영혼, 몸 전체에 세포까지 스며들게 하십시오. 당신의 안에, 의식 안에 그 이름이 가득하게 하십시오. 충분히 이 기도에 잠기도록 하십시오.
부를수록 당신은 충만해질 것입니다. 부를수록 당신은 채워질 것입니다. 예수 호흡기도는 아주 실제적인 기도입니다. 당신은 주님이 당신 곁에 가까이 계시는 것을 알고 경험하게 될 것입니다.

4. 호흡에 맞추어 기도하십시오

주의 이름을 반복하여 부르며 호흡에 맞추어서 기도하십시오. 호흡에 맞추어서 주의 이름을 부르십시오.

감사하는 마음으로 호흡하십시오. 호흡을 할 수 있다는 것은 놀라운 은총입니다. 호흡은 하나님의 아름답고 놀라운 선물입니다.

하나님께서는 사람을 지으시고 그 코에 생기를 넣어주셨습니다. 코를 통하여 생기를 마시고 누리며 사람은 풍성한 삶과 생명을 누리게 되었습니다.

우리는 지금까지 당연하게 호흡을 하면서 살아왔을 것입니다. 그러나 호흡이 하나님의 놀라운 선물이며 은총의 통로인 것을 이해한다면 진정 우리는 감사하는 마음으로 호흡을 해야 합니다. 예배하는 마음으로, 주를 높이는 마음으로 감사하는 마음으로 호흡을 해야 합니다.

주를 반복하여 부를 때 주님은 우리의 기도를 들으십니다.

호흡에 맞추어 주를 부르면 우리는 우리의 기도를 들으시는 주님이 실제적으로 우리 가운데 임재하시는 것을 경험하게 됩니다.

호흡은 주님의 임하심을 구체화하는 것입니다. 우리는 영으로, 몸으로 그것을 느끼게 됩니다.

호흡에 맞추어서 주의 이름을 구하고 부르십시오. 반복해서 주를 부르며 거기에 맞추어서 호흡을 하십시오.

기도하는 자세로 호흡을 주께 드리십시오. 반복하여 주를 부를수록 당신은 충만해지고 반복하여 호흡할수록 당신은 주의 영의 함께 하심을 조금씩 알아가게 될 것입니다.

5. 호흡으로 주의 영을 마시십시오

주님은 영이시며 주의 영은 바람처럼 임하십니다. 오순절에도 성령은 바람같이 임하셨습니다.
세상에는 많은 바람이 있습니다. 대부분의 바람은 물리적인 바람이지만 영적인 바람도 있습니다. 주의 영은 종종 바람처럼 우리 가운데 임하십니다. 주를 구하고 갈망하며 부르는 이에게 바람으로 호흡으로 우리 가운데 임하십니다.
호흡을 마시면서 주의 영을 마시십시오. 우리는 믿음으로 호흡하면서 주의 영을 마실 수 있습니다. 성령을 마실 수 있습니다. 우리는 성령으로 세례를 받을 수 있으며 성령을 마실 수 있습니다. (고전12:13) 성령과 주의 영은 곧 한분입니다.

세례는 외적인 것입니다. 우리가 물로 세례를 받을 때 우리는 물에 잠기는 것이며 물은 바깥에서 우리를 둘러싸게 됩니다. 성령으로 세례를 받을 때 우리는 성령에 잠기는 것입니다. 성령은 우리를 둘러싸고 우리는 성령에 덮이게 됩니다.
그러나 마시는 것은 내적인 것입니다. 물을 마실 때 물은 우리의 안으로 들어옵니다. 성령을 마시는 것도 성령이 우리 안에 들어오는 것입니다. 우리는 호흡을 마심으로 성령을, 주의 영을 마실 수 있습니다.
믿음으로 그렇게 주의 영을 마실 수 있습니다. 그렇게 그 영이 우리 안에 들어올 때 우리는 내적으로 충만해지게 됩니다.
세례는 외적인 충만함이며 마심은 내적인 충만함입니다. 세례는 우리를 하나님의 권능으로 충만하게 하며 마심은 내면의 열매로 충만하게 합니다. 내주하시는 영은 우리의 내면을 예수의 사람으로 변화시킵니다.

우리는 믿음으로 주의 영을 마실 수 있습니다. 호흡을 하면서 주의 영을 받아 마실 수 있습니다. 그것은 우리의 내면을 충만하게 합니다. 달콤하게 하며 거룩하게 합니다. 주의 영을 마시는 것은 우리를 내적으로 변화시킵니다.

주님은 영이십니다. 그 영을 호흡으로 마시십시오. 고백하면서 마시십시오. '오, 주님.. 저는 지금 이 시간 믿음으로 주를 마십니다..' 이렇게 고백하십시오. 입으로 고백해도 좋고 마음속으로 해도 좋습니다.

다음과 같이 반복하여 고백하면서 주의 영을 마시십시오.

주님.. 당신이 제 안에 오십니다. 저는 당신을 받아들입니다.
주님.. 당신은 살아계시는 분이십니다. 저는 당신을 받아들입니다.
주님.. 제 안에 임하십시오. 저를 지배하십시오. 정복하십시오. 저는 당신의 소유입니다.
제 마음과 생각을 다스려주십시오. 저는 당신의 종입니다. 저를 온전히 사로잡아주십시오.

천천히.. 충분히 호흡하면서 주의 영을 마시십시오. 계속하여 반복하여 마시면서 기도하십시오.

어떤 이들에게는 이것이 믿어지지 않을 것입니다. 우주보다 크신 하나님, 그 영이 이렇게 단순한 방법으로 우리에게 임하신다는 것이 믿어지지 않을 것입니다.

그러나 믿음으로 시도해보십시오.
우주보다 더 크신 분이 당신을 알고 계십니다.
당신의 곁에 계십니다. 당신을 보고 계십니다.
그리고 당신이 그를 받아들일 때 당신의 안에 들어오십니다.
지금 이 자리에서 조용히 주를 불러 보십시오.
그리고 조용히 호흡을 해보십시오.
숨을 들이마시면서

이 숨을 통하여 주님의 기운이
당신의 안에 들어오고 있음을 믿으십시오.
그리고 그 주님의 풍성함이
당신의 안에 가득하게 해달라고 기도하십시오.
충분히 숨을 들이마시십시오.
충분히 주님을 마시십시오.
당신은 새로워질 것입니다.
그리고 너무나 행복해질 것입니다.
기도하면서 계속 호흡하십시오. 주의 영을 마시십시오.
주님은 당신에게 임하십니다.
그것이 얼마나 아름다운 일인지,
깊은 평화와 기쁨을 주는지 부디 경험하십시오.
당신은 새롭게 될 것입니다.

6. 호흡을 마시면서 주의 영의 임하심을 기다리십시오

믿음으로 호흡을 하면서 주님을 마시고 그의 역사하심을 기다리는 것은 아름답고 중요한 일입니다. 우리는 우리가 있는 곳에서 주님의 임하심을 기다릴 수 있습니다. 주님의 임하심을 기대하면서 호흡할 수 있습니다.

나는 집회를 인도하면서 젊은이들에게 이 예수 호흡기도를 시키곤 했습니다. 그들이 호흡을 하면서 주님의 임하심을 기다리도록 인도하곤 했습니다. 그러면 대부분의 청년들은 주님의 친밀한 임재를 경험하면서 전율과 감동과 기쁨을 맛보곤 했습니다. 그 자리에서 쓰러지거나 몸이 굳어지는 현상을 경험하는 이들도 있었습니다. 그렇게 주를 기다리며 호흡을 할 때 주님의 임하심은 아주 실제적인 것이었습니다.

막연하게 기계적으로 호흡을 하는 것과 지금 이 시간에 주의 영이 실제적으로 임하실 것을 기대하고 바라보면서 기도하는 것은 다른 것입니다. 그러한 기대와 믿음 가운데 주님은 역사하시기 때문입니다.

호흡기도의 자세는 그리 중요하지 않은 것 같습니다. 호흡은 앉아서도, 서서도, 걸으면서도, 누워서도 할 수 있는 것이기 때문에 어떤 자세와 어떤 각도로 해야 하는 법칙이 있는 것은 아닙니다.

중요한 것은 마음의 자세이며 마음으로 주를 바라보고 갈망하며 기다리는 것입니다. 주님이 이 시간에 임하실 것을 기대하는 것입니다.

당신도 그렇게 기대하면서 호흡으로 기도하십시오.

호흡으로 주를 마시며 주님의 임하심을 기다리십시오.

주님은 가까이 임하셔서 당신을 만지실 것입니다.

7. 주님을 상상하십시오

호흡으로 기도하면서 중요한 것은 마음이 주님을 향하는 것입니다. 의식이 주님을 향하지 않거나 다른 데로 가 있는 상태에서 호흡만 하고 있다면 그것은 기도라고 할 수 없습니다.
마음과 의식이 주님께 몰입될수록 호흡을 통하여 깊이 기도할 수 있으며 은혜를 누리게 됩니다.
히브리서 3장 1절은 예수를 깊이 생각하라고 말합니다. 그렇게 우리의 의식이 주님을 향하고 몰입되는 것이 예수 호흡기도의 중요한 요소입니다.
그러한 몰입을 도와주는 좋은 도구가 상상하는 것입니다. 우리의 마음이 예수를 상상하고 바라볼 때 그것은 우리의 기도를 더욱 더 실제적으로 만듭니다.

성경에는 주님의 행하시는 모습이 많이 등장합니다. 주님은 무리들에게 말씀을 가르치셨습니다. 병든 자들을 치유하셨습니다. 사마리아 여인과 같이 마음이 상한 자들에게 사랑과 친절을 베푸셨습니다. 배에서 두려움에 떨고 있는 제자들을 위안하시며 파도를 잔잔하게 하셨습니다.
우리는 주님의 행하시는 모습을 상상하면서 호흡할 수 있습니다. 믿음으로 상상을 하면서 눈을 감고 주님이 행하시는 성경의 장면에 우리가 들어갈 수도 있습니다.
우리는 산에서 말씀을 전하시는 주님 곁으로 상상 속에서 나아갈 수 있습니다. 우리가 베데스다 연못가에 직접 가서 우리 자신이 주님으로부터 치유 받는 모습을 상상할 수도 있습니다.
그러한 모습들을 상상하면서 호흡할 때 우리는 우리의 영이 실제로 예수님의 사역 현장에 가 있는 것 같은 느낌을 받게 됩니다.

우리의 몸은 지금 이곳에 여전히 있을 것입니다. 그러나 우리의 마음과 영은 주님이 역사하시던 현장에 가 있을 수 있습니다. 사람의 몸은 시공에 제한을 받지만 마음과 영은 시공을 초월할 수 있기 때문입니다.

우리는 믿음과 상상과 호흡을 사용하여 주님이 행하시던 역사에 동참할 수 있습니다.

주님이 십자가에 달리신 장면을 바라볼 수 있습니다. 십자가에서 떨어지는 그 피가 우리의 전신에 떨어져서 우리를 치유하고 정화시키는 것을 믿음으로 바라보고 취할 수 있습니다.

주님을 생각하며 바라보는 상상은 예수 호흡기도를 더욱 더 실제적으로 만듭니다. 주님은 우리의 호흡을 통하여 역사하실 수 있는 것처럼 우리의 상상을 통하여도 역사하실 수 있습니다.

예수 호흡기도에서 중요한 것은 주님을 바라보며 주님께 몰입되는 것입니다. 주님을 바라보는 믿음의 상상은 우리의 호흡기도를 더욱 더 실제적이고 풍성하게 할 것입니다.

주님은 어제나 오늘이나 지난 역사에서나 지금이나 그분을 바라보는 자들에게 항상 역사하시며 은총을 베푸시는 분이십니다. 할렐루야.

8. 짧은 단어를 사용하십시오

예수 호흡기도의 대표적인 기도문은 '끼리에 엘레이손'즉 '주 예수 그리스도시여, 나를 불쌍히 여기소서'입니다. 앞에서 이미 언급하였지만 나는 이 문구에 얽매이지 않고 자유롭게 자기에게 맞는 문장이나 단어를 만들어서 사용할 때 더 풍성한 열매가 있는 것을 경험하였습니다.

이 기도를 훈련하던 초기에 나는 주로 '예수의 충만한 역사가 나에게 임하게 하옵소서' 하는 기도문을 사용하였습니다. 나중에는 이것도 조금 길게 느껴져서 '예수의 충만한 역사..' 라는 문구를 사용하였습니다. 이것도 나중에는 '예수 충만..'이 되었고 단순히 '충만..'을 사용하기도 하였습니다.

이것은 내게 놀라운 기쁨을 주곤 하였습니다. '예수의 충만한 역사..'를 반복하여 기도할 때 뜨겁고 강렬한 힘이 나를 붙드는 것을 나는 자주 경험하였습니다.

나는 몸이 아프거나 힘이 없고 지쳐있을 때, 낙심한 상태에 있을 때 이 기도를 드리면 곧 속에서 서서히 힘이 생기고 전율이 일어나며 놀라운 평안과 기쁨이 나를 사로잡는 것을 느끼곤 하였습니다. 예수의 사랑과 임재가 느껴지고 몹시 감격이 되어서 눈물이 흐르는 것을 경험하곤 하였습니다. 그것은 관념이 아니라 실제적인 평안이었으며 너무나도 놀랍고 감미롭고 달콤한 것이었습니다. 나는 당신에게도 비슷한 역사들이 일어날 것이라고 생각합니다.

자신에게 적당한 짧은 문구나 단어를 통하여 이 기도를 드리는 것은 매우 유익하며 힘이 될 것입니다. 마음의 두려움이나 불안을 자주 느끼는 사람이라면 '주 예수의 평안이 내게 임하게 하옵소서' 하고 숨을 들이마시면서 반복하여 기도하는 것이 좋을 것입니다. 처음부터 아주 짧은 문장이나 단어를 반복하게 되면 기계적으로 느껴질 수도 있으므로 처음에는 어느 정도 내용을 담은 문장이 좋을 것입니다. 이러한 문장을 반복하다가 나중에 익숙해지면 '예수 평안..' 하고 기도해도 될 것입니다.

예수님의 사랑을 좀 더 알고 싶고 누리고 싶은 사람이라면 숨을 들여마시며 '예수님의 사랑이 임하게 하옵소서' 하고 기도하거나 어느 정도의 기도가 이루어지면 '예수 사랑..'하고 기도해도 됩니다.

주님의 권능으로 가득 채워지고 싶다면 '예수 능력..'과 같은 문장이나 단어를 사용해도 좋을 것입니다. 몸이 아픈 사람은 '주님.. 저를 고치시옵소서'나 '예수 치유..'하고 기도해도 좋을 것입니다.

앞에서 예수님의 모습을 상상하는 것에 대해서 이야기를 했듯이 이 기도에도 상상을 사용할 수 있습니다. '예수 충만..' '예수 사랑..' 하고 기도하면서 예수님의 사랑과 능력이 위로부터 충만하게 입혀지는 것을 상상하면서 호흡하는 것도 좋을 것입니다.

아픈 사람은 예수님의 손이 자기의 아픈 곳을 만지시는 것을 상상하거나 예수님의 치유의 빛이 환부에 임하는 것을 상상하는 것이 좋습니다. 이렇게 호흡기도에 상상을 덧붙이는 것은 우리의 기도를 더욱 더 아름답고 충만한 것으로 만듭니다.

내가 과연 이렇게 단순한 기도를 통하여 주님의 충만을 받을 자격이 있는가? 이렇게 기도하고 상상한다고 해서 주님이 나에게 임하시겠는가? 내가 응답이나 은총을 입을 자격이 있는가? 하는 생각이 일어날지도 모릅니다. 하지만 기억하십시오. 자격이 있어서 주님께 나아갈 수 있는 사람은 아무도 없습니다. 가치가 있어서 은총을 입을 수 있는 사람은 아무도 없습니다. 우리는 모두 죄인입니다. 우리는 모두 다 부족한 사람들입니다. 그렇기 때문에 우리는 어린 아이와 같은 단순한 믿음으로 주님께 나아가서 그분의 긍휼과 자비를 구하는 것입니다.

우리는 스스로 아무 것도 할 수 없으며 오직 주님의 십자가 공로와 일방적인 은혜와 사랑을 힘입어 변화될 수 있기 때문입니다.

염려하지 말고 이 기도를 사용하십시오.
짧은 단어를 사용해서 이 기도를 드리십시오.
자기에게 맞는, 자기가 정말 기도하고 싶은 짧은 문장이나 단어로 기도문을 만드십시오. 그것을 기계적으로 반복하지 말고 사랑과 갈망을 심어서 주님께 올려 드리십시오.

주님은 부족하고 한심하기 짝이 없는 우리에게 임하십니다. 그분은 아비가 자식을 불쌍히 여김같이 우리를 불쌍히 여기시고 우리에게 임하십니다.

기대하고 기도하십시오. 구하는 자에게 주님은 오셔서 평안을 주십니다. 사랑을 주시고 능력을 주십니다.
우리 안에 오시며 우리 위에 은총과 권능을 덮으십니다. 기도하면 기도할수록 당신은 이 기도를 통하여 아름답고 놀라운 은혜의 세계로 들어갈 수 있게 될 것입니다.

9. 코로 호흡하십시오

호흡을 사용하여 기도하는 것에는 특별한 호흡의 방법이 있지 않습니다. 그저 자연스럽게 주님을 생각하며 기도하는 마음으로 호흡을 하면 그것으로 충분합니다.

시중에는 단전호흡이나 호흡을 사용한 기 체험이나 훈련에 대한 책들도 많이 있습니다. 그러한 책에서는 호흡의 방식에 대한 여러 가지 방법들이 기술되어 있습니다.

그러한 종류의 책은 접하지 않는 것이 좋을 것입니다. 그러한 종류의 책들에는 어떤 어두운 영들의 개입이 있는 것이 보통입니다. 그러한 책들은 의지와 정신력을 이용해서 호흡의 기운을 조절하는 것을 많이 이야기하고 있는데 그러한 것은 그리스도인들이 호흡을 사용하여 기도하는 것과는 전혀 다른 것입니다.

정신을 집중해서 초능력을 개발하거나 신비한 체험을 하거나 하는 것은 우리의 목표가 아닙니다. 우리는 이 기도를 통하여 주님께 가까이 나아가며 주님의 은총을 경험하기를 원하는 것입니다.

그러므로 호흡기도에 관한 특별한 기술이나 방법은 없다고 할 수 있습니다. 평소에 우리가 하던 그대로 호흡을 하면서 이 호흡에 우리의 마음에 감사와 기도를 실어서 주님께 드리는 것입니다. 주님을 받아들이고 주님을 마신다는 마음으로 호흡을 하는 것이며 기도하고 예배하는 자세로 호흡을 해야 합니다.

호흡기도에 대하여 흔하게 받게 되는 질문이 호흡을 코로 하느냐 입으로 하느냐 하는 질문입니다.

상식적으로 생각해도 호흡은 코로 하는 것입니다. 특별히 코에 문제가 있어서 코로 호흡하는 것이 힘든 상태가 아니라면 당연히 코로 호흡을 해야 하는 것이며 입으로 호흡을 해야 할 이유는 없는 것입니다.
건강의 측면에서 보았을 때도 코로 호흡하는 것이 당연한 것입니다. 입으로 호흡을 하게 되면 여러 부작용들이 생기게 됩니다.
공기 중에는 많은 세균들, 먼지들이 있습니다. 우리가 호흡을 할 때 그것이 우리 안에 들어오게 됩니다. 코 속에는 점막이 있어서 그러한 불순물들을 거르는 역할을 하게 됩니다. 그러나 입에는 그러한 불순물을 거르는 장치가 없습니다. 그래서 입으로 호흡을 하게 되면 목이 붓거나 아프게 됩니다.
가끔 코감기가 심하게 걸려서 코로 숨을 쉴 수가 없어서 입을 벌리고 잠을 자본 경험이 있었을 것입니다. 그런 다음 날 아침에는 목이 아프게 됩니다. 그러므로 입으로 호흡하는 것은 좋지 않은 것입니다.

예외적으로 입을 벌려서 호흡을 할 때도 있습니다. 피곤하거나 졸릴 때 입을 크게 벌리고 하품을 하게 되곤 합니다. 달리기를 할 때 숨이 차서 입을 벌리고 숨을 쉴 때도 있을 것입니다. 그러나 그것은 일반적인 상황은 아닙니다.
속에 나쁜 기운이나 불편한 느낌이 가득 차 있어서 빨리 그것을 배출시키기 위해 일시적으로 입을 크게 벌리고 나쁜 호흡을 토해야 할 때는 있습니다. 한숨을 쉬거나 탄식을 하는 경우입니다. 그러나 그것은 어디까지나 특별한 상황의 경우입니다. 그렇지 않은 보통의 상황이라면 항상 코로 호흡을 해야 합니다.

호흡을 사용하여 기도를 드릴 때도 가능하면 코로 마시고 코로 뱉어내십시오. 특별하게 힘든 상황이 아니라면 입으로 호흡을 하지 마십시오. 호흡기도의 방법은 아주 단순합니다.
마음으로 주님을 생각하고 속으로 주를 부르며 단순하게 코로 호흡하십시오. 그리고 호흡을 하면서 주님을 마신다고 생각하십시오.
호흡을 통하여 주님의 영, 주님의 기운이

당신에게 임하신다고 믿으십시오.
믿음으로 호흡을 하는 것, 그것은 아주 단순한 행위입니다.
그러나 그 간단하고 단순한 동작을 통하여
당신은 아주 놀라운 변화들을 경험하게 될 것입니다.

10. 호흡을 의식하십시오

살아있는 모든 사람은 다 호흡을 합니다. 그것은 아주 당연한 일입니다. 호흡을 하는 행위는 너무나 익숙하고 자연스러운 일이기 때문에 호흡을 하면서 그것을 의식하는 사람은 별로 없을 것입니다.
호흡기 질환이 있어서 호흡하기가 무척 어려울 때, 지독한 감기에 걸려서 호흡하는 것이 힘들 때에는 호흡하는 것을 의식할 것입니다. 그러나 보통 때에는 자신이 숨을 쉬고 있다는 사실을 의식하지 않을 것입니다.
그러나 호흡기도를 드릴 때에는 호흡을 의식하는 것이 좋습니다.
자신이 호흡을 하고 있다는 것을 의식하고 그 호흡이 주는 느낌을 조용히 관찰하며 지켜보아야 합니다.
호흡이 어떻게 움직이고 우리의 내부에서 어떻게 작용하여 가는지를 조용히 지켜볼 필요가 있습니다. 그것은 우리의 내부를 깨어나게 하고 우리의 내적 민감성을 일으켜 줍니다.

누구나 무의식적으로 호흡을 하며 호흡은 그 사람의 생명과 특성을 보여줍니다. 잔잔한 호흡은 잔잔한 성품을, 급하고 거친 호흡은 역시 비슷한 성품을 보여줄 것입니다.
무의식적으로 호흡을 할 때에는 자신의 호흡의 상태나 수준에서 벗어나지 못합니다. 그렇기 때문에 몸이나 마음에 별 다른 변화를 경험하지 못하고 자신의 상태를 그대로 유지해가게 됩니다.
그러나 호흡을 기도의 도구로 사용하며 마음으로 호흡을 의식하면서 호흡의 내용이나 스타일을 바꾸어 본다면 그것은 우리의 몸이나 영혼에 많은 변화를 일으키게 됩니다. 호흡의 변화는 곧 생명의 변화라고 할 수 있는 것이기 때문입니다.

자신의 몸과 마음, 영혼의 변화를 위하여 여태까지 습관적으로 생각 없이 했던 호흡을 의식해보십시오.

지금 이 순간 조용히 숨을 들이마시십시오.

그 숨과 함께 주님의 임재와 은총이 당신의 몸 안에 흐르고 있는 것을 느껴보십시오. 코로 들어간 숨기운이 목으로 그리고 밑으로 조금씩 내려가고 있는 것을 느껴보십시오.

호흡을 하면서 그 숨을 다만 조용히 관찰하는 마음으로 하십시오. 그 숨을 지배하려거나 마음을 과도하게 집중하려고 할 필요는 없습니다. 그저 단순하게 숨을 조용히 관찰한다는 마음으로 하십시오.

여태껏 해왔던 자신의 호흡을 갑자기 바꾸려고 하지 마십시오.

그냥 자신이 해왔던 호흡은 어떤 것이었는지 그저 조용히 지켜보십시오. 단순히 조용히 자신의 호흡을 관찰하는 것만으로 당신은 어느 정도 마음의 평화를 느끼게 될 것입니다.

자신의 호흡이 조용한 것이었는지, 아니면 거친 것이었는지, 불규칙한 것이었는지.. 그러한 호흡의 특성을 조용히 살펴보십시오.

자신의 호흡에 대하여 이해를 하게 되면 자신의 성품이나 상태에 대하여 좀 더 잘 알 수 있게 됩니다. 갑자기 자신이 너무 긴장되어 있고 외롭게 살아왔다는 느낌이 들 수도 있지요.

그렇게 조용히 자신을 들여다보고 있으면 자신의 안에 억눌려 있었던 여러 상념들이 자연스럽게 흘러나올 수 있습니다. 그것은 우리의 마음에 어떤 변화나 치유, 휴식을 가져다주게 되지요.

그렇게 조용히 호흡을 의식하기가 어려운 분들도 있을지 모릅니다. 호흡을 의식하려고 하다보면 졸음이 오는 분도 있을지 모르지요. 그러나 그래도 괜찮습니다. 그것은 긴장이 풀리고 있는 증거이기 때문이지요. 그러므로 호흡을 관찰하다가 잠이 들어도 상관이 없습니다.

주를 부르며 호흡으로 기도를 드리다가 잠이 들어버린다고 해도 주님은 당신을 그다지 꾸짖지 않으실 것입니다. 주님은 그 분 안에서 당신에게 필요한 안식과 치유를 주실 수도 있으니까요. 어떤 분들은 조용히 마음을 내부로 돌려서 자신의 호흡을 의식하면 숨이 막히는 것 같이 답답한 느낌이 들기도 합니다. 그래서 자신의 호흡이나 내부를 관찰하는 것 자체를 어려워하기도 합니다. 그러한 분들은 평소의 삶을 지나치게 바쁘고 쫓기는 마음으로 살아온 분일 가능성이 많습니다. 그러므로 그러한 분들은 그 어떤 일보다 주님 안에서 좀 더 안식하며 주님과 같이 교제하는 것을 훈련해야 합니다.

여태껏 그냥 지나쳤던 호흡의 기운, 생명의 흐름에 대하여 감사하는 마음으로 그것을 관찰하십시오.

당신 안에 하나님의 기운, 생명의 움직임이 있는 것을 경외하는 마음으로 조용히 지켜보십시오.

당신의 호흡을 지켜보면서 자신이 어떠한 사람인지, 자신이 어떠한 상태에 있는지, 자신의 영혼은 건강한지 살펴보십시오.

호흡을 하면서 자신의 가슴을 살펴보십시오.

자신의 가슴, 심장에 슬픈 상태가 있는지, 우울함이나 억울함이 있는지, 아니면 두려움이나 답답함이 있는지.. 조용히 관찰해보십시오.

당신은 자신의 안에 어떤 깊은 슬픔이나 두려움이 자리 잡고 있는 것을 발견하게 될지도 모릅니다. 그것들은 당신의 안에 오래 있었지만 당신은 그것들을 잘 의식하지 못하거나 아니면 다른 것들에게로 도피하고 있었을지도 모릅니다.

그러나 지금은 가능하면 도피하지 말아야 합니다. 지금은 주님과 함께 호흡을 통하여 당신 자신을 느끼고 치유하고 새롭게 만들어가야 하기 때문에 고통스럽더라도 자신의 진정한 상태를 바르게 느끼는 데에서부터 시작해야 합니다. 바른 인식과 진단이 있는 곳에 치유도 있기 때문입니다.

일단 그렇게 숨을 느끼고 자신의 마음과 상태를 관찰하면서 호흡을 시작해 보십시오.

당신이 어느 정도 호흡을 관찰해보았다면 비록 그리 길지 않은 시간이었다고 하더라도 당신은 자신에 대한 약간의 통찰력을 얻게 되었을 것입니다. 내부에 대한 이런 단순한 관찰을 통해서도 당신은 작은 변화와 휴식을 경험하게 되었을 것입니다.

아니, 내부에 숨겨져 있었던 고통을 경험했을 수도 있지만, 그것은 더 좋은 회복과 자유를 위한 작은 시작이라고 할 수 있을 것입니다. 자, 여기에서 계속 더 전진해 가십시오.

이러한 관찰의 시간은 어느 정도가 좋을까요? 그리고 호흡기도를 드리는 시간은 한 번에 어느 정도가 적당할까요? 거기에는 특별한 기준이 없습니다. 아마 10분이나 길면 30분 정도가 어떨까 싶습니다. 그것은 각자에게 달려 있습니다.

어떤 이가 호흡으로 기도를 드리면서 조금 지루함을 느꼈다면 그것은 그의 시계가 다 되었음을 말해줍니다. 그러므로 그 때에 중단하십시오. 지루함에도 불구하고 억지로 하는 것은 별로 좋은 결과를 기대하기 어렵습니다.

호흡으로 기도를 드리면서 주님의 가까우신 임재와 기쁨을 경험하고 있는데 서둘러 기도를 마치는 것도 우스운 일입니다. 자연스럽게 기도하고 자연스럽게 주님을 바라보며 그분이 기도를 인도하시기를 기대하는 것이 좋을 것입니다.

편안한 마음으로, 자연스럽게 앞으로 나아가십시오. 주님은 당신에게 은총을 베풀어주실 것입니다.

11. 배출 호흡으로 가슴의 답답함을 처리하십시오

예수 호흡기도는 주의 이름을 부르며 주의 영을 마시는 것입니다. 이것은 주님으로 충전되며 충만하게 되는 것입니다.
하지만 그 이전에 먼저 중요한 것이 있습니다. 그것은 아름다운 것을 담기 전에 먼저 그릇이 깨끗이 청소되어야 한다는 것입니다. 그와 같이 우리의 심령에 주님을 담기 전에 우리의 심령은 먼저 청소되어야 합니다. 주님을 호흡하고 마시기 전에 내 속의 어둡고 악한 기운을 내보내야하는 것입니다. 주님을 호흡하는 것이 충전 호흡이라면 내 속의 나쁜 것을 내보내는 것을 배출 호흡이라고 할 수 있을 것입니다.

앞 장에서 호흡을 관찰할 것에 대해서 언급하였는데, 조용히 호흡을 하면서 자신의 몸과 마음의 상태를 점검해보면 전에는 알지 못했던 자신의 내적인 상태들, 여러 불편한 증상들이 몸에 나타나는 것을 느끼게 됩니다. 그러한 증상 중의 하나가 호흡을 하면서 가슴이 답답해지는 느낌입니다.
가슴에 돌이 하나 얹혀있는 것 같기도 하고 뭔가가 가슴을 꽉 막고 있는 것 같기도 합니다. 물론 그것은 좋지 않은 상태입니다. 가슴 속에 무엇인가 좋지 않은 기운이 들어와 있는 것이지요.
오늘날 많은 사람들이 그러한 증상을 가지고 있습니다. 다만 마음이 바쁘고 바깥의 일에 몰두하고 있어서 그것을 잘 느끼지 못하는 사람들이 있는 것뿐입니다.
시냇물이 흘러가는 모습을 보면 참 아름답고 시원하게 보이지요. 생각만 해도 마음이 평화로워지는 느낌입니다. 그러나 시냇물이 흐르다가 장애물이 있으면 그 부분에서 흐름이 막히게 됩니다. 자연스럽게 흐르는 흐름이 막히면서 물결이 거세지게 되지요. 그러다가 그 흐름이 아주 막히게 되면 그 부분에는 물이 고여서 흐르지 못하게 되고 썩게 됩니다. 사람의 가슴 부분에 이렇게 막힌 부분이 있으면 당연히 호흡이 자연스럽지 않고 막히게 됩니다. 가슴이 답답하고 호흡이 어렵고 불편하게 느껴질 것입니다. 그러한 가슴의 통증에는 여러 가지 이유가 있겠지요. 현실의 삶에 대한 근심과 염려, 미래에 대한 두려움이나 사람에 대한 두려움 등도 중요한 원인이 될 것입니다.

또한 과거의 충격이나 상처의 경험 등도 원인이 될 것입니다. 무방비 상태나 연약한 상태에서 충격을 받거나 공격을 받으면 그 때 받은 충격이 가슴 속에 잔상으로 남게 됩니다.

어린이들은 마음이 약하고 자기 방어 능력이 부족하므로 어린 시절에 어른들에게 호되게 혼이 나거나 억울한 일을 겪고 충격을 받거나 하게 되면 가슴에 충격이 남게 되어 심장이 약해집니다. 그렇게 되면 커서 어른이 된 후에도 사소한 일에 두려워하고 불안감을 느끼게 되지요.

심장은 생명의 근원이고 원천이기 때문에 심장이 약하고 눌려 있으면 삶 자체가 아주 고통스럽고 힘이 들게 됩니다. 그래서 기쁨을 모르고 어둡고 우울하며 눌린 삶을 살게 됩니다.

중요한 것은 심장의 그러한 통증과 답답함을 완화시켜야 한다는 것입니다. 그러한 증상을 내버려두면 많은 부작용이 생깁니다.

그 부작용 중의 하나는 생각이 어두워진다는 것입니다. 생각은 머리에서 떠오르지만 사실은 심장의 상태를 반영하는 그림자와 같은 것입니다. 그러므로 심장, 가슴이 눌리고 막혀 있으면 머리에 떠오르는 생각은 오직 부정적인 생각뿐입니다.

두려움, 분노, 우울, 근심, 죄책감, 자기 정죄.. 등의 생각이 수시로 머리에 솟아오르게 되지요. 인생의 기쁨과 즐거움을 누리지 못하고 항상 눌려서 어둡고 비참한 삶을 살게 됩니다. 그러한 잘못되고 어두운 의식들은 심장이 회복되게 되면 자연적으로 밝고 맑고 행복한 상념으로 바뀌게 됩니다.

호흡으로 기도하는 것을 처음 시작하다가 그러한 증상을 느끼게 되는 분들도 많을 것입니다. 호흡을 하면서 자신의 내면을 관찰할 때 자신의 안에 그러한 증상이 있었으나 모르고 있던 것이 표면에 떠오른 것입니다.

가슴 속에 있는 그러한 증상에 대해서, 그 근원에 대해서 정확하게 분별하고 이해하는 것은 중요한 일입니다. 근원적인 처리에 대해서는 좀 더 깊은 이해와 과정이 필요하며 나중에 조금 더 다룰 것입니다. 중요한 것은 자신의 속에 있는 그 불편함을 처리하는 것인데, 그것은 그리 어렵지 않습니다. 아주 단순하게, 내 속에 있는 악하고 불편한 기운을 호흡으로 내보낼 수가 있는 것입니다.

시냇물이 흐르다가 돌멩이가 흐름을 막고 있다면 그 돌멩이를 치우는 것이 가장 좋은 방법입니다. 그것처럼 가슴 속에 막혀 있는 답답한 기운을 트림을 통해서 밖으로 내보내는 것입니다.

지금 당신의 가슴이 답답한 상태에 있다면, 트림을 한번 해보십시오. 가슴에 힘을 주고 트림을 해서 그 기운이 밖으로 나가게 하십시오. 하면 할수록 속이 시원해지고 편안해지게 됩니다.

또한 트림이 잘 되지 않더라도 내쉬는 호흡을 통해서 그 답답한 기운을 내보낼 수 있습니다. 그것이 배출 호흡입니다.

입을 크게 벌리고 '휴~' 또는 '하~' 하고 깊은 숨을 토해냅니다. 속이 시원해질 때까지 크게 반복해서 숨을 토해냅니다. 별로 시원한 느낌이 없으면 좀 더 크고 강하게, 빠른 동작으로 반복하면 됩니다.

이것은 아주 단순한 행동이지만 당신에게 많은 자유함을 줄 것입니다. 가슴이 후련해지게 되지요. 가슴의 나쁜 숨을 토하면 막힌 장애물은 사라지고 다시금 시냇물은 아름답고 편안하게 흘러가게 됩니다.

몇 번의 시도를 통해서 가슴이 완전하게 치유되는 것은 아닐 것입니다. 그것은 오랜 시간에 걸쳐서 형성이 되었을 테니까요. 그러나 이 작은 성공은 당신의 변화에 중요한 시작이 될 수 있을 것입니다.

자신은 미처 인지하지 못했겠지만 심장이 눌려 있고 호흡이 막혀 있었을 때는 의식도 어두워져서 항상 어둡고 부정적인 생각만 떠오르게 됩니다. 그러나 이렇게 간단한 배출 호흡을 통해서 당신은 가슴이 시원해지며 마음이 아주 희망적으로 변하고 기분이 즐거워진다는 것을 확인할 수 있을 것입니다.

충전 호흡은 마시는 호흡이며 주님을 부르고 주의 영을 마시는 것입니다. 주의 영으로 우리 안에 채우는 것입니다.
배출 호흡은 토하는 호흡이며 우리 안에 있는 나쁜 요소를 밖으로 내보내는 것입니다. 그것은 우리를 정화하는 것입니다. 우리의 죄를 버리고 악을 버리고 나쁜 것을 버리는 것입니다. 주님으로 우리를 충만하게 채우기 전에 먼저 우리를 정화시키고 우리를 비워 주님을 담을 수 있는 상태가 되도록 준비하는 것입니다. 회개 기도도 일종의 배출 호흡기도라고 할 수 있습니다.

자, 지금 당신의 안에 있는 가슴의 답답한 기운을 충분히 토하여 내보내십시오.
코로 후~ 하고 충분히 나쁜 기운을 내보내십시오.
속으로 기도하면서 '예수의 이름으로, 내 가슴 속에 들어있는 모든 병 에너지, 나쁜 기운들은 다 나가라..' 하고 명령하십시오.
거울을 보면서 자신의 눈을 보고 가슴 속의 악한 기운이 나가도록 명령하면서 숨을 뱉어내십시오.
숨을 내쉬면서 '주님, 저의 속에 있는 모든 악들, 완악함, 더러움들을 밖으로 버립니다'하고 고백하십시오. 마음속에 느껴지는 죄책감이나 잘못이 느껴지면 그것을 고백하면서 숨을 내쉬십시오. 모든 불편함과 악들이 당신에게서 떠나가도록 고백하고 대적하며 숨을 내쉬십시오.
지속적으로 시도해 보십시오.
당신의 안에 있는 나쁜 기운들,

두려움, 분노, 낙심, 미움, 고집, 욕심, 좌절.. 등을
조용히 호흡하면서 밖으로 내어보내십시오.
당신은 점점 더 가볍고 자유롭게 될 것입니다.
그리고 그렇게 비워지고 자유롭게 될수록
당신의 안에서 어두움의 요소가 사라질수록
당신은 좀 더 주님을 쉽게 누리고 경험하게 될 것입니다.

12. 충분히 호흡하십시오

호흡기도에 있어서 가장 기본적인 것은 예수를 부르며 호흡하는 것입니다. 그 다음에 중요한 것은 호흡을 깊이 충분히 하는 것입니다. 호흡은 생명의 근원이며 모든 풍성함의 시작이기 때문에 무엇보다 먼저 이 생명의 근원인 숨을 충분히 들이마셔야 합니다.
그것은 우리 몸을 풍선으로 생각하면 쉽게 이해할 수 있습니다.
바람 빠진 풍선은 아름답지 않지만 풍선에 바람을 충분히 불어넣으면 그것은 아름답고 풍성한 모습이 됩니다. 만지면 아주 말랑말랑하고 탄력이 있지요. 그것은 톡 건드리기만 해도 움직입니다. 그와 같이 우리의 몸에 바람을 충분히 불어넣으면 우리는 밝고 맑고 생명력이 충만한 상태가 됩니다. 바람, 호흡, 기운은 곧 생명력이기 때문입니다.

우리가 흔히 말하는 탈진했다는 표현, 지쳤다는 표현은 바로 호흡이 다 빠져나간 상태를 말하는 것입니다. 바람이 빠진 풍선과 같이 되는 것이지요. 그것은 무기력하고 매력도 활기도 없는 상태입니다. 여유가 없고 날카롭고 긴장된 상태이기 때문에 아무 것도 아닌 일에 짜증이 나고 신경이 곤두서있는 상태.. 그것이 곧 탈진하고 지치고 여유가 없는 상태인 것입니다.
그럴 때 조용히 쉬면서 충분히 호흡을 들이마시면 곧 회복될 수 있습니다. 그저 평범한 숨을 마시는 것이 아니라 예수의 이름을 부르며 주의 영, 그 거룩한 숨을 마실 때 우리의 영혼은 곧 아름답고 풍성하게 충전됩니다.
호흡은 진정 하나님께서 우리에게 허락하신 놀라운 선물입니다. 그러므로 우리는 경외감을 가지고 감사하는 마음으로 호흡을 해야 합니다.
음식을 먹는 것도 마찬가지입니다. 부부가 하나가 되기 위해서는 상호

간에 대한 애정과 감사하는 마음이 필요합니다. 그와 마찬가지로 음식과 우리가 하나가 되기 위해서는 그 음식을 허락하신 하나님께 대한 감사의 마음이 있어야 하며 우리의 몸에 들어와 우리의 한 부분이 될 음식 자체에 대하여도 애정의 마음, 감사의 마음을 가져야 하는 것입니다. 그렇게 할 때 우리의 몸은 자기 안에 들어오는 음식을 잘 받아들이고 소화할 수 있는 준비를 갖추게 됩니다.

그것은 물 한잔을 마실 때에도 우리가 가져야할 당연한 자세입니다. 그 물이 우리 안에 들어와 부작용 없이 우리와 하나 될 수 있도록 물에게 감사하고 그 물이 우리 안에서 행하게 되는 영양소의 공급과 정화 등의 여러 수고에 대하여 감사하고 축복하고 격려하는 마음을 가져야 하는 것입니다.

그처럼 호흡에게도 숨에게도 우리는 하나님께 감사드리며 숨에게도 축복하고 감사하는 경외감이 필요합니다. 그것이 우리의 호흡을 더 아름답고 충만하게 하는 데에 도움이 될 것입니다.

호흡은 곧 생명입니다. 그러므로 호흡의 부족은 곧 생명의 부족이며 호흡의 충만은 곧 생명의 충만입니다.

오늘날 이 시대의 사람들은 두려움, 상처, 스트레스 등으로 인하여 충분한 호흡을 하지 못하고 있습니다. 그래서 호흡이 많이 부족하며 일종의 질식 상태와 같은 증상을 가지고 있습니다. 몸 뿐 아니라 마음, 영혼도 질식 상태가 되어가고 있지요. 그러므로 당연히 몸이 무겁고 의식도 어두워져 가고 있는 것입니다.

호흡의 흐름과 움직임은 얼마나 중요한지 모릅니다. 그 흐름이 조금이라도 부족하면 우리의 몸은 썩어가게 되어 있습니다.

나와 아내는 반지하의 집에서 오래 살았습니다. 지하에는 공기의 흐름이 좋지 않습니다. 그래서 곰팡이가 생기고 가구도 이불도 많이 썩어가고 아내는 천식에 걸렸습니다. 공기의 흐름이 부족하면 그것은 생명의 작용을 방해하는 것입니다.

지하에서 지상으로 이사를 가게 되었을 때는 몹시 기뻤습니다. 하지만 그 집은 지상이라는 면에서는 좋았지만 너무 추웠습니다. 그래서 추위를 막으려고 창문을 비닐로 완전히 봉해버렸습니다. 그랬더니 며칠이 안 되어 벽지 한 쪽에 곰팡이가 생기기 시작했습니다. 할 수 없이 우리는 비닐을 치워버렸지요. 아무리 지상이라고 해도 공기의 흐름을 막아버리면 역시 썩는 것은 마찬가지였던 것입니다.

이것은 집에만 해당되는 원리가 아닙니다. 사람도 몸 안에 호흡의 흐름이 충분하지 않으면 몸이 썩게 됩니다. 신체의 장기가 부분적으로 썩기 시작하며 그래서 각종 질병이 생기게 되는 것입니다. 몸이 썩게 되면 그것은 몸에서 끝나지 않고 정신과 영혼도 썩게 됩니다. 몸과 영혼은 서로 영향을 끼치기 때문입니다. 그러므로 몸이 어두우면 마음도 같이 어두워지게 됩니다.

썩는다는 것은 곰팡이가 생기는 것입니다. 곰팡이는 어두움의 생명체입니다. 햇살이 환하게 비치는 곳에서는 곰팡이가 살 수 없습니다. 바람이 잘 통하는 곳에서도 곰팡이는 생기지 않으며 살 수 없습니다. 그러나 햇볕이 없고 바람이 통하지 않는 곳에서 이 어둠의 생명체는 자라게 됩니다. 그것은 어두움의 생명이며 밝은 생명을 파괴하고 죽이는 것입니다. 그것이 썩는 것입니다.

그러므로 우리는 몸과 마음이 썩지 않도록 충분히 호흡을 해야 합니다. 호흡이 부족하면 그것은 흐르지 않습니다. 운동력과 흐름이 부족하게 됩니다. 그것은 흐름을 정체시킵니다.

호흡은 피가 전신을 순환하도록 돕는 힘인데 호흡의 힘이 부족하면 피의 순환도 활발하지 못하게 됩니다. 그러므로 몸의 각 지체는 필요한 영양도 제대로 공급받지 못하고 병균과의 싸움에서도 잘 이기지 못하게 되어 몸은 무기력해지고 활력을 잃으며 질병에도 쉽게 노출되는 것입니다.

그러므로 호흡에 있어서 무엇보다도 충분한 호흡을 하는 것이 필요합니다. 충분히 숨을 들이마셔서서 그것이 온 몸에 구석구석 스며들도록 크게 호흡을 해야 합니다.
주의 이름을 부르며 주를 구하는 것이 필요하지만 호흡 자체가 작고 약하고 무기력하다면 호흡을 통한 기도의 효과는 충분하지 않을 것입니다. 주님을 마시고 주의 영을 마실 때 주의 영이 나를 조금만 지배하시지 않고 충만하게 임하시고 강력하게 나를 지배하시는 것을 구하고 기도하는 것이 좋은 것입니다.
호흡이 적은 사람은 마음도 작은 경향이 있습니다. 호흡이 큰 사람은 속도 넓고 호탕해지게 됩니다. 호흡은 바로 성격과 연결되는 것입니다. 그러므로 성품의 변화를 위해서도 크고 충분한 호흡이 필요합니다.

평소에 하는 것보다 가능하면 크게 호흡을 길게 들이마시십시오.
충분히.. 그 생명의 기운이 자기 안에 들어오게 하십시오.
호흡을 깊이 충분히 하다보면 몸에 전율이 일어나기 시작합니다.
몸이 짜릿짜릿하는 느낌이 들지요. 그것은 수도에 연결된 고무호스가 갑자기 수돗물을 틀었을 때 여기 저기 우두둑 소리를 내면서 물이 흐르는 것과 비슷한 현상입니다. 막혀 있었던 숨이 갑자기 강하게 흐르게 되면서 몸이 부르르 떠는 것입니다.
평소보다 호흡을 충분하게 마시게 되면 짜릿한 느낌과 함께 자신의 안에 뭔가 불편하고 나쁜 기운이 갑자기 느껴지기도 합니다. 이것은 자신 안에 숨어있었던 어두운 에너지가 충분하게 들어오는 호흡에 의하여 드러나는 것입니다. 호흡은 일종의 빛과 같은 것인데 빛이 들어오니까 숨어있던 어두움이 드러나게 되는 것이지요. 그럴 때에는 그 기운을 밖으로 배출할 수 있도록 더욱 더 크게 호흡을 들이마셔야 합니다.
어떤 사람은 충분히 호흡을 하려고 해도 잘 안되고 방해를 받는 듯이 느껴질 것입니다. 그것은 그의 안에 여러 가지 억압이 많이 있는 것입니다. 그 속에 있는 나쁜 기운, 에너지가 아주 강력하기 때문에 나가지 않으려고 버티고 있는 것입니다.

그것은 질병 에너지라고도 할 수 있으며 어두운 생각의 에너지라고도 할 수 있습니다. 분명한 것은 그것들은 악한 에너지이기 때문에 충분한 호흡을 통해서 내보내야 합니다. 배출 호흡을 통해서도 이러한 악한 에너지가 나갈 수 있지만 충분한 호흡을 마실 때도 이러한 에너지가 소멸될 수 있습니다. 그것은 강한 바람이 집 안에 들어올 때 집안의 먼지가 바깥으로 날려가는 것과 같은 것입니다.

호흡기도를 생각할 때 가장 중요한 것은 주님을 생각하면서 숨을 들이마셔야 한다는 것이며 그 다음에는 충분히 많이 들이마셔야 한다는 것임을 기억해 두십시오.
호흡, 숨기운은 이 세상에 가득한 하나님의 은혜와 사랑입니다. 이 우주 안에 가득한 하나님의 생명과 그 충만함을 내 안에 가득 받아들이겠다는 마음으로 충분히 호흡하십시오.
처음부터 너무 무리하지 마십시오.
무리하게 호흡을 확장하고 시간적으로 길게 하려고 노력하지 마십시오. 그저 감사하는 마음으로 즐기는 것이 필요합니다.
무엇이든 노동이 되면 그것은 충분한 효과를 경험할 수가 없습니다.
꾸준하게 호흡을 계속 한다면 당신의 호흡은 점차 확장될 것입니다.
그리고 당신은 점차 어떤 변화를 경험하게 될 것입니다. 몸에서 여러 변화들을 경험하게 되며 마음과 심령에 주님의 임재와 달콤함을 맛보게 될 것입니다.

여러 가지의 현상이 일어나겠지만 그 때마다 일희일비 하지 마십시오.
그저 꾸준하게 호흡으로 주님께 기도하십시오.
평소보다 조금씩 더 마신다는 마음으로 호흡하십시오.
호흡이 확장되고 깊어질수록
당신은 매사에 그리 예민하게 반응하지 않고
점점 너그럽고 여유가 생기는 자신을 발견하게 될 것입니다.

충분히 주의 영을 마시며
좀 더 깊이 충만하게 호흡하십시오.
호흡이 기도가 되고
호흡이 누림이 되게 하십시오.
당신은 점점 더 변화와 풍성함을 향하여
나아가게 될 것입니다.

13. 강한 호흡기도

예수 호흡기도는 주를 부르며 마시며 호흡으로 기도하는 것입니다. 중요한 것은 주를 향하는 의식이며 주의 이름을 부르는 것입니다. 또한 호흡을 사용하여 기도하는 것이기 때문에 호흡의 특성과 원리에 대해서도 어느 정도 이해가 필요합니다.

'강한 호흡'은 편의상 깊고 부드러운 호흡과 구분하기 위해서 이런 명칭을 붙인 것입니다. 이것은 문자 그대로 강력한 호흡입니다. 빠르고 강하게, 많은 분량을 호흡합니다. 마치 운동을 하는 것처럼, 조금 헐떡거리듯이 호흡을 하는 것입니다.

가능하면 최대로 숨을 많이 들여 마십니다. 너무 힘들지 않을 정도로 조금 빠르게 호흡을 합니다.

이것은 무기력한 상태에 있거나 소극적인 사람들에게 좋은 호흡입니다. 이 호흡은 짧은 시간에 많은 호흡을 속에 담을 수 있게 됩니다. 따라서 빠른 시간에 활기를 얻게 되며 자신감을 가지게 됩니다.

영적인 전투나 사역에 들어가야 하는데 준비가 전혀 안 되어 있거나 다소의 두려움이 있을 때 이 호흡은 짧은 시간에 강한 영적인 상태를 만들어줍니다. 이 호흡은 영적인 전쟁에 있어서 기선을 제압할 수 있습니다. 부담이 되는 사람을 만날 때, 깨어있어야 할 상황에서 이 호흡을 하면 힘이 됩니다.

또한 이 호흡은 처리해야할 일이 많이 있을 때 신체와 마음을 굳건하고 강하게 만들어줍니다. 그래서 빨리 효율적으로 일할 수 있도록 도와줍니다.

대체로 조용한 스타일의 사람, 침묵기도를 좋아하시는 이들은 그 영이 차분하며 헌신적이기는 하지만 침체되기가 쉽습니다. 영의 활력이 떨어지고 움직임이 부족해서 의욕이 쉽게 사라지고 낙심하거나 우울한 상태에 떨어지기가 쉬운 것입니다.

이러한 이들은 영의 움직임이 부족하기 때문에 영적인 힘이 없습니다. 그러므로 다른 이들에게 강력한 영향력을 행사하지 못합니다. 그래서 이러한 스타일의 사역자들은 자신은 주님을 사랑하고 순수하다고 여기지만 그의 메시지를 듣는 사람들은 졸게 마련입니다. 그것은 그 사역자의 영이 깊어서가 아니고 그의 영이 약하고 침체되어 잘 흘러가지 않기 때문입니다. 따라서 상대방의 심령 속까지 침투하지 못하며 영향을 주지 못합니다.

소극적인 사람, 내성적인 사람들은 말도 조용조용하게 하며 큰 소리를 내는 것을 싫어합니다. 움직임도 조용합니다. 이러한 것이 나쁜 것은 아니지만 일단 그의 안에서 호흡의 흐름이 약하고 부족해지기 쉽습니다. 따라서 활력과 움직임이 약해집니다.

그의 안에서는 호흡, 숨기운이 강력하게 흘러가지 않기 때문에 여기 저기 정체된 흐름이 생기기 마련이고 그러므로 마음에 있어서도 자유롭고 풍성하고 자연스럽기보다는 어딘가 막히고 답답해지며 호흡이 정체된 것처럼 의식도 정체되고 묶여서 잘 흘러가지 않으므로 무엇인가에 대한 집착에 빠질 위험도 있는 것입니다.

이런 이들은 강력한 호흡기도를 하는 것이 좋습니다. 그것은 그들의 피동적이고 소극적인 영의 상태를 바꾸어 놓습니다. 그리고 속에 있는 답답하고 막혀 있는 것 같은 느낌이 시원하게 뚫어지게 됩니다. 그렇게 되면 그들은 말을 해도 시원하게 말이 나가는 듯이 느껴지게 되고 듣는 이들도 마음이 후련해지게 됩니다.

말을 할 때 듣는 이들을 짜증나게 하는 이들이 있는데 그러한 사람들은 말이 답답하고 우물거리며 그들의 속에 무엇인가 막혀있는 것이 많습니다. 자기 속이 답답하기 때문에 말이 잘 나오지 않고 막히며 우물거리게 됩니다.

그러한 이들도 강한 호흡기도를 통해서 정체된 것이 사라지고 호흡이 편해지며 언어도 물 흐르듯이 자연스러워지게 됩니다.
부르짖는 기도는 토하는 기도입니다. 부르짖는 기도를 통하여 사람들은 막혀 있는 부분이 뚫리게 되며 어둡고 부정적인 에너지를 토해내게 됩니다. 그래서 부르짖는 기도를 하고 나면 심령이 아주 후련하게 되는 것입니다.
강한 호흡기도도 기본적으로 부르짖는 기도와 같은 것입니다. 기도의 효과도 비슷합니다. 강한 호흡기도도 부르짖는 기도처럼 영력과 강건함을 주며 심령에 자신감이 넘치게 합니다. 다만 부르짖는 기도는 일정한 공간과 시간이 필요한 제약이 있는데 강한 호흡기도는 어디서나 쉽게 할 수 있습니다. 그것이 강한 호흡기도의 유리한 점입니다.

강한 호흡기도는 사역과 일을 잘 감당할 수 있도록 일시적으로 영의 흐름을 풍성하게 하고 강건하게 합니다. 그것은 아주 훌륭한 기도입니다. 다만 그 효과는 일시적이며 그리 오래가는 것은 아닙니다. 그런 면에서도 부르짖는 기도와 비슷합니다.
소극적인 상태가 항상 나쁜 것이며 강한 호흡기도가 항상 좋은 것은 아닙니다. 그것은 각자 장단점이 있습니다. 다만 이 두 가지 호흡의 성격과 특성을 이해하고 상황에 맞게 적절하게 사용할 수 있다면 이는 큰 유익이 될 수 있을 것입니다.

강한 호흡기도를 사용하여 주님께 드리십시오.
당신의 영은 활동적이 되고 사람들을 접촉하고 다루는 것이 좀 더 쉬워지게 될 것입니다. 대화의 시간에 위축되지 않고 상대방을 리드하며 이끌어갈 수 있는 자신을 발견하게 됩니다.
강한 호흡기도는 우리의 영과 삶에 새로운 활기를 일으킵니다.
부디 이 기도를 시도해보십시오.
당신은 새로운 자유를 알게 될 것입니다.

14. 깊은 호흡기도

강한 호흡의 기도는 외적인 기도입니다. 그것은 능력을 주고 자신감을 주며 영적인 에너지와 활동력을 일으킵니다. 그것은 무능하고 약한 이들에게 용기를 줍니다.

그러나 그것은 외적인 사역이나 일에 관계된 호흡기도입니다. 그것은 바깥을 강하게 만들지만 지나칠 경우에 내면을 공허하게 만들 수 있습니다. 강한 호흡기도 자체가 내면을 공허하게 만드는 것은 아니겠지만, 적어도 내면의 공허함을 충족시키는 데는 강한 호흡기도가 별로 도움이 되지 않습니다.

또한 강한 호흡기도는 성품의 변화에 있어서도 그다지 도움이 되지 않습니다. 그것은 외적인 호흡, 외적인 기도이며 성품적인 변화, 내면의 변화에 있어서는 깊은 호흡, 고요하고 잔잔한 호흡의 기도가 필요한 것입니다.

강하고 담대하고 큰 소리로 사랑을 고백하는 사람은 없을 것입니다. 또한 전쟁에서 적군과 싸울 때 부드럽고 다정하게 소곤거리는 사람도 없을 것입니다. 강력한 호흡의 기도는 전자의 경우에 필요한 것이며 깊고 잔잔한 호흡의 기도는 바로 후자의 경우에 필요한 것입니다.

호흡의 스타일은 바로 그 사람의 스타일이라고 할 수 있습니다.
성품이 조용한 사람은 호흡도 조용하며 말도 조용합니다. 성품이 적극적인 사람은 호흡도 강하고 거칠며 목소리도 요란합니다.
그러므로 호흡의 변화는 곧 그 사람의 변화라고 할 수 있습니다.
어떤 이가 자신의 호흡 스타일을 바꿀 수 있다면 그는 성품이나 취향도 바꿀 수 있을 것입니다.
예를 들어 거친 호흡을 하는 사람이 고요하고 잔잔한 호흡기도를 드릴 수 있다면 그는 분명히 사려 깊고 차분하며 침착한 성품으로 바뀔 수 있습니다. 반대로 아주 소극적이며 지나치게 낯을 가려서 대인관계에 어려움을 가진 사람이 그의 호흡을 강하고 충만한 것으로 바꿀 수 있다면 그는 전혀 다른 형태의 사람이 될 수 있을 것입니다.

거친 호흡은 겉사람을 자극하며 발전시킵니다.

그러므로 그것은 외면적이며 은사적이라고 할 수 있습니다. 은사란 육체에 임하시는 성령님의 역사입니다. 그러므로 육성이 강하고 외형적인 기질의 사람들에게 은사가 많이 나타나게 됩니다. 내적인 기질의 사람들에게는 은사가 잘 나타나지 않습니다. 어떤 이가 강한 호흡기도를 많이 사용하고 훈련한다면 그는 방언이나 치유의 은사, 악한 영을 축출하는 은사 등이 많이 나타나게 될 것입니다. 그러나 그의 내적인 성품이 깊고 아름답게 발전하지는 못할 것입니다.

깊은 호흡은 속사람, 영혼 자체를 자극하며 발전시킵니다. 그러므로 그것은 은사적이라기 보다는 내면적, 영혼적이라고 할 수 있습니다. 그러므로 그것은 영성 자체를 발전시킵니다. 그것은 외적으로 나타나는 은사보다 내면의 변화를 더 많이 일으킵니다. 그래서 사랑과 내적인 깊은 평화, 환경을 초월하는 깊은 기쁨들을 맛보게 됩니다.

어떤 이가 좀 더 깊은 주님과의 친밀한 교제를 원한다면, 그의 깊은 영성을 일으키기 원한다면, 내적인 성품의 열매를 맺기 원한다면, 예를 들어서 혈기나 음란성 등의 문제들을 잘 해결하기 원한다면 그는 내적인 호흡기도, 깊은 호흡기도를 훈련하는 것이 유익합니다. 그것은 짧은 시간에 많은 변화를 일으킬 수 있습니다.

깊은 기도는 그의 영혼의 발전 수준에 따라서 깊이 들어갈 수 있습니다. 그러나 방법 자체가 그리 어려운 것은 아닙니다.

그저 단순히 마음을 가라앉히고 마음속으로 주를 부르며 조용히, 깊이 숨을 들이마시고 내뿜으면 됩니다. 다만 천천히, 깊이, 숨을 마치 쉬지 않는 것처럼 보일 정도로 고요하게 쉬어야 합니다.

물론 자기의 수준을 넘어서 억지로 호흡을 길게 하려고 무리를 해서는 안 됩니다. 억지로 하는 호흡은 영적으로나 육체적으로나 도움이 되지 않으며 오히려 해로울 수가 있습니다.
천천히 호흡하면서 주님의 임재와 주님의 사랑이 그의 숨을 통해서 온 전신에 천천히 스며들기를 기도하는 마음으로 호흡합니다.
그렇게 주님을 마시는 마음으로 그 달콤한 기운을 호흡합니다.
이 기도가 어느 정도 이루어지게 되면 호흡이 너무나 달콤해지는 것을 느끼게 됩니다.

여기에는 어느 정도 분별이 필요합니다. 강한 호흡기도는 단순히 강하게 반복을 하면 되지만 이 호흡에는 영적인 민감성과 주님의 인도가 필요합니다.
예를 들어 악한 영들의 개입이나 공격이 느껴질 때는 중단하고 대적을 하면서 호흡기도를 해야 하며 깊이 기도를 해도 전혀 아무런 느낌이 없을 때는 주님 앞에서 무엇인가 막혀있는 죄가 없는지 살펴보아야 합니다.
호흡기도는 천 명의 사람이 시도해도 그 느낌과 상태가 다 각자 다를 것이므로 천편일률적으로 어떤 방법을 제시하는 것은 무의미한 일입니다. 그러나 주님을 의지하면서 조용히 호흡기도를 하다보면 차츰 자신만의 감각이나 느낌이 생겨나기 시작할 것입니다.

강한 호흡기도는 우리의 영을 강화시켜서 우리를 유능한 사람으로 만듭니다. 깊은 호흡기도는 우리의 영을 아름답고 깊게 만들며 주님의 깊은 사랑과 임재로 나아가게 합니다.
우리가 이 두 기도의 차이점을 잘 이해하여 사용할 수 있다면 우리는 주님의 능력과 주님의 사랑이 잘 조화된 균형 잡힌 그리스도인으로 성장해갈 수 있을 것입니다.

15. 정지 호흡기도

이것은 비밀에 가까운 것입니다. 나는 이 기도에 대하여 써야할지 말아야 할지를 무척 망설였습니다. 왜냐하면 이 기도에는 깊은 은혜와 달콤함의 경험이 동반될 수 있으며 그렇기 때문에 자칫하면 이 기도에 지나치게 빠질 수 있는 위험이 있기 때문입니다.

깊은 영적인 경험이 두려운 이유는 어떠한 주님과의 친밀한 경험을 한 뒤에는 악한 영들의 공격을 많이 받게 마련이며 그러므로 그 은혜의 경험들을 잘 관리하고 유지할 수 없다면 그 나중의 모습은 비참할 수 있기 때문입니다.

주님의 깊은 임재와 사랑의 경험에는 공격이 있으며 고통의 대가가 있습니다. 그것은 단지 신기한 경험을 하고 싶고 유명한 영성인이 되고 싶고, 그래서 존경을 받으며 성공한 사람이 되고 싶고.. 그러한 육신적인 수준의 의식을 가지고는 통과할 수 없으며 그 은혜를 유지할 수 없습니다. 그러한 이들은 사단의 불화살을 맞고 쉽게 넘어지며 비참한 대가를 지불하게 됩니다.

히브리서 6장에는 이러한 상황에 대한 경고의 말씀이 있습니다.

한번 빛을 받고 하늘의 은사를 맛보고 성령에 참예한 바 되고 하나님의 선한 말씀과 내세의 능력을 맛보고도 타락한 자들은 다시 새롭게 하여 회개하게 할 수 없나니 이는 그들이 하나님의 아들을 다시 십자가에 못박아 드러내놓고 욕되게 함이라 (히6:4-6)

믿지 않는 자나 신앙의 초보자가 넘어지고 타락하는 것은 흔한 일이며 그리 대단치 않은 일입니다. 그러나 깊은 은혜의 경험자가 타락하고 넘어진다면 그것은 간단하지 않습니다.

그러므로 헌신과 자기 부인의 기초가 잘 되지 않은 사람은 깊은 은혜의 체험을 누리는 것이 별로 바람직하지 않습니다. 그것은 위험합니다. 그러므로 주님께서는 준비가 되지 않은 이들에게 깊은 은혜의 경험을 허락하시지 않는 것입니다. 그들이 그것을 유지할 수 없을 때 그들이 겪어야 할 고통과 대가를 아시기 때문입니다.

정지 호흡의 기도는 일종의 죽음의 기도와 같다고 할 수 있습니다. 앞에서 인용한 성구 중에 6장 5절에 '내세의 능력'이라는 말씀이 나옵니다. 내세의 능력.. 그것은 영혼의 능력에 대한 근원을 보여주는 것입니다. 모든 진정한 능력은 어디에서 올까요? 그것은 내세에서, 하늘에서, 영원에서 오는 것입니다. 우리는 영원한 곳에서 받을 능력을 이 세상에 살면서 부분적으로 조금 얻게 되는 것입니다. 그 능력은 '내세'와 연관이 되어 있습니다.

내세란 사람이 죽은 후에 가는 곳입니다. 사람은 사후에 내세에 가게 되며 내세의 능력을 얻게 됩니다. 그러므로 사람이 아직 살아있지만, 기도나 특별한 은혜의 경험을 통하여 죽음과 흡사한 상태에 이르게 되면 일시적으로 내세의 능력과 관련된 힘과 능력을 접하게 되는 것입니다.

깊은 영적인 경험은 대개 일시적인 죽음의 경험과 관련이 있습니다. 요한 계시록의 요한이 경험했던 상태나 다니엘서에서의 다니엘이 경험했던 그러한 상태들, 구약의 예언서에서 예언자들이 경험했던 하나님 체험들은 일종의 일시적인 죽음의 상태라고 할 수 있는 것입니다.

스데반이 주님의 얼굴을 보게 된 것도 돌에 맞아 죽기 직전의 경험이었으며 바울의 3층천 경험도 돌에 맞아서 가사 상태에 있었던 당시의 일로 여겨지는 것입니다. 일시적 죽음의 상태, 그것은 사람이 일시적으로 육체의 속박에서 벗어나 영혼이 자유롭게 활동하고 영계의 메시지를 받을 수 있는 상태입니다.

잠시 호흡을 멈춘 상태도 그것이 죽음의 상태는 아니지만 일시적으로는 죽음의 상태에 가깝습니다. 그리고 그것이 몇 초, 아니면 계속 조금 더 진행이 될수록 신체는 죽음에 가까워지게 됩니다. 호흡을 멈춘 상태가 조금 더 길어지면 신체에는 부분적인 감각의 마비현상이 나타나게 됩니다. 그것은 육성이 일시적으로 잠자는 것을 의미합니다. 일시적으로 육성이 잠잠해지는 만큼 영혼은 깨어나고 영혼의 감각이 일어나게 됩니다.

성도들이 깊은 은혜의 경험을 위하여 억지로 무리하게 호흡을 멈추어서 일시적인 죽음의 상태를 만들려고 한다면 그것은 위험한 일입니다. 그것은 무리한 기도이며 자연스러운 기도가 아닙니다. 그러한 것은 주를 모르는 이방인들이 스스로 신이 되기를 원하거나 초월적인 경험을 하기 위하여 하는 행동입니다.

그리스도인의 기도는 신비한 경험을 위한 것이 아니라 그의 마음, 영혼이 주님의 뜻과 성품과 조화되기 위한 것입니다. 그러므로 육적인 동기로 인하여 억지로 하는 훈련은 몸만 상하게 될 수가 있습니다.

이 정지 호흡의 기도도 잘 사용하면 부분적으로는 유익하게 쓰일 수도 있습니다. 호흡은 생명의 도구입니다. 그러므로 호흡을 일시적으로 멈추게 되면 일시적으로 생명이 약해지게 됩니다. 그러므로 육의 생명이 강하게 역사하고 있을 때, 그래서 그것을 제어하고 육의 작용을 멈추게 해야 할 필요가 있을 때 이 때 정지 호흡기도는 유용하게 사용될 수 있습니다.

육의 생명이 강하게 역사할 때가 있습니다. 마음속에서 끓어오르는 분노가 일어날 때가 있습니다. 미움이 일어나는데 그것을 통제하기 어려울 때가 있습니다. 두려움이나 불안이 엄습할 때가 있습니다. 그러한 상태를 잘 다스리는 것은 쉬운 일이 아닙니다.

그러나 이 때 정지 호흡기도를 사용하면 이러한 것들을 어렵지 않게 처리할 수 있습니다.

화가 날 때, 흥분이 되었을 때, 잠시 호흡을 멈추어 보십시오.
잠시 동안 아무 생각도 하지 말고 그저 조용히 호흡을 멈추십시오.

그리고 조용히 주의 이름을 부르십시오. 그저 단순히 숨을 멈추며 잠잠히 주의 임재 아래서 주님을 기다리십시오.

방금까지 당신의 안에서 일어나던 분노와 혈기, 불안, 두려움의 기운은 더 이상 역사할 수 없습니다. 시도를 해보면 그 신기한 효과에 대하여 놀라게 될 것입니다.

원리는 아주 간단한 것입니다. 그러한 악이나 증상들은 대부분 육성의 마음, 육신을 통해서 오는 것입니다. 그러므로 육성이 잠잠해지게 되면 그러한 기운들은 움직일 수 없습니다.

호흡이 멈추어지게 될 때 그 육체에는 생명 에너지의 공급이 차단됩니다. 그러므로 육체는 일시적으로 죽게 되어 더 이상 활동할 수 없는 것입니다. 물론 아주 죽는 것이 아니고 분노나 미움이 아주 없어지는 것이 아니라 일시적으로 죽으며 일시적으로 사라지는 것입니다.

그것들은 다시 호흡이 시작되면 살아나게 됩니다. 그러나 호흡과 이러한 육의 활동이나 악성과의 관련성을 이해한다면, 호흡을 조절함으로써 그 육의 움직임을 어느 정도 조절할 수 있게 될 것입니다.

분노, 미움, 음란, 욕심. 그러한 많은 악들 안에 악한 영들의 장난이 있습니다. 그 영들은 육체를 도구 삼아서 역사하는 것입니다. 육체가 잠잠하고 죽어있다면 그들은 혼자서는 아무런 능력을 발휘할 수가 없습니다. 그러므로 악한 영들의 공격은 정지 호흡기도를 통하여 일시적으로 무기력해지는 것입니다.

죽음이란 아주 놀라운 능력입니다. 주님은 십자가에서 죽으심으로 우리의 구속을 이루셨습니다. 그러나 그것으로 우리가 완전한 승리의 삶을 살 수 있는 것은 아닙니다. 주님이 죽으신 것처럼 우리도 죽어야 합니다. 주님의 죽으심에 우리의 죽음이 더해지고 주님의 십자가에 우리 각자가 짊어져야 하는 개인의 십자가가 더해질 때 두 개의 죽음, 두 개의 십자가가 연합할 때 진정한 승리의 삶이 있는 것입니다.

애굽에서의 아홉 가지 재앙과 기적은 놀라운 권능의 역사였지만 그것은 바로를 굴복시키지 못했습니다. 그러나 열 번째 재앙은 바로를 쓰러뜨렸습니다. 그 열 번째 재앙과 승리는 어린양의 죽음, 곧 십자가의 죽음 사건을 보여주는 것이었습니다. 그러므로 애굽에서의 승리는 주님의 죽으심을 통한 것입니다. 십자가와 죽음만이 온전한 해방과 승리를 이루는 것입니다.

그러나 애굽에서의 십자가는 온전한 역사를 이루지 못했습니다. 이스라엘 백성은 광야에서 각자 자기의 십자가와 죽음을 통과하여야 했습니다. 그렇게 주님의 십자가와 자기의 십자가가 연합될 때 비로소 가나안 땅으로 상징되는 천국의 영광을 누릴 수 있는 것입니다.

고린도 후서 4장 11절에 놀라운 말씀이 있습니다.

우리 살아 있는 자가 항상 예수를 위하여 죽음에 넘겨짐은 예수의 생명이 또한 우리 죽을 육체에 나타나게 하려 함이니라

주님을 따르는 모든 이들이 환경 속에서, 삶 속에서 각자 경험해야 할 죽음 - 그것은 실제의 죽음은 아닙니다. 그러나 죽음과 같은 상황입니다. 그리스도인들은 그러한 죽음의 세례, 죽음과 같은 상황을 통과하면서 자기 절망에 이르고 오만을 버리며 하나님 앞에서 낮아져서 진정한 주님의 사람이 되는 것입니다.

정지 호흡은 일시적인 죽음의 경험입니다. 그것은 일시적으로 육성을 잠재우며 영성을 깨웁니다.

사람들은 십자가와 죽음을 두려워하지만 그것은 영광스러운 것입니다. 우리의 겉사람이 고통을 겪으며 약해질 때 그것은 우리 안에 있는 예수의 생명과 주님의 풍성하심이 드러나게 합니다. 그리고 그것이야말로 그리스도인들의 비밀이며 영광이며 승리입니다.

죽음의 경험을 하면 할수록 그는 이 땅의 허무한 명예와 부와 욕심에서 벗어나 자유롭게 됩니다. 그는 오직 주님 자신을 알기 원하며 주님의 뜻에 자신을 굴복시키기 원하며 자신의 영성을 아름답고 맑게 발전시키기

를 원하게 됩니다. 그것은 육의 욕망에 매여서 근심과 유혹, 각종 욕심과 두려움에 묶여서 사는 이방인의 삶과는 엄청나게 다른 것입니다.
정지 호흡기도는 그 성격이 일종의 배출 호흡기도와 같은 것입니다.
이것은 자신의 육성을 죽이고 정화시키는 기도입니다. 이 기도는 잘 조화롭게 드릴 수 있다면 우리의 영혼에 많은 유익을 줍니다. 하지만 너무 이 기도를 많이 드리게 되면 무기력한 상태에 이를 수도 있을 것입니다.
이 기도의 방법도 별로 복잡하지 않습니다.
그저 조용히 편안한 자세로 호흡을 멈춥니다.
아니면 아주 가늘고 적게 호흡을 합니다. 단순히 호흡에 대한 관심을 버리고 자신의 심장의 고동에 주의를 기울여도 됩니다.
그런 상태로 간절하게 주님을 부릅니다.
고요함, 정지.. 그 상태에서 주님을 부릅니다.
자기의 심장에 집중한 상태로 주님을 부릅니다.

마음속에 불안감이나 두려움이 있을 때 이 정지 호흡기도를 드리면 조금 시간이 지나면서 그 두려움이나 불안감은 사라지게 됩니다.
그리고 조금 더 시간이 지나면 심장에서 마치 꿀물이 흐르는 것 같은 달콤함이 흐르게 됩니다. 표현이 불가능할 정도로 행복하고 사랑스러우며 평화로운 느낌이 들기도 합니다. 이것은 일시적인 육체의 죽음의 경험이며 영계에서 오는 내세의 힘이며 빛입니다.
이러한 체험이 주는 느낌의 감동과 평화로움이 아주 놀라운 것이기 때문에 여기에 너무 빠지지 않도록 조심하는 것이 필요합니다. 충분한 발성기도, 부르짖는 기도의 경험이 없는 사람이 이러한 내적인 기도에만 몰두하는 것은 별로 바람직하지 않습니다. 그것은 초등학교를 졸업하지 않은 사람이 처음부터 대학에 입학하려는 것과 같은 것입니다.
내적인 기도, 정지 호흡의 기도에는 각 사람의 영적 상태에 따라 차이는 있지만 평화로움과 행복감, 기쁨이 있습니다. 그러나 조심을 해야 하는 이유는 이 정지 호흡의 기도를 많이 하게 되면 육체의 힘이 아주 약해지기 때문입니다. 내적으로는 많은 것들을 누리게 될지 모르지만 겉사람은 아주 무력해질 수 있습니다.

그렇기 때문에 이 기도는 산 속에 들어가서 혼자서 오직 기도에만 몰두하면서 사는 사람이 아니라면, 평범하게 다른 사람들을 만나며 살아가는 사람이라면 많이 해서는 안 됩니다.

나도 한 때 이 기도에 몰두하다가 몸이 아주 약해진 적이 있었습니다. 걷는 것도 움직이는 것도 너무나 힘이 들게 되었었지요. 지도자가 없이 혼자서 직접 훈련하고 새로운 길을 걸어갔기 때문에 나 자신을 실험용으로 삼아서 여러 부작용들을 직접 경험하면서 정리를 할 수밖에 없었습니다.

아무튼 이 기도는 조심하는 것이 필요합니다. 다만 육성이 너무 강해서 잘 통제하기 어려울 때는 잠시 요긴하게 사용할 수 있을 것입니다.

영성을 추구하는 많은 사람들이 은사의 경험과 영혼의 경험의 차이점을 잘 모르고 있는 것 같습니다. 그래서 여러 은사를 많이 경험한 이들의 성품이 거칠고 삶의 열매가 없고 죄에 쉽게 넘어지는 것을 보면 사람들은 의아하게 생각합니다.

그들은 기적이나 능력이나 신유 등 외적으로 나타나는 표적이 많은 사람들은 영적으로 성숙한 사람으로 알고 있기에 그것을 이상하게 여기는 것입니다. 그러나 은사의 경험은 육체의 경험입니다. 그것은 영혼의 영성이 아니고 육체의 영성이라고 할 수 있습니다. 그것은 아직 영혼이 눈을 뜨지 않은 사람들에게 주님께서 그의 육체에 임하시는 것입니다.

그러므로 육체의 영성, 은사적 경험이 많은 사람들은 아직 자신의 육성이나 혈기나 악성에서 별로 자유롭지 않으며 쉽게 넘어지는 면이 있는 것입니다.

영혼의 영성은 내면적인 영성입니다. 그것은 속사람이 눈을 뜨고 주님을 내적으로 알아가는 것을 말합니다. 은사가 주님을 외적으로 만나는 것이라면 영혼의 경험은 주님을 영으로, 내면으로 경험하고 만나는 것이라고 할 수 있습니다. 그러므로 이러한 경험은 인격을 변화시키고 대인관계를 변화시키며 삶을 변화시킵니다.
바람직한 것은 은사의 경험과 영혼의 경험을 다 같이 소유하고 누리는 것입니다. 은사에만 치우치면 영혼이 자라지 않아서 내면이 공허하며, 영혼에만 치우치면 삶은 아름답지만 능력이 없어서 쉽게 눌리고 지치게 됩니다.
정지호흡이 가져오는 약점도 바로 그와 같은 것입니다.
그것은 영혼을 아름답게 하지만 동시에 약하게 만듭니다. 만일 사역자가 이러한 기도에만 몰두한다면 그는 외적인 부흥의 도구가 될 수 없을 것입니다. 그는 깊은 체험을 많이 할지 모르지만 다른 사람들을 강하게 사로잡을 수 없습니다.

이제 정지호흡에 대하여 어느 정도 이해하셨으리라 생각합니다.
이 기도는 아름답고 깊은 기도입니다. 이 기도에 대하여 잘 이해하고 적당히 균형 있게 사용할 수 있다면 우리는 많은 유익을 얻을 수 있게 될 것입니다.
치우치지 않고 조심하면서 이 기도를 사용하십시오.
준비가 되었다면 당신은 이 기도를 통해서 주님의 놀라우신 만지심을 경험하게 될 것입니다.

16. 배 호흡기도

사람들이 하는 보통의 호흡에는 마음이나 의식이 담겨져 있지 않습니다. 사람들은 대부분 아무 생각 없이 숨을 쉽니다. 그러나 호흡기도는 의식과 관련이 있는 것입니다. 호흡을 하면서 마음이 어디를, 무엇을 향하는가에 따라서 호흡이 영적인 성격을 가지게 되는 것입니다.
예수 호흡기도는 예수를 의식하고 바라보면서 호흡으로 드리는 기도입니다. 또한 마음이 신체의 어떤 부위를 의식하는가에 따라서 기도의 내용과 결과가 달라집니다. 호흡기도를 하면서 신체의 어느 부분을 의식하는가에 따라서 그 부위에 임하시는 주의 영의 역사와 작용이 다르게 나타나는 것입니다.

앞에서 호흡기도의 방법을 강한 호흡기도, 깊은 호흡기도, 정지 호흡기도로 나누어서 설명하였는데, 이것은 호흡의 강도에 의한 것입니다. 또한 호흡기도를 하면서 어느 곳을 의식하느냐에 따라서 배 호흡기도, 가슴 호흡기도, 머리 호흡기도로 나눌 수 있을 것입니다.
나는 이것을 좀 더 세분화시켜서 손의 호흡이라든지 발의 호흡이라든지로 더 나눌 수도 있다고 생각합니다. 그러나 단순히 세 가지 호흡에 대하여만 이야기한다고 해도 충분할 것입니다. 왜냐하면 머리, 가슴, 배는 인체의 가장 기본적인 중심을 형성하고 있는 것이며 그 특성과 역할이 분명하게 나타나는 곳이기 때문입니다.
사람의 몸은 크게 머리와 가슴과 배로 나눌 수 있으며 그것은 사람의 의식, 영혼, 몸을 대표하는 것입니다. 그것은 백인종, 황인종, 흑인종의 세 구분과도 일치합니다. 백인들은 지구의 북쪽, 머리 부분에 위치하여 살고 있으며 머리 부분, 의식이 발달되어 있습니다. 황인들은 지구의 중심부, 가슴의 위치에서 살고 있으며 정서와 영혼의 감각이 발달되어 있습니다. 흑인들은 지구의 아래쪽, 배 부분에서 살며 육체적인 힘과 재능이 발달되어 있습니다.
백인들은 의식을 대표하는 눈이 발달되어 있고 황인들은 영성과 관련된 코가 발달되어 있고 흑인들은 몸을 대표하는 입이 발달되어 있습니다. 의식은 눈에서 시작되며 영혼의 감각은 코에서 시작되며 몸의 영양과 힘은 입에서부터 시작되는 것입니다.
그러므로 백인종은 생각, 의식에 달란트가 있으며 황인종은 심령, 영감에 달란트가 있고 흑인종은 몸의 활동과 기능에 달란트와 사명이 있는 것입니다. 이 세 가지는 머리, 가슴, 배에서 형성되며 지혜, 사랑, 힘으로 나타나는 것입니다.
이처럼 의식과 생각, 정서와 심령, 몸은 사람의 기본적인 세 가지 특성입니다. 우리는 주님의 은혜와 능력이 실제적으로 우리의 몸, 전신에 임하기를 기대하고 기도해야 합니다. 특히 우리의 머리와 가슴과 배에 임하여 머무르기를 기도해야 합니다. 그리하여 지혜를 얻고 사랑으로 충만케 되며 몸이 건강하고 충만해져야 합니다. 이 세 가지 부분을 발전시킬 수 있도록 우리는 호흡으로 구체적으로 기도할 필요가 있습니다. 이를 위하여 호흡으로 기도를 드리면서 배에, 가슴에, 머리에 주님의 만지심이 임하시기를 기대하는 것입니다. 그것이 배 호흡기도이며 가슴 호흡기도이며 머리 호흡기도입니다.

먼저 배 호흡기도에 대하여 살펴보기로 하겠습니다.
일단 배 호흡이란 직접적으로 배로 호흡하는 것은 아니라는 것을 이야기해두어야 하겠습니다. 호흡이란 기본적으로 코와 폐로 하는 것입니다. 부분적으로 위장에 공기가 들어갈 수도 있지만 그것은 자연스러운 상태는 아닙니다.
그러므로 엄밀하게 말하면 배 호흡이란 말은 실제로 배로 호흡한다는 말이 아닙니다. 그것은 단지 배와 관련된 호흡입니다. 머리 호흡이라는 말도 마찬가지입니다. 그 말 역시 머리자체로 호흡을 한다는 것은 아닙니다. 만약 호흡을 할 수 있도록 머리에 구멍이 뚫려있다면 그는 살아있을 수 없을 것입니다.

배 호흡은 배로 하는 호흡이 아닙니다. 그것은 단순히 코로 하는 호흡입니다. 다만 마음속으로 주를 부르면서 동시에 배에 집중을 하는 것입니다. 우리가 하는 이 호흡을 통해서 주님의 기운, 생명력이 배에 충만하게 임하시도록 기도하는 것입니다.

그러므로 배 호흡기도에도 특별한 방법이 있는 것은 아닙니다. 굳이 말하자면 배에 힘을 조금 주고 배를 앞으로 내밀었다, 속으로 집어넣었다 하는 기분으로 호흡기도를 할 수도 있을 것입니다. 그러나 그렇게 하지 않고 그저 배를 의식하는 것도 좋습니다. 마음속으로 주님께서 자신의 배를 안수하시는 장면을 상상하는 것도 좋을 것입니다.

배 호흡기도는 강한 호흡기도와 비슷한 면이 있습니다. 이 기도는 영적인 파워, 힘을 위한 것입니다. 그렇기 때문에 배 호흡기도를 어느 정도 하게 되면 자신감이 생기게 됩니다. 삶의 활력을 얻게 됩니다. 무기력하고 힘이 없으며 열정이 부족한 사람이 힘을 얻게 됩니다.

또한 우울하고 어두운 사람이 이 기도를 통해서 밝고 명랑해질 수 있습니다.

그 이유는 물리적으로 설명할 수 있습니다. 사람은 심장을 통해서 혈액을 순환시킵니다. 심장에서는 동맥을 통하여 신체의 각 부분으로 피를 보내고 신체의 각 부분에서는 정맥을 통하여 심장으로 피를 돌려보냅니다. 심장에서 나오는 동맥의 피는 맑고 깨끗하며 피를 통하여 영양소를 신체 각 부분에 공급하는 역할을 합니다. 정맥의 피는 신체의 각 부분에서 심장으로 돌아오는데 여러 찌꺼기들을 포함하고 있기 때문에 탁하고 어둡고 끈적거립니다.

심장은 강력한 모터와 같은 것으로 힘차게 박동을 해서 피를 각 부분에 보냅니다. 그런데 심장으로 돌아오는 피는 신체의 각 부분에 심장과 같은 강력한 모터가 없기 때문에 돌아오는 것이 힘이 듭니다.

정맥의 피가 잘 돌아오지 못하면 탁하고 나쁜 기운이 잘 빠져나가지 않고 정체되기 때문에 몸이 무겁고 탁해지게 됩니다.
운동이 건강에 좋은 이유는 운동이 근육을 자극해서 그것이 하나의 모터가 되어 나쁜 피를 심장으로 돌려보내어 탁한 기운을 내보내는 역할을 하기 때문입니다.
배는 제 2의 심장이라는 말이 있습니다. 그것은 심장을 통하여 깨끗한 피가 신체의 각 부분에 공급되는 것처럼 배의 역할을 통해서 신체 각 부분에서 심장으로 피가 되돌아오게 되고 그래서 탁한 기운이 깨끗이 정화되기 때문입니다.
배 호흡기도는 배에 의식하며 호흡을 하는 가운데 실제적으로 배를 움직이기 때문에 실제적인 힘이 들어갑니다. 그러므로 그것은 배를 자극해서 혈액순환을 돕게 됩니다. 그래서 배속에 있는 탁하고 나쁜 기운을 배출하는 효과가 있는 것입니다.

경험적으로 보면 악한 영들이 사람 안에 있으면서 그를 괴롭히고 있을 때 악한 영들의 처소는 육체적으로는 배와 관련이 있을 때가 많았습니다.
그래서 귀신에게 고통을 받는 자들을 위하여 기도해주면서 악한 영들을 예수 이름으로 대적하고 쫓아내려고 하면 기도를 받는 이들은 배의 통증을 호소하는 경향이 많이 있었습니다. 살며시 배에 안수를 하기만 해도 심한 통증을 호소하거나 귀신이 발작을 하는 경우도 있었습니다. 그렇게 악한 영들을 쫓아내고 나면 배의 통증은 씻은 듯이 사라지곤 했습니다.
이것을 보면 배속에 남아있는 물리적인 나쁜 기운과 영적인 악한 기운과는 어떤 관련성이 있는 것이 아닌가 싶습니다. 악한 영을 대적한 후에 배가 아파지면서 화장실에 가게 되고 그래서 많은 변을 배출하면서 속이 시원해지고 마음도 시원해지는 경우도 흔하게 볼 수 있는 사례였습니다.

배 호흡의 기도가 우울하고 어두운 마음의 상태에서 명랑하고 밝아지는 효과를 일으키는 것도 이러한 원리와 관련이 있는 것이 아닌가 싶습니다.

그것은 배속에 있는 어떤 어두움의 요소가 우리의 마음속에 어두운 상념을 일으키고 있으며 배 호흡기도를 통하여 그러한 어두움이 축출됨으로서 마음도 생각도 밝아지는 것이라는 이해를 가져오게 합니다.

어떤 원리로 그러한 변화가 이루어지는지는 단언할 수는 없어도 분명한 것은 이렇게 배 호흡기도를 할 때 마음이 담대해지고 밝아지는 변화가 일어난다는 사실입니다. 이 기도는 분명히 사람을 자유롭고 풍성하게 만드는 힘이 있습니다.

배 호흡기도는 배에 강력한 능력과 역사를 일으킵니다. 어느 정도 영적인 감각이 예민한 사람은 이 호흡기도를 드리면 배가 아주 뜨거워집니다. 마치 불이 타는 것 같이 느껴지기도 합니다.

그것은 일견 성경이 말씀하고 있는 '그 배에서 생수의 강이 흘러나리라'(요7:38)는 말씀과 다른 것처럼 보이기도 합니다. 왜냐하면 생수의 강이라는 말씀이 주는 느낌은 아주 시원한 느낌으로 뜨거운 것과는 다르기 때문입니다.

그러나 경험적으로 보면 그것은 어떤 면에서 일치하는 것인지도 모릅니다. 왜냐하면 배의 그러한 뜨거운 느낌의 후에는 시원하고 자유롭고 행복한 느낌이 동반되는 것이 보통이기 때문입니다.

배 호흡기도는 강력한 기도입니다. 이것은 사람의 성품을 변화시키는 기도는 아닙니다. 그러므로 이 기도를 통하여 내적인 변화를 기대해서는 안 됩니다. 이 기도는 주님의 능력을 경험할 수 있는 기도입니다. 하지만 주님의 마음을 느끼고 경험할 수 있는 기도는 아닙니다.

그러나 강하고 담대함을 얻는 데 도움이 된다는 것만으로도 배 호흡의 기도는 충분히 가치가 있는 것일 것입니다.

이 기도에 익숙해지십시오.

배에 주님의 강력한 기름부음이 임하도록 기도하고 준비하십시오.
당신은 생기와 힘을 얻게 될 것입니다.
당신은 여태까지 자주 두려워하고 쉽게 낙심했었는지 모릅니다.
그러나 주님의 은총을 기대하면서 당신이 이 기도를 충분히 드리게 된다면 당신은 많은 자유를 경험하게 될 것입니다. 당신은 변화와 승리를 경험하게 될 것입니다.
배 호흡기도는 주님께서 우리에게 허락하신 귀한 기도의 방법입니다. 기대하고 사모하는 마음으로 이 기도를 드리는 이들은 여태껏 알지 못했던 새로운 영역을 경험할 수 있게 될 것입니다.

17. 가슴 호흡기도

가슴 호흡기도 - 이것은 예수 호흡기도의 중심이며 심장 기도와 비슷한 것입니다. 예수 호흡기도는 기본적으로 우리의 심장 안에 예수의 영을 충만하게 담는 것이기 때문입니다.

배 호흡기도가 외적인 측면의 기도이며 강한 호흡기도와 비슷한 면이 있다면 가슴 호흡기도는 내적인 측면의 기도이며 깊은 호흡기도와 비슷한 것이라고 할 수 있습니다.

가슴 호흡기도 역시 가슴으로 호흡하는 것은 아닙니다. 다만 조용히 호흡을 하고 주님의 영을 들이마시면서 주의 기름부으심이 심장에 임하도록 기도하는 것입니다.

특별히 해야 할 것은 없습니다. 그저 마음으로 주를 부르며 의식을 조용히 심장을 향하도록 하는 것뿐입니다.

다른 호흡기도와 마찬가지로 이것도 마음속으로만 주님을 부를 수도 있고 아니면 조용히 입을 벌려서 주의 이름을 부르면서 호흡을 마실 수도 있습니다.

이것은 내면의 호흡이며 내면의 기도입니다. 이것은 강렬한 기도가 아닙니다. 이것은 고요하고 잔잔하며 부드럽고 따뜻한 기도입니다.

배의 기도는 강력한 힘을 줍니다. 그러나 깊은 속을 터치하지는 못합니다. 반면에 이 기도는 조용하고 부드러운 기도입니다. 그리하여 마음과 심령을 터치합니다. 그래서 이 기도는 마음에 안정을 일으키며 하면 할수록 깊은 애정과 기쁨을 일으킵니다.

이 가슴 호흡기도를 계속 하면 마음의 감정이 아주 섬세해집니다. 그리고 눈물이 많아집니다. 그것은 안에 억압되어 있는 감정의 슬픔이나 상처가 가슴 호흡을 통하여 나타나는 주님의 만지심을 통하여 치유되는 과정입니다. 그러한 감정의 흐름에 대해서는 억압하지 말고 그대로 내버려두어야 합니다.

그렇게 하면 처음에는 슬프고 어둡고 아픈 눈물이 흐르지만 차츰 아름답고 부드럽고 깊은 눈물이 흐르게 됩니다. 그것은 정서가 치유되고 회복되어 아름답고 깊어진 것을 보여주는 것입니다.

가슴 호흡기도는 참으로 달콤하고 사랑스럽고 감미로운 기도입니다. 이것은 주님의 깊은 임재와 사랑의 감각을 누리고 맛보는 기도입니다.

이 기도의 맛을 경험한 사람은 다시는 거칠고 일방적이고 소원 성취 지향적인 기도를 하기가 쉽지 않습니다. 주님 자신이 주는 기쁨이 자신의 개인적인 욕망이나 소원을 이루는 기쁨보다 훨씬 더 큰 것을 알게 되기 때문입니다.

이 기도는 삶과 인격에 많은 변화를 일으킵니다. 여태까지 쉽게 남을 비판하고 화를 내고 그리고 잊어버렸던 사람은 이 기도를 어느 정도 하게 되면 그것이 몹시 힘들어지게 됩니다. 전에는 아무 느낌이 없이 남을 비판하거나 불평을 했던 사람도 이 기도에 익숙해지면 전처럼 비판이나 불평을 할 수 없을 것입니다. 그렇게 할 때 심장이 몹시 아프고 찢기는 것 같은 고통을 느끼게 되기 때문입니다.

그것은 가슴 호흡기도를 통하여 그의 심장에 주님의 임재가 어느 정도 임했기 때문입니다. 주님의 임재가 가슴 깊이 임하시면 그것은 그 사람이 주님의 심장을 받은 것과 같아서 그는 함부로 미워하거나 악한 행동을 하기가 어렵습니다.

그는 그의 가슴을 통하여 주님의 마음과 심장을 느끼기 때문에 주님이 싫어하시는 것을 하기가 어려운 것입니다. 그러므로 그는 그 주님의 심장, 주님의 마음을 지키고 유지하기 위해서 아주 조심스럽게 말을 하고 행동을 하게 됩니다. 그래서 이 가슴 호흡기도를 시작한 지 얼마 되지 않은 사람은 일시적으로는 말하는 것 자체가 아주 힘이 들 수도 있습니다.

그리스도인들 중에서도 일방적이고 거친 언행을 하는 분들이 많이 있는데, 그러한 이들은 심령의 내적인 기름부으심을 전혀 모르는 사람들입니다.
그들은 내적인 감각이 죽어 있기 때문에 남을 미워하거나 화를 내고 나서도 아무 고통이 없는 것입니다. 그러나 내적인 기도, 가슴 호흡기도를 드리게 되면 그것이 불가능해집니다.
몇 가지의 은사를 경험하고 부르짖는 기도, 강력한 기도만을 하는 사람들은 거칠고 사나워서 다른 이들에게 상처를 입히는 경향이 많이 있습니다. 그러한 이들은 자기의 체질에 맞지 않더라도 이러한 심장 기도, 내적인 기도를 훈련해야 합니다. 그래야만 삶과 인격의 변화를 경험할 수 있습니다.

가슴 호흡기도, 심장기도는 내적인 기름부으심을 일으킵니다. 그것은 우리의 영혼을 그리스도의 깊은 사랑의 향기 속으로 이끌어갑니다. 그러한 내적인 기름부음을 깊이 경험한 사람이 사역자가 되어 찬양이나 메시지를 인도한다면 청중들은 그 분위기에 마치 꿀이 흐르는 것 같은 주님의 달콤한 향취에 같이 젖어들게 됩니다.
그러한 아름다운 흐름이 심장기도에서, 가슴 호흡기도를 통해서 흘러나오게 되는 것입니다.
심장기도는 이 기도를 드리는 이의 심장을 아주 부드럽고 섬세하게 만듭니다. 따라서 이 기도를 어느 정도 드리게 되면 미움이나 분노와 같은 기운이 점차로 사라지게 됩니다.
미움의 문제나 분노의 문제로 고민을 하는 분들은 심장의 기름부음이 거의 없기 때문에 마음에는 아무리 원하더라도 용서와 사랑과 따뜻한 감정이 일어나지 않습니다.
그러나 그러한 이들도 어느 정도 이 기도를 드리게 되면 점점 사랑의 고백이나 표현이 쉽게 느껴지게 되며 이상하게도 점점 사람들이 사랑스럽고 아름답게 느껴지는 변화를 경험하게 됩니다. 그 이전에는 자신이 아주 싫어하던 스타일의 사람이라고 해도 이상하게 아름답게 느껴지게 됩니다. 또한 남에게 칭찬을 하거나 사랑의 고백을 하느니 차라리 죽는 것이 낫다고 할 정도로 감정이나 애정의 표현이 어려운 이들도 점점 그러한 표현을 즐기게 됩니다. 그러한 모든 변화들은 심장에 주님의 임재와 기름부으심이 이 기도를 통해서 충만하게 임하기 때문입니다.

자기 성질을 죽이려고 부단한 노력을 기울였다가 실패를 해왔던 대부분의 사람들은 이러한 이야기가 믿어지지 않을 것입니다. 그렇게 간단하고 쉽게 사람이 변화된다는 사실이 믿어지지 않을 것입니다. 그러나 이것은 수많은 사람들을 통하여 경험적으로 입증된 것입니다. 당신도 충분히 변화를 경험하게 될 것입니다.

나는 자신의 영적인 상태에 대해 오래 동안 고민을 해왔던 사람들이 적절한 진단과 처방을 받고 간단한 영성의 원리를 적용할 때 불과 몇 분만에 놀라운 변화를 경험하는 것을 많이 보았습니다.

예를 들어서 마음이 불안한 사람은 낮은 목소리로 발성 기도를 하면 5분 안에 마음의 평화를 경험하게 됩니다. 머리가 혼란스러운 사람은 조금 높은 목소리로 찬양을 부르면 5분 안에 머리가 시원해지게 됩니다.

가슴이 답답한 사람은 배에 힘을 주고 방언으로 5분만 소리를 질러 기도하면 심령이 후련해집니다.

이런 식으로 모든 문제에는 적절한 처방과 원리를 따른 간단한 해결책이 있으며 그 급소를 바로 찾게 되면 몸과 마음의 변화는 그리 어려운 것이 아닙니다.

오래 동안 사람들이 영적 눌림이나 증상을 가지고 있는 것은 잘못된 습관을 따라 기도하거나 원리를 잘못 적용하기 때문입니다.

예를 들어 성격이 아주 급한 사람이 항상 부르짖는 기도만 한다면 그는 변화되지 않을 것입니다. 성격이 아주 조용하고 내적인 기질의 사람이 항상 깊은 침묵기도만 드린다면 그는 점점 더 침체될 것입니다.

소극적인 사람이 듣는 기도에만 열중한다면 더 소극적이 될 것입니다.

그러므로 변화를 위해서는 자기의 체질에 맞지 않는 다른 기도 방식을 찾아야 합니다. 조용한 사람은 시끄러운 기도를 훈련해야 하며 요란한 사람은 고요한 기도를 훈련해야 하며 활동적인 사람은 안식하는 기도를, 고요한 사람은 전투 기도를 배워야 합니다. 이러한 것이 조화와 균형을 위한 것이며 이러한 처방으로 인하여 사람은 변화를 경험하게 되는 것입니다.

심장 기도, 가슴 호흡을 하면서 주를 부르며 기름부음을 요청하면 가슴에 주의 영이 임하시며 그 결과로 변화가 일어납니다. 그것은 너무나 아름답고 행복한 경험이어서 우리는 그 기쁨을 잊기 어려울 것입니다.

다만 조심해야 할 것은 이 기도가 내면적인 기도이기 때문에 이 기도에만 지나치게 몰두하면 외적으로는 아주 약해질 수 있다는 것입니다.

이 기도가 주는 편안함과 즐거움 때문에, 이 기도를 가르치면 사람들은 여기에 너무 빠지는 경향이 있었습니다. 문제는 이 기도에만 몰두할 때 그의 영은 부드럽고 아름다워지기는 하지만 점차로 활기를 잃고 무기력해진다는 것입니다.

영의 성질에 대하여 잘 모르는 사람들은 이러한 원리가 이해가 가지 않을지 모릅니다. 그러나 이것은 매우 중요한 원리입니다. 강해지려고 하다보면 어느 정도 강해지는 반면에 또한 거칠어지며, 아름답기를 원한다면 동시에 나약해질 수 있습니다.

어느 정도 영이 성장하게 되면 그는 영의 균형과 조화를 어느 정도 이룰 수 있습니다. 강하면서도 부드럽고 잔잔하면서도 나약하지 않은 상태가 될 수 있습니다. 그러나 실제적으로 그러한 영적 균형에 이르기 위해서는 오랜 기도의 훈련이 필요한 것입니다.

문제는 자신의 영적인 상태를 객관적으로 진단하는 것은 쉽지 않다는 것입니다. 배 호흡기도만을 많이 하는 사람은 거칠어질 수 있는데 자신은 그것을 잘 모릅니다. 많이 실수하고 남에게 상처를 주고 표면적으로 문제가 생기고 나서야 비로소 자신이 이상하다고 느끼게 됩니다. 또 가슴 호흡기도만 하다보면 영이 약해지는데 자신은 그것을 모릅니다. 그는 자신의 영이 눌려있음에도 불구하고 자신이 영적으로 깊은 상태에 있다고 생각하게 됩니다. 그러다가 오랫동안 그 상태로 있어서 모든 것이 귀찮아지고 무기력한 상태에 빠지게 되면 그 때서야 그는 자신이 조금 이상하지 않은가 생각을 하게 됩니다.

이렇게 한쪽에 치우치다 보면 사람들은 그것이 영이 균형적으로 성장하기 위한 하나의 과정인 줄 알지 못하고 다른 쪽을 정죄하게 됩니다.

즉 너무 강하게 기도하다가 거칠어지게 되면 나중에 반대로 돌아서서 강한 기도는 잘못된 것이라고 생각하는 것입니다. 그는 이제는 반대로 깊은 침묵 기도에만 몰두하게 됩니다. 물론 그 결과로 영이 아주 약해집니다.

또한 깊은 내적 기도에만 몰두하다가 너무 무기력해져서 살기가 어려워진 사람이 발성기도와 강한 기도를 배우게 되면 처음에는 너무 시원하다고 생각할 것입니다. 그는 이제 강한 기도가 너무 좋기 때문에 반대로 침묵기도나 깊은 기도를 나쁜 것으로 보고 멀리해 버립니다. 그렇게 되면 그의 영도 더 이상 내면적으로 자라지 못하게 됩니다.

그러므로 이러한 기도의 방식들은 상호 보완과 균형의 차원에서 이해를 해야 합니다. 영이 어느 정도 자라기 전까지 사람은 누구나 어느 한 쪽에 치우치게 되는 것입니다.

일단 이 원리를 기억해두십시오. 심장 기도, 가슴 호흡기도는 충분한 발성기도의 훈련이 된 사람이 하는 것이 좋습니다.

호흡기도의 순서로는 배 호흡기도와 강한 호흡기도를 어느 정도 통과하고 그 기름부으심을 경험하여야 합니다. 그래야 이 심장기도를 충분히 누리고 경험할 수 있습니다.

대체로 조용한 기도를 드리는 분들은 영이 눌린 이들이 많은데 그것은 권능의 기도의 단계를 충분히 통과하지 않았기 때문입니다. 기도의 가장 기본적인 단계는 배 기도, 강한 기도, 권능의 기도입니다. 그것은 기초적인 것이며 그 기초를 뛰어넘는 것은 좋지 않습니다. 그는 영적인 공격을 많이 받게 됩니다. 그러므로 기초를 충분히 익히고 통과하는 것이 좋은 것입니다.
가슴 호흡기도는 아름다운 기도입니다.
그것은 향기로운 기도입니다.
이 기도는 드리는 자를 아름답고 사랑스러우며 따뜻한 사람으로 만들어 갑니다.
그러나 조심하시고 너무 이 기도에 빠지지 마십시오.
모든 것을 균형있게 조화롭게 할 수 있도록 힘쓰십시오.
그렇게 할 때 당신의 믿음도 영도 조화롭게 성장할 수 있을 것입니다.

18. 머리 호흡기도

복음을 모르는 일반인들이 하는 뇌 호흡이라는 것이 있습니다. 이것은 정신력을 훈련하여 잠재능력을 개발하려는 것입니다. 머리 호흡기도는 용어상 그것과 비슷한 것 같지만 전혀 다른 것입니다.
호흡기도는 호흡을 통하여 주님께 나아가는 것이며 주님의 임하심을 기다리는 기도입니다. 머리 호흡도 역시 주님의 임하심을 구하는 기도입니다. 그러므로 일반인들의 초능력 개발 훈련 같은 것과는 거리가 먼 것입니다.
이방인들의 그러한 훈련을 통해서도 어떠한 영이나 초능력이 임하기도 합니다. 그러나 그 임하는 영은 주님의 영과는 전혀 다른 것이며 어떤 능력이 임한다고 하더라도 그것은 주님으로부터 오는 능력이 아닙니다. 우리의 목표는 근본적으로 주님의 사람이 되는 것이지 결코 초능력을 개발하거나 초인이 되는 것이 아닙니다. 그러므로 이 두 가지를 혼동해서는 안 됩니다.

그리스도인들은 주님께 많은 기도를 드립니다. 그러나 혼자서 일방적으로 드리는 기도에는 익숙하지만 주님이 우리에게 임하시고 구체적으로 역사하시는 것을 기다리는 것에는 소홀한 면이 있습니다.
그러므로 우리는 기도할 때 우리 혼자서 독백하는 것으로 만족하지 말고 기도하는 가운데 주님께서 우리에게 응답하시고 임하시는 것을 기대해야 합니다. 그것이 인격적이며 상호적인 교류가 있는 기도인 것입니다.
우리가 기도를 드릴 때 주님이 임하시는 것을 믿고 기다린다면 주님은 우리의 믿음과 기대를 따라 우리에게 아주 구체적으로 임하십니다. 우리는 호흡기도를 통해서도 그것을 확인할 수 있습니다. 우리는 주님을 부르며 주님의 임하심을 기다리는 가운데 주의 영, 그 기운을 먹고 마실 수 있으며 주님의 영이 우리의 신체에 구체적으로 오시는 것을 경험할 수 있는 것입니다.

머리는 생각의 기관입니다. 사람이 하는 모든 생각과 상념이 머리에서 이루어집니다. 그리스도인은 예수님을 주인으로 따르는 사람들로서 주님이 우리의 몸과 감정과 생각을 지배하시기를 바랍니다. 그리하여 우리의 모든 감정과 생각이 주님을 기쁘시게 하며 주님 보시기에 합당하기를 원하는 것입니다.

모든 생각을 사로잡아 그리스도에게 복종하게 하니 (고후 10:5)

그리스도인들의 모든 생각은 주님께 복종되어야 합니다. 머리 호흡기도는 이 목적을 위하여 드려지는 기도입니다. 주님이 우리의 머리에 임하셔서 우리의 머리를 맑게 씻어주시고 사로잡으셔서, 모든 악한 생각과 어둡고 혼란스럽고 세상적인 생각이 사라지게 하시고 주님으로부터 오는 아름답고 지혜로운 생각으로 가득하기를 기대하는 것입니다.

바른 생각, 지혜로운 생각은 건강한 머리에서 나오는 것입니다. 도구가 잘못되면 좋은 열매가 나올 수 없습니다. 그것은 병든 몸에서 활기찬 행동이 나올 수 없는 것과 같습니다.

그러므로 우리의 의식, 생각이 변화되기 위해서 우리는 우리의 머리가 변화되기를 기도하고 훈련해야 합니다. 구체적으로 주님의 영, 주님의 빛이 우리의 머리에 임하시고 새롭게 하시기를 기도해야 합니다. 머리 호흡기도는 그러한 면에서 머리와 생각을 변화시키는 아름다운 도구입니다.

머리 호흡기도는 주님의 영이 우리의 머리에 임하시기를 기대하고 기다리는 기도입니다. 이 기도의 방법도 역시 간단합니다. 그저 조용히 앉거나 누워서 주의 이름을 부르며 호흡을 들이마십니다. 동시에 머리에 마음을 집중합니다. 그리고 주님께서 머리를 만지시기를 기다리는 것입니다. 이 기도는 머리가 혼미하고 생각이 복잡하고 어두운 분들에게 효과를 줍니다. 머리가 혼미하고 복잡한 사람은 생각도 복잡하고 어두울 수밖에 없습니다. 그러나 그러한 사람의 머리에 주님의 빛이 임하게 되면 머리가 시원하고 맑아지는 것을 느끼게 됩니다. 그리고 차츰 생각도 밝아지고 변화되기 시작합니다. 머리의 변화는 생각의 변화를 가져올 수 있는 것입니다.

그러나 이 기도도 약점이 있는데, 그것은 이 기도가 소극적이고 피동적인 면이 있기 때문에 너무 많은 후유증이 올 수 있다는 것입니다. 그러므로 충분한 발성기도, 부르짖는 기도와 강한 호흡기도를 통하여 영혼이 어느 정도 강건해진 후에 이 기도를 드리는 것이 좋습니다.

머리 호흡기도를 드리다 보면 한 동안 악몽에 시달린다든지 꿈을 많이 꾸게 된다든지 하는 일이 있을 수 있습니다. 이것은 그 동안 머리에 쌓여 있던 부정적인 의식들이 밖으로 처리되고 정화되는 과정에서 생기는 일입니다.

이 기도는 환상이나 여러 신비한 체험을 동반할 수 있습니다. 그러므로 이 기도를 드리기 전에 주님께 대한 헌신과 순결한 마음, 균형 잡힌 정서가 필요합니다.

헌신이 부족하여 자기 욕망이 지나치게 강하거나 분노, 자기 과시, 이기심 등의 육적인 요소를 많이 가지고 있으면 속이는 영들에게 틈을 줄 수도 있기 때문입니다.

머리기도는 영적인 세계의 문을 열어주는 입구와 같은 것이기 때문에 많은 주의를 필요로 합니다. 그러므로 기도의 훈련이 충분히 되지 않은 사람이 이 기도에 지나치게 몰두하는 것은 바람직하지 않습니다.

다른 기도와 병행하여 조금씩만 시도하는 것이 좋습니다. 적당히만 할 수 있다면 생각을 정화시키고 부드럽게 하기 위해서 호흡을 하며 머리를 주님께 맡기는 것은 좋은 일입니다.

오늘날 주님을 신실하게 따르는 그리스도인들도 머리의 생각이 혼란스럽고 복잡한 경우가 많이 있습니다. 그것은 그가 주를 믿기는 믿지만 그의 의식과 생각이 아직 주님의 지배하심 속에 들어가지 않은 것입니다. 그리스도인들의 많은 고통과 실패가 이와 같이 주님께 맡겨지지 않은 통제되지 않은 머리, 생각을 통해서 옵니다. 그러므로 그리스도인들은 머리를 주님께 의탁함으로서 생각을 다스리는 훈련을 하는 것이 필요합니다.

머리 호흡기도가 어느 정도 진행되면 그는 마치 머리가 열리는 것과 같은 느낌을 받게 됩니다. 머리가 아주 시원하기도 하고 전율이 흐르는 것 같은 느낌을 받기도 하며 또는 시원한 바람이 머리에 부는 것처럼 느껴지기도 합니다.

그렇게 머리의 맑은 상태를 경험해보면 평소에 그렇지 않은 상태, 즉 머리가 혼미하고 부자연스러운 상태를 금방 느낄 수 있습니다. 그러한 상태에서 악한 영들이 어둡고 혼란스러운 생각을 넣어주기 때문에 그러한 상태를 분별할 수 있다면 그는 다시 머리 호흡기도를 하면서 주님께 자신의 머리를 의탁하고 다시 맑은 상태로 돌아올 수 있는 것입니다.

이 기도는 쉽지 않습니다. 어느 정도 기도의 훈련이 되어있는 이들은 이 기도를 통해서 많은 효과와 변화를 경험할 수 있습니다. 이 기도 중에 머리에 통증이 오는 경우도 있으며 묵직한 느낌이 오기도 하는 데 그것은 머리가 열리고 맑게 청소되는 과정에서 생기는 일입니다.

아마 적지 않은 이들은 이 기도를 아무리 해도 별 다른 변화를 느끼지 못할 것입니다. 머리에 아무런 느낌이 없을 수 있습니다.

몸에는 쉽게 느낌이 오고 가슴에도 쉽게 느낌이 오지만 머리에는 쉽게 느낌이 오지 않습니다. 머리는 가장 둔감한 곳입니다. 활동적인 사람도 느낌이 많고 정서적인 사람도 느낌이 많지만 지성적인 사람은 느낌이 별로 없습니다.

머리는 원래 흐름이 많지 않은 곳입니다. 몸이 움직이는 것은 외부에서 볼 수 있으며 감정의 흐름이 나타나는 것도 외부에서 어느 정도 느낄 수 있지만 어떤 사람이 머리 속에서 생각하는 것은 바깥에서 알 수 없습니다. 그것은 내적인 것입니다.

그러므로 머리 호흡기도를 해서 어떤 느낌이 없더라도 그것은 이상한 것이 아닙니다. 머리의 감각이 깨어나는 데에는 어느 정도의 시간이 필요합니다. 처음에는 머리가 약간 간지러운 정도입니다. 그 후에는 묵직한 느낌이 오거나 고통스럽거나 불편한 느낌이 생길 수 있습니다. 머리가 시원해지고 맑아지는 것은 어느 정도 기도가 진행된 후의 일일 것입니다.

비록 쉽지는 않지만 이 기도는 그리스도인들이 경험해야할 가치가 있습니다. 우리의 머리가 맑아지고 의식이 밝고 새롭게 되는 것은 아름답고 놀라운 일입니다.

우리는 머리에 주님의 빛과 지혜를 받아야 합니다. 생각에서 모든 악이 시작되기 때문에 우리가 생각을 변화시킬 수 있다면 우리는 풍성한 열매를 맺을 수 있을 것입니다. 생각이 맑고 단순하고 아름다워지면 자연히 감정도 아름답고 풍성해지게 되며 행동도 바르게 나타나게 됩니다. 그 시작이 생각입니다.

당신의 머리를 주님께 맡기십시오. 조용히 주의 이름을 부르며 숨을 들이마시십시오. 주님의 손이 당신의 머리에 임하시기를 기대하고 기다리십시오.

주님의 손이 당신의 머리를 안수하시는 것을 믿음으로 상상하십시오.

주님의 빛이 머리에 임하는 것을 믿고 기도하십시오.

이렇게 머리 호흡기도를 드릴 때 실제적으로 주님의 빛이 머리에 임합니다. 그리고 그것은 아주 달콤하고 아름다운 경험입니다.

머리는 시원해지고 가볍게 느껴집니다.

마치 머리에서 바람이 부는 것과 같고 시원한 샘물이 흐르는 것과도 같습니다.

이 기도가 진행되고 머리의 감각이 깨어나고 변화될수록 사람들은 의식의 변화를 경험하게 됩니다. 복잡하고 피곤한 상념들, 각종 두려움이나 어둡고 복잡한 생각에서 벗어나게 됩니다.

머리의 실제적인 변화를 어느 정도 경험하게 되면 머리의 맑고 개운한 상태를 누리고 즐기게 됩니다.

어둡거나 혼미한 생각이 떠오르게 되면 머리의 느낌이 아주 불편하고 불쾌해지기 때문에 견딜 수가 없게 됩니다. 그는 머리를 흔들며 '맙소사! 내가 전에는 이런 생각을 하면서 어떻게 살았지?' 하게 되는 것입니다.

그러므로 그는 쉽고 단순하게 생각하며 삶을 누리고 즐길 수 있게 됩니다. 어두운 상념, 악한 상념이 머리에 들어오는 것이 몹시 고통스럽고 싫기 때문입니다.

머리가 가벼워지며 생각이 맑고 선명해지면 우리의 삶도 자유롭고 행복해지게 됩니다. 왜냐하면 삶의 많은 고통, 염려, 두려움들이 대부분 쓸데없이 떠오르는 생각을 통해서 시작되기 때문입니다.

머리 호흡기도는 우리의 의식과 모든 삶을 주님께 의탁하기 위하여 드리는 아름답고 중요한 기도입니다. 이 기도를 충분히 성공적으로 드릴 수 있다면 당신의 삶과 생각과 영성은 많이 달라질 것입니다.

19. 성경을 마시는 호흡기도

'주 예수 그리스도시여 저에게 자비를 베푸소서' 호흡과 함께 드리는 이 짧은 기도문은 서기 5세기경부터 시작된 동방 기독교 영성의 대표적인 기도문입니다. 불과 몇 마디 되지 않는 이 짧은 기도를 통하여 주를 갈망하던 수많은 신자들이 수 세기동안 실제적인 깊은 영성을 경험하고 기독교의 신비 가운데로 들어갈 수 있었습니다.
어떻게 이렇게 짧고 단순한 기도를 통해서 그들은 심오한 주님의 임재를 경험하고 누리게 되었을까요?

그것은 첫째로 호흡기도 자체의 유익과 특성에 관련이 있습니다. 호흡은 하나님이 허락하신 특별한 은총의 생명행위이며 이 호흡의 변화는 영성의 흐름에 큰 영향을 미치기 때문입니다.
둘째로는 주님의 은총을 구하는 단순한 언어의 반복을 들 수 있을 것입니다. 복잡하고 긴 문장은 사람의 의식에 그다지 큰 영향을 끼치지 못합니다. 사람들은 수없이 많은 책을 읽고 수없이 많은 설교를 듣지만 막상 그의 가슴 속에 기억되고 있는 것은 짧은 문장, 짧은 단어에 불과합니다.
핵심이 담겨있는 간결한 문장이나 단어를 반복할 때 그것은 사람에게 깊은 영향을 줍니다. 주님의 은총을 입을 수 있는 상태로 쉽게 들어가게 되는 것입니다.
저자는 이 기도를 처음에는 하루에 3천 번, 그 다음에는 6천 번, 그 다음 날에는 1만 2천 번, 그리고 나중에는 하고 싶은 만큼 반복하여 기도합니다. 그 결과 저자는 영혼의 절대적인 평안을 느끼게 되며 잠을 자면서도 주님의 임재를 느끼게 되었고 깨어있는 순간에도 따스함과 행복감을 누리며 사람들을 보는 시선에도 많은 변화를 경험하게 됩니다.

이러한 변화에 있어서 짧고 단순한 문장의 반복이 주님께서 역사하시는 큰 통로가 되었을 것입니다.

처음에 '주님, 저를 불쌍히 여기시옵소서..' 했을 때는 아마 별 다른 느낌이 없었을지 모릅니다. 그러나 차츰 그것을 두 번, 세 번 반복할 때 그는 다른 느낌을 조금씩 받게 될 것입니다. 점점 주님의 긍휼과 자비가 그에게 임하는 것을 느끼게 됩니다. 그것은 그 몇 마디의 단어를 기계적으로 반복함으로 나타나는 심리적인 효과라고 할 수 없습니다. 그것은 기도의 응답이며 주님의 들으심입니다.

그가 처음에 기도를 시작하는 순간에 주님께서는 이미 그의 기도를 들으시고 그에게 은혜를 베푸셨을 것입니다. 그러나 그는 한참의 시간이 지난 후에야 비로소 주님의 은혜를 경험하고 느끼게 됩니다. 이것은 기도 응답의 중요한 원리입니다. 다니엘의 기도에도 이러한 원리가 나타납니다.

다니엘은 하나님께 간절하게 기도를 드렸습니다. 그리고 그 기도는 하나님께 상달되었습니다. 그러나 악한 영들의 방해로 인하여 막상 그에게 응답이 도착한 것은 21일이 지난 후였습니다.

곧 네가 기도를 시작할 즈음에 명령이 내렸으므로 이제 네게 알리러 왔느니라 (단9:23)

네가 깨달으려 하여 네 하나님 앞에 스스로 겸비하게 하기로 결심하던 첫 날부터 네 말이 응답 받았으므로 내가 네 말로 말미암아 왔느니라 그런데 바사 왕국의 군주가 이십일 일 동안 나를 막았으므로 내가 거기 바사 왕국의 왕들과 함께 머물러 있더니.. (단10:12-13)

다니엘이 기도를 시작하였을 때 하나님은 그것을 보시고 천사를 시켜 응답을 보내셨습니다. 그러나 천사는 영계에서 장애를 받고 이십일 일이 지난 후에야 다니엘에게로 와서 하나님의 응답을 전했습니다.

이것은 오늘날도 마찬가지입니다. 우리가 처음 기도를 시작하는 순간에 주님은 우리의 기도를 보시고 들으십니다. 그러나 주님의 응답을 우리가 느끼고 경험하는 것에는 좀 더 시간이 필요할 수 있습니다. 때로는 우리의 죄 때문에, 또는 마귀의 방해 때문에 응답은 지연될 수 있습니다. 주님께서 응답을 보내셨지만 아직 우리에게 도달하지 않았을 수 있습니다.

우리가 기도를 드릴 때 이미 주님은 우리에게 임하시며 역사를 시작하셨지만 우리가 영적으로 둔하여 그것을 감지하지 못할 수 있습니다. 그러므로 우리는 주님의 은총과 응답을 분명히 경험할 때까지 좀 더 기도해야 합니다.

그런 의미에서 동일한 기도를 두 번, 세 번, 네 번 계속하여 반복하는 것은 좋은 것입니다. 그렇게 할 때 우리는 좀 더 영적으로 민감해지고 그 기도에 응답하시는 주님을 경험하기가 쉬워지는 것입니다.

주님을 향한 사모함과 열망이 표현된 간결한 단어를 반복하는 기도는 위력이 있습니다. 우리는 짧은 언어로 주님께 나아가는 훈련을 할 필요가 있습니다.

사람들은 주님께 많은 언어로 기도를 드립니다. 자신의 상황에 대하여 장황한 설명을 하고 하소연을 합니다. 그러나 막상 기도가 끝나고 나면 자신이 무엇을 기도했는지 잘 기억하지 못하는 경우도 많습니다. 그러므로 간결한 언어로 자신의 마음을 함축해서 드리는 기도는 강하고 위력적인 것입니다.

현실적인 문제의 해결을 위하여 드린 그 어떤 기도보다 주님 자신을 구하는 짧은 기도는 아름답고 귀한 기도입니다.

주님을 얻는 것은 모든 것을 얻은 것이며 주님을 아는 것은 모든 것을 아는 것이기 때문입니다. 주님은 이 우주보다 크시며 온 세상에서 가장 귀하고 아름다우신 분입니다. 그러므로 주님을 가까이 알고 누린다면 그것은 이미 모든 것을 얻은 것과 같은 것입니다.

짧은 언어의 기도는 우리의 영혼을 민감하게 만들며 주님의 임하심에 대하여 우리가 예민하게 느낄 수 있도록 만들어줍니다.
'주 예수 그리스도시여.. 나를 불쌍히 여기소서' 꼭 이 문장만을 고집할 필요는 없을 것입니다. 자신이 기도하는 가운데 자신에게 가장 적당하고 감동이 되는 문장을 만드는 것이 좋을 것입니다. 신앙 고백이란 다른 사람의 것이 아니라 자기 자신의 것이기 때문입니다.
'나의 하나님, 나에게 임하시옵소서'
'나의 주님, 나를 사용하시옵소서'
'나의 하나님, 내가 주를 의지하나이다'
등.. 자신이 감동이 오는 대로 자신만의 표현, 자기만의 신앙고백이나 소원의 기도문을 만들고 그 문장을 사용하여 기도하면 더 많은 기쁨과 감동을 경험할 수 있을 것입니다.
그러한 문장을 만들어서 사용하는 데 있어서 가장 좋은 것은 성경을 사용하는 것입니다. 원래의 기도문도 성경에서 나온 것입니다. 그러므로 자신이 좋아하는 성구를 직접 사용하거나 아니면 기도문으로 사용하기 좋게 조금 고쳐서 사용하는 것입니다.

'**나의 힘이신 여호와여 내가 주를 사랑하나이다**' (시18:1)
이것은 조금 긴 문장이 되겠지요. 이것을 각자에게 맞게 조금 줄일 수도 있을 것입니다.

'하나님은 나의 빛이십니다' (시27:1)
이것은 시편 27편 1절을 조금 바꾼 것입니다. 이 기도문으로 계속 반복하여 기도하면 주님의 영광과 빛이 충만하게 임하는 것을 경험하게 될 것입니다.

'하나님, 내 영혼이 주를 우러러 봅니다' (시25:1)
'오, 주님, 당신은 나의 목자이십니다.' (시23:1)

이러한 아름답고 감동적인 문장은 성경 전체에 가득합니다. 그것을 호흡과 함께 들이마시며 내뿜을 때 그 말씀들은 우리의 심령에 깊이 자리 잡게 될 것입니다.

'오..' (들이마심)
'주님..' (내 쉼)
'당신은..' (들이마심)
'나의..' (내 쉼)
'목자가..' (들이마심)
'되십니다..' (내 쉼)

이렇게 계속 반복을 하면 어떨까요? 나는 이 기도를 드리는 이들이 곧 그 주님의 영광과 풍성하심 속에 들어가게 되리라고 믿습니다. 호흡을 하면서 주님을 부르며 들이마시고 토하는 말씀은 우리의 심령에 놀라운 영향력을 행사하게 됩니다.

이것은 짧은 문장을 통하여 호흡으로 기도하는 것입니다. 그러나 여기에서 더 나아가 성경 전체를 이렇게 호흡으로 읽는 것도 우리의 영성을 아주 풍성하게 해 줄 것입니다. 성경을 읽으면서 모든 말씀을 마시고 토하며 먹고 받아들이는 것입니다.

성경은 하나님의 말씀입니다.

그것은 하나님의 감동이며 하나님의 호흡입니다.

그러므로 우리가 말씀을 묵상할 때 우리는 하나님의 영, 하나님의 호흡을 마시게 되는 것입니다.

사람들은 말씀을 묵상할 때 단순히 머리를 사용할 뿐입니다. 그것은 머리에 어느 정도의 지혜와 깨달음을 줄 것입니다. 그러나 그것은 그리 역동적인 것은 아닙니다. 많은 이들이 그러한 방법으로 진리를 터득하지만 또한 적지 않은 이들은 이것을 지루해합니다.

우리는 말씀을 접할 때 머리만 사용하는 것이 아니라 입과 코와 몸과 동작과 할 수 있는 모든 것을 사용할 필요가 있습니다. 그것은 하나님의 말씀이 더욱 더 강력하게 사람을 사로잡을 수 있는 방법입니다. 우리는 하나님의 말씀을 지나치게 제한해서는 안 됩니다.

나는 성경을 간절한 마음으로 소리 내어 읽는 것을 영성 훈련의 방법으로 더러 사용하기도 하고 권유도 하였습니다. 그리고 그렇게 간절하게 성경을 소리 내어 읽을 때 사람들이 하나님의 능력과 영광을 강력하게 경험하고 통곡하거나 엎드러지는 것을 보곤 했습니다.

똑같은 고기라고 해도 냉동실에 얼려 있는 고기와 숯불 위에 올려놓고 지글지글 굽고 있는 고기는 전혀 다른 것입니다. 전자는 아무도 관심을 기울이지 않지만 후자는 냄새를 맡은 꼬마들이 먹고 싶다고 달려오게 됩니다.

소리를 내어 말씀을 외치는 것은 역동적으로 말씀을 받아들이는 방식입니다. 또한 소리는 내지 않아도 강하게 또는 부드럽게 호흡하면서 말씀을 마시며 받아들이는 것도 아주 은혜스러운 방법입니다. 그것은 말씀 안에 있는 영적인 기운, 생기를 우리의 영혼이 직접 받아 마시게 하는 방법입니다.

우리는 성경을 읽으며 놀라운 진리와 깨우침을 얻을 수 있습니다. 그러나 성경을 읽으며 이 말씀이 내 안에 직접 임하도록 기도하면서 호흡하며 말씀을 마실 때 우리 안에서 놀라운 일이 일어나는 것을 우리는 느끼게 됩니다. 말씀의 영이, 말씀의 생기가 직접 우리 안으로 들어오는 것입니다.

말씀을 눈으로 보면서 코로 마시십시오.

천천히 말씀을 읽으며 그 기운이 내 안에 충만하도록 기도하십시오.

그 말씀의 기운이 우리 안에 임하는 것을 우리는 느낄 수 있습니다.

우리는 속이 뜨거워지는 것을 경험하게 됩니다.

우리는 감격으로 숨이 거칠어질 수도 있습니다. 또는 너무나 감미롭고 달콤한 기운이 우리 안에서 흐르는 것을 맛보게 되기도 합니다.

성경을 많이 읽었지만 아직 그 기쁨에 대하여 잘 경험하지 못하신 분들이 이 방법으로 성경을 읽고 먹을 때 그는 전혀 새로운 차원의 은총을 경험하게 될 것입니다.
말씀은 꿀보다 더 달다고 성경은 언급하고 있습니다. (시119:103) 그런데 호흡을 하면서 성경을 읽게 되면 정말 그 말씀이 꿀처럼 달콤하고 향기롭다는 것을 느끼게 됩니다. 특히 시편은 호흡하면서 먹기에 아주 좋은 말씀들로 가득합니다.

하나님이여 사슴이 시냇물을 찾기에 갈급함같이 내 영혼이 주를 찾기에 갈급하나이다 (시42:1)

이 말씀을 반복하여 기도하는 마음으로 깊이 들이마셔 보십시오. 점차로 심령 가득히 주님께 대한 놀라운 갈망과 사모함이 일어나는 것을 느끼게 됩니다.

하나님은 우리의 피난처시요 힘이시니 환난 중에 만날 큰 도움이시라 (시46:1)

어려움 속에 있을 때 이 말씀을 충분히, 깊이 들이마셔 보십시오. 당신은 실제적으로 자신이 하나님 안에서 피난하고 있음을 느끼게 됩니다.

하나님이여 주의 인자를 따라 내게 은혜를 베푸시며 주의 많은 긍휼을 따라 내 죄악을 지워주소서 (시51:1)

자신의 죄로 인하여 낙망하고 있을 때 이 말씀을 반복하여 읽으며 깊이 들이마셔 보십시오. 깊은 탄식과 슬픔의 눈물에 잠기게 됩니다. 그 눈물은 치유의 눈물이며 이 말씀은 우리의 영혼을 주님의 자비 앞으로 인도해가는 것입니다.

온 땅이여 여호와께 즐거운 찬송을 부를지어다 기쁨으로 여호와를 섬기며 노래하면서 그의 앞에 나아갈지어다 (시100:1-2)

마음 속 깊이 찬양을 드리며 이 말씀을 깊이 들이마셔 보십시오. 곧 심령 가득히 기쁨으로 충만해지게 됩니다. 찬송과 기쁨의 영이 임하는 것을 경험하게 됩니다.
말씀을 단순히 읽기만 하는 것과 마시는 것은 전혀 다른 것입니다. 이것은 우리 영혼에 깊은 반향을 일으킵니다.
호흡으로 기도하는 것은 우리의 영혼을 움직이게 하며 민감하게 하며 주님의 임재 가까이로 우리를 이끌어주는 힘이 있습니다.

단순한 당신만의 문장으로 기도하며 주님께 나아가십시오.
또한 하나님의 호흡인 성경의 말씀을 호흡으로 마시고 당신의 안에 채우십시오.
그 말씀은 당신 안에 역사하기 시작할 것입니다.
그 말씀들은 당신 안에 이루어지며 당신은 그 말씀의 능력과 기쁨 가운데 사로잡히게 될 것입니다.
예수 호흡기도 - 이것은 하나님께서 우리에게 허락하신 아름답고 귀한 선물입니다. 그 선물을 사용할 때 당신은 놀라운 은총 속으로 들어가게 될 것입니다.

20. 마시는 호흡의 다양한 사용

똑같이 성경을 읽어도 그냥 읽는 것과 호흡을 마시면서 그 말씀을 흡수하듯이 읽는 것과는 많은 차이가 있습니다. 성경의 말씀이 훨씬 더 우리의 안에 깊이 스며드는 느낌이 들고 말씀의 내용에 따라 부드럽고 달콤하기도 하며 또는 강력한 힘이 우리 안에 들어오는 것을 감지할 수 있게 되지요. 그처럼 호흡은 어떤 것을 그냥 받아들이는 것보다 훨씬 더 영적 흡수성을 증가시킵니다.

이러한 호흡을 통한 은혜의 충전은 성경을 읽을 때뿐만 아니라 다양한 측면에서 사용될 수 있을 것입니다.

감동적이고 은혜가 넘치는 찬양 테이프나 CD를 들을 때도 우리는 호흡을 사용할 수가 있습니다.

우리가 혼자서 주님을 경험하고 누리는 것은 시간과 훈련이 필요합니다. 그런데 은혜의 경험이 충만한 사역자들이 성령의 역사가 충만한 집회를 인도하는 실황이 담긴 테이프나 CD를 듣게 된다면 그것은 우리 영혼이 쉽고 편하게 은혜에 동참하는 방편이 될 것입니다.

찬양 테이프나 CD를 틀어놓고 조용히 눕거나 편안하게 쉬는 상태에서 그 찬양을 음미하면서 들이마시는 호흡을 하고 있으면 우리는 그 찬양의 영이 우리 안에 깊이 임하는 것을 경험할 수 있게 됩니다. 찬양 사역자의 영감이 충만하여 아름답고 풍성한 영이 흘러나온다면 그것은 우리 영혼의 충전에 더욱 큰 도움이 될 것입니다.

물론 영감이 별로 없는 찬양도 있습니다. 찬양 사역자가 목소리도 좋고 찬양도 잘 하는 편이지만 그러나 이상하게 우리의 심령에 별로 감동이 되지 않는 경우도 있는 것입니다.

이것은 각자의 취향이 다를 수도 있지만 아무튼 별로 감동을 얻기 어려운 찬양을 들으면서도 이렇게 마시는 호흡을 적용할 필요는 없을 것입니다.

나의 경우는 집회를 인도하기 전에 영감이 충만한 사역자가 부르거나 인도하는 집회의 테이프를 호흡기도를 하면서 즐겨 듣곤 하는데 그것은 영적인 충전에 아주 도움이 되었습니다.

나는 독서를 하면서도 이러한 호흡의 들이마심을 적용하곤 합니다. 일생동안 주님께 사로잡혀 쓰임을 받은 이의 책에는 그 저자에게 임하셨던 주의 영의 풍성한 역사하심이 기록되어 있습니다.

그것은 읽는 자가 영적으로 예민하고 준비되어 있다면 읽는 자에게도 같은 영이 역사하며 동일한 은혜가 임하게 됩니다. 그래서 나는 이러한 영감이 충만한 글을 읽을 때에는 그 저자가 누린 은총을 같이 누리고 싶어서 성령께서 강하게 역사하시는 장면이나 묘사에서 숨을 크게 들이마시곤 합니다.

또한 강력한 성령님의 역사가 저자에게 나타나는 장면에서는 나도 모르게 흐느끼거나 호흡이 거칠어지기도 하는데 그것은 자동적으로 책을 통하여 임하시는 주님의 임재를 마시기 위해서 그렇게 되는 것 같습니다. 이러한 독서의 호흡을 통한 영적 충전은 스스로 기도해서 주님의 깊은 임재로 나아가기 어려운 분들을 쉽게 깊은 임재와 기름부으심에 나아갈 수 있도록 도와주는 것입니다.

또한 테이프로 들을 수 있는 하나님 체험의 간증이나 설교를 통해서도 감동이 되거나 유익이 되는 것이라면 호흡을 통하여 그 생명의 기운을 마시고 내 안에 받아들일 수 있을 것입니다.

성경 봉독을 하기 어려운 분들은 테이프를 통해서 성경을 낭송하는 것을 듣기도 하는데 여기서 역시 중요한 것은 성경을 읽는 이의 영적인 수준, 상태, 영성입니다.

단순히 목소리나 발음이 좋은 것으로는 영적인 공급을 줄 수 없습니다. 역시 무엇보다 더 중요한 것은 그가 어느 정도로 주님께 헌신되었으며 죄에서 해방이 되었으며 주님의 임재를 경험하였는지, 그가 성경을 읽을 때 어느 정도 영적인 충만함이 흘러나오는지.. 그러한 것들이 중요합니다.

영감이 부족한 사람의 성경 봉독은 그다지 도움이 되지 않습니다. 그러한 경우에는 말씀을 들어도 그 말씀은 머리에 지식으로 유입될 뿐이고 심령에 영향을 주지는 못합니다.

영혼의 감각이 일어날수록 각 사람의 영적 수준이나 상태를 감지하게 되며 단순히 소리만 들어도 상대방의 영을 분별하기가 쉬워지게 됩니다. 그러므로 어떤 영, 어떤 소리는 마시기에 아름답고 좋다고 느끼지만 어떤 영, 어떤 소리는 듣기에 불안하거나 거리낌이 생겨서 받아들이는 것을 조심하게 되는 것입니다.

대체로 영이 아름답고 주님의 깊은 은총을 누리는 이들은 소리도 맑고 순결하게 느껴지며 아름답습니다. 그리하여 찬양의 소리나 말씀을 전하는 소리를 들어도 영혼이 청결해지는 것을 느끼게 됩니다.

그러나 영이 맑지 않으면 소리도 둔탁하며 어둡거나 거칠거나 야비한 느낌이 들기도 합니다. 또한 소리 자체는 맑고 좋지만 그 깊은 영은 오히려 막혀 있는 느낌을 주는 이들도 있는데 그러한 내적인 느낌과 분별은 영감이 발전할수록 점점 더 예리해지게 됩니다.

이러한 느낌은 각자의 영적 수준이나 상태에 따라 차이가 나며 정확한 것이라고 할 수는 없을 것입니다. 그러나 각자가 좋게 느끼고 감동이 오는 것을 마시고 받아들이는 것은 당연한 것입니다. 본인이 불편하게 느끼는 것을 억지로 마음을 열고 받아들일 필요는 없는 것입니다.

마시는 호흡은 이와 같이 여러 은혜의 도구들을 받아들이고 충전하는 데에 많은 도움을 줍니다. 우리가 그렇게 우리 안에 들어오고 나가는 숨에 대하여 조금씩 감지하게 된다면 우리는 은혜의 흐름과 은혜를 방해하는 흐름에 대하여 좀 더 잘 느낄 수 있게 될 것입니다. 그리하여 은혜가 되는 흐름을 우리 안에 받아들이며 은혜가 되지 않는 그러한 기운을 분별하여 우리 안에 잘 들어오지 못하도록 자신을 방비할 수 있게 될 것입니다.

우리와 대화를 하고 있는 사람들의 입에서 나오는 기운이 좋지 않고 답답하며 불쾌하게 느껴진다면 우리는 그것을 마시지 않도록 조심하게 될 것입니다. 그러나 대화를 통해서 주님의 은혜와 사랑을 같이 나누며 깊은 기쁨과 만족을 경험하게 된다면 우리는 충분히 깊이 호흡하면서 그 영의 교류를 누릴 수 있을 것입니다.

다시 이것을 기억해두십시오. 마시는 호흡은 충전을 위해서 필요한 것입니다. 토하는 호흡은 나쁜 기운을 내보내기 위한 것입니다.

이것을 이해하게 되면 우리는 찬양, 기도, 말씀, 독서 등 여러 은혜의 도구들을 호흡을 통하여 잘 받아들일 수 있게 되며 이로 인하여 우리의 영적인 풍성함을 충만하게 누릴 수 있게 될 것입니다.

21. 즐거움을 따라 가십시오

지금까지 대충 호흡의 방법과 방향에 대하여 이야기를 나누었습니다. 강한 호흡, 부드러운 호흡, 정지 호흡, 심장 호흡, 머리 호흡, 배 호흡 등에 대하여 언급하였습니다.

문제는 지금 나에게 필요한 것은 어떤 호흡기도이며 어떻게 발전하고 나아가야 하는 것인가 이겠지요. 물론 그것은 본인이 주를 부르며 기도하고 주님의 감동과 인도를 받아가면서 직접 경험하고 걸어가야 할 것입니다.

또한 처음에는 강한 호흡기도에서 시작하여 점차로 조용하고 깊고 잔잔한 호흡기도로 나아가게 될 것입니다. 이러한 여러 가지의 방법들이 복잡하다면 그저 단순히 주의 이름을 부르면서 호흡을 하면서 기도하면 됩니다. 속으로 '주 예수님, 나를 충만하게 채워주십시오' 혹은 '예수 충만..' 하고 반복하면서 호흡을 들이마시면 됩니다. 단순히 그렇게 기도하는 것만으로도 놀라운 풍성함을 얻을 수 있습니다.

처음에는 단순히 그렇게 주의 이름을 부르며 마시는 것으로 충분합니다. 그러다가 조금씩 자기의 영적 상태에 맞는 호흡을 사용하여 기도할 수 있습니다. 여기서 여러 호흡기도를 선택하고 사용하는 방법과 방향에 대한 간단한 원리를 제시한다면 그것은 자연스럽게 즐거움을 따라가라는 것입니다.

호흡은 자연스러운 행위입니다. 그러므로 그것은 어떠한 경우에든지 억지로 하는 것은 좋지 않습니다. 호흡기도를 하다보면 자신의 영적인 수준과 상태에 맞는 호흡기도를 발견하게 되는데 그럴 때에는 그 기도와 호흡이 참으로 달콤하고 자연스러우며 즐거운 것이라는 것을 느끼게 됩니다. 달콤한 행복감을 느끼게 되지요. 하지만 그러한 행복감이 한없이 계속되는 것은 아닙니다. 이상하게도 처음에는 호흡기도가 아주 즐거웠는데 얼마쯤 지나면 조금 지루해지고 따분한 것 같은 그런 느낌이 들게 됩니다.

그 이유는 무엇일까요? 그것은 이제 그가 다른 차원, 다른 방법의 기도를 향해서 나아갈 때가 되었기 때문입니다. 그런 경우에는 자신에게 즐거움을 주는 다른 스타일의 호흡기도로 바꾸어야 합니다.

몹시 마음이 약한 사람이 있습니다. 그는 처음에 강력한 호흡기도로 기도를 시작하는 것이 좋을 것입니다. 그는 주를 부르며 강하게 호흡을 하며 기도를 드립니다.

그는 곧 생기와 힘을 얻고 자신감을 느끼게 됩니다. 호흡이 아주 달콤하고 즐겁습니다. 그러나 어느 정도 시간이 지나자 그는 그 즐거움을 별로 느끼지 못합니다. 오히려 지루하고 메마른 것 같이 느껴집니다.

자, 이럴 때는 어떻게 해야 할까요? 그는 거칠고 강한 호흡에서 좀 더 부드럽고 자연스러운 호흡기도로 바꾸어야 합니다. 이러한 경험은 그의 영혼이 발전하는 과정에서 흔히 나타나는 것입니다.

처음에 그의 영은 너무 약하고 무기력했으므로 강한 영적 에너지가 필요하였습니다. 그러므로 그는 강한 호흡으로 기도를 드리고 강한 에너지를 얻을 때 몹시 고무되고 신선한 충족감을 느끼게 됩니다. 그것은 단백질 음식을 오래 먹지 못했던 이가 고기를 먹을 때 아주 맛있게 먹는 것과 같은 것입니다.

그러나 이제 어느 정도 강력한 에너지의 충족이 이루어지면 그는 이제 강한 에너지가 그다지 필요하지 않기 때문에 강건함의 은혜보다는 내면적이고 부드럽고 따뜻한 사랑의 영적 기운을 필요로 하게 됩니다. 그것은 고기를 많이 먹고 질린 사람이 신선한 야채를 찾게 되는 것과 같습니다.

이런 식으로 기도를 드리면서 우리의 영적 상태와 취향은 바뀌게 되는 것입니다. 그러한 변화를 반복하면서 우리는 차츰 한쪽에 치우치지 않은 조화로운 상태에 들어가게 됩니다.

사람들은 흔히 '주님의 임하심' 하면 똑같은 것으로 생각하지만 거기에는 다양성이 있습니다.

어떤 때는 강력한 담대함을 주시는 기름부음이 있으며 어떤 때는 명철하고 예리한 깨달음을 주시는 기름부음이 있고 어떤 때는 사랑과 따뜻함이 가득한 기름부음이 있고 또 어떤 때는 말로 측량하기 어려운 거룩함의 기름부으심이 옵니다. 그런 식으로 동일한 하나님의 영이시지만 필요에 따라 상황에 따라 다양하게 임하시는 것입니다.

그와 같은 임재의 차이점은 각 사람의 사명이나 준비된 영의 상태, 수준, 기질에 있습니다. 각각의 상황에 따라 다르게 임하시는 것입니다. 호흡을 통한 은혜의 변화도 이와 같습니다. 그 사람의 상태가 바뀌면 임하시는 주님의 역사도 다르게 나타나는 것입니다.

어떤 이는 아주 성질이 급하고 저돌적입니다. 이러한 사람은 처음에는 고요하고 깊은 호흡을 통해서 자기에게 결여되어 있는 안정과 평안, 기쁨을 얻게 됩니다.

그러나 어느 정도 시간이 흘러서 그러한 부분이 충족되면 그는 그 고요한 기쁨이 따분하게 느껴질 수도 있습니다. 그러므로 그는 다음 단계로 나아가려고 하게 되는 것입니다.

어떤 사람은 깊은 정지 호흡기도를 통하여 놀라운 평화와 기쁨을 얻게 되었습니다. 그는 감격해서 오직 그 호흡기도만을 계속 하지요. 그런데 조금 시간이 지나자 나중에는 호흡을 멈추고 있으면 그저 답답하기만 할 뿐 어떠한 맛도 느낄 수가 없게 됩니다.

이러한 경우에 그는 다시 예전의 기쁨을 얻기 위해서 억지로 자신의 정지 호흡을 연장하려고 애를 쓸지도 모릅니다. 이러한 것은 자연스럽지 않으며 별로 좋지 않은 것입니다.

그러한 경우 예전의 호흡기도에 기쁨을 느끼지 못하는 것은 그 자신의 영적인 상태에 변화가 생겼기 때문입니다. 그러므로 억지로 예전의 호흡기도를 유지하려고 할 필요는 없는 것입니다.

그러므로 호흡기도를 하면서 반드시 알아두어야 할 것은 이것입니다. 주를 부르며 호흡기도를 하되 자신에게 즐거움과 기쁨을 주는 기도의 방향을 따라 가라는 것입니다. 그것은 지금 자신에게 유익이 되고 영적 성장에 도움을 주는 기도입니다.

이러한 원리는 호흡기도 뿐이 아니고 모든 기도에서도 마찬가지이며 일상의 삶에서도 동일하게 적용되는 것입니다. 우리가 기도를 하는 중에 우리의 영혼 깊은 곳에 달콤함이 흐르고 기쁨이 있다면 그 기도는 좋은 기도입니다. 또한 그의 일상에는 주님이 주시는 복과 은총이 가득할 것입니다. 그러나 그 즐거움이 사라져버린다면 그는 기도의 방식을 바꾸어야 합니다. 무엇이 잘못되었는지, 어디서 방향이 잘못되었는지를 찾아야 합니다.

어떠한 일을 추진하고 있을 때 처음에는 기쁨이 있었지만 어느 순간부터 깊은 속 마음이 불안해지고 즐거움이 사라진다면 그 때는 그가 추진하는 방향을 재고해봐야 합니다. 그는 주님의 다른 인도하심이 있는지 주께 물으면서 기다려 봐야 하는 것입니다.

대부분의 경우 우리 마음, 영혼의 깊은 곳에서 느낄 수 있는 즐거움과 기쁨은 주님의 감동과 인도하심입니다. 우리 영혼이 주님의 임재 안에 있을 때 우리는 환경이 어떻든 상관없이 깊은 속에서 기쁨과 평안을 가득 느끼게 됩니다.

만약 영혼 깊은 곳에서 불안과 두려움이 일어난다면, 당신은 무엇이 잘못되었는지 기도하면서 주님의 인도하심을 다시 구하고 기다려야 합니다.

주님의 임재 가운데에는 항상 넘치는 평안이 있습니다. 그러므로 당신이 주를 부르며 호흡으로 주님께 기도를 드린다면 당신 안에는 평안과 즐거움, 누림이 가득할 것입니다.

그러므로 그 즐거움을 붙들고 따라 가십시오. 그 즐거움이 사라지지 않는다면 계속 그렇게 호흡기도를 하며 그렇게 시도해 나가면 됩니다.
그러나 어느 순간 그 즐거움이 사라진다면 방법을 바꾸십시오.
그리고 새롭게 인도하시는 주님의 흐름에 따라가십시오. 당신이 제대로 따라간다면 당신은 새로운 방법에서 즐거움을 얻게 될 것입니다.

부디 그 즐거움을 따라 가십시오. 그것이 호흡기도의 아주 쉽고도 기본적인 선택의 방법입니다.
호흡기도 뿐만이 아니라 당신의 일상의 모든 삶에서 주님이 허락하시는 즐거움을 따라 가십시오. 눈에 보이는 세상이 주는 기쁨이 아닌, 당신의 내면에서 시작되는 기쁨을 말입니다.
그렇게 당신이 내면의 즐거움을 따라 갈 때 당신은 주님의 이끄심을 잘 분별하며 걸어갈 수 있을 것입니다.
왜냐하면 주님은 빛이시며 생명이시며 천국의 주인이시므로 그 분 안에만 있으면 절망 속에서도, 환경의 비참함 속에서도 우리는 항상 천국의 기쁨을 누릴 수 있기 때문입니다.

22. 호흡기도의 현상들

호흡기도를 드리다보면 몸과 마음에 많은 변화들이 생기며 여러 다양한 현상들을 경험하게 됩니다. 그 모든 현상들은 어떤 의미가 있는 것인데 그 이유에 대하여 구체적으로 다 알 수는 없지만 간단하게 그러한 현상을 설명하면 다음과 같습니다.

1) 몸이 짜릿짜릿한 느낌, 부분적으로 뜨거워지는 느낌이나 반대로 시원해지는 느낌, 가려운 느낌이나 몸 안에서 무엇인가 기어가는 것 같은 느낌들, 압박감들이 나타남
이러한 것들은 그 사람의 영적 감각이 움직이고 깨어나는 과정에서 일어나는 현상입니다. 수도관에 호스를 연결시켜 놓고 갑자기 물을 틀게 되면 호스에 갑자기 물이 흐르며 여기저기에서 우두둑 하는 소리가 나게 되지요. 그것은 보일러가 갑자기 돌아갈 때 방밑에 깔려있는 호스에서 우두둑 소리가 나는 것과도 같습니다.
그와 같이 정체되어 있던 영의 움직임이 호흡기도를 통하여 활발하게 나타나는 것입니다. 어느 정도 지나면 이러한 느낌은 차츰 줄어들게 됩니다.

2) 부분적으로 고통스럽거나 묵직하고 아픈 느낌들, 트림이 나오거나 더부룩한 느낌. 속에 이 물질이 있는 듯한 느낌이 생김
이것은 평소에 자신의 안에 있었던 나쁜 기운들이 표출되고 처리되어 밖으로 나오는 과정에서 일어나는 일입니다. 물론 이러한 것들은 질병의 원인이 될 수도 있으므로 충분한 호흡을 통해서 배출해야 합니다.

3) 슬픔, 눈물, 불안, 두려움 등 정서적인 고통이 표출됨

이것 역시 속에 있었던 정서적인 고통들이 치유되고 정화되는 과정에서 일어나는 것입니다. 이럴 때에는 그러한 어두운 정서들을 충분히 드러내고 표출하면서 주님의 치유와 은총을 구해야 합니다.

4) 신체의 부분적인 움직임
손이나 몸이 떨리거나 움직이기도 합니다. 이것도 역시 억압되어 있었던 영의 움직임이 이루어지는 과정에서 생기는 일이지요. 처음에는 그 움직임이 조금 과격하게 느껴질 수도 있지만 대체로 그 움직임의 흐름은 부드럽고 자연스러운 것이 보통입니다. 이러한 움직임에 자신을 맡겨보면 주님을 찬양하고 경배하는 춤의 모습을 띠는 것이 보통이며 이것은 영을 부드럽게 풀어주고 긴장을 없애며 우리 영혼의 감각을 예민하게 만들어주는 것입니다.

5) 몸이 움직이기 어려우며 무겁고 몸살이 난 것 같은 느낌, 나른한 느낌. 몸이 땅에 달라붙어서 움직일 수 없는 현상
이것 역시 영의 감각이 깨어나는 과정에서 일어나는 일입니다. 겉사람의 감각을 일시적으로 무기력하게 만들어 속사람인 영혼이 움직이고 활동하려고 하는 것입니다.
이러한 경험이 거듭되면 내적인 많은 변화들이 이루어지게 됩니다. 과격한 성질이 부드럽게 완화되거나 육 중심의 가치관과 사고가 영 중심으로 서서히 바뀌게 되지요.
이런 현상이 일어날 때에는 주님의 기름부으심이 진행되고 있는 것이기 때문에 억지로 움직이지 말고 한 동안 조용히 누워서 안식하면서 기다려야 합니다.
이 때 조용히 쉬는 가운데 많은 변화들이 일어나게 됩니다.
시간이 지나고 움직이는 것이 힘들지 않으면 천천히 활동을 시작해도 됩니다.

6) 몸의 감각이 마비되는 것 같은 느낌
이것도 육성을 제어하고 영성이 눈을 뜨기 위한 과정입니다. 일종의 영적인 수술이라고 할 수 있지요. 육체의 감각이 마비된다는 것은 육성적인 사고가 잠시 잠잠해지는 것을 의미합니다.

7) 평강의 느낌, 달콤하고 부드러운 느낌
이것은 주의 이름을 부르며 호흡을 하면 거의 대부분의 사람들이 느끼는 감정입니다. 영의 감각이 일어나 주님의 영이 가까이 운행하고 있는 것을 감지하기 때문입니다. 호흡기도가 점차로 진행되고 마음과 심령이 정화될수록 그러한 평강은 더 깊이 임하게 됩니다.

개인 차이는 있으나 이와 비슷한 현상들을 많이 경험하게 됩니다.
대체로 그러한 현상들은 치유와 회복, 그리고 육체의 제어, 영혼의 깨어남과 연관을 가지고 있는 것입니다.
사람들은 자아의 죽음에 대하여 흔히 많이 이야기를 합니다. 그러나 대부분 개념적으로 이해할 뿐이지요.
그러나 호흡기도를 하다보면 자아의 죽음 현상이 피상적인 일이 아니라 실제적인 일임을 알게 됩니다. 정말 일시적으로 육체가 마치 죽음에 이르는 것과 같은 경험을 하게 됩니다. 그 후에는 육체가 마치 죽음을 통과한 것처럼 삶과 성향의 변화가 생기고 속사람에 의해서 제어가 되는 것을 경험하게 됩니다.
예를 들어 전에는 말을 함부로 해서 다른 이들에게 상처를 주곤 했던 사람이 이제는 말을 하려고 하다가 갑자기 입에서 말이 막히는 것을 경험하게 됩니다.
또는 전에는 작은 사소한 말에도 마음이 상하던 사람이 이상하게 모든 말에 대해 초연하게 됩니다. 환경이 어려워지면 쉽게 마음이 낙담이 되고 흔들리던 사람이 이상하게 편안한 상태를 유지하게 되는 등의 변화가 일어나게 되지요.

바로 이러한 것들이 육체의 무기력함, 마비됨, 죽음과 같이 느껴지는 현상을 통해서 일어나는 일입니다. 육체가 일시적인 죽음을 경험하면서 육성, 육의 마음도 그와 같은 죽음을 경험하게 되는 것이지요.
또한 육성의 죽음뿐만 아니라 영혼의 감각이 실제적으로 깨어남에 따라 다양한 느낌의 변화가 따르게 됩니다.

기도가 아주 달콤해지고 쉬워지지요. 기도를 드릴 때 점차로 기도의 깊은 행복감, 기쁨, 달콤함을 누리게 되는 것입니다. 예수님의 모습을 환상으로 보거나 느낌으로 경험을 하게 되기도 하며 기도와 찬양을 아주 실제적으로 따뜻하고 아름다운 것으로 누리게 됩니다.
또한 영의 감각에 예민하게 되면서 다른 사람들의 영적인 기운에 대하여 민감하게 느끼게 됩니다.
전에는 신앙의 경력이나 지위로 사람들을 알았지만 이제는 점차 그 사람의 속에서 흐르는 내적인 기운이나 상태에 대하여 알게 되는 것이지요. 어떤 이가 실제적으로 주님과 가까이 교제를 하고 있는지 아니면 기도는 열심히 하지만 아직 주님의 안식과 멀리 있는 분인지 자동적으로 알게 되는 것입니다.

호흡기도에는 이와 같은 많은 현상, 변화들이 일어나게 됩니다. 그것은 호흡, 기운, 바람, 숨이 주님께서 운행하시고 역사하시는 중요한 통로가 되기 때문입니다.
부디 열심히 호흡으로 주님께 기도를 드리고 주님 앞으로 나아가십시오. 당신은 많은 변화와 자유를 가지게 될 것입니다.

23. 호흡의 균형

호흡기도에 있어서 균형을 유지하는 것은 필요하고 중요합니다.
신앙의 성숙이란 곧 균형과 조화를 유지하는 것이라고 할 수 있습니다.
신앙적인 성숙이 부족할수록 어떤 한 가지에 치우치게 됩니다. 예를 들면 기도에 몰두하는 사람은 말씀 묵상을 좋아하지 않는 경향이 있고 말씀 묵상을 좋아하는 이들은 반대로 기도를 별로 하지 않으며, 부르짖는 기도나 능력의 기도에 익숙한 사람은 고요하고 깊은 기도에 서투른 경향이 있고 강력하고 담대한 사람은 섬세하거나 부드럽지 않은 경향을 가지고 있습니다.
그러나 영적으로 자라게 될수록 그는 균형을 가지게 됩니다. 강인하면서도 부드럽고 말씀을 사랑하고 좋아하면서도 기도에 깊이가 있고 성령의 열매를 많이 경험하면서도 또한 은사에 대한 깊은 조예를 가지게 되며 때로는 아주 강력한 사람이 되기도 하고 때로는 따뜻한 위로와 눈물의 사람이 되기도 하는 조화의 사람이 되어 가는 것입니다.

호흡기도의 발전도 그와 같습니다. 호흡기도를 드리는 사람은 초기에는 여러 현상이나 체험들, 느낌에 관심을 기울일지 모릅니다. 그러나 차츰 그러한 외적인 현상보다 내면적이고 근원적인 영성적인 변화에 좀 더 관심을 가지게 되며 조화를 이루어가게 됩니다.
그리하여 주님이 주신 선물보다는 점차로 주님 자신을 구하며 주님의 사람이 되기를 원하게 되지요. 바깥에 치우치지 않고 내면의 조화를 이루는 사람으로 나아가게 되는 것입니다.
호흡기도에 균형이 필요한 이유는 호흡기도가 그 방향에 따라서 상반적인 방법과 원리를 가지고 있기 때문입니다.
호흡기도는 예수를 부르며 기도한다는 면에서는 같지만, 호흡을 어떻게 사용하는가에 따라서 여러 가지로 나눌 수 있습니다.
첫째, 호흡의 강도나 세기에 따라 강한 호흡과 깊은 호흡으로 나눌 수 있습니다. 정지 호흡도 깊은 호흡의 한 종류라고 할 수 있지요.
둘째, 호흡의 부위와 내용에 따라서 배호흡기도, 가슴호흡기도, 머리호흡기도로 나눌 수 있습니다.
셋째, 호흡의 흡입 여부에 따라 들이마시는 호흡기도와 내보내는 배출호흡기도로 나눌 수 있습니다.
여기에서 각 호흡기도의 방법은 그 하나만을 가지고는 온전하지 않기 때문에 어느 한쪽의 기도에 너무 치우쳐서는 안 됩니다.

첫 번째의 호흡의 세기에 따른 호흡의 분류에서 지나치게 강한 호흡에 치우치면 자신감과 힘은 올 수 있지만 영적 감각의 측면에서 다소 둔감해지고 강퍅해질 수 있습니다. 또한 깊은 호흡에 치우치게 되면 내적인 평화를 경험하고 깊은 달콤함을 누릴 수 있을지 모르지만 동시에 무기력해지고 활동력이 약해지게 됩니다.
호흡기도의 강도, 세기를 이해하려면 선풍기와 같은 모터를 생각하면 쉬울 것입니다.
지하실에는 여름철에 습기가 많이 생깁니다. 이 습기를 빨리 없애기 위해서 선풍기를 강하게 돌리면 바람이 불어서 습기가 빨리 없어지겠지요. 하지만 용량을 초과해서 무리하게 모터를 돌리면 모터가 타버릴 수도 있습니다.
그처럼 호흡의 강도가 약하게 되면 바람의 흐름이 충분하지 않기 때문에 사람의 몸과 마음에도 습기, 어두운 부분이 많이 생기게 됩니다. 그래서 강한 호흡은 이러한 습기를 없애주지요. 하지만 너무 강하게 모터를 돌리다보면 지치고 탈진할 수 있습니다. 모터가 망가질 수 있는 것이지요. 그러므로 호흡기도의 세기를 조절해야 합니다.
그래서 너무 흐름이 부족해서 무기력하고 힘이 없으면 조금 강한 호흡기도를 드려야 하고 너무 강하게 운동해서 지치고 거칠어지면 안식하면서 부드럽고 깊은 안식의 호흡기도, 교제와 누림의 기도를 드려야 하는 것입니다.

호흡기도의 부위에 대한 균형도 필요합니다.

배 호흡기도에 몰두하면 외곽이 강해져서 능력과 은사와 힘이 많이 오지만 감각이 둔해집니다. 사람들을 제압할 수 있게 되고 자신감이 생기지만 달콤한 부드러움이 사라지기 때문에 주님을 누리고 맛보는 기쁨이 사라지지요.

또한 가슴 호흡에만 몰두하게 되면 심령은 부드러워지지만 눈물이 너무 많아지고 정서가 지나치게 부드러워져서 영적 전쟁이 필요할 때에 곤란합니다.

또한 머리호흡에만 몰두하게 되면 환상이나 계시가 올 수 있지만, 심장이 충분히 주님께 드려지지 않은 상태에서 머리가 열리게 되면 혼란을 주는 악한 미혹의 영들이 장난을 칠 수 있습니다. 또한 지나치게 예리하고 차가워질 수도 있지요.

그러므로 어느 한쪽에 치우치지 말고 균형이 필요한 것입니다.

흡입호흡과 배출호흡도 마찬가지입니다.

흡입호흡은 주님의 영을 마시고 내 안에 가득하게 충전하는 것입니다.

배출호흡은 내 속의 악한 기운을 버리는 것입니다. 고집, 자아, 완악함, 상처, 질병 에너지, 두려움, 분노 등의 모든 나쁜 기운을 호흡을 통하여 배출하는 것입니다.

배출 호흡은 일종의 부르짖는 기도와 비슷합니다. 부르짖는 기도도 이와 같이 사람의 안에 있는 어둡고 나쁜 기운을 배출하는 효과를 가지고 있습니다. 그래서 부르짖는 기도나 배출 호흡기도를 하게 되면 심령이 시원하고 밝아지게 됩니다.

부르짖는 기도를 하지 않는 교회를 보면 대체로 냉랭하고 무기력하며 어둡습니다. 그러나 충분히 소리를 내어서 부르짖는 교회는 밝고 생기가 있으며 환한 것을 볼 수 있습니다.

속에 있는 악한 요소를 배출 하는 배출 호흡기도는 주를 마시는 충전기도를 드리기 전에 필요한 것입니다. 그것은 좋은 음식을 먹기 전에 위장을 비우는 것과 같은 것입니다. 불량식품으로 위장이 가득해있다면 좋은 음식을 취할 수가 없으며 좋은 음식에 대한 입맛을 느낄 수도 없습니다.
그러므로 배출 호흡기도가 충분히 이루어지지 않은 상태에서의 마시는 호흡기도는 별로 감동과 충만함을 주지 못합니다. 그런 상태에서는 주를 마시는 기도를 드려도 아무 달콤함이 없고 그저 밋밋하게 느껴지게 됩니다. 이것은 죄와 세상의 욕망이나 속의 나쁜 기운이 아직 충분히 토해지지 않은 것입니다. 그래서 주의 영이 임하실 자리가 부족하고 또 임하시기가 어려운 상태인 것입니다. 그러므로 이러한 이들은 회개를 포함한 배출 호흡기도가 필요합니다.

또한 반대로 부르짖고 배출을 하기만 하고 비워진 상태에서, 마시는 호흡기도가 부족하다면 역시 공허하기만 합니다. 안식이 부족하므로 피곤하고 지치고 긴장된 모습이 됩니다. 이들은 주를 마시는 기도를 드려야 합니다. 부르짖는 기도만 알고 기다리는 기도, 듣는 기도를 할 줄 모르는 이들은 열심은 있으나 강퍅하고 사나운 경향이 있는데 이것은 마시는 기도가 부족한 것으로 조화와 균형을 이루지 못한 것입니다.
그러므로 호흡기도에 있어서 균형이란 참으로 중요한 것입니다.
자신의 영적인 수준과 상태에 따라서 자신이 즐거움과 기쁨을 느낄 수 있는 호흡기도를 충분히 하면서 자유와 변화를 경험해가야 합니다.
자신의 필요에 따라 때로는 강한 기도, 때로는 깊은 기도, 때로는 배 호흡기도, 다음 순간에는 심장 호흡기도.. 이런 식으로 조금씩 호흡기도를 경험해 가야 합니다.
누구든지 주님을 사모하며 그분의 영과 움직임을 직접 경험하고 누리고 맛보기를 원하는 이들은 이 호흡기도를 통하여 놀라운 역사를 경험할 수 있을 것입니다.

어떤 이들은 기질적으로 아주 예민합니다. 그래서 그들은 이와 같은 호흡기도를 필요로 하지 않고 그냥 자연스럽게 주님을 맛보고 교통할 수 있습니다.

그러나 주님을 많이 사모하고 추구하기는 하지만 기질적으로 그 임재와 영광을 잘 경험하지 못하는 이들도 있습니다. 그러한 이들은 이 방법을 통해서 좀 더 쉽게 주님께 나아갈 수 있을 것입니다.

예수 호흡기도는 주님이 우리에게 주신 정말 놀라운 선물입니다.

부디 감사하는 마음으로 사모하는 마음으로 이 기도를 사용해보십시오. 그리고 균형과 조화를 잃지 않기 위하여 조심하십시오.

당신이 사모하는 마음으로 조심스럽게 주님의 은총을 구하는 마음으로 이 기도에 들어간다면 주님은 분명히 당신에게 은총을 부어주실 것입니다.

24. 쉬지 말고 기도하십시오

예수 호흡기도는 예수를 부르는 기도입니다. 예수로 나를 채우는 기도입니다. 예수 호흡기도는 호흡의 사용에 따라 다양한 방식으로 기도할 수 있지만 가장 중요한 것은 예수의 이름이며 그 이름을 부르는 것입니다. 그 이름으로, 그 영으로 나를 충만하게 채우는 것입니다. 속으로 '예수.. 예수..' 하고 부르거나 '예수 충만.. 예수 충만' 하고 부르는 것을 반복하면 됩니다.

이 기도의 가장 큰 유익은 이 기도를 사용하여 쉬지 않고 기도할 수 있다는 것입니다. 어디서나 기도할 수 있으며 언제든지 기도할 수 있다는 것입니다. 우리는 아직 천국에 가지 않았지만 이 세상에 살고 있으면서도 우리를 사랑하시는 예수님과 끊임없는 사랑의 교제를 가질 수 있습니다.

긴 내용의 기도는 쉬지 않고 기도하는 것이 어려울 것입니다. 복잡한 기도는 쉬지 않고 기도하는 것이 어려울 것입니다. 그렇게 기도하려면 한적한 자기만의 공간과 시간이 필요합니다.

그러나 속으로 예수를 부르고 호흡을 계속 하는 것은 어렵지 않습니다. 그러므로 쉬지 않고 기도하는 것이 가능한 것입니다. 그렇기 때문에 예수 호흡기도의 가장 큰 강점은 이 기도를 통하여 쉬지 않고 기도하는 것이 가능하다는 것입니다.

신자가 예배에서 은혜를 받고 감동을 받아도 그것을 계속 유지하는 것은 쉽지 않습니다. 많은 경우 신자들은 교회에서 감동을 받고 믿음의 결단을 하지만 집에 와서는 짜증을 내고 불평을 합니다. 다른 이들에 대한 험담을 하며 신경질을 부립니다. 바깥에서는 거룩한 사람이 집에서 다른 모습을 보이는 것은 흔한 일입니다.

은혜의 삶을 유지하는 것은 곧 쉬지 않고 주님과 관계를 유지하는 것입니다. 무엇을 하든지 어디에 있든지 주님을 기억하며 주님 앞에서 사는 것입니다. 하지만 많은 경우 신자들은 주님을 잊어버립니다.

그러나 우리가 꼭 알아야 하는 것은 우리는 주님을 떠나서는 결코 승리할 수가 없으며 열매 맺는 삶을 살 수가 없다는 것입니다. 우리는 잠시의 감동과 은혜로 영적인 체험을 하고는 이제 더 이상 죄와 실패의 삶은 내게 없으리라고 생각합니다. 놀라운 은혜의 경험을 하고는 이제는 천국과 같은 삶을 살 것이라고 생각합니다.

하지만 오래 가지 않아서 그것이 오해라는 것을 알게 될 것입니다. 머지않아 속에서 사소한 원망이 일어나며 짜증이 일어납니다. 세상에 대한 소원이나 죄의 욕망이 일어납니다.

되풀이 되는 이러한 실패들은 신자들을 낙담하게 만듭니다. 하지만 그것에 대해서 좌절할 필요는 없습니다. 인간은 원래 스스로는 죄를 지을 수밖에 없으며 주님 없이는 잠시도 살 수 없으며 아무 것도 할 수 없는 존재입니다. 실패와 좌절은 그 사실을 우리에게 일깨워줄 뿐입니다.

그러므로 승리의 삶을 위해서 가장 중요한 것은 모든 시간에 주를 기억하며 주님 앞에서 사는 것입니다. 그렇기 때문에 승리의 삶을 살기 위하여 쉬지 않고 기도하는 것만큼 중요한 것은 없습니다.

예수 호흡기도는 이 놀라운 원리인 쉬지 않고 기도하는 것을 가능하게 해줍니다. 승리의 삶을 가능하도록 만들어주는 것입니다. 그러므로 예수 호흡기도는 언제 해야 하는가 하면 쉬지 않고 하는 것이 좋은 것입니다. 기억이 있는 모든 순간, 의식이 있는 모든 순간에 예수의 이름을 불러야 합니다.

우리는 길을 걸으면서도 이 기도를 드릴 수 있습니다. 사무실에서 일을 하면서도 이 기도를 드릴 수 있습니다. 우리가 지쳐 있고 몹시 힘든 상태인데 쉴 수 있는 상황이 아니며 일을 해야 하는 때가 있습니다. 이 때 우리의 몸이 어디론가 갈 수는 없지만 속으로 주를 부를 수 있습니다.

우리는 겉의 몸은 현실에 있지만 속으로는 호흡을 하면서 주를 부릅니다. 그것은 아무 것도 아닌 것 같지만 그렇게 호흡으로 기도하며 주를 의뢰하는 가운데 우리의 안에서 놀라운 일이 일어납니다. 우리는 회복되기 시작합니다. 우리는 좌절과 낙심에서 벗어나기 시작합니다.
바깥의 사람들은 우리가 무엇을 하는지 알 수 없을 것입니다. 겉에서 우리에게는 아무런 티가 나지 않습니다. 그러나 속에서는 전율과 감동을 경험하고 회복을 경험할 수 있습니다.
학생이 공부를 하면서도 호흡을 하면서 주를 부를 수 있습니다. 주부가 집안의 일을 하면서도 호흡을 하면서 주를 부를 수 있습니다. 그러므로 우리는 언제 어디서나 모든 생활 속에서 주님의 은혜를 입을 수 있고 주님으로 충만할 수 있는 것입니다.

힘이 들 때, 지쳤을 때에 이 기도를 드리는 것이 좋습니다. 외로울 때, 아플 때, 낙심될 때, 큰 어려움에 봉착했을 때.. 그럴 때에 호흡을 하면서 주의 이름을 부릅니다. 예수를 부르며 우리의 마음을 예수에 집중시킵니다.
그렇게 기도하는 가운데 점차로 문제는 작아지고 예수는 커집니다. 예수의 영이 우리 안에 임하며 우리를 충만하게 하십니다. 문제는 그대로 있지만 이제 우리는 그것이 아무 것도 아님을 느끼게 됩니다.
죽음이 온다 해도 그것이 아무 것도 아닌 것처럼 느껴지게 됩니다. 우주를 지으신 왕이 우리에게 가까이 오실 때, 세상을 이기시고 부활하신 그분이 임하실 때 우리는 환경을 초월한 기쁨과 평안을 맛보게 됩니다. 그러므로 우리는 문제를 가벼이 여기고 즐거운 마음으로 주님을 붙들 수 있습니다. 그것이 승리의 삶의 비결입니다.
언제 이 기도를 드려야 할까요? 항상 쉬지 말고 이 기도를 드리며 예수의 이름을 불러야 합니다.
온 세상에 예수의 이름처럼 아름답고 놀라운 것이 없으므로 우리는 할 수 있는 한 그 이름을 부르며 그를 누리며 그와 함께 거해야 합니다.

특히 잠을 잘 때에 자면서 호흡하면서 주의 이름을 부르십시오. 주를 부르며 잠이 들도록 하십시오. 자기 전의 의식은 잠이 든 후에도 우리의 의식을 지배합니다.

그러므로 우리는 꿈속에서도 주님을 만날 수 있으며 경험할 수 있습니다. 꿈속에서도 주님이 우리를 지배하시도록 할 수 있습니다. 깨어서도 예수를 생각하고 잠이 들어서도 예수를 경험하는 것은 정말 아름답고 놀라운 일입니다. 예수를 가까이 알고 예수의 사람이 되는 것만큼 아름답고 놀라운 일은 이 세상에 없습니다.

잠을 자면서, 누워서 기도하는 것이 불경하다고 생각지 마십시오. 주님은 어디에나 계시며 우리가 의식하지 않는 순간에도 우리와 함께 거하십니다. 우리는 모든 순간과 모든 공간에서 주님과 같이 해야 하며 주님이 있어서는 안 되는 시간과 공간은 있을 수 없습니다.

오히려 잠이 드는 순간.. 의식이 조금씩 잦아들어가는 시간에는 우리의 마음 속, 깊은 의식 속에서 더욱 더 간절한 마음으로 기도할 수 있습니다. 그러므로 잠이 드는 순간에도 당신의 마음 깊은 잠재의식, 깊은 심령 속에서 주를 부르십시오.

그렇게 주를 부르며 잠이 들고 깨어나면 다시 주를 부르십시오. 그렇게 주님이 당신의 모든 의식, 모든 것에 스며들어 당신을 사로잡게 하십시오. 예수 호흡기도는 주님께 나아가며 주를 구하고 부르며 주님으로 충만케 되기 위한 기도입니다.

이 기도를 진심으로 드리십시오. 당신은 주님의 은총과 영광에 점점 더 깊이 사로잡히게 될 것입니다. 그것은 은총이며 영광이며 천국의 기쁨인 것을 당신은 곧 이해하게 될 것입니다. 할렐루야.

4부

예수 호흡기도의 적용

1. 적용의 기본 원리

주를 사랑하며 주를 마시는 것으로 우리의 모든 삶은 아름답고 충분한 것입니다. 주님이 가까이 오실 때 우리의 삶에는 문제가 있어도 문제로 여겨지지 않을 것입니다.
하지만 우리는 호흡기도를 좀 더 직접적으로 적용할 수도 있습니다.
예수 호흡기도는 우리가 날마다 주님께 가까이 나아가는 기도로 사용될 수 있지만 또한 어떤 구체적인 상황에서 치유와 회복의 방법으로 쓰일 수도 있는 것입니다.

여기서 기초가 되는 원리는 들이마심과 내보내는 호흡의 사용입니다.
중요한 것은 호흡은 영적인 행위이며 우리가 마시고 토하는 것은 단순한 공기가 아니라 영적인 것에 대한 마심과 토해냄이라는 것입니다.
그러므로 호흡을 들이마시는 것은 주님의 임재와 능력과 사랑과 지혜 등의 아름답고 선한 것들을 우리 안에 받아들이는 충전이라고 할 수 있으며 내보내는 호흡은 각종 질병과 근심과 분노와 악성, 어두움 등의 악하고 나쁜 기운들을 우리에게서 배출시키는 것이라고 할 수 있습니다.
이 간단한 충전과 방전의 원리를 기억하십시오.
호흡기도는 좋은 것을 받아들이고 나쁜 것을 토하는 것입니다. 주님께 속한 모든 아름다움과 선함을 받아들이고 나에게 속한 모든 악성과 육성과 독성을 내어버리는 것, 바로 그것이 예수 호흡기도입니다.
이 간단한 기도를 날마다 되풀이하며 구체적인 삶에서 적용하게 될 때 우리는 많은 자유함과 변화를 경험하게 될 것입니다.

2. 답답할 때의 호흡기도

가슴이 답답해질 때가 있습니다. 답답하다는 것은 보통 가슴, 심장의 상태를 이야기 할 때 쓰입니다. 머리가 답답하다고 하는 사람은 없지요. 머리는 아프다고 말합니다.
가슴이 답답한 것은 그 영혼의 상태가 답답한 것입니다. 마음이 답답하다고 할 수도 있지요. 거기에는 여러 요인이 있을 것입니다. 사람들마다 상황에 따라서 이유도 다를 것입니다.

TV를 오래봐서 가슴이 답답할 수도 있습니다. TV를 많이 보면 처음에는 머리가 아프지만 나중에는 가슴이 답답해지게 됩니다. 눈을 통해서 머리 속으로 들어온 나쁜 기운이 나중에는 가슴까지 내려오게 되니까 가슴이 답답해지는 것입니다.
사람들과 대화를 나누는 가운데 상대방의 근심어린 이야기나 푸념을 듣다가 그 기운이 들어와서 가슴이 답답해지는 경우도 있습니다.
두려운 소식이나 이야기를 듣다가 갑자기 가슴이 답답해질 수도 있는데 그것은 순간적으로 근심이나 두려움의 기운이 가슴 속으로 들어온 것입니다.
아무튼 답답한 것은 좋지 않습니다. 그것을 내버려두면 흐름이 막히고 악한 에너지가 가슴에 축적이 되게 되지요. 그렇게 축적이 되면 질병 에너지로 발전하게 됩니다. 흔히 심화라고 말하는 가슴의 병과 비슷한 상태가 되는 것입니다. 그렇게 되면 입맛도 없고 삶에 기쁨도 사라지고 짜증만 생기게 되지요.

이럴 때의 호흡기도는 단순합니다.
가슴 속에 있는 나쁜 기운을 호흡을 통해서 배출해내는 것이지요.

먼저 크게 숨을 들이마신 후에 다시 크게 내뱉습니다. 트림이 나올 수도 있는데 그럴 때도 역시 토해내야 합니다. 토하는 것에 집중을 하지 않고 충분히 들이마시기만 해도 온 몸에 전율이 흐르면서 속이 조금 편해지기도 합니다. 그것은 생기가 들어오니까 속에 있는 나쁜 기운이 위축되고 소멸되는 것입니다.

가슴 속의 답답한 기운을 내보내려고 씨름을 하는 것은 처음에는 어렵게 느껴질지 모르지만 조금 반복하고 있으면 점점 속이 후련해지는 것을 느끼게 됩니다.
그리고 이러한 경험이 반복되면 좋은 기운과 나쁜 기운에 대하여 예민해지게 됩니다. 그래서 외부의 나쁜 것과 접촉하는 것을 조심하게 됩니다. 또한 불평이나 짜증과 같은 것을 내지 않으려고 조심하게 됩니다. 불평이나 원망을 해도 속이 답답해지고 영적으로 막힌 느낌, 고통스러운 느낌이 일어나는 것을 느끼게 되기 때문입니다.
그러므로 부정적이고 어두운 이야기를 하는 사람을 조심하고 거리를 두게 됩니다. 그러한 사람의 입술에서는 자주 악한 기운이 흘러나오며 그러한 기운은 듣는 이의 영혼을 어둡고 상하게 만들기 때문입니다.

실제의 삶에서 영, 호흡의 기운, 느낌, 흐름에 대하여 민감해지십시오.
당신의 가슴을 맑은 상태로 유지하기를 힘쓰십시오.
어두움을 퍼뜨리는 사람이나 매체를 조심하십시오.
듣는 것을 조심하며 생각하는 것을 조심하십시오. 항상 깨어서 근신하며 감사와 사랑의 마음으로 살아가십시오.
당신의 가슴을 맑고 풍성하게 유지하는 것, 그것은 행복하고 승리하는 삶을 위한 아주 중요한 요소인 것입니다.

3. 외로울 때의 호흡기도

누구나 외로울 때가 있습니다. 삶이 너무나 고독하게 느껴지고 이 세상에 마치 자신이 혼자인 듯한 느낌이 들 때가 있지요. 가깝다고 생각했던 많은 이들도 이상하게 멀게만 느껴질 때가 있습니다.
그리스도인에게 있어서 이것은 주님께서 좀 더 가까이 임하시고 그를 채워주시기 위한 하나의 과정입니다.
이렇게 외로울 때에 아는 이들에게 위로를 받고 싶은 것은 자연스러운 일입니다. 그러나 그것은 우리에게 일시적인 위안을 주기는 하지만 근본적으로 우리의 외로움을 채워주지 못합니다. 오히려 사람에게 예속되거나 상처를 받고 실망하게 되지요. 주님 외에는 그 어느 누구든지 우리를 근본적으로 채워주지 못합니다. 사람은 원래 그렇게 창조되었기 때문입니다.
외로움은 일종의 영적 탈진입니다. 영적 에너지를 상실한 것이지요. 속이 비어있는 상태입니다. 이럴 때는 주님의 따뜻한 사랑의 영으로 그 가슴, 심령을 채워야 합니다. 그러므로 이때는 더욱 충전의 기도, 충전의 호흡이 필요한 것입니다.

조용히 앉거나 누워서 긴장을 푸십시오.
그리고 의식을 심장에 두고 조용히 주님을 부르십시오.
주님의 임재와 그 기름부으심이 심장에 임하도록
주를 부르며 천천히 깊이 호흡을 들이마시십시오.
어떤 특별한 죄가 있든지 크게 심각한 상황이 아니라면 그렇게 충전 기도를 드리기 시작한 지 얼마 되지 않아서 심장에 따뜻한 영의 공급이 이루어지는 것을 느끼게 됩니다. 주님의 채워주심이 임하는 것을 느끼게 됩니다.

눈물이 흐르거나 속에서 슬픈 마음이 올라올 수도 있습니다. 이러한 것들은 그 외로움을 통해서 그 속에 있는 어떤 아픔들이 처리되고 치유되는 과정이라고 할 수 있습니다.

감미로움 속에 이러한 감정들이 흘러나온다면 그것은 좋은 것입니다. 주님께서 사랑의 터치로 당신을 치유하며 만지시고 있는 것이기 때문입니다.

주를 부르면서 호흡을 깊이 마시는데 고통이 더 심해지고 외로움이 더 일어난다면 거기에는 좀 더 깊은 가슴의 치유가 필요합니다. 외로움의 원인에 대해서 주님께 묻는 기도를 드려야 합니다. 이것은 시간이 조금 더 걸리며 토하는 호흡기도도 필요할 것입니다. 그러므로 좀 더 충분히 기도하고 토하며 호흡으로 주를 마시십시오.

외로움이나 공허감이 있을 때 주를 마시는 기도는 당신에게 충족감과 감미로움과 평안을 줄 것입니다. 당신은 차츰 공허함과 외로움을 이기기 위해서 사람이나 바깥에 있는 어떤 다른 것에 몰두하는 것보다 자신 안에서 임하시는 주님의 사랑과 은총에서 해답을 찾게 될 것입니다. 그리고 그것이야말로 진정한 해방으로 가는 길입니다.

어려움이 있을 때 해답은 바깥에 있지 않으며 진정한 해답은 내 안에 계시는 주님, 오직 그분께 있습니다. 그러므로 힘들 때 주를 마시며 그분의 도우심을 통하여 어려움을 해결하려고 하는 것은 우리를 진정한 성장으로 이끌고 가는 것입니다.

외로울 때 주님을 마시십시오.
호흡으로 깊이 심장에 주의 기운을 충전하십시오.
그 포근함이 당신 안에 몰려올 때
당신은 세상이 주지 못하는 위로를 얻게 될 것입니다.

4. 마음이 약한 사람의 호흡기도

마음이 약한 유형의 사람이 있습니다. 이러한 이들은 정은 많지만 모질지가 못해서 대인관계에서 어려움을 많이 겪습니다.
자신이 싫어하는 것을 남들이 요구할 때, 속으로는 싫으면서도 거절을 하지 못하고 끌려갑니다. 자신의 그러한 약한 모습에 대하여 속이 상하고 다시는 그렇게 하지 않겠다고 다짐하지만 비슷한 상황이 되풀이되면 다시 마찬가지가 됩니다.
이러한 이들은 자신감이나 의지력도 부족합니다. 쉽게 감동을 받고 어떤 일을 시작하다가도 추진력과 의지가 약하기 때문에 조금 어려운 상황에 부딪치면 곧 낙심을 하고는 포기하고 맙니다. 이러한 증상들은 그 사람의 기질적인 문제이며 또한 영적인 눌림과도 관련이 있습니다.
이러한 기질적, 영적 연약함이 순식간에 변화되고 해결이 이루어지는 것은 아닐 것입니다. 그러나 변화에 대한 갈망과 의지가 분명하다면 꾸준하게 호흡기도를 하는 가운데 어느 정도의 변화를 경험할 수 있으며 풍성하고 자유로운 삶으로 나아갈 수 있습니다.

이러한 이들은 배 호흡기도를 많이 하는 것이 좋습니다. 배 호흡기도는 주로 권능과 관련되어 있는 기도이기 때문입니다. 그것은 의지를 강하게 하고 자신감을 불어넣어 줍니다.
이러한 이들은 가슴에 에너지가 몰려 있고 배에 에너지가 부족한 상태이기 때문에 배호흡기도를 통해서 배에 강한 능력을 받아야 합니다.
또한 부르짖는 기도, 발성기도도 필요합니다. 이러한 이들은 기질적으로 소리를 내서 기도하는 것을 싫어하겠지만 그러나 그러한 변화를 추구하여야 기질적으로 영적으로 변화될 수 있습니다. 또한 눈을 크게 뜨거나 강하게 뜨고 한 곳을 오래 응시하면서 눈의 힘을 키우는 것도 필요합니다. 그것은 의지의 강건함과 관련이 있으며 대인관계에서의 자유함에 도움을 줍니다. 눈이 약한 사람은 다른 사람을 잘 쳐다보지 못합니다. 그것은 영적 눌림에 관련된 것이기 때문입니다. 그러므로 기도와 훈련을 통해서 눈이 강해질 때 그들의 시선은 자유롭게 될 수 있으며 그것은 많은 자유의 시작입니다.

또한 강한 호흡기도도 필요합니다. 호흡이 강해질 때 그것은 마음과 생각, 의식의 강건함도 동반하기 때문입니다.

지속적으로 배 호흡기도를 드리며 강한 호흡기도와 부르짖는 기도, 발성 기도의 훈련을 드린다면 그는 조금씩 자신이 바뀌는 것을 경험할 수 있을 것입니다.

사람의 중심은 영혼이며 호흡은 그 영혼의 표현이므로 호흡의 변화는 기질적인 성품적인 많은 변화를 일으킬 수 있습니다. 하루아침에 모든 것이 달라지지는 않지만 지속적으로 꾸준하게 이 기도를 시도하는 이들은 반드시 새로운 자유를 경험하게 될 것입니다.

5. 근심과 두려움이 있을 때의 호흡기도

자주 근심이나 두려움에 잡히는 사람이 있습니다. 대부분의 사람은 정도의 차이는 있지만 어느 정도는 근심이나 두려움으로 인하여 고통을 겪을 것입니다. 그러나 어떤 이들은 몹시 심하게 근심이나 두려움에 시달립니다.

물론 이것도 영이 약하기 때문입니다. 배에 에너지가 모자라고 자신감이 약한 사람들이 근심에 자주 잡히게 됩니다. 하지만 영이 강한 사람들도 항상 강한 상태로 있는 것은 아닙니다. 엘리야 같은 사람도 순간적으로 이세벨의 한 마디의 말이 가슴에 꽂히자 두려움에 사로잡혀 도망가기도 했으니까요.

호흡기도를 하면서 영적으로 예민해지면 근심이나 분노, 두려움 등의 기운이 사람들 안에 들어오고 나가고 하는 것에 대하여 잘 느낄 수 있게 됩니다. 그는 그 전에도 화를 내고 근심하고 살았지만 그러한 자신의 상태에 대하여 잘 몰랐을 것입니다. 그러나 주님의 임재를 어느 정도 경험하게 되면 마음에 평화와 기쁨이 가득하게 되어 그와 반대가 되는 악한 기운이 들어오게 될 때 그것이 몹시 고통스럽게 느껴지고 그런 어두운 상태에서 사는 것이 참 싫어지게 됩니다.

사람들은 흔히 근심이나 두려움은 그대로 내버려두어도 별로 문제가 되지 않을 것이라고 생각하고 가볍게 여깁니다. 그러나 그것은 옳지 않습니다. 근심이나 두려움은 일종의 창조력을 가지고 있습니다. 그것은 우리의 삶과 미래에 어두운 일을 끌어당깁니다.

근심이나 두려움의 정도에 따라 그것은 우리의 삶을 파괴하는 쪽으로 작용합니다. 그러므로 근심과 두려움이 있을 때 우리는 본능적으로 불편하고 고통스럽게 느끼는 것입니다.

근심이 있을 때 우리는 그 기운을 밖으로 내보내야 합니다. 그 나쁜 기운을 밖으로 내 보내고 우리의 속을 깨끗이 청소해야 하며 주님이 주시는 평안과 기쁨 속에서 살아야 합니다. 그 기쁨과 평안의 기운이 우리 안에서 흐를 때 우리는 주님이 허락하시는 아름다운 미래가 우리에게 오는 것을 경험하게 됩니다.

결코 문제가 두려움을 가져다준다고 생각하지 마십시오. 두려움이 문제를 일으키는 것이며 문제에 대한 두려움이 문제를 더욱 더 확산시키는 것입니다. 근심과 두려움의 근원은 악한 영들이며 그것은 환경에서 오는 것이 아닙니다. 근심이나 두려움에 쉽게 잠기는 사람은 그의 영에 문제가 있고 그의 안에 두려움의 영이 있는 것이지 환경에 문제가 있는 것이 아닙니다. 그의 영에 문제가 있기 때문에 그는 남들이 별로 대수롭지 않게 여기는 사소한 것에도 쉽게 두려워하고 노심초사하는 것입니다. 그러므로 자신의 안에 있는 악한 영적 억압이 사라지면 그는 문제가 여전히 존재하고 있어도 평안을 유지하게 됩니다. 주님께서 주시는 평안이란 환경을 초월해서 얻는 평안이지 결코 문제가 없는 환경에서 누리게 되는 평안은 아닙니다.

호흡을 통하여 당신의 안에 들어오는 근심과 두려움을 물리치십시오.
두려움을 극복하는 말씀을 묵상하는 것도 좋은 일이지만 그보다 먼저 당신의 안에 이미 침투한 근심과 두려움의 기운을 배출해내야 합니다. 충분히 숨을 들이마시고 그리고 충분히 내뱉으면서 마음속으로 근심과 염려를 대적하며 밖으로 나가라고 명령하십시오.
그리고 근심과 두려움이 밖으로 나간다고 상상하고 믿으십시오.
그렇게 호흡을 하면서 명령을 하고 상상을 하면 실제적으로 악한 기운이 나가게 됩니다.
그것은 우리의 권리이며 능력입니다.
마음이 편안해질 때까지 충분히 배출 호흡을 통해서 그 어두운 기운을 내보내십시오.

배출을 하다보면 가슴이 저리거나 답답한 부분이 느껴질 수도 있습니다. 가래나 트림이 나올 수도 있지요. 원래 속에 자리를 잡고 있던 것들이 반응을 하는 것입니다. 그러므로 그것들을 충분히 밖으로 내보내야만 합니다. 그래야 속이 시원해집니다.
어느 정도 그 나쁜 기운이 사라진 것이 느껴진다면 그 다음에 평안을 주는 말씀으로 당신의 안에 채우십시오. 호흡을 하면서 그 말씀을 들이마셔야 합니다.
다음과 같은 말씀을 당신의 안에 깊이 들이마시십시오.

평안을 너희에게 끼치노니 곧 나의 평안을 너희에게 주노라 (요14:27)

너희에게 평강이 있을지어다 (요20:26)

긴 내용의 말씀보다는 짧은 말씀을 충분히 천천히 깊이 들이마시는 것이 좋습니다.
너희에게.. (들이마심)
평강이.. (내 쉼)
있을.. (들이마심)
지어다.. (내 쉼)
이런 식으로 아주 천천히 그 말씀을 속으로 음미하는 것입니다.
처음에는 이렇게 근심을 토하고 평안의 말씀과 그 영을 받아들이는 것이 익숙하지 않을지도 모릅니다. 그러나 이렇게 자신의 마음과 영과 호흡을 지키는 것을 훈련하다 보면 차츰 평강이 당신의 안에 깊이 자리잡게 될 것입니다.
이 시대의 많은 사람들은 대부분 거의 쫓기며 불안한 마음으로 살고 있습니다. 그러나 이미 거기에 익숙해져서 자신의 그러한 상태도 잘 모르며 또 안다고 해도 그렇게 근심하며 눌려 사는 삶을 대수롭지 않게 당연하게 여깁니다.

그러나 당신은 그러한 근심의 기운을 잘 분별하게 될 것입니다. 그리고 두려움으로부터 당신의 마음을 지키며 평안을 지키는 것이 얼마나 중요한 일인지 알게 될 것입니다.

평화로운 마음은 아름다운 미래의 풍성함을 끌어당깁니다. 우리의 마음이 평안할 때 우리는 주님께서 우리에게 주시기 원하시는 아름다운 내일이 우리에게 다가오고 있음을 알 수 있습니다.

부디 당신의 마음의 평화를 지키십시오. 근심이 함부로 당신의 마음을 짓누르지 못하게 하십시오. 호흡과 영에 대하여 익숙해질 때 당신은 자신의 마음도 잘 지킬 수 있게 될 것입니다.

6. 이별을 위한 호흡기도

사람의 삶 속에서 가장 행복한 순간은 다른 사람들과의 친밀한 만남과 관계이겠지요. 그것이 이성과의 애정이든 동성과의 우정이든 가족 간의 애정이든 그것은 우리의 삶에서 큰 기쁨과 위안을 주는 것입니다.
아무리 슬픈 일이 있더라도 그것을 같이 나눌 수 있는 사람이 있다면 그것은 우리에게 큰 위로가 될 것입니다. 기쁘고 좋은 일도 그것을 사랑하는 이들과 같이 나눌 때 더 풍성해지지요.
그러나 우리가 행복을 누리는 이러한 아름다운 관계들이 영원히 계속되는 것은 아닙니다. 누구나 그러한 비극을 원하지 않겠지만 그러나 사랑하고 정이 든 사람과 이별을 해야 할 때가 있습니다.

이혼의 경우도 있고 사별의 경우도 있습니다. 서로 사랑하던 연인들이 여러 가지 이유로 헤어져야할 때도 있겠지요.
오래 동안 사랑하고 정이 든 관계라면 그러한 만남이 한 순간에 끊어진다는 것은 참으로 고통스러운 일일 것입니다. 이별의 고통이 너무 심해서 할 수 있는 한 빨리 상대를 기억 속에서 잊어버리려고 할 것입니다.
하지만 그것은 쉬운 일이 아닙니다. 이미 상대방과 가졌던 대화, 만남, 추억들을 통해서 상대방의 호흡, 기운이 내 안에 많이 들어와 있기 때문에 사람들은 그것을 쉽게 잊지 못하고 그 관계가 단절되었을 때에 몹시 고통을 느끼게 되는 것이지요.
실연에 따르는 금단 현상은 도박이나 알콜이나 마약에 중독된 사람들과 비슷하게 나타납니다. 다시는 그것을 하지 않겠다고 굳게 다짐하지만 얼마 가지 않아서 그것을 하지 않으면 견디지 못하고 불안하거나 마음이 안정되지 않아 고통을 겪습니다. 그러다가 결국은 다시 되풀이하게 되지요. 그것은 그를 중독시킨 그 기운, 그 호흡이 그의 안에 있어서 그에게 먹을 것을 달라고 조르기 때문입니다. 결국 그 사람은 그의 안에 들어온 그 기운을 만족시키기 위해서 다시 도박을 하거나 술을 마시거나 해야 하는 것입니다.

실연 상태도 이와 같아서 상대방과 싸우고 다시는 만나지 않을 것 같이 헤어지지만 조금 지나면 어쩔 수 없이 다시 만나게 되고 그래서 비극적인 만남을 반복하는 이들도 적지 않습니다.

그러한 만남이나 애정이 바람직하고 건강한 것이라면 별로 문제가 없겠지요. 그러나 좋지 않은 만남이기 때문에 끊기 원하지만 도저히 끊기가 어려워서 고생을 하고 있다면 이것도 토하는 배출 호흡을 통해서 충분히 해결할 수 있습니다.

실연으로 인하여 가슴이 에이는 고통을 겪고 있으며 그것을 극복하기 원한다면, 습관적으로 만나고는 있지만 그것이 좋은 만남이 아니기 때문에 그 관계를 끊기 원한다면 다음과 같이 배출호흡을 통하여 그 기운을 당신의 안에서 내보내십시오.

먼저 그 연애의 감정, 보고 싶은 마음은 하나의 기운이라는 것을 명심하십시오. 그것은 당신의 마음이 아니고 그와 만나면서 그의 기운이 당신의 안에 들어온 것뿐입니다. 그러므로 그 기운을 밖으로 내보내면 당신은 그를 별로 보고 싶어 하지 않게 됩니다. 그를 만나기 전의 상태와 똑같이 되는 것이지요. 그러므로 자유롭게 자신의 마음을 선택할 수 있는 것입니다.

마음에 긴장을 풀고 편안하게 하십시오.
그리고 호흡을 들이마시면서 주를 부르십시오.
그리고 다시 호흡을 내뿜으면서 상대방과 관련된 기운이 밖으로 나가는 것을 상상하십시오.

'오, 주님.. 저는 ○○와 관련된 모든 것을 밖으로 내어보냅니다.' 그렇게 입으로 고백을 하면서 내보내도 됩니다. 아니면 마음속으로만 그렇게 이야기해도 됩니다. 계속 주님을 들이마시고 상대방의 기운을 밖으로 내보내십시오.
그렇게 계속 반복하고 있으면 점차로 상대방의 기운이 밖으로 나가게 됩니다.

상대방의 기운이 내 안에 들어와 있으면 상대방을 생각하기만 해도 속에서 그리움이 올라오고 감동을 느끼게 됩니다. 상대방이 쓴 편지만 보아도 마음이 흔들리게 되지요.
그러나 그 기운을 밖으로 내보내면 이상하게도 아무런 느낌이 나지 않게 됩니다. 그것은 억지로 감정을 누르는 것과 다릅니다.
중요한 것은 그러한 애정이라고 느끼는 것이 하나의 호흡, 기운이라는 것을 인식하는 것입니다. 그렇게 충분히 인식을 하기만 하면 그 기운을 밖으로 내보내는 것은 어렵지 않습니다.
이것은 모든 애정의 기운, 다른 사람의 기운을 밖으로 내보내서 아주 냉랭한 사람이 되기 위한 것이 아닙니다. 이것은 원치 않는 애정으로 인한 억압이나 중독의 증상에서 벗어나기 위한 것이며, 우리의 애정이 자연스럽게 주님의 뜻에 합당하게 이루어지는 자유한 사람이 되기 위한 것입니다.

왕의 왕이신 주님, 그 영을 우리 안에 모시고 그 영에 사로잡히는 것은 놀라운 행복입니다. 또한 그렇게 주님을 사랑하는 사람을 사랑하며 교제할 수 있다면 그것은 이 땅에서 경험하는 천국과 같은 것입니다.
그러나 우리가 세상적이고 정욕적인 사람을 사랑한다면 우리는 어쩔 수 없이 그가 가지고 있는 가치관과 육적인 사고방식의 영향을 받게 될 것입니다. 우리가 주님을 사랑하는 애정과 그 사람을 사랑하는 애정은 서로 충돌하게 될 것입니다.
우리가 그 애정이 잘못된 것이라고 인식하면서도 이미 깊은 정이 들어서 그러한 좋지 않은 관계를 청산할 수 없다면 그것은 비극입니다. 그런데 우리가 우리 안에 있는 그러한 잘못된 애정, 잘못된 기운을 내보낼 수 있다면 그것은 우리에게 놀라운 자유를 줄 것입니다.

오늘날 많은 젊은이들이 쉽게 애정에 빠지며 그것을 관리할 수 없어서 자신의 삶을 비참하게 만들곤 합니다. 만일 그들이 호흡과 함께 자신의 마음을 잘 다스릴 수 있다면 그의 삶은 또 다른 차원으로 빛의 세계로 나아갈 수 있을 것입니다.

배출 호흡은 잘못된 감정과 잘못된 관계로부터도 우리를 자유롭게 해 줄 수 있습니다. 그것은 우리의 몸과 마음을 해방시킬 수 있는 귀중한 영성의 원리입니다.

7. 상처의 치유를 위한 호흡기도

많은 사람이 가슴 속에 고통스러운 과거에 대한 기억을 가지고 있습니다. 아마 가슴 속의 상처를 갖지 않은 사람을 찾기가 더 어려울 것입니다.
자신을 방어할 능력이 없는 어린 시절에 겪었던 고통과 상처, 과거의 충격적인 아픔을 준 사건 등이 우리 안의 가슴에 저장되어 정도의 차이는 있지만 대부분의 사람이 가슴 속에 내재된 슬픔을 간직하고 있는 것입니다.
이러한 상처들은 무의식적으로 자신의 기억에 항상 자리 잡고 있어서 자신이 받은 상처와 비슷한 상황이 발생하면 과도하게 반응하거나 분노하는 등 현실의 삶에도 여러 부작용을 가져옵니다. 또한 상처가 심한 이들은 성격도 우울하고 소극적이 되기 때문에 풍성한 삶을 누리지 못합니다.
이러한 이들은 가슴에 마치 돌덩어리가 들어 있는 듯한 고통의 느낌을 느끼기도 하는데 그러한 고통의 기억들은 신체에도 실제로 부정적인 영향을 미치는 것 같습니다.

최근에는 이러한 이들을 위한 내적 치유가 많이 행해지고 있습니다. 기독교적인 내적 치유는 주님과 함께 과거의 상처받은 상황의 기억으로 돌아가서 그 장면에서 주님의 만지심과 치유를 경험하는 것이지요. 이러한 상처의 치유와 회복에도 호흡의 배출은 많은 도움을 줄 수 있습니다.
상처와 고통도 내 안에 들어온 일종의 나쁜 기운입니다. 그러므로 그러한 기억의 치유와 함께 그 고통의 장면과 상황들을 토하여 낼 때 그 고통에서 해방될 수 있는 것입니다.

당신도 과거의 상처로 인하여 고통을 겪고 있다면 다음과 같이 상처의 치유를 위한 호흡기도를 해보십시오.

조용한 곳에서 편안한 자세로 눕습니다. 밤에 잠자리에서 하는 것이 쉽고 무난하겠지요. 곁에 누군가가 있으면 불편할 테니 혼자만의 시간이 필요할 것입니다.
기도하면서 주님의 임재와 기름부으심을 초청합니다. 그리고 자신에게 고통이 되고 자신의 안에 있는 기억으로 인도해달라고 주님께 기도합니다. 가슴에 심한 고통이 느껴진다면 주님께 '주님.. 이 고통과 관련된 사건이 있습니까?'하고 물으며 그것을 보여 달라고 기도할 수 있습니다. 고통스러운 기억이 너무나 선명하다면 굳이 주님께 묻지 않아도 될 것입니다.
주님의 인도에 따라 자연스럽게 떠오르는 자신의 과거의 장면으로 갑니다. 그 장면에서 주님이 어디에 계신지를 찾아보십시오.

많은 경우에 사람들은 이 장면에서 주님이 자기의 곁에 계셨던 것을 보게 됩니다.
만약 고통이나 부정적인 기억이 너무 마음을 차지하고 있어서 주님이 그 자리에 계신 것이 잘 느껴지지 않을 경우에는 주님이 그 공간에 계신다고 상상하고 상상 속에서 주님과 같이 대화를 나누며 조용히 호흡을 들이마십니다. 믿음으로 드려진다면 이 상상을 통해서 주님이 실제적으로 역사하시는 것을 경험하게 될 것입니다.
그 상처와 고통의 장면에서 들어온 악한 기운을 호흡으로 배출해냅니다. 마음이 편안해질 때까지 그 장면에서 계속 호흡을 하면서 머물러 있습니다.
고통을 겪었던 그 당시에는 그것을 인식하지 못했겠지만 그 당시의 고통은 순간적으로 악한 기운이 안으로 들어온 것입니다. 그러므로 상상을 통하여 당시의 상황으로 가서 그 때의 호흡을 토해내고 아름다운 호흡으로 바꾸는 것입니다. 과거의 그 장면에서 주님을 마시고 고통을 토하고.. 이것을 마음에 고통이 사라질 때까지 반복합니다.
어느 정도 회복이 되면 다시 현재로 돌아옵니다.
그렇게 마치고 나면 후련함을 느낄 수도 있고 아직도 가슴에 얼얼하게 고통의 잔재가 느껴질 수도 있습니다. 그것은 치유의 과정에서 나오는 작용이라고 볼 수 있습니다.
이것은 단순한 방법이지만 효과가 있습니다. 한번으로 가슴의 오랜 통증이 순식간에 사라지는 것은 아니지만 적어도 많이 통증을 완화시킬 수 있을 것입니다.
기억하십시오. 당신의 안에 있는 모든 나쁜 것들은 그것이 고통이든 상처든 질병의 에너지이든 다 내어보낼 수 있습니다. 주의 이름으로 기도하면서 그것을 내보내려고 결심하고 토한다면 그것은 나갈 수밖에 없습니다.
상처와 두려움 등의 기운을 우리는 내보낼 수 있습니다.

나는 각 자가 가지고 있는 질병도 이러한 방법으로 내보낼 수 있지 않을까 싶습니다.
두려움이나 근심, 눌림 등의 문제들을 호흡으로 내보내는 것에 대하여는 많은 임상의 경험들이 있습니다. 다만 아직 질병을 직접 호흡을 통하여 내보내는 것에 대한 경험은 별로 접하지 못했습니다.
그것은 조금 어렵고 시간이 걸릴 것입니다. 어두운 호흡, 즉 두려움이나 근심이나 분노 등은 아직 질병이 된 것은 아니지만 일종의 질병 에너지입니다. 그것은 아직 고체가 아니고 기체입니다.
그러나 그 사람이 음식물을 먹을 때 그 악한 기운은 음식물과 같이 연합하여 질병의 덩어리들을 만들어 낼 것입니다. 예를 들어 암 덩어리라든지 결석과 같은 것을 말입니다.
그러므로 배출하는 호흡을 통해서 이미 고체의 덩어리가 된 질병을 내보내는 것은 쉽지 않을 것입니다. 그러나 부르짖는 기도를 통해서 또한 질병의 근원을 꾸짖는 대적기도를 통해서 그러한 질병이 완화되고 그 세력이 약화될 수 있을 것입니다.

충분한 생기를 받아들이는 호흡기도는 그러한 악한 질병의 기운을 약화시키며 배출 호흡기도는 그러한 나쁜 기운을 소멸하는 데 도움이 될 것입니다. 당장 질병이 사라지지는 않을지라도 치유에 어떠한 기여를 할 것이라고 나는 생각합니다.

우리는 가슴 속의 상처를 배출 호흡기도를 통하여 내보낼 수 있습니다. 또한 배출 호흡기도는 우리 몸 안의 상처뿐이 아니고 악한 질병의 기운을 약화시키는 데도 도움이 될 것입니다.

배출 호흡기도는 우리 안의 악한 요소를 소멸합니다. 이것은 우리의 몸과 마음을 아름답고 풍성하게 만드는 데 귀한 도구로 쓰일 수 있을 것입니다.

8. 무기력한 사람의 호흡기도

무기력한 사람이 있습니다. 그는 모든 활동을 부담스러워하고 귀찮아합니다. 무엇을 하려고 결정을 한다고 해도 막상 행동에 옮기는 것은 아주 힘이 듭니다. 또 하더라도 아주 느리게 간신히 해치우지요.
특별히 몸이 아프거나 하는 것은 아닌데 그는 자꾸 꾸물거립니다. 할 수 있는 한 모든 것을 나중으로 미루려고 합니다.
이러한 것은 기질적인 면이라고도 할 수 있습니다. 그러나 또한 호흡의 습관과도 관련이 있는 것입니다. 그러한 사람은 분명히 호흡이 느리고 말도 느릴 것입니다.

말이나 행동이 느리고 무기력한 것은 호흡이 지나치게 느리고 약하기 때문입니다. 생각이 느린 것도 마찬가지지요. 조용한 사람이 말을 빨리 하는 경우는 거의 없습니다. 또한 성질이 급한 사람이 말을 천천히 하는 경우도 거의 없지요. 이처럼 말과 행동과 생각의 리듬과 호흡의 리듬은 서로 비례하는 면이 있습니다.
그러므로 말과 행동과 생각의 템포를 빠르고 활동적으로 하기 위해서는 호흡의 강도와 세기와 빠르기가 달라져야 합니다. 그러면 행동이나 생각의 템포도 달라집니다.
선풍기의 강약을 가장 약한 1번에 놓고 돌린다면 아주 약하게 돌겠지요. 아주 더운 여름에는 조금 답답하게 느껴질 것입니다. 그러나 3번의 강으로 하면 강한 바람이 나오겠지요.
그와 같이 이러한 사람은 의지적으로 조금 급하고 강한 호흡, 빠른 호흡을 훈련할 필요가 있습니다.

시간을 정해서 당신의 호흡을 바꾸어 보십시오.

10분이나 15분 정도 계속하여 평소의 호흡보다 좀 더 강하고 빠르게 호흡을 합니다. 모터를 조금 세게 돌리는 것이지요.
배를 앞으로 내밀었다 집어넣었다 하면서 강하게 모터를 돌립니다.
너무 힘차게 하면 숨이 가쁠 테니까 너무 힘들지 않을 정도로만 계속 합니다.
하루에 2,3회 정도 이렇게 10분에서 15분을 호흡합니다. 그리고 며칠 정도 이러한 새 호흡에 익숙해지면 당신의 신체와 정신의 리듬에 변화가 생기는 것을 느낄 수 있을 것입니다.
신체의 전반적인 리듬이 조금 빨라지게 되지요. 말하는 톤도 조금 빨라지게 됩니다. 느린 호흡을 하는 이들은 신진대사도 느리고 좋지 않기 때문에 변비와 같은 증상도 자주 겪을 수 있습니다. 그러나 호흡이 빨라지면 배변에서도 변화가 생기게 됩니다.

간단한 것이지만 이렇게 자신의 스타일을 바꾸어보려고 시도해보십시오. 자신의 스타일을 간단한 호흡의 변화를 통하여 원하는 대로 개조할 수 있다는 것은 참으로 즐거운 일입니다. 부디 그 즐거움에 동참하시며 새로운 자신을 만들어 가시기를 바랍니다.

9. 성격이 급한 사람의 호흡기도

이것은 앞의 경우와 반대의 상황이 되겠지요. 어떤 이들은 지나치게 무기력하고 소극적이어서 문제가 되는 반면에 어떤 이들은 열정과 강한 기질을 잘 다스릴 수 없어서 어려움을 겪게 되기도 합니다.
이들은 강하고 매사에 적극적이기는 하지만 오히려 그러한 기질 때문에 남들에게 상처를 주기도 하고 쉽게 실수를 저지르기도 합니다.
활동적이지만 그리 사려가 깊지 않고 말과 행동이 지나치게 빠르고 후회도 많이 하지요. 말과 행동이 빠르면 사려가 깊을 수가 없습니다. 남을 깊이 배려할 수가 없습니다. 충동이 오는 대로 바로 행동하기 때문에 이것저것을 생각하고 배려할 여유가 없기 때문입니다. 그러므로 이러한 사람의 주위에는 반드시 상처받고 이들을 싫어하는 사람들이 있기 마련입니다.

이들은 자신의 성질이 컨트롤되지 않기 때문에 분노 등에 사로잡히기도 쉽습니다. 이들은 자신의 성품을 다스리려고 애도 써보지만 역시 그것은 쉽지 않지요. 그러나 이러한 사람들도 호흡기도의 원리를 이해하게 되면 감정 통제나 언행의 속도조절이 그리 어려운 일만은 아닙니다.
이러한 사람은 호흡이 거칠고 강하고 분명합니다. 그는 호흡이 급하고 빠른 편이므로 조용히 앉아서 가만히 있는 것이 몹시 힘들 것입니다. 목소리도 크고 거침없이 말하는 편이겠지요.
이들은 조용하고 깊은 호흡을 하는 것을 통해서 자신의 스타일을 개선할 수 있습니다. 이러한 기질의 사람은 조용히 앉아서 마음을 가라앉히고 호흡을 깊이 들이마시고 내쉬는 것이 쉽지는 않을 것입니다.
사람은 누구나 하나님이 지으신 대로 고유한 스타일이 있고 사명이 있습니다. 그러므로 활동적이고 열정적인 기질과 사명의 사람이 자신을 전혀 다른 사람으로 완전히 바꾼다는 것은 바람직한 것이라고는 할 수 없습니다. 그러나 자신의 강점은 유지하되 약점과 문제점만을 완화하고 조절하는 것은 필요한 것입니다. 언제 어디서나 상황에 따라 자신이 원하는 대로 자신의 스타일을 조절하는 것은 곧 자유한 삶이기 때문입니다.

강한 호흡은 배를 발전시키며 외부적인 활동을 자극합니다. 깊고 고요한 호흡은 가슴, 심장을 자극하며 내면의 아름다움을 깨우는 역할을 하지요.

그러므로 거친 스타일의 사람도 조용히 부드럽게 호흡하는 것을 날마다 조금씩 훈련을 하다보면 반드시 그의 마음이 편안해지고 자연스럽게 되며 일에 쫓겨서 뛰어다니는 경향이 상당히 완화될 것입니다.

당신이 자신의 거친 스타일로 인하여 고민하며 그러므로 자신의 기질을 온유하고 부드러운 것으로 바꾸고 싶은 소원이 있다면 호흡기도를 통하여 변화를 시도해보십시오. 날마다 자신을 바꾸기 위하여 깊고 고요한 호흡을 훈련하십시오.

주님께 이렇게 기도하십시오.
"주님. 저는 급하고 거친 성격과 언행으로 다른 이들을 아프게 할 때가 많이 있습니다. 그러므로 저는 필요할 때 잔잔하고 부드러운 사람이 되고 싶습니다. 저의 호흡을 통하여 저에게 역사해주십시오."

그렇게 기도하면서 날마다 10분에서 15분 정도를 조용히, 깊이 충분히 호흡하십시오.

조용히 앉아서 편안한 마음으로 주를 부르며 호흡을 들이마시십시오.

당신은 혼자서 조용히 잠잠한 상태로 있는 것이 익숙하지 않을 것입니다. 기도를 하거나 호흡을 하는 중에 바로 잠이 들어버릴지도 모르지요. 그것은 어쩔 수 없는 일입니다. 하지만 낙심하지 말고 꾸준히 훈련하십시오.

지속적으로 훈련한다면 일주일이 지나지 않아서 당신은 뭔가 전과는 달라진 자신의 모습을 발견하게 될 것입니다. 전 같으면 불안하거나 분노가 폭발했을 상황에서 이상하게도 초연하고 자연스러운 자신을 발견하게 될 것입니다.

호흡은 그 사람의 스타일이며 중심입니다. 그러므로 당신이 자신의 호흡 스타일을 바꿀 수 있다면 당신은 당신 자체를 바꿀 수 있습니다.

부디 아름답고 편안한 사람이 되기 위하여 깊고 고요한 호흡을 훈련하십시오. 일에 매여서 쫓겨 다니며 바쁘게 살지 말고 주님의 아름답고 놀라운 임재와 그 교제 속으로 들어가 보십시오.

당신은 전혀 새로운 행복을 경험할 수 있게 될 것입니다.

10. 말하기가 힘든 사람의 호흡기도

말을 아주 힘들게 하는 사람이 있습니다. 말이 저절로 쏟아지듯이 나오는 사람도 있는 반면에 이러한 사람은 말을 하는 것이 아주 답답하고 어렵지요. 말을 더듬거리기도 하고 말을 하는 중간에 말할 것을 잊어버리고 어색한 침묵 속에 잠기기도 합니다.

본인도 답답하겠지만 듣는 사람도 참 답답합니다. 그러니 이러한 사람은 이야기를 하다가 상대방이 중간에 가로채서 말이 끊기기 일쑤입니다. 기껏 힘들여서 하는 이야기가 이렇게 부자연스럽게 끝나게 되면 더욱 용기를 잃어버리고 다시 말을 하는 것이 더 어렵게 됩니다.

자연히 이러한 사람은 대인 관계를 힘들어 할 수밖에 없지요. 사람들과의 만남에서 말이 차지하는 비중은 아주 큰 것인데 거기에 익숙하지 않으니 사람들과의 만남이 불편하고 꺼려지게 되는 것입니다.

이러한 이들은 적은 규모의 사람들과 대화를 나눌 때에는 그래도 좀 낫습니다. 2-3인과 같이 이야기를 나누는 분위기는 그렇게 힘들어하지 않지요.

그러나 이들에게 만약 대중 앞에서 이야기를 해야 하는 상황이 온다면 많이 힘들어하게 될 것입니다. 아니 어쩔 수 없이 그러한 상황에 서게 된다면 아마 그 전날에는 잠도 이루기 어려울지 모르지요.

이러한 이의 문제는 간단합니다. 호흡이 모자라는 것이지요. 에너지가 부족한 것입니다. 기름이 모자라다고도 할 수 있지요.

집의 문이 잘 열리지 않을 때가 있습니다. 열고 닫을 때 조금 뻑뻑한 느낌이 들지요. 이럴 때 기름을 조금 쳐주게 되면 문이 스르르 열리게 됩니다.

말하기가 어려운 이들도 입이 조금 뻑뻑한 편이라고 할 수 있습니다. 그러므로 이들에게도 입에 기름을 조금 쳐준다면 말이 부드럽고 자연스럽게 나오게 될 것입니다.
그렇게 기름을 치는 역할을 하는 것이 바람이며 호흡입니다.
이들은 바람, 기운이 모자라는 것입니다. 말을 하는 것은 속에 있는 호흡, 바람을 밖으로 내보내는 것인데 그 바람이 조금 밖에 없으니 그것을 끄집어내는 것이 힘들 수밖에 없지요.
또한 2-3명 정도로 적은 규모의 사람들에게는 호흡을 조금만 빼앗기게 됩니다. 그러나 수많은 사람들이 쳐다보고 있을 때는 더 많은 기운과 바람을 빼앗기게 되니 더욱 더 견디기가 어려울 것입니다. 생각만 해도 가슴이 뛰고 식은땀이 나고 할 텐데 이것은 그의 에너지가 워낙 모자라 그의 영혼이 고통을 받고 충격을 겪기 때문에 나타나는 현상입니다.

방법은 간단합니다. 그의 안에 모자라는 기운, 호흡을 충분하게 채워 넣는 것입니다. 기름이 없는 차가 움직일 수 없고 배터리 떨어진 핸드폰을 사용할 수 없듯이 그가 편안하게 이야기를 하려면 그의 안에 호흡을 집어넣어야 합니다.
충분히 천천히 호흡을 들이마시십시오.
단순하게 풍선에 바람을 불어넣는다고 생각하십시오.
배에 힘을 주고 내밀었다 집어 넣었다를 반복하면서 바람을 충전하십시오. 그저 10분에서 15분 정도만 해도 그 자리에서 어떤 변화를 경험하게 됩니다.
불과 며칠 정도만 그렇게 훈련한 후에 대화를 한번 해보십시오.
이상하게도 말이 윤택하고 부드럽게 나오며 전에 같이 뻑뻑한 느낌이 들지 않을 것입니다.
그리고 여러 사람 앞에서 이야기를 할 때도 이상하게 가슴이 뛰지 않고 편안하게 안방에서 이야기를 하는 것처럼 긴장하지 않고 말이 나오게 될 것입니다. 그것이 바로 충전의 효과입니다.
그렇게 언어에서 자유함을 경험하게 되면 자신감이 생기게 되며 대인관계에서도 많은 변화가 생기게 됩니다. 삶에 여유가 생기는 것은 당연하지요.

이 훈련을 충실하게 하십시오. 그렇게 충전의 기도를 하면서 주님의 권능과 풍성함이 당신 안에 항상 넘치도록 기도하십시오.

당신은 변화될 수 있으며 풍성하고 승리하는 삶을 누릴 수 있게 될 것입니다.

11. 분노가 치밀어 오를 때의 호흡기도

자주 분노에 사로잡히는 사람들이 있습니다. 물론 이것은 좋지 않습니다. 분노는 악한 기운을 만들어냅니다. 분노하는 것은 살인과 같다는 말이 있을 정도로 분노가 가득 찬 말은 다른 사람의 영혼과 몸을 파괴하는 일을 하지요.
이렇게 분노에 자주 잡히는 사람들은 사소한 일에도 분노하는 경향이 있습니다. 남들은 조금 불쾌해도 견디는데 이들은 참지 못합니다. 그래서 그것을 견디지 못하고 폭발하곤 하지요. 잠시 후회를 하기도 하지만 조금 지나면 마찬가지입니다.

이러한 이들을 악한 사람이라고 단정할 수는 없습니다. 이들은 악하다기보다는 성질이 급하고 속에 긴장이 많은 사람입니다.
환경이나 과거의 상처가 그러한 긴장을 만들었다고 할 수도 있을 것입니다. 그러나 좀 더 근본적인 문제는 이들의 기질이나 스타일이 강하고 긴장을 잘 하는 스타일이라는 것입니다.
이들은 에너지가 많은 사람입니다. 열정을 많이 가지고 있는 사람이지요. 하지만 그 에너지를 잘 관리하는 데에 능숙하지 않기 때문에 그 강력한 에너지가 자주 공격 에너지로 바뀌게 되는 것입니다. 그러므로 이들이 이러한 에너지를 잘 훈련해서 다스릴 수 있다면 그것은 아주 좋은 일이겠지요.

일단 분노는 악한 기운의 흐름이기 때문에 이를 다스리고 처리해야 합니다. 그것을 터뜨리면 다른 사람에게 그 악한 기운이 들어갈 것이니 상대방의 영혼이 고통을 겪을 것이고, 그것을 내버려두자니 그의 안에서 나쁜 기운이 돌아다닐 것이기 때문에 자신의 몸과 마음이 파괴될 것입니다. 그러므로 아무에게도 피해를 주지 않고 그 분노의 기운을 밖으로 내보내야 합니다.

분노는 뜨겁고 강한 기운입니다. 화를 잘 내는 이들은 열이 많지요. 그래서 이 기운을 조용히 부드럽게 만들어야 합니다.

분노는 거친 호흡입니다. 화를 내면서 조용히 내는 사람은 드물지요. 그렇게 하는 사람이 있다면 그것은 그가 자제력을 발휘하고 있는 것이고 분노는 일반적으로 폭탄과 같이 폭발하는 것입니다.

분노를 해결하기 위해서는 호흡을 조용히 가라앉혀야 합니다. 긴장을 풀어야 하지요. 신체에 긴장을 풀고 편안하게 앉거나 눕게 되면 신체의 긴장이 많이 풀리게 됩니다.

속에서 폭발하는 기운이 움직인다고 해도 절대로 그 기운에 굴복하겠다고 생각하지 마십시오. 당신은 그 기운을 다스려야 합니다. 그래야만 진정한 자신의 주인이 될 수 있습니다. 그 기운을 다스리지 못한다면 당신은 노예나 다름이 없습니다. 나중에는 완전히 분노의 영에 사로잡혀서 그들이 원하는 대로 끌려가게 되지요.

아주 그 기운의 움직임이 심할 때에는 호흡을 일시적으로 멈추는 것이 좋습니다. 그렇게 에너지의 유입을 차단하면 분노의 기운은 힘을 잃게 됩니다. 분노가 일어나고 있는 상황에서 강하고 크게 호흡한다면 그것은 정말 어리석은 일입니다. 분노는 더 크고 강하게 치밀어 오르게 될 것입니다.

분노는 강하고 빠른 기운이라는 것을 이해해야 합니다. 천천히 느릿느릿하게 말을 하면서 화를 내는 사람은 보기 드뭅니다. 분노의 영 자체가 강하고 빠른 기운이지요. 이것을 알면 자신의 분노뿐만 아니라 다른 사람들의 분노도 다스릴 수 있습니다.

화를 내는 사람의 옆에서 높고 빠른 톤으로 말을 하는 것은 불에다 기름을 붓는 것과 같습니다. 그것은 긴장을 더 많이 일으키지요.

또한 급하게 행동하고 움직이게 되면 그것도 분노를 더 자극합니다.

분노의 기운은 육식동물의 기운과 비슷합니다. 육식 동물은 추격 본능이 있어서 다른 동물이 뛰면 같이 따라서 달리는 경향이 있지요. 그래서 개들도 사람이 두려워하여 뛰어서 도망가면 본능적으로 같이 달리며 추격합니다. 그러나 조용히 행동하면 그들은 공격하지 않습니다.
그러므로 분노에 사로잡힌 이의 옆에서는 조용하고 잔잔하게 행동해야 합니다. 그리고 낮은 톤으로 천천히 말을 해야 하지요. 그렇게 하면 분노의 기운을 가진 이들로부터 공격을 받지 않습니다. 분노의 기운은 서서히 가라앉게 됩니다.

분노를 다루는 호흡의 원리도 비슷한 것입니다. 쉽게 분노의 기운에 잡히는 사람은 평소에 고요하고 깊고 잔잔한 호흡을 훈련해야 합니다. 급하고 빠른 것이 분노를 충동하는 것처럼 고요하고 느린 것은 분노의 힘을 약화시키기 때문입니다.
분노의 기운이 속에서 움직일 때 그것은 독과 같으므로 배출호흡을 통하여 내보내야 합니다. 분노의 기운이 아주 강하게 작용할 때는 일시적으로 숨을 멈추는 것이 좋습니다.
분노가 극심할 때는 흥분하여 가슴이 뛰게 되는데, 그것은 분노의 독으로 인하여 심장이 고통을 받고 있는 것입니다. 그러므로 일시적으로 숨을 멈추고 조용히 있으면 가슴도 진정되며 분노의 기운도 현저히 약화됩니다.

분노와 같은 감정의 흐름도 하나의 호흡, 기운의 움직임에 지나지 않는다는 사실을 당신이 이해했다면 그것을 다스리고 관리하는 것도 그리 어려운 일이 아니라는 것을 당신은 알 것입니다.
공을 천천히 던지면 부드럽게 날아가고 강하고 세게 던지면 그것은 빠르고 강하게 날아간다는 것을 당신은 이해할 수 있을 것입니다.
그러므로 호흡을 부드럽게 또는 강하고 빠르게 자신이 조절을 하고 이를 통하여 감정이나 마음의 상태가 조절된다는 것을 안다면 당신은 자신이 그 기운에 사로잡혀 끌려가는 것에 대하여 그리 염려하지 않아도 될 것입니다.
당신이 자주 치밀어 오르는 분노를 절제하기 힘들어서 고통스럽다면, 그리고 자주 후회하고 개선을 하겠다고 결심을 하지만 분노를 잘 극복하지 못한다면 호흡을 통해서 그것을 다스려 보십시오.
분노한 것에 대해서 주님께 죄송하다고 고백하십시오.
그리고 분노를 멈추고 다룰 수 있도록 도와달라고 구하십시오.
온유한 영을 달라고 기도하며 그 영을 마시십시오.
부드럽고 깊이, 천천히 호흡을 들이마시십시오.
당신의 숨이 아주 유연하게 서서히 당신의 몸 안 깊숙이 들어가도록, 아주 천천히 숨을 들이마시십시오.
단순히 그것으로 충분합니다.

당신의 숨을 인식하면서 그 숨이 당신 안에서 부드럽게 움직이는 것을 느껴보십시오. 그저 그 정도로 충분합니다.
한번에 10분 정도를 하루에 두세 번 정도만 기도하고 훈련한다면 당신은 일주일도 되지 않아서 자신의 변화를 느낄 수 있게 될 것입니다.
이상하게도 마음이 편안해질 것입니다. 전 같았으면 벌써 화가 나고 속에서 부글부글 끓어올랐을 상황에서도 이상하게 마음의 평온함을 유지할 수 있는 자신을 보고 놀라게 될 것입니다.
전처럼 말이 거칠게 나오지 않고 부드럽게 나오는 자신을 보고 놀라게 될 것입니다. 호흡을 다스리게 되면 자신의 감정과 생각과 마음을 다스릴 수 있다는 것을 당신은 확인할 수 있게 될 것입니다.
부디 당신의 호흡을 부드럽게 유연하게 잘 관리하십시오.
그것을 훈련하십시오.
당신은 새로운 세계를 경험할 수 있게 될 것입니다.

12. 머리가 혼미할 때의 호흡기도

누구든지 가끔 머리가 혼미해질 때가 있을 것입니다.
머리가 복잡한 사람들과 대화를 오래 나누었다든지, TV를 오래 접하였다든지, 지나치게 머리를 많이 사용하였다든지, 몸이 너무 피곤하다든지 하는 여러 이유로 머리는 혼미해질 수 있습니다. 특별한 이유가 없는데도 갑자기 머리가 어지럽거나 멍해질 때도 있습니다.
이것은 그리 고통스러운 상태라고 할 수는 없지만 아무튼 좋지 않은 상태인 것은 분명합니다. 이때는 사고력이나 집중력도 약해져서 어떤 일도 하기 어렵습니다.

대체로 이러한 상태는 안 좋은 기운이 머리에 들어온 것입니다. 접촉하고 있는 일이나 사람을 통해서 나쁜 기운이 들어온 것입니다. 대부분의 사람들은 어둡고 혼미한 마음과 생각을 가지고 살고 있기 때문에 세상에 살면서 사람들과 접촉하면서 어둡고 혼미한 기운으로부터 자신을 지키는 것은 무척 어려운 일입니다.
병원같이 어두운 파장이 많은 곳에 가면 예민한 사람들은 금세 머리가 아프게 되지요. 그것도 나쁜 기운이 머리에 들어왔기 때문입니다.
머리가 띵하고 혼미한 것은 악한 기운이 머리에 들어온 것입니다. 또한 외부와의 접촉과 상관없이 신체적으로 머리를 너무 많이 써서 머리가 혼미해질 수도 있습니다.
머리를 많이 쓰면 머리에 열이 많이 발생하여 머리가 혼미해지기도 합니다. 머리는 시원해야 잘 움직일 수 있는데 신경을 많이 써서 과부하가 걸리게 되면 머리에 열이 오르고 멍해지게 되지요. 이것은 영적인 측면보다는 자연적인 현상이라고 할 수 있습니다.
아무튼 이러한 상태에서는 머리 호흡이 필요합니다. 마음을 머리에 집중하고 충분히 숨을 들이마심으로써 머리에 산소를 공급하는 것이지요. 어떤 악한 기운과 상관없이 자연적인 머리의 피로를 회복하기 위한 호흡은 기도이기보다는 건강관리의 차원이라고 할 수 있을 것입니다.

될 수 있는 한 숨을 크게 들이마셔야 합니다. 원래 머리에는 가장 피가 올라가기 어렵습니다. 심장에서 멀고 가장 위치가 높으니까요. 그러므로 강한 호흡을 통해서 호흡, 기운을 머리까지 올려야 합니다.

악하고 혼미한 기운의 침입으로 인한 혼미함이 느껴질 때는 주의 이름을 부르고 악한 기운을 대적하며 충분히 호흡해야 합니다. 그러면 머리에 있는 나쁜 기운은 사라지게 됩니다. 또한 크게 숨을 들이마실 때 기운이 들어가면서 머리가 시원해지는 것을 느끼게 됩니다.

그리고 조금 있으면 머리가 맑아지면서 혼미한 것이 사라지게 되지요. 이 때쯤이면 머리가 시원해져서 열도 사라지고 산소의 공급도 잘 되고 있는 것이며 나쁜 기운도 빠져나갔기 때문에 기분도 편안해집니다.

머리가 혼미할 때 이것이 피로 등의 단순한 신체적 현상인지, 아니면 악한 기운과 영의 접촉으로 인한 것인지는 처음에는 선명하게 구별하기 어려울 것입니다. 그러나 기도할수록 점차 단순한 피로와 악한 기운을 구분할 수 있게 됩니다. 악한 기운이 있을 때에는 어떤 영적 불쾌감이 따르는 것이 보통입니다.

머리의 어지러움이나 혼미함, 고통이 극심한 상태에는 악한 영들의 개입이 있는 경우가 많습니다. 이때는 마음속으로 주를 부르며 악한 영을 대적하면서 눈을 크게 부릅뜨고 호흡을 해야 합니다. 습관적인 편두통으로 고통을 겪던 이가 악한 영들을 대적함으로써 증상이 해결된 경우도 있습니다. 영적인 악한 기운의 개입이 있을 때 대적하는 기도는 강력한 능력의 도구입니다.

무엇을 결정해야 할 상황에서 머리가 혼미하다면 그 때는 어떤 결정이나 판단을 내려서는 안 됩니다. 혼미한 상태는 악한 영들이 생각을 통해서 속일 수 있기 때문입니다. 그러므로 이때는 모든 것을 내려놓고 조용히 쉬어야 합니다. 머리를 맑게 회복시킨 후에 결정을 해야 합니다.

마음을 가라앉히고 조용히 호흡하면서 충전 기도를 드리면 아주 심각하지 않은 경우에는 5분이나 10분 정도면 곧 머리가 맑아집니다. 그 후에 모든 결정을 해야 합니다.

머리의 호흡을 통해서 머리가 충전되면 머리가 시원해지는데 곧 동시에 가슴이 편안하고 따뜻해지는 것을 느끼게 됩니다. 이것을 경험하게 되면 사람의 머리는 가슴과 연결이 되어있으며 서로 영향을 주고받는다는 것을 더 선명하게 알 수 있을 것입니다.

오늘날 이 세상에는 악한 영, 속이는 영, 혼란스러운 기운들이 많이 움직이고 있습니다. 그러므로 우리의 머리를 맑고 깨끗하게 유지하는 것이 참 중요합니다.

고요한 마음의 상태, 심령의 편안한 감동과 인도를 따라 움직이는 삶, 생각과 마음가짐을 조심하고 깨어있는 자세.. 우리는 그렇게 살면서 우리 몸과 마음을 신선한 상태로 유지해야 합니다.

주기적으로 자주 맑은 머리를 위하여 기도하고 호흡하십시오. 머리가 맑아질 때 우리는 더욱 더 자유롭고 풍성한 삶을 살아갈 수 있을 것입니다.

13. 우유부단한 사람의 호흡기도

우유부단한 사람은 어떤 일을 잘 결정하지 못합니다. 그리고 어렵게 어떤 일을 결정한 후에는 쉽게 후회합니다.

그들은 의지의 힘이 약합니다. 그래서 어떤 일을 계획했더라도 조금만 어려움이 있으면 쉽게 낙심하며 그 자리에 주저앉아서 포기하려고 합니다.

그러므로 이러한 사람은 일의 열매를 얻기 어렵습니다. 이것저것 열심히 일을 시도해보지만 제대로 끝을 맺지 못합니다. 그래서 흔히 작심삼일이라는 말을 듣게 됩니다. 나중에는 어떤 일을 추진한다고 해도 아무도 기대하지 않습니다. 자신도 자신을 믿지 않게 됩니다.

이들은 의지가 약하다보니 남의 말에 쉽게 영향을 받게 됩니다. 애써서 어떤 일을 시작하려고 하다가도 다른 이가 한두 마디 부정적인 말을 하면 금방 기가 죽어 버립니다. 반대로 누가 격려를 해주면 금세 용기가 가득하게 되지요. 하지만 그 용기는 그리 오래 가지 않습니다.

이들은 자신감이 부족하므로 스스로 무엇인가 결정을 하지 못하고 다른 이들의 눈치를 봅니다. 그래서 남들이 좋다고 말하면 안심을 하며 남들이 인정하지 않으면 불안해합니다.

또 마음이 쉽게 바뀌기 때문에 어떤 견해를 가지고 있다가도 조금 있으면 정반대의 논리를 제시하기도 합니다.

이러한 이들에게 참 어려운 것은 무엇인가 선택을 해야 하는 것입니다. 심지어 아주 간단한 일, 무엇을 살 것인가 하는 문제까지도 이들에게는 매우 힘든 문제입니다. 아무리 많이 생각해도 어떤 것이 좋은 물건인지 고르는 것이 아주 어렵기 때문입니다. 그들은 간신히 어떤 물건을 선택하기는 하지만 집으로 돌아가면 왜 다른 물건을 사지 않았을까를 하루 종일 후회하면서 고민을 하게 됩니다.
그들은 고민 끝에 물건을 다시 바꾸러 갈지도 모릅니다. 하지만 그것도 부질없는 일입니다. 이들은 물건을 바꾸고 난 이후에도 여전히 후회를 할 것이기 때문입니다. 이렇게 우유부단한 사람이라면 풍성하고 자유로운 삶을 사는 것은 아주 어려울 것입니다.
이러한 이들의 문제점은 배에 에너지가 거의 없다는 것입니다. 배가 약하고 배에 에너지가 부족하다는 것은 물질적이고 현실적인 삶에 있어서 약한 측면이 있다는 것을 의미합니다.

모든 땅의 열매들은 거의 배에서부터 나옵니다. 땅은 배와 연결되어 있습니다. 땅에서 나온 모든 음식은 입으로 들어가며 입으로 들어간 것은 배로 가게 됩니다. 배는 땅과 관련된 것입니다. 사람도 배에서 태어납니다.
여인의 가장 귀한 열매는 그 태에서 나온 자식입니다. 배에서 사람이 탄생한다는 것은 배에서 모든 열매가 나온다는 것과 같은 것입니다. 왜냐하면 사람에게는 모든 것이 있으니까요. 물질도 능력도 모든 것이 사람에게서 나오는 것이기 때문입니다.
하늘의 열매는 가슴에 속해있습니다. 사랑도 기쁨도 평안도 가슴, 심령에서 나오지요. 그러므로 모든 내적인 풍성함, 성품적인 아름다움과 풍성함은 가슴과 관련이 있는 것입니다.
우유부단한 사람은 배가 약하기 때문에 땅에 속한 눈에 보이는 열매에 대하여는 무능에 가깝습니다. 이러한 이들은 일반적으로 정이 많고 따뜻한 사람들이기는 하지만 현실의 삶에서 무능한 경향이 있는 것입니다.
그러므로 이러한 기질을 가지고 있는 사람들의 약점은 극복될 필요가 있습니다. 사랑과 정이 많고 온유한 것은 좋은 일이지만 또한 강건함도 필요합니다. 내적으로도 충만하고 아름다워야 하지만 외적으로도 충만하고 강건해야 이 땅의 바깥 삶에서도 풍성한 삶과 승리의 열매들을 맛볼 수 있는 것입니다. 그렇게 안과 바깥의 균형을 가져야 합니다. 가슴의 풍성함과 배의 풍성함이 같이 있어야 하는 것입니다.
이러한 이들은 배 호흡기도가 필요합니다. 그들은 어떠한 일을 추진할 수 있는 능력이 필요합니다. 배에 그러한 에너지를 많이 충전하게 되면 어려움이 있더라도 비교적 좌절하지 않고 계속 나아갈 수가 있습니다.
이러한 이들은 일반적으로 호흡이 깊지 않고 짧으며 약합니다.
호흡, 기운이 충분하지 않으니 어떤 일을 충분히 추진할 수 없는 것이지요. 이들은 단거리 경주는 그럭저럭 해내지만 장거리 경주는 도저히 잘 견뎌 내지를 못합니다. 빨리 싫증을 내기 때문이지요.

어떠한 일을 계속 추진하기 위해서는 깊고 강한 호흡이 필요한데 이들은 호흡이 짧고 약합니다. 그래서 조금만 일을 추진하다보면 호흡이 다 떨어집니다. 그래서 중간에 숨이 막혀버리고 의욕이 사라져 버립니다. 처음에는 당장 모든 것을 끝낼 수 있을 것 같았지만 조금 시간이 지난 후에 이제 그것은 너무나 힘이 들게 느껴집니다.
이러한 이들은 배에 에너지를 충분히 채워야하며 또한 호흡을 깊고 강하게 해야 합니다. 쉽게 탈진하고 에너지가 사라져버리는 상태가 아닌, 충분하게 오래 사용할 수 있도록 호흡이 길고 깊어져야 합니다.
배에 기운을 충분히 충전해야 하며 깊고 충분한 호흡이 되어야 합니다.

주님께 이러한 당신의 약점을 고백하십시오.
그리고 그러한 약점을 이겨낼 수 있는 영적인 권능을 충만하게 허락해 달라고 간구하십시오.
그리고 주님께서 당신의 기도를 들으시는 것을 믿으며 깊고 강하게 호흡을 하십시오.
호흡을 들이마시며 주님의 풍성하고 강한 기름부으심을 받으십시오.
그 기운이 당신의 안에 충만하게 임하도록 계속 충전하십시오.

이와 같이 기도하면서 배 호흡기도를 계속 드리면 당신은 차츰 마음에 자신감과 안정감이 드는 것을 느끼게 될 것입니다.
그리고 조금 여유를 가지게 되겠지요. 안되면 어떡하나.. 하는 근심에서 점점 벗어날 수 있을 것입니다.
이 땅에서 당당하고 풍성한 열매를 경험하기 위해서 당신의 배에 능력과 힘이 충만해야 한다는 것을 꼭 기억하시기 바랍니다.
오늘날 그리스도인들이 너무 유약하고 세상에 적응을 제대로 못하며 교회에서만 살면서 주님께 하소연을 하는 것은 배에 권능을 너무나 적게 받았기 때문입니다.
그들의 머리에는 충분한 지식이 있고 그들의 가슴에는 어느 정도의 감동이 있을지 모릅니다. 그러나 그들의 배에는 권능이 부족합니다. 그들이 배에 충분한 영적 에너지를 공급받았다면 그들은 사명감과 기쁨을 가지고 당당하게 세상으로 나아갈 수 있을 것입니다.

배 호흡기도를 드리십시오.
당신의 의지를 강건하게 하십시오.
당신의 배에 주님의 권능이 충만하도록 이 기도에 힘쓰십시오.
깊고 충분한 호흡이 되도록 기도하며 훈련하십시오.
이 기도에 익숙해질 때 당신은 자유롭게 될 것입니다.
당신은 선택을 즐겨하게 될 것이며 시작한 일이 쉽게 포기되지 않고 열매를 맺게 될 것입니다.
당신은 삶에서 많은 풍성한 열매를 얻을 것이며 이로 인하여 충분한 기쁨을 얻을 수 있게 될 것입니다.

14. 중독에서 벗어나기 위한 호흡기도

오늘날 중독은 아주 보편적인 현상입니다. 많은 사람들이 중독으로 인하여 고통을 겪고 있습니다.

중독이란 어떤 것에 사로잡혀서 그것이 없이는 살기가 어려운 상황이 된 것입니다. 자기의 의지로 그것이나 그 행위를 끊으려고 노력도 하지만 곧 실패하고 동일한 행동을 되풀이하게 됩니다.

중독의 종류는 아주 많습니다. 보편적인 중독에 술 중독, 담배 중독 등이 있으며 그 폐해가 아주 심각해서 정상적인 생활을 하기 어렵게 만드는 것으로 도박 중독이나 마약 중독과 같은 것이 있습니다.

그에 비하면 증상은 조금 가볍지만 쇼핑중독이나 게임 중독, 인터넷 중독과 같은 것도 역시 중독에 포함됩니다. 넓게 보면 연애 중독이나 TV 중독, 식탐과 같은 것도 중독에 포함될 수 있을 것입니다.

어떤 행위가 그 자체로는 그리 나쁜 것이 아니라고 하더라도 본인이 그것에 매여서 행위를 자유롭게 조절할 수 없다면 그것은 중독의 범주에 들어갈 것입니다.

중독은 사람들에게 몹시 고통을 줍니다. 자유의지는 사람의 삶을 풍성하게 하는 근본적인 요소인데 그것을 잃어버리고 묶여서 노예처럼 사는 삶이란 비참할 수밖에 없는 것입니다.

그래서 많은 이들은 그러한 중독으로부터 벗어나려고 열심히 애를 씁니다. 하지만 그것이 쉽지 않기 때문에 투쟁 끝에 포기를 하고 자포자기와 같은 심정으로 사는 이들도 적지 않은 것이 현실입니다.

중독의 현상을 하루아침에 끝내는 것은 쉽지 않습니다. 하지만 그 기본적인 영적 원리와 메커니즘에 대하여 이해하면 그것이 아주 불가능한 것만은 아닙니다.

중독은 어떤 하나의 기운, 호흡이 그 사람의 안에 들어와 있는 현상입니다. 그가 아닌 어떤 기운, 인격에 가까운 어떤 하나의 요소가 그 안에 들어와 있는 것이지요. 그 기운은 처음에 어떤 기쁨이나 위안을 주면서 그의 안에 들어오지만 일단 자리를 잡고 나서는 주인의 통제를 받지 않고 스스로 주인이 되어 그 사람을 지배하려고 합니다. 거기에 문제가 있고 고통이 따르는 것입니다.

중독의 기운은 어느 순간에 들어옵니다. 사람이 외로움을 느끼거나 마음에 상처를 받아서 약해진 상태에 있거나 하면 위로를 구하게 됩니다. 그런 때는 외부의 기운을 쉽게 받아들일 수 있도록 흡수력이 증가됩니다. 그것은 평소에는 쳐다보지도 않던 음식이 배가 아주 고플 때는 맛있게 느껴지는 것과 같습니다.

외롭고 힘들 때, 마음이 아프고 괴로울 때 주님을 바라보고 구하게 된다면 얼마나 좋을까요. 그것은 아주 복된 일입니다. 그 때 주의 영은 그에게 가까이 오셔서 그에게 힘을 주시고 그리하여 그 고통스러운 상황을 통하여 그는 주님과 좀 더 친밀한 관계를 형성할 수 있기 때문입니다.

그러나 안타깝게도 많은 사람들은 이 때 세상적인 위로를 구합니다. 그리고 가까이 다가온 유혹의 영들에게 마음을 내어줍니다. TV나 컴퓨터의 게임이나 인터넷 서핑을 통해서, 어떤 유혹이나 쾌락을 통해서 즐거움을 얻고 위로를 받습니다. 그리고 그렇게 들어온 기운은 그 사람 안에 들어와 자리를 잡고 살게 됩니다. 그 사람에게 기쁨을 주고 즐거움을 준 만큼 그 영들은 그의 안에 깊이 자리를 잡으며 권리를 얻게 됩니다.

세상에는 무엇이든 공짜는 없습니다. 그리고 그 영들은 분명히 값을 지불하고 그들의 안에 들어왔기 때문에 결코 쉽게 나가려고 하지 않습니다. 그것이 바로 중독의 원인인 것입니다. 그 사람이 자기 안에 들어온 그 기운을 내보내기 위해서는 자신이 받은 즐거움이나 위로에 해당하는 이상의 고통과 전쟁을 치러야 합니다. 그래야만 조금씩 그 영들로부터 벗어날 수 있습니다.

그러므로 마음이 외롭거나 슬프거나 할 때 함부로 위로를 구하는 것이 얼마나 위험한 일인지 모릅니다. 마음이 약할 때는 연합이 이루어지기 쉬운 시기이기 때문입니다. 마음이 강건할 때는 주님과도, 세상과도 연합이 쉽지 않습니다. 그러나 마음이 약할 때는 주님과 연합될 수도 있으며 세상의 영과 연합될 수도 있습니다. 그러므로 약할 때 더 깨어있음이 필요한 것입니다.

일단 중독의 기운이 외부에서 들어온 어떠한 기운이라는 것을 이해했으면 해결을 향한 한 걸음을 시작한 것입니다.
그 기운은 곧 호흡, 바람, 숨의 기운입니다. 어떠한 중독, 그것은 곧 그 바람입니다. 예를 들어서 도박 중독이라면 도박의 숨, 호흡이 그의 안에 들어온 것입니다. 담배 중독이라면 담배의 호흡, 기운이 그 안에 있는 것이지요. 물론 그 기운은 계속 동일한 기운을 받아들이기 원하기 때문에 담배를 계속 피우지 않으면 몹시 불안하고 초조하고 긴장이 되는 것입니다.
일단 그 기운을 밖으로 내보내야 합니다. 자기 안에 형성된 그 중독의 기운, 바람, 호흡을 배출호흡을 통하여 토해내야 하지요.
예를 들어서 담배를 마구 피우고 싶을 때 충분히 배출 호흡을 하게 되면 그 피우고 싶은 마음이 사라집니다. 또한 피우지 않을 때의 불안한 마음을 밖으로 계속 호흡하면 그 불안한 기운도 사라지게 됩니다.

첫 번째 해야 할 것은 그 기운을 대적하는 것입니다. 그 기운이 인격적인 존재라는 것을 이해해야 합니다. 그 동안 그 기운과 악한 영이 내 안에 들어와서 나를 누르고 괴롭혔으며 자신이 그렇게 눌려 살았다는 것을 이해하고 깨달아야 합니다. 그러므로 그 영과 기운에 대해서 분노하며 주의 이름으로 그 기운을 대적하며 나가라고 명령을 해야 합니다.
배출 호흡을 충분히 하면서 자신의 안에 있는 그 악한 기운이 빠져나가는 것을 상상하며 명령합니다. 그러면 그 기운은 나가게 됩니다.

그 다음으로는 근본적인 회복을 위하여 그 중독의 기운이 처음 들어왔던 때로 돌아가야 합니다. 상상을 통해서 그 당시로 가야합니다. 그래서 처음 그 행위를 했을 때로 돌아가야 합니다.
그리고 그 때 그것을 받아들인 것을 회개하고 주님께 고백해야 합니다. 오직 주님으로 위로를 구하지 않고 다른 기운에게 위로를 구하고 그 악한 기운을 안에 받아들인 것에 대하여 고백하고 회개해야 합니다.
그리고 상상 속에서 그 상황으로 돌아간 상태에서 그 기운을 다시 토합니다. 그리고 주님께서 자신을 채우는 모습을 상상하면서 충분히 들이마시는 호흡을 합니다. 이것이 두 번째의 과정입니다.

세 번째로는 강한 호흡을 하는 것입니다.
중독이 되는 사람은 기본적으로 의지가 약하고 심령이 약한 사람입니다. 그것은 호흡의 힘이 약하다는 것과 같은 것입니다. 그러므로 강한 호흡을 통해서 외곽을 튼튼하게 해서 다시는 그러한 외부의 기운에게 사로잡히지 않도록 해야 하는 것입니다.
그렇게 호흡이 강하고 튼튼해지면 외부의 기운이 쉽게 침투하지 못합니다. 중독이란 마음이 약하고 귀가 얇은 사람들에게 흔히 생기는 것이기 때문에 강한 호흡을 통해서 겉껍질이 두꺼워지면 외부의 바이러스가 잘 들어오지 못하는 것이지요.

네 번째로는 가장 근본적인 문제의 해결입니다.
중독이 되는 사람은 그 심령의 깊은 곳에 참된 만족과 기쁨이 없는 사람입니다. 항상 허전하고 무엇인가 자신을 채울 것을 찾는 사람이지요. 그래서 이러한 사람은 애정에도 빠지고 취미에도 빠지며 무엇을 하든 적당히 하지 못하고 몰입해 버리는 것입니다.
그러므로 이러한 사람이 근본적으로 해결을 받고 자유로운 삶을 살기 위해서는 사람의 중심, 그 근본인 심장에 주님의 터치를 받아야 합니다. 심장이 주님의 기운, 영으로 채움 받아야 합니다.

그리고 그 실제적인 방법으로써 심장기도, 심장호흡을 하는 것이 필요합니다. 충분히 깊이 주님 앞에서 호흡을 심장에 들이마시며 주님의 영을 받아들여야 합니다.
주님의 임재와 사랑, 그 따뜻한 달콤함의 기름부으심을 그 심령 깊숙이 경험해야 합니다.

물론 이 네 가지 과정을 한 순간에 마칠 수는 없을 것입니다. 그러나 이러한 처방이 근본적인 회복의 원리라는 것을 이해해야 합니다.
그리고 어느 정도 충실하게 이 기도와 훈련을 계속 한다면 그 사람을 괴롭히고 있는 중독의 기운은 서서히 그 힘을 잃어가게 될 것입니다.
정도의 차이는 있지만 모든 사람들은 어느 정도 중독에 빠져 있습니다. 그것은 그들이 진정 마음과 중심을 다해서 주님을 사랑하지 않기 때문이며 그들의 중심, 심장에 주님보다 사랑하는 다른 것들이 있기 때문입니다. 그렇기 때문에 각종 여러 기운들, 영들에게 시달림을 받을 수밖에 없는 것입니다.

사람은 영혼이 발전하고 영이 성장할수록 주님을 순수한 마음으로 사랑할 수 있습니다. 그 어떤 소원보다 주님 자신을 추구하게 됩니다.
그러나 아직 영이 충분히 발전하지 않은 상태에서는 오직 자신을 위해서 살며 자신의 쾌락과 명예와 안이하고 평탄한 삶을 추구할 수밖에 없기 때문에 모든 중독으로부터 완전하게 벗어나는 것은 쉬운 일이 아닐 것입니다.
호흡과 기운, 바람, 영에 대하여 어느 정도 이해할 수 있다면 우리는 그 영으로부터 자유로워지는 삶에 대하여 한 걸음씩 나아갈 수 있을 것입니다. 우리는 할 수 있는 한 모든 세상의 중독으로부터 벗어나야 합니다. 우리는 노예가 아니고 자유인으로서 부름을 받았기 때문입니다.
진정한 자유인의 삶, 행복한 삶을 위해서 우리에게는 오직 한 가지 중독이 필요합니다.

그것은 주님께 중독된 삶입니다.
오직 그것만이 우리에게 참다운 행복과 자유함을 줍니다.
부디 주님을 사모하고 추구하며 당신의 심장 가운데
그 주님의 임재와 기름부으심이 충만하게 임하도록 기도하십시오.
주님을 호흡하십시오.
당신은 채워질 것입니다.
주님의 사랑, 주님의 영광, 그 거룩하심에 중독되십시오.
그것이야말로 우리에게 참다운 행복과 만족을 주는
세상에서 가장 아름다운 중독인 것입니다.

15. 모든 풍성함을 위한 호흡기도

지금 까지 단순하게 주의 이름을 부르는 호흡기도 외에 여러 증상을 처리하기 위한 호흡기도의 적용에 대하여 나누었습니다. 여기에서 설명한 방법들이 절대적인 것이며 여기서 언급한 모든 증상들이 이런 방식을 통하여 완전하고 쉽게 해결된다고 단언할 수는 없습니다.
거기에는 좀 더 많은 통찰과 원리가 필요할 것입니다. 그러나 이러한 언급들은 호흡기도의 영적 원리에 대하여 좀 더 잘 이해하고 적용하는 데에 도움이 될 것입니다.

호흡기도를 사람들에게 소개하고 가르쳤을 때 사람들은 여러 영적인 현상들을 경험하고 변화를 체험하게 되면서 몹시 좋아하였습니다. 아주 신기해하시는 분들도 있었고 무척 감사하시는 분들도 있었습니다.
그러나 이 호흡기도를 꾸준히 계속 하면서 자신의 영성을 발전시키는 이들은 그리 많지 않은 것 같았습니다. 무엇이든지 처음에는 신기하고 놀랍지만 어느 정도 시간이 지나면 그것에 대하여 익숙해지고 평범하게 느끼게 되는 것 같습니다.
또한 호흡기도의 깊이나 의미에 대하여 충분히 이해하시는 분들은 별로 없는 것 같았습니다. 하지만 호흡기도는 그 사람의 영적인 수준이나 깊이에 따라 경험하는 것이나 깨닫는 것이 천차만별인 것입니다. 단순히 하나의 능력, 신체에 임하는 어떤 특별한 현상, 그 정도를 넘어서는 놀라운 세계가 있는 것입니다.
호흡기도를 통해 우리의 호흡은 단순한 생명을 유지하기 위한 본능적인 행위를 넘어서는 영적인 은총의 도구로 쓰일 수 있는 것입니다. 우리는 단순히 공기를 마시는 것이 아니라 주의 영을 마시며 영적 에너지를 충만하게 얻게 되는 것입니다.

호흡을 통하여 우리가 얻게 되는 영적인 충만함은 우리에게 생기를 주고 매력을 주며 추진력과 열정을 일으켜 줍니다.
우리가 어떠한 일을 원하고 갈망한다고 해도 생기가 부족하고 에너지가 부족하면 우리는 그것을 마음에만 원할 뿐 실제의 행동으로 옮기기 어려우며 뜻을 이룰 수 없을 것입니다. 그러나 호흡, 바람, 기운은 우리에게 추진력과 열정을 일으키고 일을 잘 진행시켜서 열매를 맺게 하는 역할을 합니다.
우리에게 맡겨진 일, 모든 창조적인 소원을 위하여 우리는 충분히 호흡하여 기도함으로 그것을 성취할 수 있습니다. 호흡기도는 창조적인 삶을 위하여 소중하게 사용될 수 있는 것입니다.

나는 그렇게 믿고 있습니다. 물질이든 지혜든 어떠한 복이든 간에 그것은 비록 눈에 보이지는 않지만 이 공간에 호흡, 숨의 형태로 세상 안에 존재하고 있다고 말입니다. 그래서 믿음과 소망을 가지고 드리는 호흡기도는 그러한 기운과 에너지를 우리 안에 흡수하는 역할을 하며 우리가 기도하고 받아들이고 마신 호흡을 통해서 그러한 우리의 바람과 열망들은 이루어지게 된다는 것을 말입니다.
호흡기도는 그런 의미에서 모든 이 땅의 풍성함을 우리 안에 받아들이는 하나의 방법이라고 할 수 있습니다. 즉 풍성한 삶을 위한 주님의 은총이라고 할 수 있는 것이지요.
사람들은 기도만 할 뿐, 기도를 드리면서 호흡을 받아들이는 것에 대해서는 잘 모릅니다. 그래서 실제적인 응답에 대한 경험이 그리 많지 않습니다. 그러나 기도를 드리면서 호흡을 마시고 그 영을 받아들일 때 호흡은 우리의 기도가 실제가 되는 중요한 도구가 됩니다.
호흡은 곧 영이고 바람이며 주님이 이를 통해서 역사하시는 중요한 통로이기 때문입니다.
호흡기도에는 수없이 많은 풍성함이 따라옵니다. 그중에서도 가장 놀라운 풍성함은 이 호흡을 통해서 우리의 영혼이 주님의 영에 대하여 민감해지고 주님께서 우리에게 주시고자 하시는 그의 임재의 풍성함을 충만하게 누릴 수 있다는 것입니다.

주님의 임재에는 항상 놀라운 보화가 포함되어 있습니다. 그분의 임재는 영광과 사랑과 지혜와 권능으로 가득합니다. 그러므로 호흡을 통하여 그의 영, 기운을 받아들이고 마시는 이들은 그의 깊으신 임재를 누리고 경험하며 그 임재에 따르는 그의 풍성하심을 맛볼 수 있는 것입니다.

호흡기도는 우리의 영을 민감하게 만듭니다. 그래서 영적으로 둔한 사람도 이 기도를 지속적으로 드리다보면 영이 열려서 주님의 환상을 보게 되거나 꿈속에서 주님의 풍성하심을 경험하게 되거나 하는 일을 많이 체험하게 됩니다.

무엇보다도 지금 그가 있는 공간에서 주님의 임재가 아주 가깝고 따뜻하게 느껴지는 것을 많이 경험할 수 있게 됩니다.

처음에 여기에 익숙하지 않은 사람들도 주의 이름을 부르며 폐 속으로 깊이 호흡을 들이마실 때 그것이 주는 행복감과 기쁨을 맛보게 되면 그것을 의심하거나 무시하기 어렵습니다. 왜냐하면 세상이 줄 수 없는 놀라운 초자연적인 평화와 기쁨을 주시고 주님을 더 간절하게 사랑하게 만들며 다른 이들을 진정으로 더 섬기고 사랑하려는 마음을 주시는 분은 오직 주님뿐이시기 때문입니다.

호흡기도는 모든 풍성함을 위한 기도의 방법입니다. 또한 호흡기도는 주님의 풍성하신 임재를 누리기 위한 기도입니다. 어떤 이가 주님, 그분 자신에 대한 열망이 있고 그분과의 친밀한 교제를 몹시 사모한다면 그는 호흡기도를 통하여 많은 유익을 얻게 될 것입니다.

나는 오직 이 호흡기도 만을 통해서 주님께서 은혜를 베푸신다고는 생각지 않습니다. 주님께서는 아주 많은 도구들을 통해서 그분의 자녀들을 만나주신다고 믿습니다. 그러나 호흡은 그중에서도 특별히 귀한 도구입니다.

하나님께서는 사람에게 생명을 주시면서 그 코에 생기를 불어넣어 주셨습니다. 그리고 주님은 부활하신 후에 제자들에게 오셔서 숨을 내쉬시면서 성령을 받아야 할 것을 말씀하셨습니다. 숨을 쉬고 받아들이는 것은 은혜의 받아들임에 대한 가장 일반적인 방법이며 원리입니다.

호흡기도는 테크닉이 중요한 것이 아닙니다. 테크닉보다 중요한 것은 그 사람의 헌신도와 영성입니다. 주님께 깊이 굴복되고 헌신되지 않은 사람은 아무리 많은 호흡기도를 한다고 해도 깊은 은총의 세계에 들어가기 어렵습니다.

그는 단순히 몇 가지 능력이나 신기한 현상을 경험할 수는 있습니다. 그러나 더 깊은 주님과의 교제 속에 들어가지는 못하며 주님도 그에게 자신의 마음을 깊이 보여주시지는 않으실 것입니다.

그것은 그의 성숙도와 헌신도에 달려 있기 때문입니다. 그러므로 우리는 외적인 현상에 치우치지 말고 우리의 중심 마음을 주님께 드려야 합니다.

호흡기도는 순전한 마음으로 주를 구하는 이들에게 많은 유익을 줄 것입니다. 영의 자유로운 흐름에 대하여 경험하게 되며 이해하게 되며 주님께 좀 더 가까이 갈 수 있는 좋은 도구가 될 것입니다.

사모하는 마음으로 호흡기도를 꾸준히 사용하며 이 도구를 통하여 주님께 나아가고 현실의 삶에서 적용하십시오.

당신의 영성은 발전하게 될 것입니다. 그리고 주님께서 당신에게 주시기 위해서 준비하고 계신 것들을 당신은 경험하고 누리게 될 것입니다.

5부

사역자와 예수 호흡기도

1. 사역자의 호흡과 기운

성도들과 상담을 하는 중에 가끔 이런 질문을 받게 됩니다. 예배에 참석을 하였는데 이상하게도 예배를 드리고 나면 예배를 드리기 전보다 마음이 답답해진다는 것입니다. 그 이유를 묻는 것이지요.
이런 질문에는 대답하기가 난처해서 그냥 웃고 맙니다. 하지만 대부분의 경우 그 이유는 간단합니다.
그것은 예배를 인도하는 사역자의 영적 상태가 좋지 않으며 그의 입에서 나오는 기운이 좋지 않기 때문입니다. 성도들은 예배를 드리는 가운데 사역자의 입에서 나오는 기운을 받아들이고 마시게 되고 그 결과로 숨이 답답해지는 것입니다.

그렇지 않은 경우도 있는데 그것은 문제가 예배를 인도하는 사역자에게 있지 않고 예배를 드리는 성도에게 있는 경우입니다. 성도의 안에 좋지 않은 기운, 나쁜 영의 기운이 있을 때 그 예배 가운데 성령의 역사가 강하게 임재할 경우에 그 사람의 속 깊은 곳에 있던 어두움의 기운이 처리되고 빠져나오는 과정에서 일시적으로 답답한 경우도 있기 때문입니다. 그러나 이러한 경우는 드뭅니다. 성도의 영이 좋지 않아도 능력이 임하는 집회를 통하여 처리되는 과정에서 고통이나 답답함을 경험하는 것보다는 감격과 기쁨과 자유함을 경험하는 것이 보통입니다. 그러므로 예배에서의 답답함은 대부분의 경우 사역자의 영적인 상태가 좋지 않기 때문인 것입니다.
목회자들은 예배를 인도하기 전에 설교 준비에 많은 시간을 할애합니다. 전해야할 메시지의 내용에 대하여 많은 자료를 찾고 예화 거리를 찾지요. 그러나 자신의 영적인 상태에 대하여는 그다지 많은 관심을 기울이지 않는 경향이 있습니다. 무엇을 전하느냐에 주된 관심을 기울이는 가운데 어떠한 영적 상태로 말씀을 전하느냐 하는 부분에는 소홀해지는 것입니다.

그러나 사람들에게 결정적인 영향을 끼치는 것은 그가 전한 메시지의 내용보다 그가 전달하는 자신의 영적인 상태입니다.

그가 예배를 인도하고 기도를 인도하며 메시지를 전할 때 그의 입에서 흘러나오는 입 기운, 그것이 성도들에게 결정적으로 전달되며 영향을 끼치는 것입니다.

메시지의 내용 자체의 중요성은 말할 나위도 없습니다. 그러나 그 메시지의 내용 자체는 듣는 이의 머리에 들어가는 것입니다. 듣는 이의 심령에 들어가는 것은 그 메시지를 전하는 자의 심령의 상태이며 메시지를 전할 때 흘러나오는 메시지의 영입니다.

메시지의 내용은 좋으나 그 메시지에 영과 생명이 충만하게 담겨있지 않을 때 그것은 관념에 지나지 않으며 생명과 생기를 주지 못합니다. 그것은 그림책 속의 사자와 실제로 들에서 뛰어다니는 사자의 차이와 같습니다.

이것을 예를 들어서 설명해보겠습니다. 어떤 사역자가 사랑과 용서에 대한 메시지를 전했다고 합시다. 그러나 그 말씀을 전하는 사역자의 영적인 상태는 우울하고 눌려 있습니다. 근심이나 불안이나 염려가 많이 있는 상태입니다. 그래서 별로 자유롭고 풍성하지 않은 상태에서 그 메시지를 전합니다.

그러면 그 메시지를 통하여 성도들에게 무엇이 전달이 될까요? 성도들의 머리에는 사랑과 용서의 메시지가 들어갑니다. 그리고 그들의 가슴, 심령에는 우울과 근심과 염려의 에너지, 기운이 흘러 들어가게 됩니다. 그들은 머리에 들어간 사랑의 메시지와 가슴에 들어온 근심, 눌림의 영 중에서 어느 쪽에 더 영향을 받게 될까요?

당연히 가슴에 들어온 것에 영향을 받게 됩니다. 머리에 들어간 개념은 얼마 시간이 지나지 않아 그들의 기억 속에서 사라집니다. 그러나 한동안 그들은 근심과 염려와 우울함 속에 들어가게 될 것입니다. 이것이 예배를 드린 후에 마음이 답답해지는 이들의 상태인 것입니다.

그 반대는 어떨까요? 오늘 말씀을 전하는 사역자는 주님의 기쁨과 행복감으로 가득합니다. 그의 영은 아주 자유롭고 풍성합니다. 그가 집회에 참석한 성도들을 보았을 때 그의 마음에는 사랑과 평강이 가득합니다. 그는 간단한 메시지를 전합니다. 그것은 하나도 특별한 것이 아니고 이미 많이 들었고 알고 있었던 내용입니다.

그는 단순히 하나님의 사랑과 성도의 기쁨과 만족에 대하여 이야기합니다. 그런데 사람들의 반응은 어떨까요? 그들은 흐느끼고 감동하며 기쁨으로 웃기 시작합니다.

그가 어떤 특별하고 깊은 진리를 전달한 것일까요?

아닙니다. 그가 단순하고 쉬우며 평범한 메시지를 전달하는 가운데 그가 경험하고 있는 하나님의 임재와 그 기운이 자연스럽게 성도들에게 흘러 들어가고 있는 것입니다.

사역자들이 이러한 원리에 대하여 충분히 이해하고 적용할 수 있다면 얼마나 좋을까요! 그것은 예배와 영의 충만한 흐름에 많은 변화와 풍성함을 주게 될 것입니다.

그들이 그렇게 열심히 준비하고 만들어낸 설교가 사람들에게 별로 영향을 주지 못하며 그들의 입에서 나오는 기운이 성도들에게 직접 들어가게 된다는 것을 그들이 정말 이해한다면, 자신의 마음과 영을 지키며 주님의 은혜로 충만하고 풍성한 상태로 있는 것이 그 무엇보다도 더 중요하다고 여기게 될 것입니다.

사역자들이 거룩한 하나님의 말씀을 설교한다고 해서 그의 입 기운이 바로 정화되고 성화되는 것은 아닙니다. 그의 입은 좋은 말씀을 전하면서도 얼마든지 근심과 불안과 짜증과 낙담과 염려의 기운이 흘러나올 수 있습니다. 그리고 그 기운은 성도들의 심령 속으로 그대로 흘러 들어갑니다.

사역자들이 충분히 기도하고 영적으로 충만한 상태에 있으면 그는 자신의 입에서 나오는 메시지에 스스로 충격을 받고 즐거움을 느낍니다. 본인도 아주 시원함을 느끼게 되지요. 그럴 때는 아주 단순한 말씀을 전하면서도 스스로 사로잡히는 것을 느낍니다. 아주 쉬운 몇 마디의 말을 통해서도 성도들의 심령이 열리며 그들의 영이 충전되는 것을 느끼게 됩니다.

하지만 그렇지 않을 때도 많이 있습니다. 어떤 때는 입에서 말을 하는 그 자체가 고역입니다. 크게 외친다고 해도 그것은 연기에 불과하고 공허하기만 할 뿐 그 언어에 전혀 맛이 흘러나오지 않습니다.

그럴 때 사역자는 자신이 전하는 설교가 너무 힘이 없고 무기력하다고 느끼게 됩니다. 그는 그저 빨리 메시지를 마치고 단에서 내려가고 싶은 마음뿐일 것입니다.

말씀 자체는 너무나 좋은 말씀인데 이상하게 그것을 전하는 자신이 너무나 연약하게 느껴지는 것입니다. 이것은 무슨 이유일까요? 갑자기 하나님의 말씀이 약해진 것일까요?

물론 아닙니다. 하나님의 말씀은 언제나 생명과 영광이 충만한 것입니다. 문제가 있는 것은 그 말씀을 적용하고 선포하는 도구인 사역자 자신의 영적인 상태입니다. 그러니 똑같은 말씀이라고 해도 자신의 영적인 상태에 따라 마치 입에서 꿀이 흐르는 것 같이 말씀을 전하기도 하고 어떤 때는 너무나 무기력하고 둔탁한 상태에서 메시지를 전하게 되기도 하는 것입니다.

메시지의 힘은 전달자의 영적인 상태, 입 기운의 상태에 따라 엄청난 차이가 있습니다. 똑같은 메시지를 두 사람이 읽습니다. 그런데 한 사람이 읽을 때는 그저 졸음이 올 뿐입니다. 그리고 다른 사역자가 똑같은 그 메시지를 낭독합니다. 그런데 이번에는 듣는 사람들이 통곡을 하기 시작합니다. 그 이유는 무엇일까요? 물론 그것은 메시지를 읽을 때 그 입에서 흘러나오는 입 기운이 다르기 때문입니다.

한국의 부흥사로 유명한 이용도 목사님은 설교를 하는 도중에 단순히 성경을 봉독하기만 해도 좌중이 울음바다가 되었다는 기록이 있습니다. 그것도 그의 심령, 그의 입에서 흘러나오는 영적인 힘, 기운이 사람들의 심령을 관통했기 때문입니다.

사역자들이 흔히 이러한 불평을 합니다. 자신이 섬기고 있는 성도들이 다른 집회나 부흥회에 가서 은혜를 받았다고 하는데 목회자가 이야기를 들어보니 그들이 깨달았다고 은혜를 받았다고 하는 내용이 자신이 평소에 많이 가르쳤던 내용이라는 것입니다. 그래서 마음을 상해하는 경우가 많습니다.
그들은 자신이 설교를 할 때는 성도들이 마음을 닫고 있다가 다른 데에 갔을 때는 마음을 열었기 때문에 은혜를 받는 것이라고 생각합니다.
그러나 그것은 이러한 영적인 기운에 대한 이해가 부족한 것입니다. 사람들이 필요로 하는 것은 관념이나 이론이 아닙니다. 실제적인 영이며 기운입니다. 그들의 심령을 관통하는 영적인 에너지입니다. 그리고 그것은 체험한 사람만이 줄 수 있는 것입니다.
철저하게 지적인 기질을 가지고 있는 학자풍의 사람들은 아무 감동이나 흐름과 상관없이 이론이나 개념에 몰두하고 빠질 수 있습니다. 그러나 그러한 이들은 소수에 불과하며 대다수의 사람들은 그렇지 않습니다. 대다수의 사람들은 심령에 흘러들어오는 흐름과 기운의 영향을 받게 됩니다.
똑같은 메시지를 들었다고 해도 어떤 사역자가 할 때는 그 강력한 기운이 흘러나오지 않습니다. 그러나 이상하게도 동일한 메시지인데도 다른 사역자가 이야기할 때에 마치 처음 듣는 것과 같이 심령이 뜨거워지고 감동이 될 수 있습니다.
어떤 사역자가 '여러분. 우리는 서로 사랑해야 합니다.' 하고 설교를 합니다. 그러나 그냥 졸리고 따분하고 어색하기만 합니다.
그런데 다른 사역자가 '여러분.. 우리는 서로 사랑해야 합니다.' 하고 동일한 이야기를 합니다. 그런데 사람들이 여기저기서 울기 시작합니다. 그 차이는 무엇일까요? 그것은 메시지의 차이가 아니라 전달자의 차이입니다. 전달자의 가슴, 심령, 기운의 차이입니다.

사역자들은 이것을 반드시 이해해야 합니다. 성도들에게는 그의 머리에서 나온 것이 전달되는 것이 아니라 그의 심령 속에 있는 것이 전달됩니다. 그가 입으로 말할 때 그의 입에서는 그의 가슴에 있는 기운이 흘러나오게 됩니다.

만일 그가 기쁨이 가득하고 행복하며 사랑이 가득한 상태라면 그가 어떠한 메시지를 전해도 성도들은 같이 행복해질 것입니다.

그러나 그가 기쁨이 없고 우울하며 근심과 두려움과 분노와 낙담 가운데 있다면 그는 그 어떤 메시지를 전한다고 해도 사람의 심령을 부흥시킬 수 없습니다.

그러므로 사역자는 그의 가슴과 심령을 변화시켜야 합니다. 풍성하고 충만한 기쁨으로 가득 찬 상태가 되어야 합니다. 예수 그리스도와 실제적으로 가까운 교제를 누려야 합니다.

사역자가 호흡기도에 대하여 훈련하고 분별력이 발전해야 할 이유가 여기에 있습니다. 그의 호흡은 곧 그의 기운이기 때문에 그는 그의 호흡과 기운을 변화시켜야 합니다. 사람들에게 달콤하고 아름다운 꿀을 먹이기 위해서 그는 그의 심령, 호흡, 기운을 변화시켜야 합니다.

사역자들은 자신의 기운, 호흡을 분별해야 합니다. 자신의 기운을 느낄 수 있어야 합니다.

자신의 입에서 아름답고 풍성한 생수의 강이 흐르는지 아니면 어둡고 우울하며 생기가 부족한 그러한 기운이 흐르는지 알고 느끼고 수정할 수 있어야 합니다.

자신의 영을 변화시키지 못한다면 그는 놀라운 하나님의 생명의 말씀을 그저 졸리고 따분한 것으로 만들어버리게 됩니다.

그러므로 사역자는 바른 말씀을 깨닫고 바르게 전해야 합니다. 또한 동시에 전달의 도구인 자신의 심령에 주님의 실제가 충만하게 해야 합니다.

사역자의 입에서 나오는 기운, 그것은 성도들의 영에 깊은 영향을 미치며 그들의 영적인 상태를 좌우합니다. 이것을 바르게 이해한다면 그것은 사역자들에게, 그리고 성도들에게 매우 복스러운 일이 될 것입니다.

2. 집회와 은혜, 호흡과 기운

집회에서 임하는 은혜는 사역자의 입에서 나오는 기운, 사역자가 가지고 있는 기운과 관계를 가지고 있다는 것을 충분히 이해할 필요가 있습니다.
사람들은 하나님의 말씀을 대할 때 그것을 주로 문자로, 의미로만 이해합니다. 그 말씀을 기운으로, 호흡으로는 이해하지 않습니다.
그러나 말씀은 하나의 의미를 가지고 있지만 동시에 하나님의 영이며 기운이며 호흡입니다. 그러므로 그것은 때로는 실제적인 힘으로 불처럼 방망이처럼 강하게 접촉하는 자에게 역사합니다.
말씀은 머리에만 들어가는 것이 아닙니다. 그것은 심령에 꽂히는 것입니다. 그것은 먼저 사역자의 심령에 꽂히며 그 입술의 기운을 통해서 사람들에게 흘러 들어갑니다.

예배나 집회에서 은혜의 임함은 영적인 분위기와 관련이 있습니다. 강렬한 기도, 강렬한 찬양, 강렬한 부르짖음, 강렬한 호흡, 강렬한 하나님의 임재와 기운이 흐르고 움직이는 집회에서는 회심과 결단과 변화되는 삶과 각종 놀라운 역사들이 일어나게 됩니다.
그것은 성령의 역사가 강렬한 능력과 기운으로 성도들의 심령에 임재하였기 때문입니다. 그러한 강력한 역사 속에서 말씀이 심령 깊은 곳에 임하고 깨달음과 역사를 일으키게 됩니다.
마태복음 7장 28, 29절에는 이런 말씀이 있습니다.

예수께서 이 말씀을 마치시매 무리들이 그의 가르치심에 놀라니 이는 그 가르치시는 것이 권위 있는 자와 같고 그들의 서기관들과 같지 아니함일러라 예수님께서 말씀을 전하실 때에 사람들은 다 놀랐습니다. 그들은 왜 놀랐을까요? 물론 메시지의 진리가 주는 충격이 있었습니다.
하지만 그것만은 아니었습니다. 그 이상의 어떤 것이 있었습니다. 그가 말씀하실 때 어떠한 영적인 힘, 권세가 흘러나왔으며 그것은 그들이 여태껏 많이 들었던 서기관들의 설교와 달랐습니다. 그것은 무엇인가 사로잡히게 하는 힘이 있었습니다.
누가복음 4장 32절에도 비슷한 언급이 나옵니다.

그들이 그 가르치심에 놀라니 이는 그 말씀이 권위가 있음이러라

그의 말씀에는 권세가 있었습니다. 능력과 영적 권위가 있었습니다.
마가복음 5장에는 혈루증을 앓는 여인의 이야기가 있습니다. 그녀는 그녀의 병을 치유받기 위하여 살짝 숨어서 주님의 옷자락을 만졌습니다. 그리고 그 순간 강한 영적인 능력이 그녀에게 임하게 되었고 그녀는 치유되었습니다. 이것은 주님께 어떤 영적인 능력, 기운이 항상 있었던 것을 보여줍니다.

열두 해를 혈루증으로 앓아 온 한 여자가 있어 많은 의사에게 많은 괴로움을 받았고 가진 것도 다 허비하였으되 아무 효험이 없고 도리어 더 중하여졌던 차에 예수의 소문을 듣고 무리 가운데 끼어 뒤로 와서 그의 옷에 손을 대니 이는 내가 그의 옷에만 손을 대어도 구원을 받으리라 생각함일러라 이에 혈루 근원이 곧 마르매 병이 나은 줄을 몸에 깨달으니라 (막5:25-29)

그녀에게 주님이 가지고 계신 능력이 흘러 들어가자 그녀는 그것을 감지하게 되었습니다. 그것은 너무나 선명한 힘이었습니다. 능력이 임했는지 아닌지 분명하지 않은 상태가 아니었습니다.
그 능력은 여인에게 임하자 구체적으로 어떤 전율이나 시원함이나 뜨거

움과 같은 치유의 역사를 시작하였습니다. 여인은 그것을 알 수 있었습니다.

그러한 능력의 임함에 대하여 주위에서는 아무도 그것을 알지 못했습니다. 그러나 그것을 경험한 여인은 그것을 알았고 주님도 자기에게서 어떤 능력이 빠져나갔다는 것을 느끼셨습니다. 그래서 주님은 자신을 만진 이를 찾았습니다.

예수께서 그 능력이 자기에게서 나간 줄을 곧 스스로 아시고 무리 가운데서 돌이켜 말씀하시되 누가 내 옷에 손을 대었느냐 하시니 (막5:30)

그러나 제자들은 어떤 강력한 영적인 힘의 흐름이 있었다는 사실을 알 수 없었습니다.

제자들이 여짜오되 무리가 에워싸 미는 것을 보시며 누가 내게 손을 대었느냐 물으시나이까 하되 예수께서 이 일 행한 여자를 보려고 둘러보시니 (막5:31,32)

이 메시지는 선명합니다. 주님의 주위에는 많은 사람들이 있었으나 어떤 영적인 능력을 구체적으로 접촉한 사람은 이 여인 혼자 뿐이었습니다. 그녀의 간절한 소원과 믿음이 그러한 접촉을 가능하게 했을 것입니다.

이 말씀에서 분명한 사실은 같은 장소에 있다고 해서 같은 영적인 능력을 다 경험하지는 않는다는 것입니다. 한 장소에 강한 영적인 은총이 흘러넘친다고 해서 그 자리에 있는 모든 사람이 그 영의 흐름 속에 들어가는 것은 아닙니다.

또한 그 영적인 힘은 분명히 느낄 수 있는 것이었다는 사실입니다. 다른 이들은 그것을 알 수 없었지만 주님은 자기에게서 능력이 나간 것을 분명히 아셨고 그 여인도 분명히 그것을 알았습니다. 어떤 영적인 기운,

그것은 분명히 만질 수 있고 느낄 수 있고 경험할 수 있는 것입니다.
주님에게서는 그러한 능력과 기운이 흘러나오셨습니다. 그리고 사람들은 그것을 감지할 수 있었습니다.
이것은 다음의 말씀을 보아도 명백합니다.

하루는 가르치실 때에 갈릴리의 각 마을과 유대와 예루살렘에서 온 바리새인과 율법교사들이 앉았는데 병을 고치는 주의 능력이 예수와 함께 하더라 (눅5:17)

여기서 예수와 분리해서 '병을 고치는 주의 능력'이라고 표현한 것은 인상적입니다. 어떤 능력, 기운, 힘이 예수님에게 있었다는 것을 말해주고 있는 것이지요. 그리고 사람들은 그러한 기운과 힘을 느낄 수 있었습니다.

온 무리가 예수를 만지려고 힘쓰니 이는 능력이 예수께로부터 나와서 모든 사람을 낫게 함이러라 (눅6:19)

예수님에게서는 어떤 강하고 시원하고 힘이 넘치는 기운이 흘러나왔습니다. 사람들은 그 기운을 접촉하려고 애를 썼고 그래서 예수님을 만지려고 노력했습니다. 그들은 그 기운을 경험하기를 원했는데 그러면 병이 낫고 힘을 얻을 수 있었기 때문이었습니다.

이르시되 너희는 따로 한적한 곳에 가서 잠깐 쉬어라 하시니 이는 오고 가는 사람이 많아 음식 먹을 겨를도 없음이라
이에 배를 타고 따로 한적한 곳에 갈새 (막6:31,32)

주님에게는 그러한 기운이 항상 흐르고 있었습니다. 하지만 사람들이 너무나 주님께 접근하는 바람에 몹시 피곤해서서 주님은 산에서 혼자

기도하시며 영적인 충전을 하셔야 했습니다. 주님은 거룩한 성령, 그러한 기운의 충전을 통해서 그 능력과 함께 사역하시기를 원하셨기 때문입니다.

주님은 놀라운 말씀을 전하셨습니다. 그러나 단순히 말씀만을 가르치신 것은 아닙니다. 주님에게서는 항상 영적인 에너지, 하나님의 능력, 기운이 흐르고 있었습니다. 사람들은 그 능력에 접촉하고 싶어서 주님을 만지려고 애를 썼던 것입니다.

분명한 사실은 어떤 이가 메시지를 전할 때, 어떤 이야기를 할 때, 찬양을 할 때, 기도를 드릴 때 거기에는 어떤 테크닉보다 그것을 통해서 흐르는 기운의 요소가 중요하다는 것입니다. 왜냐하면 그 기운이 듣는 이들의 심령 속에 들어가기 때문입니다.

19세기의 유명한 부흥 사역자 찰스 피니에게 강력한 성령의 역사가 임한 지 얼마 되지 않을 때의 일이었습니다.

피니가 어떤 친척을 만나서 음식을 먹게 되었습니다. 피니는 음식을 먹기 전에 간단하게 기도를 하였습니다. 그런데 기도를 마치자 그 친척이 통곡을 하면서 회개를 하고 있었습니다. 그저 단순한 음식에 대한 감사기도였을 뿐인데 그에게서 나오는 강력한 영적인 힘이 듣는 이의 심령에 강력하게 전달되었던 것입니다.

피니에게는 이런 일도 있었습니다. 그가 어느 공장에 방문을 한 적이 있었습니다. 그는 우연히 한 작업장에 들어가서 있게 되었는데 그 공장에서 일하는 여직원들이 일을 하면서 나누는 이야기들을 듣게 되었습니다. 그런데 그녀들이 나누는 이야기는 너무나 세상적이고 더럽고 악한 이야기들 뿐 이었습니다.

피니는 너무나 마음이 아파서 그들을 뚫어지게 쳐다보고 있었는데 이야기를 나누던 한 여성이 그를 보게 되었습니다.

그녀는 그의 불타는 듯한 눈을 보면서 이상하게 마음이 찔리는 것을 느끼게 되었습니다. 그녀는 말을 더듬다가 말을 중단하고 말았습니다. 그녀는 갑자기 하나님에 대하여 너무나 냉담하고 죄로 가득한 자신의 모습을 발견하게 되었습니다.
그녀는 고개를 숙이고 있다가 그만 그 자리에 무릎을 꿇고 말았습니다. 그러더니 자신의 죄를 용서해달라고 하나님께 울면서 기도를 드리기 시작했습니다.
그녀와 같이 대화를 나누던 여성도 같이 무릎을 꿇고 흐느끼면서 기도하기 시작했습니다. 잠시 후에는 그 방에서 일하던 모든 여성들이 자리에 무릎을 꿇은 채로 울면서 기도를 하게 되었습니다.
이것은 어떻게 된 일일까요? 피니는 그녀들에게 한마디도 설교를 하지 않았습니다. 그러나 단순히 쳐다보는 그의 눈에서 어떤 감화력이 나왔는지 모릅니다. 피니는 당시에 강력한 하나님의 영에 사로잡혀 있었기 때문에 그가 조용히 지켜보는 것만으로 사람들에게 영향을 주었던 것입니다.
피니가 아무런 이야기도 하지 않았지만 피니는 어떤 영적인 기운에 사로잡혀 있었고 그의 곁에 있었던 사람들은 그 영향력 안에 끌려들어 왔었던 것입니다. 그 영향력 안에는 그녀들의 더러움과 어두움을 정화시키고 깨뜨리게 하는 어떤 정결한 영의 기운이 움직이고 있었습니다.

집회에 임하는 은혜는 거기에 흐르고 있는 영적인 기운, 분위기와 관련이 있습니다. 기독교 역사에 있었던 많은 부흥의 순간이 그러했습니다. 잘 짜이고 계획된 예배와 설교가 아니고 많은 기도와 찬양 속에서 그들은 말로 표현하기 힘든 그 기쁨의 물결, 사랑의 물결, 평화의 물결에 압도되었습니다.
그들은 울고 회개하고 주님을 높였습니다. 그것은 좌중을 압도하는 거룩한 기운을 통한 것이었습니다.
오래전 내가 목회를 하고 있었을 때였습니다. 우리는 그 해 여름수련회를 충청도에 있는 어느 기도원을 빌려서 하고 있었습니다.
나는 주님의 실제적인 임재하심이 집회에 나타나도록 간절히 기도했고 집회에는 주님의 임재 현상이 많이 나타났습니다. 쓰러지는 현상도 많이 나타나곤 했습니다.

그 전에 나의 집회에 몇 번 참석한 적이 있는 친구 목사가 어떤 사모님에게 이 수련회에 대하여 소개를 하였습니다. 이 사모님은 큰 교회에서 부목사를 하고 있는 분의 아내였는데 집회 가운데 성령님의 바람이 임하고 사람들이 쓰러진다는 이야기를 듣자 피식피식 비웃었다고 합니다. 그러나 다소 호기심이 있었는지 집회 이틀째 되는 날 밤에 친구 목사와 같이 참석을 하였습니다.

나는 여러 가지 메시지를 전하였는데 그녀는 무슨 소리인지 전혀 들리지도 않았고 내용도 도무지 알아들을 수 없었다고 하였습니다. 나는 목소리도 작은 편이고 마이크 시스템도 별로 좋지 않아서 잘 알아듣기가 힘들었던 것 같았습니다. 그녀는 자신이 그 곳에 온 것이 그저 짜증만 나는 그러한 상황이었습니다.

그러다가 기도와 찬양을 하는 시간이 되었습니다. 간절하게 기도와 찬양을 하다가 주님의 임재가 선명하여 우리는 모두 일어나서 주님의 임하심을 기다리고 있었습니다.

갑자기 강력한 바람이 임하기 시작했습니다. 사람들은 마치 폭격을 맞은 듯이 여기 저기 나뒹굴기 시작했지요. 여기저기 울음소리가 가득한 상황이 되었습니다. 그러나 그녀는 쓰러지지 않았습니다.

나는 그녀에게 기도를 해주고 싶어서 그녀에게 가까이 다가갔습니다. 그러자 그녀는 내가 가까이 다가올수록 뜨겁고 강한 바람이 자기에게 불어닥치는 바람에 너무 놀라서 마구 울었다고 합니다. 이것은 친구 목사에게 나중에 들은 이야기입니다.

그 이후에 나는 메시지를 계속 전하였습니다. 메시지의 내용은 주로 주님의 마음, 주님의 실상을 맛보고 경험하는 것, 주님께 사로잡히는 삶에 대한 것이었습니다.

그녀는 방금의 경험 전, 강력한 바람을 맞기 전에는 나의 목소리를 거의 알아들을 수 없었고 그 내용도 전혀 이해할 수 없었습니다. 그러나 그 바람의 경험 이후에는 아주 작은 소리도 너무나 선명하게 들려오더라는 것이었습니다. 그저 조용히 말을 해도 그것이 그녀 안에 깊이 스며드는 것 같이 느껴지더라는 것이었습니다.

집회가 끝나고 여럿이 둘러앉아서 기도를 하고 있었을 때 나는 그녀에게 다가갔습니다. 그리고 말했지요. 지금 성령님께서 운행을 하고 계시니까 원하고 구하면 주님께서 방언을 주실 것이라고 하였습니다.

그러자 그녀는 고개를 도리도리 흔드는 것이었습니다. 지금 자기에게 필요한 것은 방언이 아니고 회개를 하는 것이라고 하면서 계속 흐느껴 우는 것이었습니다. 아마 그녀는 자신이 성령님의 역사에 대하여 함부로 말하고 표현하고 한 것에 대하여 심한 죄책감을 느끼고 있는 것 같았습니다.

사역자들 가운데 주님의 임재와 그 현상에 대하여 부정적인 견해를 가지고 있는 이들도 적지 않습니다. 그들이 그분의 거룩하시고 아름다우신 그 은총 가운데로 들어가고 그 영광의 세계를 맛보게 되면 그렇게 하지 않을 것입니다. 인간은 하나님의 형상으로 만들어졌기 때문에 그 영광의 임재를 경험할 때 그것은 가장 근본적인 해방과 만족을 사람에게 주기 때문입니다.

그녀는 어떻게 그렇게 달라질 수 있었을까요? 어떻게 집회에 참석하기 전과 후에 그러한 다른 의식을 가지게 되었을까요? 잘 들리지도 않던 목소리와 내용에 대하여 어떻게 갑자기 선명한 깨우침과 달콤함으로 느낄 수 있게 되었을까요?

그것은 내 친구 목사가 내게 이야기한 것처럼 바람을 한 번 맞은 후의 변화였습니다. 강력한 하나님의 영, 하나님의 기운, 바람.. 그것이 우리의 몸과 마음, 영혼에 휘몰아칠 때 우리는 마음과 생각과 기호와 모든 것에 정말 많은 변화를 경험하게 되는 것입니다.

그 바람, 기운.. 그것은 하나님의 임재이며 그것은 호흡과 관련이 있는 것입니다. 그것은 호흡기도와 관련이 있는 것입니다. 나는 그 당시에는 호흡기도에 대하여 전혀 알지 못했습니다. 아마 호흡기도에 대하여 내가 경험하고 이해를 했었더라면, 그리고 집회에서 가르쳤더라면 사람들은 좀 더 깊은 하나님의 임재와 흐름을 풍성하게 누리고 맛볼 수 있었을 것입니다.

은혜의 집회, 하나님의 임재와 영광이 흐르는 모임.. 그것은 그 곳에 임하는 기운과 관련이 있는 것입니다. 호흡과 관련이 있는 것입니다.

그것은 하나님의 호흡입니다.

사역자들이 이 전능자의 호흡에 대하여 경험하고 알게 되면 그들은 풍성하고 놀라운 집회를 인도할 수 있을 것입니다. 모든 이들이 그 거룩한 기쁨과 행복을 경험하고 참여하게 되는 그러한 예배를 인도할 수 있게 될 것입니다.

부흥은 주님의 임재에서 옵니다.

기쁨은 그 하나님의 나타나심과 바람에서 옵니다.

사역자는 그 기운을 경험해야 합니다. 그리고 나누어 줄 수 있어야 합니다. 사역자의 호흡이 바뀔 때, 주님의 호흡, 전능자의 호흡으로 가득해질 때 그는 진정 부흥의 도구가 될 것입니다.

그러나 사람의 속에는 영이 있고 전능자의 숨결이 사람에게 깨달음을 주시나니 (욥32:8)

그렇지만 사람에게 총명을 주는 것은 사람 안에 있는 영과 전능자의 호흡이더군요. (욥32:8, 쉬운 성경)

3. 호흡과 소리와 기운

지적인 사역자들은 영의 흐름과 움직임에 대한 이해가 부족한 측면이 있습니다. 영적 현상에 대한 이해가 부족하다 보니 직접적인 경험이 없이는 이해하기 어려운 부분에 대하여 추론적으로 비판하기도 합니다.
그들은 대체로 부흥사들이나 그들의 사역에 대해서는 부정적으로 표현하기도 합니다. 나는 이러한 이야기들을 많이 들어보고 읽어보았습니다.
"왜 부흥사들은 툭하면 쉿, 쉿 하는 소리를 냅니까? 문 닫아라. 성령 나가신다.. 이런 이야기를 하는 이들도 있는데 그렇게 말도 안 되는 이야기가 어디에 있습니까?"
그것은 일견 옳아 보이는 이야기입니다. 실제로 부흥사나 사역자들 중에 인위적인 방식으로 은혜를 끼치려고 하는 분들도 있을 것입니다. 그러나 대체로 이러한 이야기들은 영적인 세계의 원리와 법칙, 그 흐름에 대하여 이해가 부족하기 때문에 문제가 되는 것입니다.
성령님은 하나님이시며 인격적이시며 초월적인 분이라는 사실에 대해서는 이해하고 있지만 그 분이 영이시며 영으로서 영의 원리와 흐름에 따라서 운행하신다는 것을 바르게 이해하지 못하고 있기 때문입니다.

성령님은 실제이십니다. 그 운행하심은 구체적으로 그 공간에 임합니다. 그 영, 기운의 움직임과 공간과의 관계는 아주 밀접합니다. 그러므로 문을 열면 성령님이 나가신다는 표현은 그리 적절한 것이라고 할 수 없지만 그 영적 기운의 영향력은 문이 열려 있을 때와 닫혀 있을 때가 엄청난 차이가 납니다.
대체로 부흥사들은 그리 논리적, 합리적으로 사고하고 표현하는 스타일이 아닙니다. 그러므로 논리 싸움에서 학자들을 이기지는 못합니다. 다만 그들은 체험적으로 그러한 원리들을 알게 되었을 것입니다.

작은 골방에서 기도를 하면 기도를 하는 자신의 목소리가 들리며 자신의 숨기운을 느끼게 됩니다. 그래서 자신의 소리와 기운을 통해서 기도의 힘을 얻게 되지요.

그러나 산과 같이 주변이 터진 곳에서 기도를 하면 그 소리가 사방으로 새어 나가 버립니다. 그래서 골방기도에만 익숙하고 산 기도에 익숙하지 않은 이들이 처음으로 산 기도를 하면 아주 힘들게 느껴집니다.

골방에서 조용히 깊이 기도할 때의 달콤함을 거의 느끼기 어렵고 팍팍하게만 느껴집니다. 산 기도는 묵상기도보다 부르짖는 기도에 익숙한 사람들이 그 맛을 느낄 수 있는데 거기에 익숙하지 않은 이들은 영적으로 눌리고 억압당하기 쉽습니다.

이러한 경험들은 은혜와 감동과 공간과 소리와의 관계를 보여줍니다. 공간에서 기운과 소리를 잘 보존할 수 없으면 그 은혜와 감동은 소멸될 수 있는 것입니다.

비슷한 예로 많은 사람들이 집회에서 통성 기도를 하는데 모두가 다 아주 크게 소리를 질러서 기도하면 자기가 기도하는 소리가 잘 들리지 않게 됩니다.

그렇게 자신의 귀를 통하여 소리와 기운이 들어오지 않으면 기운의 공급을 받을 수가 없어서 기도가 몹시 힘들게 느껴지게 되지요.

그러므로 이러한 때는 기도 인도자가 기도의 소리가 좀 작아지도록 조금 조용하게 기도를 시켜야 합니다. 이러한 사례도 은혜의 흐름과 공간과의 관계를 설명해주는 것입니다. 그러므로 '문 닫아라, 성령 나간다'는 표현은 별로 적절한 표현이라고 할 수는 없지만 원리적으로 그리 틀리는 이야기는 아닌 것입니다.

주님의 임재 현상에 대한 구체적인 경험과 이해가 없이 영적인 현상을 함부로 판단하는 것은 성령의 역사를 제한할 수가 있습니다. 그러므로 조심을 해야 합니다.

지적인 기질의 사람은 이해가 빠르며 그것에 대한 설명을 잘 합니다. 그러므로 그가 영성적인 경험을 하면 그것을 성경적으로 합리적으로 잘 체계화시킬 것입니다.

그러나 그가 그러한 경험이 별로 없거나 오히려 반대적인 경험, 예를 들어서 은사를 경험한 이들이 그에게 무례한 행동을 하였다든가, 빗나가는 것을 보았다든가 하는 경험을 하게 되면 그는 그의 경험에 입각해서 은사에 대하여 부정적인 잣대를 가지고 성경적으로 신학적으로 합리적으로 그러한 것을 공격하게 될 것입니다.

개인적인 경험은 성경의 해석에도 영향을 끼치기 마련입니다. 어떤 사람도 자기의 개인적인 경험에서 벗어나 완전히 객관적으로 성경을 해석하고 보는 것은 쉽지 않을 것입니다. 대부분의 사람들은 자기의 경험을 따라, 기질이나 좋아하는 성향을 따라, 그리고 개인적인 영향을 끼친 지도자나 스승의 시각과 관점의 영향을 받아 성경을 보고 해석하는 것이 보통입니다.

어떤 생물학 박사는 기독교를 인정하지 않았습니다. 특히 동정녀 마리아에 대한 이야기에 대해서는 '아주 무식한 사람들'이라고 냉소했습니다. 그러나 그가 나중에 복음을 듣고 주님을 영접하게 되었습니다.

그가 나중에 목사님을 찾아와서 말했습니다.

"목사님, 사람들이 예수님의 동정녀 탄생을 믿지 않더군요. 아니 그렇게 무식한 사람들이 있습니까? 개구리도 전기 충격을 주면 혼자서 알을 낳는 것이 가능한데 말입니다."

이 이야기는 경험이 바뀌면 논리적인 지식도 관점이 바뀐다는 것을 잘 보여줍니다.

'쉿, 쉿' 하는 발음에 대하여 조금 이야기를 해보겠습니다. 인위적으로 억지스럽게 '쉿..' 소리를 내는 것은 바람직한 일이 아니겠지만 소리와 영과 기운에는 상호 미묘한 관계가 있습니다.

한국의 대표적인 부흥사인 S목사님의 간증에 이러한 내용이 있습니다.

그는 영적인 은혜에 대하여 몹시 갈급한 상태에서 친구인 J목사를 찾아 갔습니다. 그의 친구인 J목사는 기도원에서 기도하는 중에 깊은 은혜를 체험했고 그 때부터 성령 충만한 은혜 속에서 살며 항상 감사와 기쁨 속에서 산다고 하였습니다.

S목사님은 그가 몹시 부러웠습니다. 그래서 그의 교회에서 같은 은혜를 체험하기 위하여 같이 간절하게 기도를 하게 되었습니다.

예배당 안에는 약 30명의 성도가 기도를 하고 있었습니다. 그는 예배당 뒤쪽에서 무릎을 꿇고 기도를 시작하였습니다. 한 시간 정도 죄를 회개하는 기도를 드렸는데 처음에는 기도가 힘들었으나 시간이 지날수록 그는 기도가 더욱 쉬워지는 것을 느끼게 되었습니다. 평소에는 10분, 20분만 기도를 하면 몸이 꼬이던 것이 1시간이 지나가자 기도의 영이 임했는지 기도에 더욱 가속도가 붙기 시작했습니다.

그는 친구 목사에게 임한 성령의 권능을 자기에게도 달라고 무려 다섯 시간이나 부르짖으며 기도했습니다. 지금의 상태로는 도저히 목회를 할 수 없다고 간절하게 부르짖었습니다. 거의 무아의 상태에서 끊임없이 간구하고 있는데 갑자기 강대상 앞에서 이상한 소리가 들려왔습니다. 누구의 목소리인지는 모르겠지만 억센 발음으로 '슛슛' 하는 무슨 기합 같은 소리가 들리는 것이었습니다.

그런데 이상한 것은 그 '슛슛' 소리가 들릴 때마다 목사님의 머리에서 발끝까지 마치 전류가 흐르는 것과 같은 느낌이 들며 몸과 마음이 뜨거워지는 것이었습니다.

그 뿐이 아니었습니다. 목사님 자신의 입에서도 이상한 소리가 나오는 것이었지요. 목사님은 순간적으로 자신이 미치는 줄 알았다고 합니다. 아마 그 때는 그것이 방언인줄 몰랐었겠지요.

놀래서 눈을 뜨고 앞을 바라보니 '슛슛' 소리를 내는 사람은 그의 친구 목사였습니다. 그가 방언으로 성도들에게 기도를 해주고 있었는데 그가 안수기도를 하면서 그 소리를 내고 있었다는 것입니다.

목사님은 겁이 덜컥 났다고 합니다. 지금도 이렇게 몸이 뜨겁고 진동이 오고 있는데 안수를 받게 되면 큰 일이 날 것 같아서 그는 잠시 진정을 하려고 화장실에 다녀와서 다시 무릎을 꿇었는데 그 순간 하늘에서 환한 빛이 임하는 것을 느꼈고 주님의 분명한 음성을 들었다고 합니다.
이 사건은 목사님의 신앙과 사역에 놀라운 변화를 가져왔으며 신학적 이론과 말씀에서만 하나님의 뜻과 섭리를 찾았던 그가 성령의 은혜와 기도를 통하여 하나님의 임재를 가까이 느끼고 찾게 되었다고 합니다. 그리고 그가 부흥사가 된 동기가 바로 그날 밤의 체험이었다고 합니다.

이것은 흥미로운 이야기입니다. 그의 이야기 중에 '슛슛' 하는 발음에 대한 이야기가 나오는데 목사님이 그 발음을 들었을 때 그는 온 몸에 전율을 느끼며 뜨거움이 임하였다는 이야기를 하였습니다.
그것은 어떤 이유일까요? 그가 여러 시간을 간절하게 기도하기 전에 그러한 소리를 들었다면 아마 그는 그러한 발음에 대하여 이상하게 느끼거나 거부감을 느꼈을 뿐 특별한 현상을 경험하지는 않았을 것입니다. 그러나 그는 여러 시간 동안 부르짖으며 회개를 하며 기도를 하는 동안에 영적으로 많이 열린 상태, 주님의 임재를 경험할 수 있는 열린 상태가 되었을 것입니다.
어떤 사역자가 주님의 은총과 임재를 충분히 경험하게 되면 그의 입에서 그러한 영적인 기운이 나오게 됩니다. 그리고 특별하게 의도하지 않더라도 시옷 발음이 많이 나타나게 됩니다.
그것은 그 발음이 그 호흡, 그 기운이 밖으로 나가는 데 적합한 상태가 되기 쉽기 때문입니다.
물론 어떤 은혜나 임재의 경험이 없이 단순하게 그러한 발음을 흉내만 내는 이들도 있을지 모릅니다. 그러나 대체로 외적인 하나님의 임재를 강력하게 경험하게 되면 그러한 발음이 자연스럽게 나올 수 있습니다.
소리와 기운, 그리고 호흡.. 이것은 서로 밀접한 관계를 가지고 있습니다. 어떤 이가 하나님의 호흡, 그 기운을 경험하게 된다면 그것은 그의 안에 채워지게 되며 그 입의 기운과 코의 호흡을 통하여 밖으로 흘러나오게 됩니다. 그것은 그 공간을 가득 채우며 영적으로 민감하고 준비된 이들에게 영적인 영향력을 끼칩니다.

은혜를 경험하고 그 기운이 흘러나오는 사역자의 소리는 듣는 이의 심령을 후련하게, 시원하게 하는 어떤 것이 있습니다. 듣는 이들은 평범한 이야기에도 짜릿한 힘과 기운을 느끼며 그 기운과 능력이 자신에게 들어오는 것을 느끼게 됩니다.

사역자는 단순히 소리와 제스처를 흉내 낼 수 없습니다. 그것은 코미디에 불과합니다. 그러나 사역자가 은혜를 경험하고 주를 마시게 되면 그의 호흡은 달라집니다. 사람들은 그가 말할 때 사로잡힙니다. 그들은 전율을 느낍니다.

그것은 말로 설명하기 어렵습니다. 그러나 분명한 것은 사역자가 어떤 말을 할 때 그들은 거기에 사로잡히게 됩니다. 그것은 테크닉을 초월한 어떤 기운, 힘인 것입니다.

사역자는 그 힘에 대하여 알아야 합니다. 그 기운에 대하여 알아야 합니다. 하나님의 능력과 은혜는 아주 구체적인 것입니다. 그것은 공상과 같은 것이 아닙니다.

영과 소리, 호흡, 기운 그 모든 것이 서로 연관을 가지고 있으며 하나님의 임재와 권능이 흘러가는 하나의 원리라는 것을 부디 이해하시기 바랍니다. 그리고 구체적인 하나님의 영을 경험해 가십시오.

그럴 때 사역자들은 자신 안에서 구체적인 변화를 경험해갈 것입니다. 그리고 성도들도 같이 변화될 것입니다.

하나님의 영광, 그 놀랍고 거룩한 기운, 그 흐름이 교회 안에, 집회 안에 가득하게 될 때 그것은 진정한 천국이 될 것입니다. 그리고 그것은 그 하나님의 영과 임재를 경험한 사역자를 통하여 비로소 시작될 것입니다.

4. 대화와 호흡의 공급

사역자의 사역은 대부분 언어를 통해서, 말을 하는 것을 통해서 이루어집니다. 예배 인도도, 찬양도, 기도도, 말씀의 사역도 다 말을 하는 것으로 이루어집니다.
좀 더 정확하게 말하자면 사역자가 말을 하고 입을 벌리는 순간에 그의 안에서 흘러나오는 기운을 통해서 대부분의 사역이 이루어진다고 할 수 있을 것입니다.
자. 어떤 사역자가 찬양을 시작합니다. 또는 기도를 시작합니다. 그런데 그 순간 그 공간의 영적인 분위기가 바뀝니다. 어둡고 침체되어 있으며 눌려 있던 성도들, 그리고 그러한 분위기가 갑자기 따뜻하고 풍성하며 거룩하고 아름다운 기운이 흐르기 시작합니다. 사람들은 감동을 받으며 여기저기서 흐느껴 웁니다.

어떻게 이러한 일이 일어나는 것일까요? 그것은 사역자의 입에서 나오는 영적인 기운이 성도들의 어둡고 눌려 있는 영적인 것들을 제압하고 처리하며 그가 경험한 하나님의 영의 풍성함이 그 공간과 성도들에게 영향을 미치기 때문입니다. 그러한 역사가 그가 말을 하는 것을 통하여 시작되는 것입니다.
주님의 영으로 더욱 더 충만한 강력한 사역자는 말을 하지 않고 조용히 있기만 해도 그러한 능력의 흐름이 가능할지도 모릅니다. 그러나 일반적으로는 말을 하는 것을 통해서 사역의 능력이 흘러나오는 것이 중요한 법칙이며 원리입니다.
앞에서 언급한 것과 같이 사역자가 가지고 있는 영적인 기운이 주님의 거룩한 임재와 맑고 가벼운 영으로 충만한 상태가 아니고 세상 사랑과 자기 사랑, 근심, 분노, 인간적인 생각들로 가득한 상태라면 그의 기운은 별로 좋지 않을 것입니다. 그런 상태에서는 아무리 열심히 찬양을 하고 강하게 외치고 부르짖고 해도 사람들에게 좋은 영향을 끼치지 못할 것입니다. 오히려 부정적인 영향을 주게 될 것입니다.

소리만 크게 지르면 그것이 다른 사람들에게 은혜를 끼친다고 생각하는 이들도 있습니다. 그래서 강대상에서 마치 웅변을 하는 것처럼 극적인 억양으로 소리를 많이 지르는 이들도 있습니다.

하지만 무조건 소리를 지르는 것이 능력과 은혜가 흐르는 비결이라고 할 수는 없습니다. 은혜를 끼치는 것은 그가 어떤 방법으로 전하느냐의 문제가 아니라 그의 안에 어떠한 영, 어떠한 기운이 있느냐의 문제이기 때문입니다.

그의 안에 기쁨이 가득하다면 그가 조용히 말할 때 기쁨이 적게 흘러나오며 크게 표현한다면 기쁨이 강하게 흘러나올 것입니다. 그러나 그의 안에 불안이나 짜증이나 두려움이 있다면 그가 조용히 말할 때는 불안이나 짜증이나 두려움이 조금만 흘러나오겠지만 크고 강하게 외친다면 불안감이나 짜증이나 두려움이 아주 강하게 흘러나올 것입니다.

그것은 당연히 듣는 이들에게 고통을 줄 것입니다. 사람들이 큰 소리로 기도하는 것이 항상 아름답게 들리는 것은 아닙니다. 오히려 심각한 피해를 입히기도 하는 것입니다. 중요한 것은 어떻게 기도하느냐보다 어떠한 영으로 기도하느냐 하는 것입니다.

언어와 소리는 중요합니다. 그러나 더 중요한 것은 그 소리를 통해서 흘러나오는 기운입니다. 주님의 기운은 너무나 아름답고 맑고 거룩하고 사랑이 가득한 기운이며 사역자가 그 주님의 영에 붙들려 있다면 성도들은 그 아름답고 맑고 거룩한 기운을 같이 경험하고 맛볼 수 있을 것입니다.

언어, 그리고 그 언어에서 흘러나오는 호흡, 기운은 바로 사역의 중요한 원리입니다. 그러므로 사역자는 항상 자신의 호흡과 기운의 아름다움과 풍성함을 유지하여야 합니다.

사역자는 대화를 많이 하게 됩니다. 예배에서의 인도에도 언어가 필요하지만 대화도 역시 언어로 하는 것입니다.

많은 이들이 사역자와 대화하기를 원하지요. 답답한 문제를 가지고 있는 이들이 사역자에게 와서 자주 상담을 요청합니다.

사역자들은 누구나 성도들과 같이 대화를 나누며 그들의 문제를 들어주고 해결해주며 그들의 심령을 풍성하게 해주기를 원할 것입니다.

그것은 어떻게 가능할까요? 이 역시 사역자의 호흡과 흘러나오는 기운을 통해서 가능한 것입니다.

대화란 결국 호흡을 나누는 것입니다. 또한 호흡을 교환하는 것이라고 할 수 있습니다. 대화를 통해서 상담을 한다는 것은 결국 고통을 호소하는 사람의 나쁜 호흡과 그를 도와주는 사역자의 좋은 호흡을 서로 바꾸는 것이라고도 할 수 있습니다.

어떤 성도가 고통과 문제를 가지고 사역자에게 나아왔을 때 그의 안에는 어두움이 가득한 상태인 것이 보통입니다. 그들은 한숨을 쉬며 그들의 고통을 이야기합니다. 그들이 처한 어려움과 답답함을 이야기합니다. 그리고 그렇게 이야기를 하는 가운데 그들의 입에서 어둡고 차갑고 악한 에너지가 흘러나오게 됩니다.

이 때 사역자가 밝고 맑고 강력한 에너지를 가지고 있다면 그는 성도와 대화를 나누는 가운데 그의 밝고 맑고 사랑과 평강으로 충만한 기운을 상대에게 공급해줄 것입니다.

그렇게 대화가 진행되다보면 점차로 성도의 마음속에 있는 흑암의 기운이 사라지게 됩니다. 이상하게도 조금 전까지 마음속에 절망과 낙담으로 가득했는데 이제는 그것이 아무 것도 아닌 것같이 느껴집니다. 그래서 성도들은 기쁨으로 가득해서 대화를 마치게 됩니다.

하지만 성도는 회복된 마음으로 기쁘게 자리에서 일어나지만 그 성도가 가지고 있는 어둠의 기운은 그대로 사역자에게 전달됩니다.

그는 한동안 그가 상대를 도와주면서 받아들인 어둠의 기운으로 인하여 고통을 겪게 될 것입니다. 그러나 그가 은혜와 호흡과 그 기운의 흐름에 대하여 경험하고 이해한다면 그는 곧 그 어두움의 기운을 다시 배출 호흡을 통해서 내어보내고 다시 빛의 영, 주님의 맑고 행복한 영을 충전하고 맑은 상태로 돌아가게 됩니다. 이것이 바로 상담과 사역의 원리입니다.

예배를 인도할 때도 사역자는 말을 통해서 그가 경험한 주님의 아름다움과 영광의 그 기운, 생명과 사랑과 희락으로 가득 찬 그 기운을 나누어주는 것입니다. 그리고 탈진한 후에 다시 주님의 풍성함으로 충전을 해야 하지요. 또한 사역자는 상담에서도 이와 같이 그의 호흡과 기운을 나누어주는 것입니다.

사역자의 영혼이 강하고 충만하며 그가 가지고 있는 빛이 아주 강력한 상태라면 그는 많은 사람들이 가지고 있는 어두움의 기운을 치유하고도 멀쩡할 수 있습니다. 그러나 그가 보유하고 있는 빛이 너무 적은데 그러함에도 불구하고 많은 이들의 어두움을 해결해 주려고 하고 그들이 가지고 있는 흑암을 받아들인다면 그는 얼마 가지 못해서 쓰러지게 될 것입니다.

사역자의 빛이 충만하다면 그는 별로 대단하지 않은 몇 마디 말을 통해서 사람들을 해방시킬 수 있을 것입니다. 사람들은 금방 힘을 얻으며 곧 기쁨을 얻고 웃음을 머금게 됩니다.

그러나 사역자에게 빛이 충만하지 않고 오히려 그 자신의 어둠 가운데 눌려 있으며 자기의 삶에도 기쁨과 승리가 부족한 상태라면 그는 그가 알고 있는 온갖 지식과 방법을 총동원하여 상대에게 권면한다 해도 상대방을 자유롭게 할 수 없을 것입니다.

나는 지금까지 많은 이들에게 상담을 해 주었습니다. 지금은 요청이 너무 많고 시간에도 쫓겨서 거의 하지 못하지만, 지난날에는 많은 고통 가운데, 눌림 가운데 있는 이들을 접하고 대화를 나누곤 하였습니다.

상담을 하게 되면 대체로 심각한 상태에 있던 이들도 5분이나 10분 정도 대화를 나누면 곧 기쁨과 감격을 되찾는 것을 보곤 하였습니다.
조금 전까지 죽는 것이 낫다고 하던 이들이 주님의 은혜와 사랑이 너무나 감사하다고 하면서 흐느끼는 것을 흔하게 경험하게 되었습니다.
그러한 변화의 원리 자체는 간단한 것입니다. 그들의 어두운 기운을 받아내고 그리고 신선한 기운을 공급했기 때문입니다. 중요한 것은 사람들이 가지고 있는 많은 어두움을 처리한 후에도 충분히 견딜 수 있을 정도의 빛과 충만함을 유지하는 것입니다.
영적인 공급은 자신이 충만하지 않은 상태에서는 가능하지 않는 일입니다. 또한 다른 이들을 돕는 가운데 받아들인 흑암의 기운을 잘 처리하는 방법을 알지 못하면 그것은 영 육간에 많은 고통과 문제를 일으키게 됩니다.
심하게 이야기하면 자신의 수준과 한계를 넘어서는 무리한 사역은 생명을 단축시킬 수도 있는 것입니다. 그러므로 사역에 있어서는 충분히 충전하는 것과 조심하는 것이 아주 중요합니다.

도움을 요청하는 사람들은 대체로 영성의 원리를 배워서 스스로 충만함을 누리며 빛 가운데 살려고 하는 것보다는 능력 있는 사역자에게 도움을 받고 기도를 받아서 문제를 해결하려고 합니다.
그러나 그것은 오래 가지 못합니다. 대부분 사람들이 겪고 있는 어두움과 재앙들은 그들의 영혼에 문제가 있으며 그들이 가지고 있는 생각의 잘못과 무지로 인한 것이기 때문에 영적 원리를 깨닫고 배워서 자기의 마음과 영을 변화시켜야 합니다.
그리하여 사역자의 도움이 아닌 스스로의 힘으로 바르게 서서 스스로 충만하게 주님을 누리고 경험할 수 있는 영성을 가지게 되는 것이 훨씬 더 중요한 것입니다.
많은 이들이 문제에 대한 질문을 가지고 있습니다. 그러므로 사역자들은 이러한 질문들에 대하여 어떻게 대답하는 것이 옳고 합리적인 것인가에 대하여 많이 연구하고 노력합니다.

그러나 중요한 것은 논리적인 해답보다도 도움을 요청하는 사람이 가지고 있는 영적 기운을 분별하고 제압하는 능력입니다. 도움을 요청하는 이들은 많은 경우에 악하고 어두운 기운으로 인하여 고통을 겪고 있습니다.

그러므로 사역자가 그들의 성도들이 가지고 있는 영적 어두움의 상태를 분별하고 회복시키며 영적인 능력을 공급할 능력이 없다면 아무리 옳고 좋은 이야기를 해주어도 성도는 회복될 수 없습니다. 수없이 이야기를 해주어도 그들은 여전히 답답해하며 힘을 얻지 못하고 여전히 똑같이 질문과 고민을 반복하게 됩니다.

사역자는 이러한 경우에 왜 그렇게 깨닫지 못하느냐고, 몇 번을 말해야 알겠느냐고 속상해합니다. 하지만 그것은 사역자의 영과 사역자의 빛이 성도의 어두움을 제압하지 못한 것입니다. 그것은 결국 영력의 부족과 관계가 있는 것입니다.

문제는 충분한 논리가 아닙니다. 고통당하는 이들의 심령을 채울 수 있는 강력한 능력입니다. 그 신선하고 아름다운 생명의 기운을 그들이 경험할 때 그들은 문제에서 벗어나게 됩니다.

사역자가 이러한 공급을 위해서 강하고 신선한 기름부음으로 충만해야 하는 것은 당연합니다. 그가 가지고 있는 신선한 빛과 기운이 상대의 어두움보다 강하다면 상대방은 별로 몇 마디 이야기를 나누지 않았음에도 불구하고 금방 기분이 좋아지며 행복해지게 됩니다.

반대로 사역자가 상대방이 가지고 있는 어두움의 기운을 제압하지 못하고 눌리게 되면 그는 의기소침하고 우울해지게 됩니다. 사역은 힘들고 세상은 살기 어렵고 보람도 없고.. 그는 탈진하고 우울하고 어두워지게 됩니다.

그러한 공급의 실패는 오직 사역자의 신선함이 부족한 것만이 이유는 아닙니다. 도움을 요청하는 이의 마음이 너무 완악하다거나 해서 도저히 주님의 영을 받을 수 없는 상태인 경우도 있습니다. 그러한 경우에도 그것을 분별하는 것이 사역자의 능력입니다. 이러한 분별이나 원리에 대해서는 또 다른 긴 이야기가 될 것입니다. 여기에서 이야기하려는 것은 대화를 통해 기운의 나눔, 공급이 이루어지며 사역자의 신선한 기운과 공급이 상대의 어둠을 이길 수 있을 때 비로소 도움을 줄 수 있다는 것입니다.

대화는 호흡의 공급입니다. 사역자가 신선한 생기와 기름부음을 사람들에게 공급할 수 있다면 그는 사람들을 회복시킬 수 있을 것입니다.
강단에서 강하게 설교를 하고 외치지 않아도 편안하고 평범한 자연스러운 대화를 통해서 그는 사람들을 세워줄 수 있을 것입니다. 그가 주님의 영, 주의 임재, 그 기운으로 가득하다면 그는 잠시 인사를 나누는 것만으로 사람들에게 영감과 풍성함을 줄 수 있을 것입니다.
사역자는 하루 24시간 자신의 안에 주님의 생기, 그 영광스러운 임재와 기름부으심으로 채워져야 합니다. 그것이 사역이며 사역자입니다.
대화는 호흡의 공급입니다. 그것은 생기의 공급입니다.
사역자의 호흡이 주의 영으로 충만하게 될 때 그의 사역은 달라질 것입니다. 그는 생명을 살릴 수 있을 것입니다. 죽어가는 이에게 희망과 기쁨을 줄 수 있을 것입니다.
사역자의 호흡이 주님의 기운으로 가득하다면 그것은 사역자에게나 성도들에게나 크나 큰 복이 될 것입니다.

5. 사역과 영적 분별력

사역이란 사람을 돕는 것입니다. 그 어떠한 도움보다 사람의 영혼을 세워주고 돕는 것입니다. 상대방의 영혼을 깨우고 강건하게 해서 스스로 주님의 영과 잘 교통할 수 있도록 도와주는 것입니다.
그렇게 사람을 돕기 위해서 중요한 것은 사람의 영적인 상태를 알고 분별하는 것입니다. 상대방의 영적인 수준과 상태가 어떠한지 알 수 없다면 그를 효과적으로 돕는 것은 어려운 일이겠지요.
사람을 분별하는 데 있어서 중요한 것이 그 입에서 나오는 기운입니다.

말을 할 때 그 입에서 나오는 기운은 그 사람을 보여줍니다.
어떤 이는 말할 때 부드럽고 따뜻한 기운이 나옵니다. 그래서 그가 말할 때는 주위에 편안함이 옵니다.
어떤 이는 말을 할 때 날카롭고 공격적인 기운이 나옵니다. 그래서 그가 말할 때에 주위의 분위기가 어색하고 싸늘하고 불안해지게 됩니다.
그러한 기운은 신앙 경력이나 외적인 지위와 별로 상관이 없는 것입니다. 분명한 것은 어떤 이가 주님과 그 영과 실제적인 교제를 가지고 있다면 그의 영은 아름답고 풍성해지며 그의 입에서 나오는 기운은 달콤하고 부드럽고 아름다워진다는 것입니다.
사역자는 이러한 영과 기운을 분별해야 합니다. 그러한 기운을 분별할 수 있어야 어두운 기운을 소멸시키고 우울한 기운 가운데 있는 사람에게 빛과 따스함과 신선한 기운을 나누어줄 수 있습니다.
영이 어두운 사람은 생각이 어둡고 말이 어둡습니다. 그들은 입을 벌리기만 하면 부정적인 이야기와 근심 어린 말들을 쏟아 놓습니다.
그러므로 그러한 사람들의 어두운 말에 끌려들어가지 말고 사역자의 밝고 아름다운 영으로 그들의 영을 제압하여 그러한 이들의 어두운 영 속에 밝고 환하고 아름다운 영을 공급해야 합니다. 그들이 밝고 아름다운 영을 충분히 공급받으면 그들은 마음과 생각도 밝아져서 점차로 그러한 부정적인 이야기들을 하지 않게 됩니다.

영이 차가운 사람은 정이 없으며 사납고 공격적입니다. 그들은 쉽게 분노하며 원망합니다. 그들의 입에서 나오는 기운은 사람의 영을 어둡게 하고 위축시키는 요소가 있습니다.

그들이 의분이니 더 이상 참을 수 없느니 하고 이야기하는 것에 휩쓸려 들어가서는 안 됩니다. 그들에게는 따뜻한 사랑과 포근한 기운의 공급을 해주어야 합니다.

똑같은 주님의 영이지만 어떤 이에게는 빛 되신 주님의 영을 공급해야 하고 어떤 이에게는 사랑이신 주의 영을 공급해야 합니다. 물론 그 이전에 사역자가 호흡과 기름부음을 통해서 그러한 영적인 에너지를 충분히 공급해줄 수 있도록 자신이 충전되어야 함은 말할 나위도 없습니다.

사람들의 영적인 상태에 대한 이러한 분별은 어렵게 느껴질지도 모릅니다. 그러나 사역자가 예수 호흡기도를 통하여 주님의 신선하고 아름다운 사랑의 영을 충분히 경험하였다면 그는 그와 반대되는 기운을 충분히 분별할 수 있습니다. 그는 거짓되고 우울하고 어둡고 사납고 진실하지 않은 기운을 쉽게 느낄 수 있습니다. 그리고 그의 필요한 부분이 무엇인지를 느끼고 공급할 수 있습니다.

어느 경우에나 사람에게 필요한 것은 단지 지식에 불과한 설득이 아니라 자신 안에서 흘러나오는 실제적인 사랑의 영과 평안의 기운을 공급하는 것입니다. 그 기운을 얻게 될 때 사람들은 힘을 얻고 생기를 가지게 됩니다.

사역자에게 호흡기도는 너무나 필요하고 중요한 것입니다. 그것은 사람의 영적 수준이나 상태를 분별하게 합니다. 사람의 기운을 느끼게 합니다. 호흡과 영에 민감한 사람은 어떤 사람이 들어오기도 전에 그가 가지고 있는 기운이 어떠한 상태인지 분별할 수 있을 것입니다.

그리고 상대방이 어느 정도의 진리를 받아들일 수 있는지 주님을 어느 정도 경험할 수 있으며 준비가 어느 정도 되어 있는 그릇인지 알 수 있을 것입니다.

호흡의 흐름과 기운을 느낄 수 있는 사람은 사람의 말에 끌려 들어가지 않고 말하는 이의 안에서 흘러나오는 영적 기운에 주목할 것입니다.

예를 들어서 어떤 이가 합당한 이유를 들어 다른 사람을 비난합니다. 그의 말은 아주 옳고 논리적입니다. 그러나 어느 정도 영이 훈련된 사람은 그의 말에 거짓이 있거나 바르지 않은 영이 있을 때 그것을 느낄 수 있을 것입니다. 어떤 이가 아무리 주님과 교회를 위한다고 이야기하며 성경을 많이 인용한다고 해도 그것이 어떠한 영으로 말하는 것인지 그 기운을 분별할 수 있을 것입니다.

그렇게 상대의 기운과 동기를 분별할 수 있다면 그에 합당한 도움을 그에게 줄 수 있는 것입니다.

집회 인도를 할 때에도 사역자의 분별력은 필요합니다. 호흡과 기운에 민감한 사역자는 성도들의 모습을 보고 그들의 영적인 상태와 기운을 느낄 수 있습니다. 사람들의 찬양하는 소리와 기도하는 소리를 들으며 그 기운이 어두운지 혼미한지 세상의 기운으로 혼합되어 있는지 영의 감각이 죽어 있는지 그것을 감지하고 느낄 수 있습니다.

그래서 지금 악한 영들을 결박하는 기도를 드려야 하는지 통성으로 기도해야 하는지 아니면 고요한 기도의 세계로 인도해야 하는지 느낄 수 있습니다.

때에 따라서는 강력한 찬양을 드려야 할 것입니다. 때에 따라서는 아주 부드러운 사랑의 고백과 같은 찬양을 드려야 할 것입니다. 때에 따라서는 아무런 기도도 찬양도 없이 고요하게 주님의 임재와 그 기운을 느끼고 기다려야 할 수도 있습니다. 이러한 모든 선택과 분별을 호흡과 그 기운을 분별함으로써 할 수 있는 것입니다.

사역자가 주님의 영에 민감하지 않고 그저 예정된 프로그램에 따라서 기도와 찬양인도를 한다면 그는 사람들의 영을 주님의 깊은 은총이 임하는 곳으로까지 인도해가기 어려울 것입니다. 그러나 사역자가 그렇게 영을 분별하면서 인도해간다면 성도들은 주님의 풍성하신 자리에까지 나아갈 수 있습니다.

사역자가 그 내적인 감각과 영의 기운의 분별에 따라 간다면 그는 내면의 기쁨과 만족을 충만하게 누리고 경험하게 될 것이며 좌중에는 주님의 풍성하신 임재가 가득할 것입니다.

그러나 사역자가 회중의 영적인 상태를 무시하고 그냥 나아간다면 그는 집회가 끝난 후에도 답답하고 무기력한 상태에 머물 수도 있습니다. 그러한 예배는 성도들의 영을 풀어주지 못하며 약간의 도움을 주는 것에 그칠지도 모릅니다.

사역자에게 있어서 사람의 분별과 영적인 상태의 분별은 너무나 중요합니다. 호흡기도는 주님의 풍성하신 임재를 가져다주며 이에 익숙해진 이들은 점차로 그러한 분별력이 발전하게 됩니다.

그러나 분별에서만 그치고 그가 생명의 풍성함을 공급하는 도구로서의 충만함이 부족하다면 그것은 또한 안타까운 일이 될 것입니다.

그러므로 사역자는 호흡과 그 기운의 충만함을 충분히 경험하여야 합니다. 주님의 그 풍성하신 영광과 역사하심을 충분히 맛보고 누려야 합니다.

호흡기도는 이러한 분별과 충만한 임재를 가능하게 하는 아름다운 도구입니다. 사역자가 이 기도에 익숙해질 때 그의 사역은 좀 더 풍성하고 아름다운 것이 될 것입니다.

6. 사역의 준비와 예수 호흡기도

사역이란 주님의 생명을 말씀을 통하여 성도들에게 공급하는 것입니다. 사역자가 그 영으로 충만할 때 그는 주님의 놀라운 통로가 될 것입니다. 사역자가 주의 영으로 충만하면 그는 사역의 꿈으로 부풀어 있습니다. 그는 어서 예배시간이 오기를 기다립니다. 그는 말씀을 선포하며 강력하게 집회를 사로잡고 성도들을 주님이 거하시는 하늘의 영광이 가득한 곳으로 데리고 가고 싶어합니다.

그는 잠을 자려고 누워서도 자신이 설교를 하고 집회를 인도하는 모습이 떠오릅니다. 상상 속에서 그는 찬양을 인도하고 기도를 인도하며 강력한 메시지를 전합니다. 그는 상상을 하다가 그만 거기에 사로잡혀 흐느끼기도 합니다. 그는 어서 날이 새서 집회를 하는 시간이 오기만을 기다립니다. 그는 마치 출정 준비를 마친 용사와도 같습니다.

이것은 아주 바람직하고 충만한 상태입니다. 그러나 유감스럽게도 이러한 상태에 있는 이들은 그리 많지 않습니다. 그리고 항상 이러한 상태가 되는 것은 아닙니다.

이것은 영적인 에너지가 충만한 상태입니다. 그러나 그러한 충만함이 부족하다면 거기에서 비극이 시작됩니다.

사역자는 지치고 피곤해집니다. 그는 우울해집니다. 그는 사람을 만나는 것이 피곤합니다. 그는 다른 이를 위로하기는커녕 자기를 위로해줄 사람이 있으면 얼마나 행복할까 생각합니다.

누군가가 상담이나 도움을 요청한다면 그것은 정말로 끔찍하게 느껴질 것입니다. 그는 지금 자신을 유지하는 것도 어려우며 남을 돌보아줄 상황이 되지 못하기 때문입니다.

그는 다가오고 있는 집회의 시간이 부담스럽게 느껴질 것입니다. 강단에 올라갈 시간은 다가오고 있는데 설교 준비는 잘 되지 않고 설교에 대한 부담은 사라지지 않습니다. 그런데도 할 일은 많고 전화벨은 울려 댑니다. 그는 그저 어디론가 도망가고 싶은 마음뿐입니다.

이러한 상태는 정말 비극적인 것입니다. 그는 지금 영적인 에너지를 다 잃어버렸습니다. 그에게는 정말 충전이 필요합니다.

특별하게 지치고 바쁜 상황이 아니더라도 이와 같은 무기력에 빠지는 사역자들은 아주 많습니다. 그들은 차츰 사역이 너무 힘들고 어렵다고 생각합니다.

이러한 상황에서 사역이 아닌 다른 일시적인 즐거움으로 마음을 회복하려고 하는 사역자들도 있습니다. 그러나 그러한 것은 근본적인 회복과 치유를 주지 못합니다.

심지어 TV를 쳐다보고 있는 순간에도 그의 속마음은 편하지 않을 것입니다. 옆에서 아내가 왜 목사가 그렇게 세상에 빠져 있느냐고 비난을 퍼붓지 않더라도 그의 마음은 지옥과 같습니다. 하지만 그는 어떻게 해야 할지 알 수 없습니다.

그의 문제는 영적인 고갈입니다. 그의 문제를 해결해주는 것은 일시적인 오락이 아니고 영적인 충전뿐입니다. 사역에 있어서 가장 중요한 것은 영적인 에너지가 충만해지는 것입니다.

사역자는 혼자서 먹고 살기 위해서 존재하는 이들이 아닙니다. 결혼하기 전에는 남자는 자기 혼자 먹고 살 것만을 벌면 됩니다. 그러나 그가 결혼해서 아이 두 명을 낳게 된다면 그는 이제 4인의 가장입니다. 그러므로 그는 네 사람이 먹고 살 것을 일하여서 벌어야 합니다.

사역자는 그와 같은 존재입니다. 그가 혼자서 자기의 영적 상태를 유지하는 것은 어느 정도 가능할지 모릅니다. 그러나 사역자는 그것만으로는 안 됩니다. 그는 자신의 영성을 충만하게 유지해야 할 뿐 아니라 다른 이들의 영성도 책임을 져야 합니다.

그는 삶에 지치고 찌들고 어두움과 낙담과 무기력에 빠져 있는 이들을 신선하게 먹일 수 있는 성경의 말씀과 영적인 충만함을 가지고 있어야 합니다. 그에게 필요한 것은 관념적인 지식이 아니라 생기가 넘치는 말씀과 영적 충만이며 영적인 에너지입니다.

그러므로 그는 혼자만의 충만이 아니고 10배, 100배의 충만함을 가지고 있어야 합니다. 그래야만 자기도 먹고 남도 먹여줄 수 있는 것입니다.

사역자의 호흡기도는 일단 많은 분량을 마시는 데에서부터 시작해야 합니다.

특히 내성적이고 조용한 사역자는 에너지가 많이 모자랍니다. 그러므로 일단 많은 분량을 충분하게 호흡해야 합니다.

호흡기도는 예수의 영을 마시는 것입니다. 사역자는 무엇보다도 예수의 영으로 사로잡혀야 하기 때문에 그는 아주 충만하게 많이 마셔야 합니다.

그는 길을 걸으나 깨어있으나 잠을 자거나 꿈속에서도 호흡을 하면서 예수를 마셔야 합니다. 예수의 영으로 채워져야 합니다.

사역자는 예수에게 미친 사람입니다. 미쳐야 합니다. 그렇지 않고서는 성도들을 채워줄 수 없습니다.

사역자는 성공을 위하여 부름을 받은 것이 아니라 죽음을 위하여 부름 받은 것입니다. 예수님이 십자가에서 죽으시고 그로 인하여 우리 모두가 살게 된 것처럼 사역자는 오직 예수로 채워지고 그 충만을 남김없이 성도들에게 부어주고 자신은 죽기 위하여 부름을 받은 존재입니다.

오직 예수의 영을 마시고 호흡하게 되면 그는 그 영, 그 기운으로 채워지게 됩니다. 그러면 그는 사역할 수 있습니다.

그는 성경을 읽을 때 감동에 사로잡히게 됩니다. 전해야할 메시지가 가슴에 불붙듯이 뜨겁게 타오르게 됩니다.

그에게는 집회에 대한 그리움이 시작됩니다. 성도들에 대한 애정과 그리움이 미칠 듯이 일어납니다. 그것은 인간적인 애정이 아니고 그의 영 안에서 예수의 영이 임하시고 역사하시는 것입니다.

사역자는 충분히 많은 분량의 호흡기도를 해야 합니다. 그러면 그는 충분한 사역을 소화할 수 있습니다.
간혹 이러한 경우도 있습니다.
사역자가 집회를 위하여 메시지를 준비하고 묵상합니다. 그런데 너무 달콤하고 행복합니다. 그래서 그는 아주 기분이 좋습니다. 오늘의 집회는 참 좋을 것이라고 생각합니다. 성도들은 아주 감동을 받으며 은혜를 얻을 것이라고 생각합니다.
그러나 이상하게도 그가 집회를 시작하고 자신 있게 메시지를 시작하였으나 그는 이상하게 자신이 자유롭지 않은 것을 느낍니다. 이상하게 자기 입에서 말이 나오는 것이 그리 매끄럽지 않습니다. 성도들도 별로 반응이 없는 것 같습니다.
그는 좌절하고 낙심합니다. 그는 간신히 집회를 마칩니다. 그러나 도대체 무엇이 잘못되었는지 모릅니다. 그는 성도들의 갈급함이 부족하다고 생각합니다. 이런 경우는 대체로 그의 영이 약한 것입니다.

그러한 경험을 자주 하는 사역자는 섬세한 영을 가지고 있는 사람입니다. 그러나 그의 영은 부드러울 뿐 강하지 않습니다.
그의 영은 성도들을 제압하지 못합니다. 성도들이 가지고 있는 근심, 염려, 두려움, 세상의 기운들을 제압하지 못합니다. 그래서 그의 속에 있는 은혜의 기운이 성도들의 심령까지 스며들어가지 못하고 밖에서 튀어나가게 되는 것입니다.
이러한 사역자들은 강한 호흡을 해야 합니다.
깊은 호흡은 내적인 주님과의 연합과 만족감을 줍니다. 그러나 그것은 강하지 않기에 악한 영들을 제압할 수 없습니다. 그것은 자신의 생명과 성숙에는 도움을 주지만 전투의 날에는 그다지 도움이 되지 않습니다.
그는 크고 강한 호흡을 해야 합니다.
빠른 호흡을 훈련해야 합니다.
그에게는 배 호흡기도가 많이 필요합니다.

날마다 그렇게 강력한 호흡기도를 하면 그는 점차로 자신감과 영적 에너지가 충만하고 강건해지는 것을 느끼게 될 것입니다. 그는 집회에 임하게 되면 간단하게 선포하고 외치는 것만으로 전체의 분위기를 사로잡고 그 공간에 주님의 풍성하신 은총과 임재가 나타나는 것을 볼 수 있게 될 것입니다.

사역자는 내적인 깊은 호흡기도를 알아야 합니다. 그것은 주님과의 달콤하고 아름다운 교통을 알게 해 줍니다.
또한 사역자는 강하고 충만한 호흡기도를 경험해야 합니다. 그것은 강력한 에너지와 힘을 그에게 줍니다.
사역자는 상황의 필요에 따라 청중의 영적인 수준과 상태에 따라 때로는 강력한 사역자로, 때로는 부드럽고 따뜻한 사역자로 쓰일 수 있어야 합니다.
풍성한 사역을 위하여 부디 예수 호흡기도를 통하여 당신을 충전하고, 충전하고 또 충전하십시오.
당신은 그 분량만큼 사역할 수 있으며 사역의 즐거움에 사로잡힐 수 있게 될 것입니다.

7. 사역자와 배출 호흡 1)

사역자의 입을 통하여 어떤 영적인 기운이 성도들에게 흘러간다는 것은 몹시 의미심장한 일입니다.
사역자들은 자신이 하나님의 말씀을 전한다고 생각할 것입니다. 물론 그것은 사실입니다. 그러나 그 하나님의 말씀은 사역자의 이성과 감정과 개인적인 경험의 영향을 받습니다.
그가 말씀의 영과 충돌하여 사로잡히고 변화를 경험하였다면 그는 순결하고 맑은 영으로 하나님의 말씀을 전할 것이며 성도들은 영적인 에너지를 얻게 될 것입니다. 그러나 사역자가 피상적으로 말씀을 이해하고 그저 단순히 지적으로 동의하는 수준에서 그의 마음과 정서가 별로 정화되지 않은 상태로 말씀을 전하게 된다면 사역자는 자신이 가지고 있는 맑지 않은 기운을 성도들에게 공급하는 것이 될 것입니다. 그것은 성도의 영을 변화시킬 수 없으며 어둡고 비참하게 만듭니다.

현실적으로 성도들은 사역자를 많이 닮아 가는 경향이 있습니다. 사역자가 아름답고 거룩한 사람이면 성도들도 비슷한 모습을 보이게 됩니다. 또한 사역자가 거칠고 공격적인 사람이면 성도들의 모습도 비슷하며 사역자가 어둡고 창백한 사람이면 역시 성도들도 비슷한 모습을 보여줍니다.
그것은 사역자의 기운과 영이 성도들에게 흘러들어가기 때문입니다. 그래서 성도들은 사역자를 닮아가게 됩니다. 그렇기 때문에 사역자는 자기의 마음과 영을 거룩하게 해야 하며 정화시켜야 합니다. 자신의 안에 있는 기운을 깨끗하게 해야 합니다.
그리하여 자신의 생각, 자신의 감정이 아닌 순수한 주님의 말씀, 주님의 영만을 전해야 합니다.

사역자는 자신의 안에 있는 좋지 않은 기운들을 배출해야 합니다. 그러한 나쁜 기운의 배출은 죄를 버리고 회개하는 것과 배출 호흡기도를 통해서 할 수 있습니다.

회개는 중요한 것이지만 그것은 구체적으로 죄를 토하고 강력하게 배출하는 것이 동반될 때 더욱 실제적인 정화가 이루어집니다. 호흡을 토하지 않고 마음속으로만 회개하는 것은 실제적인 정화와 변화의 효과가 크지 않습니다. 그러므로 성령의 역사가 강력하게 나타나는 집회에서는 통곡과 한숨과 절규가 가득한 것입니다. 이를 통하여 죄와 악과 자아의 악성들이 토해지고 배출되기 때문입니다.

사역자가 우선 배출해야 할 중요한 것은 어두움의 기운입니다. 그것은 근심과 두려움과 불안을 일으키는 기운입니다.

주님의 영이 가지고 있는 놀라운 특성 중의 하나가 빛이라는 것입니다. 그것은 밝고 아름답고 선명합니다. 하나님은 빛이시니 그에게는 어두움이 조금도 없습니다. (요일1:5) 그것이 주의 영입니다.

그 빛의 영을 경험할 때 사람은 밝아집니다. 밝고 맑은 기쁨으로 가득해집니다. 아침 햇살에 모든 안개가 다 사라져 버리듯이 그것은 모든 우울과 어두움을 다 소멸시켜버립니다.

이 하나님의 빛이 충만하지 않은 이들에게 어두움의 기운이 쉽게 침투할 수 있습니다. 어두움의 기운들.. 그것은 근심과 염려와 두려움과 비관과 서운함과 원망과 각종 눌림의 생각과 감정을 일으킵니다.

대체로 성품이 소극적이며 내성적인 사역자들이 이러한 어두움의 기운을 많이 가지고 있는 경향이 있습니다.

이들은 헌신되어 있으며 주님을 위하여 희생을 하고 싶어 합니다. 그러나 그들의 마음은 어두운 상태에 있습니다. 그들은 창백합니다.

그들의 정서는 많이 억압되어 있습니다. 그들 가운데는 대체로 은사가 나타나지 않습니다. 그들은 소리 내어 기도하는 데에 익숙하지 않으며 소극적이고 심약합니다.

그들은 말씀에 대한 통찰력이 예리한 측면이 있습니다. 그러나 영의 움직임, 흐름에 대하여는 잘 모릅니다. 또한 영적인 전쟁에 대하여, 실제적인 악한 영들의 공격과 장난에 대하여 잘 모릅니다.

그들은 열심히 사역에 힘쓰지만 별로 열매를 얻지 못하여 지치고 피곤한 중에 있습니다. 그들은 별로 헌신되지도 않고 육신적이라고 느껴지는 이들이 외적으로 성공적으로 보이는 목회의 열매를 가지고 있는 것을 보고 자신과 비교하며 절망합니다.

이것은 어두움의 기운에 눌려 있는 상태입니다. 사역자는 반드시 이러한 어두움의 기운을 토해내고 이러한 눌림의 상태에서 벗어나야 합니다. 그래야만 맑고 밝은 마음과 생각을 가질 수 있습니다.

사역자의 안에 이러한 어두움의 기운이 있으면 물질적인 문제나 현실적인 많은 문제들이 더 심하게 느껴지며 마음과 영혼을 죄어오게 됩니다. 사역자가 물질문제나 현실문제로 영이 맑지 못하다면 그는 사역하기가 어렵습니다. 이러한 것은 현실적인 문제 같지만 영적인 기운의 측면이 더 많습니다.

스데반은 돌에 맞아죽으면서도 그의 얼굴이 환하게 빛이 났습니다. 그가 처한 현실적인 상황은 전혀 편안한 상태가 아니었습니다.

그러므로 눌림이나 충만함은 영의 문제이며 환경의 문제가 아닙니다. 사역자가 그의 속에 가지고 있는 어두운 기운을 처리하지 않으면 결코 현실 문제도 풀리지 않습니다. 먼저 영이 회복되고 그 후에야 바깥의 문제도 풀려나기 시작하는 것입니다.

영적으로 어두운 상태의 사역자들이 말을 할 때는 아주 답답한 기운이 흘러나오게 됩니다. 그들 자신이 그것을 느낄 수도 있고 못 느낄 수도 있습니다. 그러나 듣는 청중은 그것을 알게 됩니다. 그러므로 그들이 인도하는 예배와 설교는 생동감이 없으며 무기력합니다.

주님은 무한하시고 주의 말씀은 거룩과 승리와 영광이 가득한 것이지만 그 통로가 되어야 할 사역자의 상태가 눌리고 약한 상태에 있다면 그는 그러한 풍성함을 공급할 수 없는 것입니다.

그러한 상태에 있을 때 그는 메시지의 내용도 자꾸 어두운 쪽으로 흐르게 됩니다. 비관적인 마음으로 말씀을 증거하게 됩니다. 부정적이고 정죄적인 메시지를 자꾸 전하게 됩니다.

성령의 깨우치심과 감동 속에서 죄를 지적하는 것이 아니라 본인의 어두운 마음과 의식에서 비난과 정죄가 담긴 어두운 메시지를 전달하게 되는 것입니다. 그 결과 자기도 눌리고 성도들도 눌리지만 그는 자신의 문제가 무엇인지, 또한 그러한 영적 침체를 어떻게 극복해야 할지 알 수 없습니다.

죄를 지적하는 설교를 한다고 해서 성도들이 눌리거나 분위기가 어둡게 되는 것은 아닙니다. 그것은 영의 문제입니다. 설교자가 성령의 감동에 사로잡혀서 맑고 강력한 영으로 선명하게 죄를 지적할 때 거기에는 통곡과 회개와 아수라장이 임하지만 그것은 눌림이 아닙니다. 거기에는 후련함이 있고 통쾌함이 있습니다.

그러나 자기 자신도 죄와 어두움에서 벗어나지 못하며 승리의 삶을 살지 못하고 어두움 가운데 있는 사역자는 그러한 메시지를 전할 수 없으며 억지로 전한다고 해도 그 메시지는 성도들에게 충격을 주지 못합니다. 전하는 자도 듣는 자도 여전히 어두움과 묶임 가운데 있게 되는 것입니다.

자기 안에 어두운 기운이 가득해있는 사람은 자신을 객관적으로 볼 수 없습니다. 빛 가운데 있을 때는 어두운 곳이 보이고 분별할 수 있지만 어둠 속에서는 아무 것도 보이지 않습니다. 그러므로 분별은 빛 가운데서만 가능합니다.

그는 자신의 상태를 알아야 하며 자신이 가지고 있는 어두움의 기운을 토해내야 합니다. 어두운 상태에서 말씀을 읽고 묵상하면 어떤 말씀을 보아도 그는 바르게 말씀을 먹고 흡수할 수 없으며 모든 것이 어둡게 보일 뿐입니다. 그러한 시각에서 메시지를 전하다 보면 성도들은 자연히 어둡고 눌리게 되며 근심과 염려로 가득한 삶을 살게 됩니다.

그 모든 것들은 사역자가 자신의 안에 있는 어두움의 기운을 토해내지 않았기 때문입니다. 그 기운이 깨끗이 청소되고 배출되면 그의 의식은 바뀌게 됩니다.

신앙이란 결코 어둡고 비참한 것이 아닙니다. 현실의 상황이 어떻다고 할지라도 주님의 임재가 있는 심령 가운데는 날마다 천국의 영광이 있습니다. 그 어두움의 기운이 사라지게 되면 그는 그 순간부터 잔치를 하게 되는 것입니다. 문제는 그의 심령이지 악한 세상이 아니며 그를 속썩이는 다른 사람에게 있는 것이 아닙니다.

사역자는 이러한 근심과 두려움과 염려와 불안의 기운을 남김없이 토해내야 합니다. 그리고 나서야 그는 맑고 밝은 빛의 기운을 성도들에게 나누어 줄 수 있습니다. 그가 빛을 경험하지 못했는데 누구에게 빛을 공급할 수 있겠습니까.

어두운 기운을 가지고 있는 사람들은 사역자든 평신도이든 간에 항상 무엇인가에 대하여 푸념을 합니다. 그리고 그것은 말하는 자와 듣는 자의 영을 다 죽게 합니다. 특히 사역자가 사역의 어려움을 호소하며 비관적인 이야기를 늘어놓을 때 그것을 듣고 싶어 하는 성도들은 아무도 없습니다. 그것은 모두에게 비참한 일입니다.

배출 호흡을 통하여 사역자는 그 어두운 기운들을 밖으로 내보내야 합니다. 세상에는 아무 문제가 없으며 문제는 그의 안에 있는 것입니다.

충분히 토하고 그 기운을 밖으로 내보낼 때 사역자의 인생은 달라집니다. 그는 전혀 새로운 사람이 됩니다. 그는 이제 비로소 주님을 믿고 따르는 자의 영광과 행복과 만족과 희열에 대하여 가르칠 수 있게 됩니다.

사역자의 영적 어두움은 너무나 비참한 일입니다. 그것은 자신 혼자만의 문제가 아니라 수많은 영혼들을 비참한 어두움의 골짜기에 떨어뜨리는 것이기 때문입니다.

문제가 자신의 안에 있는 어두운 기운이며 그 기운이 재앙을 계속 부르고 있는 것을 깨달아야 합니다.

당신이 사역자로서 어두움의 기운을 가지고 있다면 당신은 거기에서 벗어나야 합니다.

어디에서부터 자신의 안에 어두움이 들어왔는지 당신 자신을 살펴보십시오. 관련된 죄가 있는지, 양심에 찔리는 것이 있는지, 자신을 돌아보십시오.

마음에 찔리는 죄가 있다면 그것을 자백하고 토하십시오. 죄와 어두움을 일으키는 악한 영들을 대적하며 그 기운을 토해내십시오.

주의 이름을 부르며 충분히 한숨을 토해내십시오.

그렇게 계속 어두운 기운을 내보내십시오.

한숨으로 트림으로 내보내십시오.

계속하여 토하고 내보내면 어두운 기운이 소멸되어 답답함이나 불안이나 근심이 사라지게 됩니다. 더러는 더러운 가래나 액체와 같은 것이 토하여지게 될 수도 있습니다. 그것도 역시 나쁜 기운이 빠져나가는 과정입니다.

충분히 그 기운을 내보내고 나면 사역자는 새로운 세계를 경험하게 될 것입니다. 여태까지 그가 알지 못했던 행복과 기쁨과 환희의 세계, 물질이 줄 수 없는 영광의 세계가 그에게 열리게 될 것입니다.

이러한 어두운 기운을 토해낸 다음에는 주님을 부르고 마심으로 주의 임재와 기쁨으로 채워야합니다.

속의 어두움이 비워지면 그는 빛에 대한, 거룩한 것에 대한 갈증이 일어나게 됩니다. 그러므로 주님의 영을 구하고 높이며 주의 임하심을 구해야 합니다.

소극적이고 어두운 사람들은 근본적으로 호흡이 모지랍니다. 그래서 에너지가 부족하고 활기가 부족한 것입니다. 그러므로 그들은 근심과 눌림과 두려움 등의 어두운 기운을 토하면서 동시에 계속적으로 호흡기도를 통하여 영적 충전을 해야 합니다. 주의 빛, 주의 기운이 그의 안에 차고 넘치고 충만하게 임하도록 받아들이고 계속 마셔야 합니다.

그가 그렇게 충전된 상태에서 메시지를 전하면 그는 성도들이 말씀을 듣는 자세가 완전히 달라지는 것을 발견하게 될 것입니다. 졸거나 하품을 하면서 무표정하게 앉아있던 성도들의 얼굴이 기대감과 즐거움으로 바뀌는 것을 보게 될 것입니다.

주님의 영과 그 임재는 선명한 것입니다. 그것은 모호하지 않으며 영의 흐름과 운행하심은 눈에 보일 정도로 분명한 것입니다. 그것은 결코 공상이나 개념이 아닙니다.

어두운 기운을 정화시킨 사역자는 진정 사역의 즐거움과 기쁨의 세계가 새롭게 열리는 것을 경험하게 될 것입니다.

새롭게 배우고 체험해야할 것은 너무나 많습니다. 그러나 한두 가지만 경험을 해도 그것은 전혀 새로운 세계가 시작되는 시점이 될 것입니다.

사역자는 주님의 통로입니다.

그 영광의 통로입니다.

사역자가 어둡고 비참한 기운을 토해내고 그 영광과 빛으로 가득한 임재 속에서 사역을 하고 그 생기를 나누어 줄 때 사역자도 모든 성도들도 다 같이 행복해질 것입니다.

그리고 그것이야말로 진정 아름답고 행복한 사역인 것입니다.

8. 사역자와 배출 호흡 2)

사역자가 빛과 생기가 모자랄 때 그는 우울한 사람이 되고 어두운 기독교를 가르치게 됩니다. 그는 주님의 영광과 따뜻함과 행복감에 대하여 가르칠 수 없습니다. 그는 주를 따르는 환희와 영광에 사로잡히는 것이 아니라 근심과 염려와 좌절에 잡힙니다. 그는 그 기운을 반드시 토해내야 합니다. 그래야 성도들에게 생기를 줄 수 있습니다.

이러한 우울함은 비교적 양심적이고 진실한 사역자에게서 나타납니다. 이것은 사단이 마음이 선하고 약한 이들을 누르고 압박을 가하기 때문입니다.

비교적 영적으로 어린 사람들, 이기적이고 완악한 사람들에게는 사단은 다르게 역사합니다. 그들에게는 우울함과 근심으로 누르는 것이 아니고 분노와 공격성을 통해서 역사합니다.

그러므로 사역자는 우울함에 대하여 배출해야 하고 또한 분노와 공격성에 대하여 배출해야 합니다.

우울함과 공격성은 다릅니다. 우울함은 어두움이며 주로 자신에 대하여 절망하며 자신을 주로 칩니다. 그러나 분노와 공격성은 악성이며 이것은 주로 남을 치고 남을 공격하는 것입니다. 우울함이 성도를 압박하는 것이라면 공격성은 성도를 파괴하는 것입니다.

내성적인 사역자들이 공격성을 가지게 되기도 합니다. 그들은 성품이 조용하여 다른 사람이나 성도들에게 무례하고 억울한 일을 당하여도 분노를 표현하지 못하기 때문에 한 주일에 받은 스트레스나 억울함이 강단에서 분노로 표출되기도 합니다.

그러나 공격적인 메시지를 전하는 이들은 대체로 영적으로 성숙이 되지 않은 어린 사역자입니다. 그들은 거칠고 사납습니다. 그들은 표정이나 말이 강하고 거칠며 설교 중에 고함을 많이 지르는 경향이 있는데 그것이 성령충만한 것이라고 생각합니다.

대체로 부흥사들이나 은사 체험자들은 거칠며 표현에 있어서 정제되지 않은 성향이 있습니다. 그것은 그들이 받은 은사가 잘못되었기 때문이 아닙니다.

은사란 보통 바깥이 발달된 이들, 외향적인 성품의 사람들에게 나타나는 것이기 때문입니다. 그러므로 그들은 에너지가 바깥으로 몰려 있어서 외적으로 나타나는 은사들은 있으나 내면에는 에너지가 부족하여 사랑과 온유함 등의 성품적인 열매를 잘 맺지 못합니다.

사역자에게 철저하게 순종을 해야 하며 그렇지 않으면 심판을 받는다는 식의 메시지를 전하는 사역자들은 많이 있습니다. 또한 그들이 다니고 있는 교회를 떠나면 재앙이 온다는 식의 메시지를 전하는 이들도 많습니다. 순진한 성도들은 그러한 메시지를 무서워하며 교회가 싫어도 무슨 나쁜 일을 당하지 않을까 두려워서 계속 그 곳에 남아있게 됩니다.

이러한 현상은 사역자가 영적으로 인격적으로 아직 자라지 않았기 때문이기도 하지만 또한 악한 기운을 그 안에 가지고 있기 때문입니다. 그것은 분노와 공격성의 기운입니다.

그러한 이들은 말씀을 전해도 부담을 주고 압력을 가하며 죄책감을 일으키는 쪽으로 전파합니다. 왜 헌신하지 않느냐고, 왜 열심을 내지 않느냐고 그들은 몰아세웁니다. 이는 병들고 연약한 이들에게 왜 비틀거리느냐고 비난하는 것과 같습니다.

그들은 죄와 약함을 볼 때 화가 치밀어 오릅니다. 그들에게 사랑과 생기와 능력을 공급하는 것보다 제대로 하지 않고 말을 잘 안 듣는 이들을 혼내주고 싶은 마음이 떠오를 뿐입니다.

이렇게 어린 사역자일수록 자기가 하는 교회와 사역이 가장 대단하다고 생각하고 또 그렇게 가르칩니다. 그곳을 떠나면 세상에 진리는 없는 듯이 그렇게 선포합니다. 어디서 이런 메시지를 듣겠느냐고 가르치는 사역자들도 적지 않습니다. 물론 그것은 주님을 드러내지 않고 자신을 드러내는 것입니다.
성숙한 사역자라면 감히 그러한 이야기는 하지 못합니다. 그는 오직 주님이 드러나시기를 원하며 자신이 사랑과 존경을 받기에 합당하다고는 결코 생각지 않습니다.

이와 같이 영혼을 치고 누르는 사역은 바른 것이 아닙니다. 주님은 결코 그렇게 하시지 않았습니다. 주님은 세리와 창기에 대하여 정죄하거나 야단치지 않으셨으며 그들의 연약함을 불쌍히 여기시고 사랑해주셨습니다. 그들의 죄를 용납하신 것이 아닙니다. 그들에게 다시는 죄를 짓지 말라고 하셨습니다. 우물가에서 만난 사마리아 여인에게도 직접적인 방식은 아니었지만 그녀의 죄에 대하여 분명히 지적하셨습니다.

이르시되 가서 네 남편을 불러 오라 여자가 대답하여 이르되 나는 남편이 없나이다 예수께서 이르시되 네가 남편이 없다 하는 말이 옳도다 너에게 남편 다섯이 있었고 지금 있는 자도 네 남편이 아니니 네 말이 참되도다 (요4:16-18)

그 후에 예수께서 성전에서 그 사람을 만나 이르시되 보라 네가 나았으니 더 심한 것이 생기지 않게 다시는 죄를 범하지 말라 하시니 (요5:14)

그러나 주님은 죄를 지적하셨지만 그들을 불쌍히 여기시고 사랑해주셨습니다. 주님은 그들을 멀리 하지 않으셨으며 그래서 심지어 '죄인의 친구'라는 비난을 듣기도 했습니다. (눅7:34) 그러므로 사랑이 결여된 공격성과 정죄를 담은 지적은 바른 것이라고 할 수 없는 것입니다.
공격성은 무지에서 나오기도 합니다. 사람들에게 의무감을 심어주고 공포에 가까운 긴장감을 불어넣어야 사람들이 열심히 믿을 것이라는 생각에서 그렇게 하기도 합니다.

그러나 공격성과 공격적인 메시지는 대부분 사랑의 부족에서 나오는 것입니다. 그들은 심장의 에너지가 부족합니다. 그러므로 그들은 말을 듣지 않는 성도들을 보면 분노가 치밀어오르게 됩니다.

예배 시간에 늦는 이들을 보면 화가 납니다. 헌신하지 않고 믿음의 삶과 세상 사이에서 왔다 갔다 하는 이중적인 성도들을 보면 분노가 일어납니다. 그것은 옳은 것일까요? 아닙니다. 그것은 그가 사랑의 에너지, 인내와 포용의 에너지가 부족한 것을 보여줍니다.

성도들은 그런 식으로 성장해가는 것이 보통입니다. 아기가 수없이 사고를 일으키면서 자라듯이 성도들도 많은 실수와 넘어짐과 방황을 통해서 자라게 됩니다. 그러므로 그러한 부족한 모습이 나타나는 것은 특별한 일이 아닙니다.

그러나 사역자에게 강한 기운만 있고 애정의 에너지가 부족하다면, 영혼의 성숙이 충분하지 않다면 그는 성도를 치기 바쁘지 그들을 사랑하고 축복하고 세워주기가 어렵습니다.

공격적인 메시지는 사람들에게 두 가지 반응을 일으킵니다. 마음이 약한 이들은 눌리게 됩니다. 또한 마음이 강한 이들은 반발하고 교회를 떠나게 됩니다. 교회에 남아있는 사람들은 충성파와 눌려 있는 이들 뿐입니다. 물론 그것은 비극입니다.

사역자가 생기와 기운이 모자라서 성도들에게 생기와 에너지를 공급해 줄 수 없다면 그것은 문제입니다. 그 어두움의 기운을 토해내고 생기로 채워져야 합니다. 또한 사역자가 속에 있는 악한 기운, 공격성을 처리하지 못하고 공격적인 메시지를 통하여 성도들을 억압하고 있다면 이것도 안타까운 일입니다. 그는 내적인 충만함을 경험해야 합니다. 주님의 사랑 에너지, 그 기운을 충만하게 맛보아야 합니다.

가슴에 사랑 에너지가 부족하면 자꾸 짜증이 나게 되어 있습니다. 인내하지 못하며 화가 일어나게 됩니다.

이러한 사역자들은 심장 호흡을 배워야 합니다. 가슴 속에 깊이 숨을 들이마시며 주님의 사랑을 부르고 마셔야 합니다. 그 달콤하고 아름다운 기운으로 가슴에 가득 채워야 합니다. 심장에 그 주의 달콤한 사랑의 기운이 가득하게 되면 그는 자신의 시각이 바뀌는 것을 경험하게 됩니다. 이상하게 사람들이 넘어지고 헤매도 그것이 사랑스럽게 보이며 불쌍하게 보이게 됩니다. 그래서 어떻게 하든지 위로하고 용기를 주고 싶어집니다.

심장에 사랑 에너지가 가득 차있는 사역자들은 성도들에 대한 깊은 긍휼과 애정을 느끼게 됩니다. 그들은 예배의 순간을 기다립니다. 그리고 성도들에게 사랑을 고백하고 축복하고 싶은 마음으로 사로잡히게 됩니다. 그리고 그것이 바로 주님께서 사역자들에게 원하시는 사역인 것입니다.

물론 그것은 사역자가 성도들의 죄와 잘못에 대해서 무조건 덮어주고 넘어간다는 것을 의미하는 것이 아닙니다. 이 세대에 가득한 죄악과 더러움의 문화에 대해서 적당히 타협하고 넘어가는 것을 의미하는 것이 아닙니다. 그렇다면 그것은 진정한 사랑이 아니기 때문입니다.

진정한 사랑 때문에, 죄를 미워하시는 하나님의 시선 때문에 사역자는 냉철하고 강력하게 죄를 지적하고 경계할 수 있습니다. 그러나 사랑이 없는 지적은 눌림을 낳을 뿐이지만 사랑과 열정이 포함된 권면과 경계는 회개와 변화와 회복을 일으킵니다. 사랑의 기운과 호흡이 그러한 열매를 맺게 하는 것입니다.

사랑과 긍휼이 결여된 공격적인 메시지는 사람의 영혼을 변화시킬 수 없습니다. 수많은 성도들이 넘어지고 타협하고 헤매는 것은 어떤 것이 바른 것인지 몰라서가 아니라 그 심령이 공허하며 내면적인 만족감이 없기 때문입니다. 그들에게 필요한 것은 지적하고 정죄하는 것이 아니라 진리가 무엇인지를 가르치고 하나님의 임재 안에서 사는 영광스러운 삶이 어떤 것인가를 가르치고 보여주는 것이며 그들의 내면에 하나님의 사랑과 능력이 충분히 공급되고 채워지는 것입니다.

사역자는 그 심장에 사랑의 영, 사랑의 기운으로 가득 차야 합니다. 그럴 때 그는 성도들에게 진정한 기쁨과 만족과 헌신의 영을 일으킬 수 있습니다.

사랑의 호흡을 심장에 받아들이기 전에 먼저 악하고 공격적인 기운에 대한 배출이 필요합니다. 이들은 고요한 배출 호흡을 해야 합니다.

분노와 혈기성이 아주 많은 이들은 정지호흡도 필요합니다. 육성은 고요한 호흡 가운데 약해지기 때문에 그들은 고요하고 깊고 잔잔한 호흡을 훈련해야 합니다.

이것은 일시적으로 자신을 무기력하게 만들 수도 있습니다. 그러나 변화를 받기 원한다면, 사랑의 사람이 되기 원한다면 일시적으로 그러한 무기력과 연약함을 통과해가야 합니다.

고요하게 주의 이름을 부르면서 숨을 들이마시고 내쉬며 충분히 자신의 속에 있는 급한 성질, 기운을 밖으로 내 보내십시오.

충분히 반복하여 시도하십시오. 그리고 분노와 급한 기운이 가라앉은 것 같으면 심장에 주를 마시는 기도를 반복하십시오.

그렇게 계속 날마다 반복하게 되면 마음이 점차로 고요하고 평화로워지는 것을 경험하게 됩니다. 그리고 점차로 여유가 생기며 사람들의 잘못이나 실수에도 너그러워지는 자신을 발견하게 됩니다.

분노는 긴장으로 인한 것이며 깊은 호흡을 통하여 긴장이 풀리고 부드러워지면 공격적인 성향도 가라앉게 되는 것입니다.

사역자라는 사실은 아주 두려운 일입니다. 사역자가 아름답고 순결한 마음과 영을 가지고 있으면 성도들을 살릴 것입니다. 그러나 순결하지 않고 어둡고 날카로운 영을 가지고 있다면 그것은 성도들에게 해가 될 것입니다.

사역자들은 배출 호흡을 통해서 자신의 안에 있는 나쁜 기운들을 내보내고 처리하도록 힘써야 합니다. 그리고 주님의 영, 그 아름답고 충만하고 풍성한 영, 기운으로 채워져야 합니다.

사역 자체보다도 이러한 자신의 변화가 훨씬 더 중요합니다. 일을 많이 하는 것보다도 이러한 내적인 변화가 더 중요합니다.

자신이 변화되지 않으면 아무도 변화되지 않으며 아무리 뛰어다녀도 사역의 열매가 없습니다. 외적인 성장도 이루어지고 성도들의 숫자도 늘어날지 모르지만 아무도 변화되지 않습니다. 그러나 사역자가 변화되고 주님의 영, 그 생명의 기운으로 가득해지면 그것은 많은 사람을 같이 변화시킵니다. 사역자로 인하여 아름다운 생명의 역사가 계속 확산될 수 있는 것입니다.

사역자들에게 호흡기도는 아주 중요한 무기이며 사역의 열쇠가 될 수 있습니다. 이것에 익숙해질 때 사역자는 많은 유익을 얻을 수 있게 될 것입니다.

9. 사역자와 배출 호흡 3)

사역자는 주님과 주의 말씀을 나누어주는 사람입니다. 그는 주의 영과 주의 말씀을 먹고 마시며 자기가 경험한 주님과 주의 말씀을 나누고 공급하는 것입니다.

그러므로 사역자에게 가장 중요한 것은 세상과 섞이지 않은 순결함이며 순결하고 거룩하신 주의 영과 그 생기로 가득 채워지는 것입니다. 그렇게 될 때 그는 자기가 받은 생명의 말씀과 생기를 공급할 수 있기 때문입니다. 자기가 먹고 취하지 않은 것을 나누어 줄 수 있는 사람은 아무도 없습니다.

평소에도 그렇지만 특히 집회를 준비하는 과정에서 사역자의 영은 더욱 더 순결하고 맑아야합니다. 강단에 올라가는 일은 거룩한 일이며 생명의 통로가 되기 위해서는 기도와 씻음이 많이 필요합니다.

그는 자기의 상태에 따라 사람의 영혼을 살릴 수도 있고 죽일 수도 있기 때문입니다. 그러므로 그는 집회의 준비에 있어서 더욱 기도에 힘쓰며 주님의 영으로 신선하게 채워지도록 기다려야 합니다.

사역자가 집회를 앞두고 세상의 영들과 접촉하면 어떻게 될까요? 주일 예배를 준비하는 사역자가 그 전날인 토요일에 TV에 빠져 있다거나 컴퓨터의 음란하고 잡다한 동영상이나 음란한 화보나 기사에 접촉하게 되면 어떻게 될까요?

당연히 그의 영혼은 더럽고 혼미해질 것입니다.

그는 더럽고 혼미한 영으로 강단에 서게 될 것입니다. 그리고 많은 영혼들에게 악한 기운, 악한 영을 공급할 것이며 그 영혼들을 죽이게 될 것입니다. 이것은 무서운 일이며 심각한 범죄행위와 같은 것입니다. 그러한 사역자들은 너무나 담대한 것이며 전혀 하나님을 두려워하지 않는 것입니다. 하나님은 거룩한 말씀과 거룩한 영을 공급하라고 사역자를 부르신 것이지 더러운 영을 공급하라고 부르신 것이 아니기 때문입니다.

TV의 프로그램에는 간혹 유익한 내용도 있지만 대부분 영혼을 혼미하게 하는 악하고 어두운 기운이 가득합니다. 드라마나 영화에서는 각종 사악한 영들이 흘러나옵니다. 음란한 영, 더러운 영, 분노의 영, 무례한 영, 비아냥거리는 영, 강퍅하고 교만한 영, 공포의 영, 거짓의 영, 교활하고 간교한 영, 세상을 사랑하게 만드는 온갖 정욕의 영들이 흘러나옵니다.

우리가 어디서나 접할 수 있는 컴퓨터는 클릭 한번만으로 온갖 더러움과 음란과 사악한 영들이 들어올 수 있습니다. 깨어있지 않으면, 기도하지 않고 이러한 매체와 접하는 것은 자기의 영혼을 쓰레기통으로 만드는 것입니다.

이 시대에 살면서 우리는 필요에 따라 이러한 매체와 접하지 않을 수가 없습니다. 그러나 정신을 차리지 않으면 이 매체들을 통하여 온갖 재앙과 저주가 우리 안에 들어온다는 사실을 결코 간과해서는 안 됩니다.

그러므로 사역자가 집회를 인도하기 전에 TV나 컴퓨터의 사악한 문화에 함부로 접하고 즐기고 있다면 그것은 영적 자살 행위와 같은 것입니다. 그것은 혼자만의 멸망이 아니라 그 집회에 참석하는 수많은 성도들의 영혼을 쓰레기통으로 만드는 것입니다.

만약 사역자가 이러한 부분에 대해서 마비되었고 관대하며 아무런 고통이나 가책의 느낌이 없다면 그러한 이들은 사역을 해서는 안 됩니다. 그들은 하나님의 심판을 두려워해야 합니다. 맡겨주신 영혼을 죽이면서 심판을 면할 수 있다고 믿는 것은 지나치게 안이한 것입니다.

사역자가 실수로 그러한 것에 접했다면 그는 강단에 올라가기 전에 그것들을 충분히 토해내야 합니다. 회개하고 자복하며 충분히 토해야 합니다. 한숨을 쉬며 탄식을 하며 배출 호흡을 통해서 그 악하고 더러운 기운이 완전히 빠져나가게 해야 합니다. 쓰레기를 가지고 강단에 올라가서는 안 됩니다. 제대로 토해지지 않고 충분히 회복되지 않았다면 강단에 올라가서는 안 됩니다. 그것은 두려운 일입니다.

사역자는 세상의 영, 세상의 쾌락과 주님의 영을 동시에 취할 수 없습니다. 그는 맑고 순결한 주의 영의 공급을 위해서 세상적이고 정욕적인 즐거움을 버려야 합니다. 거룩하고 맑고 순결한 삶이 싫다면, 악한 문화에서 오는 즐거움을 버리는 것이 싫다면 그는 사역을 해서는 안 됩니다.

사역자는 오직 주님의 기쁨, 주님의 영광, 거룩한 기쁨에 사로잡혀야 합니다.

사역자는 평소에도 그렇지만 특히 집회 전에 모든 악하고 더럽고 나쁜 기운을 배출해야 합니다. 내보내야 합니다. 그리고 오직 예수의 영에 사로잡혀서 강단에 올라가야 합니다.

사역자는 거룩하고 맑은 예수의 영, 순결한 예수의 기운에 충분히 사로잡혀야 합니다.

죄를 토하고 더러움을 토하고 세상의 사악한 문화로부터 자신을 지켜 순결하게 하며 예수를 호흡하고 충분히 마셔야 합니다. 그것이 사역의 가장 중요한 준비입니다.

충분히 악을 배출하고 그리고 충분히 예수의 말씀과 예수의 정신과 예수의 영으로 채워지는 것, 그것이 사역자의 길이며 준비며 사역인 것입니다.

10. 집회 인도와 예수 호흡기도

집회를 아름답고 풍성하게 인도하는 것과 호흡기도는 아주 밀접한 관계가 있습니다. 집회의 분위기는 집회에서 흐르는 영의 움직임과 관련되어 있는 것입니다.

은혜가 아주 충만하고 주의 영의 임재가 가득한 집회가 있습니다. 사람들은 예배에 사로잡힙니다. 그 곳에 눈물이 있고 감동이 있으며 주님께 대한 사랑의 고백과 흐느낌이 있습니다. 그 곳에 거룩한 기운이 가득합니다.

사람들은 시간이 가는 줄도 모릅니다. 3시간, 4시간, 아니 그 이상이 흘러가도 사람들은 전혀 알지 못합니다. 시간은 물질계에 속한 것이며 영적 세계에는 시공간의 관념이 없습니다. 그러므로 영혼이 눈을 뜨고 영의 흐름과 역사에 사로잡히게 되면 사람들은 시간이 가는 것을 잊어버립니다.

반대로 영적으로 아무런 흐름이 없는 집회가 있습니다. 장내에는 죽음과 같은 침묵이 흐릅니다. 실제로 시간이 그렇게 많이 지난 것도 아닌데 사람들은 지루함을 느끼고 답답해합니다. 목회자가 눈치 채지 않도록 사람들은 자주 시계를 쳐다봅니다.

그 차이는 어떠한 것일까요? 그것은 그 곳에 영적인 기운이 흐르느냐 아니냐 하는 것입니다. 기운이 흐르는 곳에는 감동과 해방과 치유가 있으며 기운이 흐르지 않는 곳에는 침체와 답답함이 있을 뿐입니다.

사람들은 그 영적인 현상이나 영의 분별이나 그 원리에 대해서는 잘 알지 못하지만 적어도 그 집회에 은혜가 충만한지 아닌지는 본능적으로 느낍니다. 그들은 어떤 집회에서는 기쁨을 느끼며 어떤 집회에서는 답답함을 느낍니다.

당연히 그들은 기쁨을 경험하는 집회에는 자주 가고 싶으며 답답함을 느끼는 집회는 가고 싶지 않습니다. 사역자들이 아무리 반대를 해도 성도들은 은혜와 감동을 주는 곳에 자꾸 가고 싶어 합니다.

사역자들은 자신이 인도하는 집회에 기쁨과 감격이 없으면 사람들이 다른 곳으로 가지 못하도록 그러한 감동을 주는 모든 집회를 다 이단취급을 하면서 사람들을 붙잡아 두기에 열심을 내게 됩니다. 그것은 너무나 비참한 일입니다. 그렇게 주님의 영을 거스르는 것 보다 자신이 인도하는 집회가 영감과 기쁨이 충만한 집회가 될 수 있도록 기도하는 편이 나을 것입니다.

그렇다면 사역자는 자신이 집회를 인도할 때 그것이 은혜가 흐르는지 아닌지를 모를까요? 그렇지 않습니다. 사역자도 그것을 잘 압니다. 다만 그것이 자기 마음대로 잘 되지 않을 뿐입니다.

사역자도 말씀을 전할 때 어떤 때는 말씀이 너무나 쉽고 자연스럽고 풍성하게 흘러나온다는 것을 느낍니다. 그는 말씀을 전하는 것이 너무나 기쁘고 즐겁습니다. 준비하지 않았던 적절한 비유와 설명과 깨달음이 말씀을 전하고 있는 가운데 마구 쏟아지며 그것이 성도들의 심령에 감동과 충격을 주고 있는 것을 느낄 수 있습니다. 이럴 때 사역자는 너무나 행복합니다.

그러나 어떤 때는 도무지 인도가 쉽지 않습니다. 말을 해도 그것이 매끄럽게 흘러나오지 않으며 전하는 자신이 아무런 감동도 기쁨도 느낄 수가 없습니다. 찬양을 하는 것도 기도를 하는 것도 너무나 무겁고 힘들며어서 빨리 집회가 끝났으면 좋겠다고 생각합니다.

사역자는 이럴 때가 너무 고통스럽습니다. 그는 영적으로 전혀 준비가 되어 있지 않아도 예배 시간이 되면 강단에 올라가야 합니다. 그 때 사역자의 마음은 마치 도살장에 끌려가는 송아지와 같은 심정입니다. 마치 훈련의 양이 부족해서 컨디션이 극도로 나쁜 상태로 링 위에 올라가는 권투 선수와 같습니다.

할 수만 있다면 사역자는 말씀을 전하는 중간에 도망을 가고 싶습니다. 하지만 그것은 불가능한 일입니다. 도대체 어디에서 이러한 차이가 나오는 것일까요?

은혜가 넘치는 예배와 답답하고 무기력한 예배의 차이는 근본적으로 사역자의 영적인 기운에 달려 있습니다.

사역자가 주님의 풍성하고 놀라우신 임재를 실제적으로 경험하지 못하면 그를 통해서 흘러나오는 기운은 자연히 어둡고 답답한 것이 될 수밖에 없습니다. 그가 성경의 말씀을 단순히 이론적으로 이해했을 뿐이라면 그의 영이 자유롭게 흘러나오고 다른 이들에게 영적인 흐름에 의하여 영적 생기를 공급하고 집회에 감동적인 주의 임재가 흐르는 것을 보는 것은 불가능합니다.

그러나 사역자가 주님의 임재와 그 영의 풍성함을 어느 정도 경험했다고 하더라도 그가 그 영의 흐름, 기운의 흐름을 따라 사역하는 것을 알지 못한다면 그 영의 움직임은 많이 제한을 받을 것입니다.

사역자는 집회를 인도할 때 호흡과 기운, 그 영의 흐름을 자연스럽게 따라가야 합니다. 그는 자신이 어떤 계획을 가지고 가는 것이 아니라 그 기운의 흐름에 민감해야 하며 그 흐름을 따라서 흐름을 타서 가야합니다.

예배와 집회가 형식에 맞추어 기계적으로 가게 된다면 거기에는 영의 흐름이 부족할 수밖에 없습니다. 예배는 주의 영이 마음대로 운행하실 수 있도록 융통성이 필요합니다. 은혜는 자연스럽게 흐르는 것이며 백화점에서 포장된 제품처럼 규격화되어서 나오는 것이 아닙니다.

통성기도를 인도할 때 사역자는 그 흐름을 알아야 합니다. 어떤 때는 전체의 분위기가 너무 어둡게 느껴집니다. 그는 말씀을 전하지만 성도들이 그것을 잘 흡수하지 못하는 것이 느껴집니다.

성도들의 심령에 세상 근심과 염려, 여러 잡다한 생각들이 복잡하게 얽혀있어서 영적인 흐름에 잘 들어가지 못하는 것이 느껴집니다.

이럴 때 통성기도를 하게 되면 성도들이 소리를 내어서 기도하는 가운데 그들의 안에 있는 나쁜 기운이 밖으로 소멸되는 것을 사역자는 느낄 수 있습니다. 그런 경우에 찬양을 충분히 드리도록 인도할 수도 있습니다. 찬양을 하는 가운데 사람들의 영적인 눌림이 해소되기 시작합니다. 두 번 세 번 되풀이하는 가운데 성도들의 묶임은 점점 사라지며 점차로 사람들은 영의 달콤함을 누리게 됩니다.

후렴을 계속 반복해 부를 때 사람들은 그 가사에 사로잡힙니다. 그리고 그 가사의 메시지와 영이 부드럽게 그들의 심령 속에 스며들게 됩니다.

찬양의 인도에도 영적인 원리가 있습니다. 사역자는 찬양을 인도하는 가운데 성도들의 영적 상태와 흐름을 파악할 수 있어야 합니다.

성도들이 힘들어하는 데도 무리하게 높은 음과 강한 음이 반복되는 찬송을 억지로 해서는 안 됩니다.

성도들의 영은 곧 지치게 되어 조금 지나면 아무도 따라하지 않습니다. 그저 미안하니까 입만 벌리게 됩니다.

영의 흐름을 타는 것은 결코 억지로 하는 것과 같지 않습니다. 억지로 찬양하고 억지로 기도하는 것은 영을 억압하며 지치고 피곤하게 합니다. 거기에는 기쁨도 누림도 없습니다.

영의 흐름을 감지하고 느끼는 사역자는 언제 말씀을 전해야 할지 언제 기도해야 할지 언제 찬양을 해야 할지를 압니다.

지금은 이 상태에서 좀 더 기도하면 영이 피곤해지겠구나, 지금 이 찬양을 드리는 상태는 아직 영이 풀리지 않은 상태구나, 좀 더 강렬한 찬양을 드리는 것이 좋겠구나.. 하는 것을 느끼게 됩니다.

언제 말씀을 중단해야 할지 아니면 조금 더 길게 해야 할지 그것을 느낍니다. 그것은 그의 영으로 호흡으로 기운으로 느끼고 분별하는 것입니다. 이와 같이 사역자가 성도들의 영적 상태를 분별하고 자신의 안에 있는 영의 기운과 흐름에 따라서 말씀을 전하고 기도를 인도하고 찬양을 인도한다면 거기에는 자유함과 풍성함이 있습니다.

집회를 인도할 때 사역자의 영은 성도들의 영과 서로 교류합니다. 사역자가 감격과 기쁨과 사랑으로 가득하여 사역을 하고 있을 때 성도들은 비슷한 감동과 희열을 느끼게 됩니다. 그러나 사역자가 아주 힘들게 사역을 하고 있을 때는 사람들도 비슷하게 힘들고 답답합니다.

영의 움직임, 기운의 흐름을 따라 사역을 하는 것은 어려운 것이 아닙니다. 그것은 자기 안에 역사하는 영에 따라 움직이는 것입니다. 자신의 안에서 움직이는 영이 불편함을 느끼면 그는 사역을 바꾸거나 중단해야 합니다. 자신 안에서 즐거움과 달콤함이 있으면 조금 더 계속해도 됩니다.

예를 들어서 어떤 기도를 드렸을 때 마음과 영에 불편함이 생긴다고 합시다. 대체로 그러한 느낌은 그가 청중의 영에 적당하지 않은 기도를 드린 것에서 옵니다. 어떤 찬양을 드리는데 불편함이 있습니다. 그것은 그 찬양이 청중의 상태와 맞지 않은 것입니다.

어떤 메시지를 전하고 있는데 속에서 불편함이 있습니다. 그것은 성령께서 지금 그 메시지는 옳지 않다고 경고하시는 것입니다. 그러므로 그러한 상태에서는 메시지도, 기도도 찬양도 바꾸어야합니다. 안에서 움직이시고 역사하시는 주의 영을 따라가야 합니다. 그것이 흐름을 따라가는 것입니다.

성도들은 아주 피곤해하지만 사역자는 지루한 설교를 끝없이 계속 하는 경우가 있습니다. 이러한 사역자는 영적 감각이 둔하며 영의 흐름에 대해서 잘 알지 못하고 있는 것입니다. 그러한 사역은 성도들의 영을 만지지 못하며 그 영혼을 깨우기 어렵습니다.

사역자가 영적으로 준비되지 않고 상태도 좋지 않아서 예배를 힘들게 진행하고 있을 때는 가능하면 다음 기회로 미루고 빨리 끝내야 합니다. 은혜가 되지 않고 주님도 임하시지 않으며 사람들에게 전혀 흡수되지 않고 있는데 미리 준비한 메시지라고 해서 반드시 다 전해야 하는 것은 아닙니다.

억지로 진행을 하는 것은 사역자에게나 성도들에게나 다 같이 피곤한 일입니다.

오늘날의 예배가 대부분 일정한 틀과 형식에 따라 국민의례나 중 고등학교 조회 행사처럼 경직되게 진행이 되고 있기 때문에 성령 안에서 운행되는 자유함과 기쁨과 치유를 맛보는 것은 쉬운 일이 아닙니다. 그리하여 오늘날 성도들은 집회를 통해서 주님의 임재와 만져주심을 기대하기보다는 별 기대 없이 습관적으로 교회에 오곤 합니다.

그러나 주님의 실제적인 임재와 그 풍성함을 경험한 사역자가 많이 일어날수록 예배는 점차 자유롭고 자연스러운 형태가 될 것입니다. 사람들은 예배 속에서 주님의 거룩하심과 그 놀라우신 사랑의 물결을 경험하게 되고 그 영광에 사로잡히는 기쁨을 누리게 될 것입니다.

사역자가 예배 속에서 주님의 일하심을 원한다면, 성령님의 운행하심을 원한다면 그는 먼저 그 영의 실제적인 접촉을 경험해야 합니다. 그리고 예배의 인도에 있어서 그가 스스로 주관하지 않고 그 영의 인도를 따라 그 기운의 흐름을 따라 자연스럽게 흘러가는 것을 배워야 합니다.

영의 감각이 훈련되고 자라게 되면 그는 사람의 영, 사람의 마음, 사람의 영적 상태를 감지하는 것이 그리 어렵지 않게 됩니다. 그는 청중의 영적 상태를 파악하고 그것을 치유하고 회복시키는 도구로 쓰일 수 있게 됩니다.

사역자가 영의 흐름을 알고 그 기운에 따라서 자연스럽게 움직여지게 될 때 예배에는 놀라운 풍성하심과 자유함이 흐르게 될 것입니다.

오늘날 놀라운 영성의 세계가 점점 열리고 있습니다.

앞으로 놀라운 교회들이 많이 세워지게 될 것이며 아름답고 놀라운 예배들이 점점 더 많이 도처에서 드려지게 될 것입니다.

호흡기도를 통하여 사역자들이 주의 영의 흐름에 더 익숙해지게 될 때 그들은 이러한 풍성함을 일으키는 도구가 될 수 있을 것입니다.

11. 사역자의 집회 준비와 예수 호흡기도

사역자가 강단에 올라가는 것은 운동선수가 시합장에 가는 것과 비슷합니다. 운동선수가 최상의 실력을 발휘하기 위해서 시합 날 당일에 컨디션이 최고조에 이르기 위해서 준비하듯이 사역자도 예배 시간에 최상의 영적 충만의 상태가 되기 위해서 준비합니다.
그래서 집회 직전에는 마음을 다른 데에 기울이지 않고 불필요한 대화를 하지 않으며 몸과 영혼이 신선하고 밝고 강한 상태를 유지하려고 노력하는 것입니다.
사역과 집회는 일종의 영적인 전쟁입니다. 예배와 집회를 위하여 간절하게 사모하고 집회에 오는 이들은 거의 없습니다. 성도들은 대체로 습관적으로 교회에 옵니다.
토요일 밤늦게까지 주말의 영화를 보고 있다가 온갖 세상의 어둡고 악한 기운이 가득한 상태에서 잠이 들며 아침에 잘 일어나지 않는 찌뿌드드한 몸을 이끌고 졸면서 교회에 오는 경우가 많이 있습니다.
그런 상태로 교회에 오는 이들이 가지고 오는 어두움의 기운과 사역자의 맑고 깨끗한 영과의 전쟁이 바로 예배와 집회에서 이루어지는 것입니다.

사역자의 영이 예수의 영으로 충만하고 강한 상태라면 그는 쉽게 사람들이 가지고 있는 어두움의 기운을 제압하고 소멸시킬 것입니다. 그리하여 사람들은 눌림에서 벗어나 자유로운 상태가 될 것입니다.
그러나 사역자의 영이 충만하지 않으면 그는 사람들의 눌리고 마비된 영을 회복시키지 못하며 오히려 사역자가 피곤하고 지치게 됩니다.
그러므로 예배의 전쟁에서 승리한 사역자는 풍성함을 맛보며 열매를 누리게 될 것입니다. 그러나 예배의 전쟁에서 패배한 사역자는 성도들에게도 별로 도움을 주지 못하지만 자신도 허탈감이나 낙담에 빠지게 될 것입니다.

그래서 사역자들은 풍성한 집회를 위하여, 전쟁의 승리를 위하여 주일 집회를 준비하는 토요일에는 사람이 없는 한적한 기도원에 가서 기도와 묵상에 힘쓰기도 합니다. 토요일에 사람들이 상담을 요청하거나 복잡한 문제에 휩쓸려서 영혼이 어지럽게 되면 예배의 승리를 보장할 수 없기 때문입니다.

성도들은 사역자들이 아무런 준비가 없어도 그냥 은혜가 줄줄 쏟아지리라고 생각하지만 사역자들은 그렇지 않다는 것을 잘 알고 있습니다. 골프의 세계 챔피언도 시합 전의 혹독한 준비가 없으면 그는 시합에서 무기력할 것이며 좋은 경기를 보여줄 수 없을 것입니다.

사역자가 집회를 앞두고 자신의 영을 신선하게 준비하는 데에 있어서 호흡기도는 아주 중요합니다.

그것은 짧은 시간에 자신의 영을 정화시키고 영을 주님의 풍성하신 임재로 충전시키는 효과를 가지고 있습니다. 물론 호흡기도는 집회 직전에 하는 것보다 평소에 지속적으로 기도하고 훈련하며 영성훈련의 방법으로 사용하는 것이 좋습니다. 그러한 기초 위에서 집회 직전에 또한 충전과 정화를 위해서 사용할 수 있는 것입니다.

사역자가 호흡기도를 사용하여 영적으로 풍성한 집회를 인도할 수 있도록 준비하는 요점을 간단하게 정리해 보겠습니다.

첫째, 사역자는 집회의 인도에 있어서 영적으로 지나치게 피곤하거나 탈진한 상태가 되어서는 안 됩니다. 그것은 전쟁을 치르는 자세가 아닙니다.

그러한 상태에서는 어두운 기운을 이길 수 없으며 어두움의 기운이 쉽게 침투할 수 있습니다. 몸이 지나치게 피곤한 경우에는 생기가 흐르기 어려우며 영의 풍성한 흐름이 없고 침체되거나 분위기가 어두워지게 됩니다. 성도들의 눌림을 해결해주지 못하며 오히려 무거움을 주게 되고 또 자신도 더 눌리게 됩니다. 그러므로 집회 인도 이전에 몸이 지나치게 탈진하지 않도록 조심을 해야 합니다.

이것은 상담이나 사람들과의 만남에서도 마찬가지입니다.

사역자는 상담과 대화를 통하여 그가 가진 빛을 사람들에게 공급하며 상대가 가지고 있는 고통과 어두움을 받아들이게 됩니다. 그래서 그 상담과 사역의 결과 성도들은 회복되고 사역자는 고통을 겪게 됩니다. 사역자는 상담이나 사역을 마친 후 혼자 있을 때 기도와 주님과의 교통을 통하여 그가 받아들인 어두움을 다시 정화하고 회복되어야 합니다. 이것이 바로 사역의 기본 원리입니다.

그러나 자신이 힘들고 지친 상태에 있어서는 사람들을 도울 수 없습니다. 그러므로 그러한 때에는 사람들을 만나서는 안 됩니다.

은사나 영의 흐름에 대하여 둔감한 이들은 별로 상관이 없습니다. 그들은 영적인 흐름 자체가 별로 없기 때문에 사람들에게 별로 도움을 주지 못하지만 또한 그리 피해를 입지도 않습니다.

그러나 어느 정도 은사나 영적인 경험이 있는 이들은 특히 이러한 부분에 대해서 조심을 해야 합니다. 그들은 어느 정도 영력을 가지고 있기 때문에 많은 이들의 도움 요청을 받게 됩니다.

그러나 자신이 지치고 힘든 상태에서 자신의 영력을 넘어서 사람들을 돕고 그들의 어두운 기운을 받아들이는 것은 일종의 자살 행위나 마찬가지입니다.

실제로 그것은 생명을 단축시키며 그렇게 해서 빨리 본향으로 돌아가거나 중병에 걸리는 경우도 더러 볼 수 있습니다.

그러므로 사역자는 무엇보다도 자신의 몸과 영혼이 너무 지치지 않게 잘 돌보아야 합니다.

지치고 힘든 상태에서 사역을 해서는 안 됩니다. 그것은 그의 사역을 단축시킵니다. 사역이란 어차피 성도들을 위하여 자기 목숨을 버리는 것이지만 할 수만 있다면 좀 더 오랫동안 쓰이는 것이 좋을 것입니다.

둘째로 중요한 것은 집회 이전에 충분한 호흡의 충전을 하는 것입니다. 호흡기도를 통하여 주님을 마심으로써 충분히 주님의 임재, 영적인 에너지로 충만하게 자신을 채우는 것입니다.

집회에서 사역자는 많이 말을 해야 합니다. 그런데 에너지가 모자라서 말을 힘들게 하고 더듬거나 한다면 영의 흐름이 자연스럽지 않을 뿐만 아니라 전체의 영적 분위기도 약하고 어두워집니다.

그러므로 사역자는 집회를 위하여 충분하고 강한 호흡을 통하여 충전을 해야 합니다.

충분히 마시는 호흡을 많이 드리면 온 몸에 전율과 같은 느낌, 감격, 힘이 느껴지게 됩니다. 그것은 충만한 영의 임재가 그를 갑옷처럼 덮고 있는 것입니다. 그런 상태에서 예배 시간에 강단에 올라가면 기도와 찬양을 인도하거나 드릴 때에 감동을 느끼게 되며 말씀을 전할 때 충만한 감동과 기쁨으로 전하게 되고 전하는 말씀이 성도들에게 깊은 충격을 주는 것을 느끼게 됩니다.

마시는 호흡이 충분하지 않으면 처음에 집회를 시작할 때는 어느 정도 신선함이 있지만 조금 지나면 곧 지루해지고 집회가 힘들어지게 됩니다. 그것은 기도의 충전이 부족한 것입니다. 좀 더 그의 영적인 위장의 용량을 늘려서 채워야 합니다. 용량이 충분히 늘어나면 10시간 집회를 해도 피곤하지 않을 수 있습니다.

마시는 호흡의 분량이 충분하면 집회에 참석한 많은 이들에게 생기와 풍성함을 나누어줄 수 있습니다. 그러나 그렇지 않다면 약간의 사람들에게만 은혜와 도움을 끼칠 수 있을 것입니다.

셋째로 중요한 것은 집회 이전에 자신의 안에 있는 어둡고 나쁜 기운을 배출하는 것입니다.

생기가 부족하면 근심이나 두려움이나 불안 등의 어두운 기운이 들어올 수가 있습니다. 이러한 것은 악한 영들에게 눌려있는 상태이기 때문에 이런 상태로 강단에 올라간다면 이미 집회는 실패한 것이나 마찬가지입니다. 그러므로 이러한 답답한 기운을 토해내야 합니다. 그러므로 사역자는 집회 직전에는 세상과 가능하면 단절된 상태에서 기도와 묵상에 집중해야 합니다. 앞 장에서 언급한 TV나 컴퓨터나 신문 등과의 접촉은 물론 말할 것도 없습니다.

집회를 앞두고 상담을 요청하거나 도움을 요청하거나 기도를 요청하는 이들도 있는데 집회를 망치고 싶지 않으면 이러한 일은 집회 후로 미루어야 합니다. 가능하면 전화도 받지 말고 대화 자체도 하지 않아야 합니다.

집회 직전에 분노와 혈기가 올라올 수도 있습니다. 영이 약한 사역자들은 주로 근심과 염려 좌절로 인하여 고통을 겪게 되지만 영이 강한 사역자들은 주로 분노가 많이 치밀어오릅니다.

특히 예배 직전에 악한 영들은 아내와의 문제라든지 집안일이나 다른 일을 통하여 시험을 주고 혈기를 일으킵니다. 그런 마귀의 시험에 넘어가게 되면 역시 예배는 실패하게 됩니다.

개인적인 분노 속에 사로잡혀서 예배 시간에 마구 화를 내는 사역자도 있습니다. 그러한 개인적인 감정 발산은 주님을 무시하는 것입니다. 그것은 이미 주님께 드리는 예배라고 보기 어렵습니다. 주님의 영은 그분께 모든 영광을 돌리며 그를 경배하고 높이지 않고 그를 무시한다면 그 순간 소멸되시고 떠나시기 때문입니다.

성격이 급한 사역자는 그러므로 예배 직전의 사단의 시험과 충동을 조심해야 합니다. 만약 그러한 일이 있어서 실족했다면 그는 예배 전에 빨리 회개를 하고 속에 들어온 악한 기운을 배출해야 합니다.

흥분이 되는 어떤 사건이 있어도 그것은 영의 부드럽고 자연스러운 움직임을 방해합니다. 그러므로 예배 전에 그 흥분된 기운을 내려놓아야 합니다.

여기에는 조용하고 깊은 배출 호흡이 필요합니다. 만약에 흥분이나 분노가 심한 상태라면 정지 호흡을 하는 것이 좋습니다.

정지호흡은 단 몇 초라고 하더라도 일시적으로 육체를 죽음의 상태에 두는 것입니다. 그러므로 그런 상태에서는 악한 영이 역사할 수가 없습니다. 그렇기 때문에 호흡을 멈추는 순간 분노는 잔잔해지며 흥분은 가라앉게 됩니다.

집회 인도를 하기 전에 사역자가 자기 영을 정화시키는 것은 너무나 중요한 일입니다. 그는 아름답고 향기로운 꼴을 성도들에게 먹여야 할 의무가 있습니다. 하나님의 은혜는 하늘에서 떨어지는 것이 아니며 대부분 사역자를 통해서 이루어지게 되므로 사역자의 맑고 아름다운 영성 관리는 너무나 중요한 것입니다.

넷째로 사역자는 적어도 집회 직전에는 주님의 거룩한 임재와 감미로움으로 가득한 상태이어야 합니다.

사역자가 하루 24시간 동안 주님과 동행하며 항상 그 향기 속에서 산다면 그것은 너무나 귀하고 바람직한 일입니다. 그러나 아직 사역자가 그 정도의 수준과 영성이 되지 않더라도 적어도 집회 직전에는 주님의 영광과 임재로 사로잡혀 있어야 하며 그 집회 시간을 통하여 하나님의 살아계심과 그 임하심의 영광과 행복을 사람들에게 보여줄 수 있어야 합니다.

그는 충분한 호흡기도를 통하여 주님을 마셔야 합니다.

호흡기도에 익숙한 사람은 주의 이름을 부르며 그를 마시게 될 때 그의 심령에 마치 꿀이 흐르는 것과 같은 행복과 만족을 경험하게 됩니다. 그리고 그 풍성함으로 인하여 사로잡히게 됩니다.

집회 직전에 사역자가 그러한 상태로 있다면, 그리하여 주님의 달콤한 임재로 가득하다면, 그의 메시지가 아주 단순한 것이라고 하여도 그것은 성도들의 심령을 관통하게 됩니다.

누구나 다 아는 말씀을 해도, "죄를 버리고, 넘치는 악을 버리고 오직 주님을 사랑하십시오!" 그저 그렇게 단순하게 말해도 사람들은 엎드러지고 통곡하게 됩니다. 그는 사역과 목회와 집회가 너무나 재미있고 즐거운 것임을 느끼게 됩니다. 그렇게 예수의 기운, 예수의 영으로 가득한 상태에서 사역자는 강단에 올라가야 합니다. 그런 상태에서 그는 주님의 영을 나누어주게 됩니다.

다섯째로 충만한 집회를 위하여 호흡기도와 함께 상상의 기도도 사용될 수 있습니다.
호흡기도는 실제적으로 주님의 영과 기운과 임재를 사역자에게 부어줍니다. 또한 상상하는 기도는 그 호흡기도를 보완해주며 주님의 임재의 기쁨을 더욱 더 크게 만듭니다.
사역자는 집회를 준비하며 호흡을 들이마시며 주님을 부릅니다. 그리고 어느 정도 충만해지면 상상 속에서 자신이 예배를 인도하고 말씀을 선포하며 찬양과 기도를 드리는 장면을 상상합니다. 그에게 주님의 임재가 있다면 그는 상상 속에서도 기쁨과 감격을 경험하게 될 것입니다.
그는 지금 눈을 감고 상상의 기도를 드리고 있습니다. 그리고 상상 속에서 그가 드리는 예배와 설교가 그에게 벌써 감격과 희열을 가져다줍니다.

그는 예배에 하나님의 영광이 임하고 나타나는 것을 벌써부터 느끼기 시작합니다. 그는 상상 속에서 설교하고 기도하면서 울기 시작합니다. 그리고 사람들이 통곡하면서 기뻐하고 주님께 영광을 돌리는 것을 봅니다. 상상이지만 그것은 실제와 똑같습니다. 그는 감격과 희열에 사로잡힙니다.
놀랍게도 그가 상상 속에서 경험한 것을 그는 실제의 집회에서도 경험하게 됩니다. 상상이란 믿음으로 주를 바라보면서 드린다면 단순한 공상이 아니라 주님이 역사하시는 하나의 통로가 되기 때문입니다.
그러므로 사역자는 집회를 인도하기 전에 먼저 상상 속에서 주님을 마셔야 하며 집회의 영광과 감격을 맛보아야 합니다. 그것은 그가 예배를 인도할 때 그대로 이루어지기 때문입니다.

집회 인도는 사역자에게 주어진 가장 중요한 일이며 아름다운 일입니다. 사역자가 이 준비에 충실하여 자신의 영을 잘 관리하고 충전할 수 있다면 그는 풍성하고 아름다운 집회를 인도할 수 있을 것입니다.
호흡기도는 사역자의 집회 준비에 많은 도움을 줄 수 있을 것입니다. 집회 전에 호흡기도를 통하여 나쁜 기운을 깨끗이 청소하여 배출하고 주님의 거룩하고 달콤하고 아름다우신 임재로 자신을 가득 채울 때 사역자는 사람들에게 공급할 것이 많이 있을 것입니다.

그는 집회 인도에 성공할 수 있을 것입니다. 그리고 영혼들을 하늘로, 주님의 품으로 이끌어갈 수 있을 것입니다. 그것은 사역자에게 있어서 가장 큰 영광이며 보람이 될 것입니다.
사역을 통하여 집회를 통하여 주님의 살아계심을 나타낼 수 있다면, 주님의 그 사랑을 보여줄 수 있다면, 그리하여 성도들에게 영적인 충만과 기쁨과 감격을 주고 주님께 빠져 들어가게 할 수 있다면 사역자에게 그 이상의 행복은 존재하지 않을 것입니다.

12. 사역자의 특성과 호흡

사역자들은 기질과 사명에 따라 각자의 강점과 약점이 있습니다. 어떠한 부분에서는 탁월하며 또한 어떠한 부분에서는 부족합니다.

이것은 어떠한 스타일이 옳으냐 하는 문제는 아닙니다. 모든 이들은 주님의 부르심에 따라 자기의 특성을 가지고 있는 것뿐입니다. 그리고 사역자들의 그러한 독특한 특성들은 그들의 호흡과 기운의 흐름에서도 나타납니다.

어떤 사역자들은 몸이 많이 발달되어 있습니다. 그들은 바깥의 사역에 뛰어납니다. 그들은 적극적이고 활동적이며 가만히 있는 것을 잘 견디지 못합니다.

그들은 강하고 힘이 있습니다. 그들의 설교에서는 단순하지만 강한 활력이 나타납니다. 이들은 일을 잘 하며 육체에도 여러 은사들이 나타납니다. 이들에게는 신유의 은사도 많이 나타납니다. 비전도 확실하고 의지도 강합니다.

그래서 그들은 사람들을 잘 이끌고 나가며 비전을 제시하고 사람들을 인도합니다. 그들은 어려움이 있더라도 낙심하지 않고 끈질기게 추진해 나가서 결국은 일을 실행시킵니다.

이러한 이들은 호흡이 강합니다. 그리고 에너지가 배 쪽에 많이 몰려 있습니다. 물론 이것은 100% 그렇다는 것은 아닙니다. 그러한 성향이 많이 있다는 것입니다.

이러한 이들의 약점이라면 인격적인 부분에서 부드럽고 따뜻한 면이 부족하다는 것입니다. 그래서 그들은 일에 대해서 유능하고 강하지만 반면에 사람들에게 상처를 잘 주게 됩니다. 그들은 반대를 힘으로 돌파하며 타협과 설득을 좋아하지 않습니다.

그들의 그러한 기질은 사명적인 것입니다. 주님께서는 주로 첫 번째 사역을 맡길 때 베드로와 같이 강건하고 복잡하지 않으며 직선적인 이들을 사용하셔서 그의 사역을 시작하도록 하셨습니다. 그러한 이들의 용기와 열정은 풍성한 열매들을 맺게 합니다.

다만 영성의 균형이라는 차원에서 볼 때에 그들의 에너지는 배 쪽에 몰려 있기 때문에 상대적으로 머리 쪽과 심장 쪽에는 에너지가 부족하게 됩니다. 그래서 진리적인 것들을 별로 추구하지 않습니다.

이들은 무엇이 진리인가 하는 문제는 별로 좋아하지 않으며 복잡한 것을 싫어합니다. 또한 성질이 급하고 정이 부족해서 짜증이나 혈기가 많이 나타납니다.

이러한 사람들은 급한 기질에다 덜렁거리는 측면이 있어서 실수도 적지 않으며 성품적인 면에서도 변화와 성숙이 필요합니다.

이들은 조화를 위하여 머리 호흡기도를 통해서 지혜를 발전시킬 필요가 있으며 심장 호흡기도를 통해서 아름답고 부드러운 주님의 영을 경험하는 것이 좋습니다.

그렇게 균형을 잡지 않게 되면 지나치게 육이 발달하여 정욕적인 문제로 인하여 넘어질 수도 있으며 강퍅함이나 분노, 혈기의 문제로 인하여 어려움을 겪게 될 수도 있습니다.

어떤 사역자들은 아주 지혜롭고 가르치는 사역에 탁월합니다. 특별하게 많은 시간을 준비한 것도 아닌데 남들이 미처 깨닫지 못하는 통찰력을 가지고 사람들을 놀라게 합니다.

이러한 이들이 영성에도 눈을 뜨게 되면 그들은 영성에 대한 체계적인 가르침을 세우고 나누어줄 수 있을 것입니다.

이러한 이들은 집회보다는 소그룹같이 둘러앉아서 가르치고 훈련하는 것을 좋아합니다. 하지만 이들의 에너지는 대체로 머리 쪽에 몰려 있기 때문에 자칫하면 영적으로 메마르기 쉽다는 것이 약점이 될 수 있습니다.

대체로 머리가 많이 발달한 이들은 활동력이 부족합니다. 그들은 생각은 많이 하고 계획은 많이 세우지만 별로 움직이려고 하지는 않습니다. 또한 성품이 조금 차가운 면이 있어서 사람들에게 정을 별로 주지 않으며 받지도 못합니다.

이러한 이들도 균형을 위해서 심장기도가 필요합니다. 가슴에 깊이 주님을 마시고 받아들이는 심장 호흡기도를 어느 정도 드리게 되면 그는 점차로 정서적인 자유를 느끼게 될 것입니다. 얼마 가지 않아서 그는 기도 중에, 말씀을 전하는 중에 흐느껴 우는 자신을 발견하고 놀라게 될 것입니다. 그것은 그의 기질에 잘 맞지 않는 일이며 전에 없었던 일이기 때문입니다.

또한 그는 배 기도와 강한 호흡기도를 통해서 영적인 에너지와 활동력을 보충해야 할 것입니다. 그렇지 않으면 교회 전체가 아는 것은 많으면서도 냉랭해질 수 있기 때문입니다.

어떤 사역자들은 마음이 따뜻하고 정이 많습니다. 사역자로서의 권위도 별로 내세우지 않으며 친절하고 소박하게 사람을 대하고 사랑을 주기 때문에 사람들에게 인기를 얻습니다. 그러나 이러한 이들은 영적인 힘과 권위가 부족하여 근심과 두려움이 많으며 쉽게 좌절에 빠지곤 합니다.

이러한 이들은 영이 약하여 성도들을 통해 권위를 거스르고 대적하는 영들에 의하여 어려움을 겪게 되고 교회에 분열이 생기거나 그러한 위험에 빠지기 쉽습니다. 물론 그러한 문제의 배후에 존재하는 것은 악한 영들입니다.

이들은 영적인 힘이 부족합니다. 그러므로 성도들을 돕는 것보다 오히려 성도들에게 눌릴 수 있습니다.

그들은 영이 약하므로 어떤 것을 오래 동안 추진할 힘이 없습니다. 일시적으로 감동을 받고 흥분하여 무엇을 추진하다가 조금 어려움이 생기면 쉽게 그것을 포기하고 방향을 바꾸곤 합니다. 이들은 귀도 얇고 다른 이들의 영향을 자주 받기는 하지만 그리 오래 가지는 않습니다. 사역에 어려움을 겪는 이들을 위한 각종 목회자 세미나가 참 많이 열리고 있습니다. 이러한 곳에 가장 많이 참여하는 이들도 이러한 이들입니다. 물론 그들은 그러한 곳에서 도전 받고 경험한 여러 가지를 교회에 적용하기도 하지만 그리 오래 동안 시도하지는 않으며 예상외의 공격을 받거나 생각만큼의 열매를 얻을 수 없을 때 쉽게 그것을 포기하거나 다른 방향으로 전환하기도 합니다.

이러한 사역자는 배 호흡기도와 강한 호흡기도를 통하여 권능과 힘을 얻어야 합니다. 발성기도와 눈 기도를 통하여 겉 사람을 강건하게 해야 합니다. 그렇게 기도하고 훈련할 때 그는 점차 부드럽고 선하고 유연하면서도 강력한 사역자가 될 수 있습니다.

이러한 각자의 기질들은 각자의 사명과 관련된 것입니다. 주님께서는 아무도 온전한 자로 세우시지 않았습니다. 모두 서로 조금씩 부족하게 만들어 서로 섬기고 도움으로써 온전한 사역을 이루며 그리스도의 몸을 이룰 수 있도록 하셨습니다. 그러므로 각자가 가지고 있는 약점들이 그리 문제가 되는 것은 아닙니다.

어떤 이가 영적으로 성장할수록 그는 자신의 사명과 기질에 맞는 쪽으로만 치우치지 않고 균형적인 사람이 됩니다. 그리하여 강퍅한 사람은 차츰 부드러운 측면도 갖추게 되고 심약한 사람은 강건한 면도 갖추게 되며 냉랭하고 차가운 사람은 따뜻하고 아름다운 요소를 점점 더 이루어가게 되는 것입니다.

이러한 균형을 위하여 호흡기도는 많은 도움을 줄 수 있습니다.

사람이 각 사람의 스타일이나 사명에 대하여 이해하지 못하면 그는 무엇이 가장 좋은가, 무엇이 바른 것인가를 생각할 것입니다. 누가 우월하며 누가 열등한가 하는 측면에서 생각할 것입니다. 그리고 남들이 가지고 있는 것을 가지고 있지 않은 자신에 대하여 비참하게 느낄 것이며 다른 이들에 대하여 부러움과 시기를 가지게 될 것입니다.

그러나 사명과 기질을 이해할 때 그는 그러한 오류에서 벗어날 수 있게 될 것입니다. 다른 이들의 사역을 축복하며 또한 자신에게 주님께서 허락하시고 맡기신 사역에 대해서도 긍지를 가지고 기뻐하며 나아가게 될 것입니다.

또한 자신의 사역이 독특하며 좋은 것이라 하더라도 그는 자신에게 부족한 면을 배우고 보완하려고 노력할 것입니다.

주님의 원하심에 따라 때로는 아주 강력한 사역자로, 때로는 아주 섬세하고 부드러운 사역자로, 때로는 아주 단순한 사역자로, 때로는 아주 지혜롭고 깊은 사역자로 쓰이게 되기를 기대할 것입니다.

호흡기도는 이러한 조화와 균형을 도와주는 귀한 기도입니다. 자신의 스타일을 보완하며 자신에게 부족한 주님의 은혜와 능력을 받아들일 수 있는 아름답고 귀한 기도입니다.

모든 사역자들은 다 아름답고 훌륭합니다. 모든 사명, 모든 사역들이 다 아름답고 좋은 것입니다.

그러나 할 수 있다면 사역자들은 좀 더 폭을 넓히고 조화와 균형을 갖추어서 주님의 능력과 주님의 지혜와 주님의 사랑, 그 모든 것들을 소화할 수 있고 그 통로로 쓰일 수 있어야 할 것입니다. 그러한 조화와 균형을 이루는 사역자가 될 수 있다면 그것은 진정 아름답고 귀한 일이 될 것입니다.

13. 사역자의 호흡 관리

지금까지 사역자의 호흡기도에 대하여 간단하게 정리해보았습니다. 호흡기도는 단순한 호흡이 아닙니다. 그것은 영의 흐름과 관련된 것입니다. 주의 이름을 부르며 마시는 호흡기도는 바로 주님의 기운을 믿음으로 마시는 것이며 그 기운으로 자신의 안에 가득 채우는 것입니다.
기독교 바깥의 세계에서도 호흡이나 기 운동에 대한 것들이 있습니다. 그러나 그리스도인들은 그러한 것을 접촉해서는 안 됩니다. 그것은 뉴에이지에 속한 것이며 그 배후에는 주의 영이 아닌 다른 영들이 있습니다. 그것은 그리스도인들을 혼란과 미혹으로 이끌고 갑니다.
호흡기도는 이를 통하여 주님을 경험하는 것이며 영적인 감각을 일깨우는 것입니다. 사역자는 이 영의 움직임에 대하여 잘 이해하고 경험해야 합니다.

호흡과 기운에 대하여 알고 경험하게 되면 사람과 사람의 영을 분별할 수 있습니다. 그가 어떤 사람인지 어떠한 상태에 있는지 무엇이 부족하며 어떻게 그를 도와야 하는지 분별하고 알 수 있습니다.
사역자는 영의 움직임과 흐름에 대하여 민감하게 알 수 있어야 합니다. 자신의 영적 상태와 영의 움직임을 알 수 있어야 합니다.
사역자는 그 영의 기운과 움직임에 대하여 잘 알며 그것을 관리하고 다스릴 수 있어야 합니다.
그가 그러한 영의 움직임에 민감하고 잘 관리할 수 있다면 그는 예배에서 주의 영의 아름다운 통로가 될 수 있습니다. 부드럽고 달콤하고 사랑스러운 주님의 임재가 어떤 것인지 사람들에게 공급하고 나누어줄 수 있습니다.
오래 동안 교회를 다니고 신앙생활을 하는 분들 중에서도 형식적으로 믿으며 개념으로만 하나님을 이해할 뿐 그분이 너무나 가까이 계시며 그들과 함께 하시고 그들을 사랑하신다는 사실을 체험적으로 느끼지 못한 이들이 많이 있습니다. 그러나 그러한 이들도 살아서 역사하시며 그 영의 기운을 통하여 그에게 치유와 사랑과 은총을 베푸시는 주님을 경험하게 되면 놀라게 되고 주님께 헌신하게 되며 변화된 삶을 살게 됩니다.

주의 영이 부드럽고 따뜻하게 운행하시는 가운데 드리는 찬양은 말로 표현하기 어려울 정도로 달콤하고 행복한 것입니다. 주님의 가까우신 임재 속에서 드려지는 기도회는 너무나 아름답고 포근한 것입니다.

그러한 맛을 아는 이들은 아무도 의무적으로 기도하거나 찬양하지 않습니다. 그러한 예배를 드린 이들은 항상 언제나 다시 그러한 예배에 참석하기를 사모하고 기다리고 추구합니다.

감동과 거룩한 기쁨이 넘치는 예배는 거의 사역자의 영성과 관련이 있습니다. 사역자가 주님의 말로 측량할 수 없는 기쁨과 달콤함과 영광의 세계를 맛보았다면 그가 인도하는 집회에서 그러한 감동과 희열이 임하는 것이 보통입니다.

성도들은 여태껏 알지 못하고 경험하지 못했던 주님의 놀라운 실제와 그 세계를 집회를 통하여 경험하고 누리게 됩니다.

그러나 사역자가 기도 중에, 주님과의 교제 중에 그 놀라운 영광의 세계를 경험하지 못하고 그의 영이 그저 밋밋하고 답답한 상태에 있다면 그가 인도하는 집회가 주님의 임재와 감동과 영광으로 가득 찰 것을 기대할 수는 없는 것입니다.

나는 [사랑의 영성 모임]이라는 홈페이지를 운영하면서 영성과 그 원리에 대한 글을 날마다 홈페이지에 올렸습니다. (후에 이 홈피는 [정원 목사 독자모임]이 되었다가 지금은 [영성의 숲 출판사] 홈피로 운영되고 있습니다)

글을 읽는 사람들이 점점 늘어나 이제는 회원이 만 명이 넘었고 날마다 많은 사람들이 방문을 하고 있습니다. 날마다 이곳에서 영성에 대한 글을 접하고 그러한 세계를 체험하여 삶이 변화되며 서로에 대한 사랑과 주님에 대한 사모함을 고백하는 이들이 날마다 증가되고 있습니다.

나는 날마다 언제 집회를 하느냐는 문의를 받습니다. 글을 쓰느라고 거의 집회를 하지 못하지만 많은 이들이 그러한 집회를 사모하는 것을 알게 되었습니다.

나는 몇 번의 집회를 인도한 후 집회에 참석한 이들의 열정을 보고 놀랐습니다. 집회는 차츰 사람들에게 알려지기 시작해서 전국에서는 물론 미국, 일본, 홍콩 등지에서 모여들어 주님의 임재를 구하고 사모하였습니다. 3시간, 4시간, 7시간이 넘게 진행된 예배에서도 시간이 가는 줄 모르고 밤새 울고 웃으며 기도와 찬양에 잠겨 있던 그들의 모습을 보고 놀랐습니다.

집회를 하는 공간은 주님의 사랑과 임재 속에서 통곡의 바다가 되었고 그렇게 사람들은 서로 포옹하고 축복하며 주의 사랑을 누리고 주의 영광을 찬송했습니다.

그 열기는 무엇을 보여주고 있는 것일까요. 그것은 진정 영성에 굶주린 이들, 주님의 임재와 영광을 사모하고 추구하는 성도들의 열망을 잘 보여주고 있는 것입니다.

지금은 영성의 시대입니다. 과거에 많은 사역이 있었고 그 가운데 주님의 어떤 선하심이 나타났었습니다. 그러나 그러한 사역 가운데 어떤 면에서 풍성함이 있었고 어떤 면에서 부작용이 있었습니다.

지나치게 보이는 복에 몰두한 나머지 내면의 주님의 영광을 소홀히 한 측면이 있었습니다. 문제 해결에 몰두한 나머지 그 문제를 통하여 사랑받기 원하시며 우리에게 가까이 오기를 원하시는 주님의 고독을 지나쳐 버린 측면이 있었습니다.

예리하고 정확한 가르침이고 옳은 가르침이지만 개념과 형식에 치우쳐서 실제적인 주님의 아름다우심이 무시되었고 사람들의 심령을 채워주지 못한 측면이 있었습니다. 그러나 지금 새로운 바람이 일어나고 있고 그 주의 임하심에 대한 새로운 열망들이 일어나고 있습니다.

오늘날 이 물질문명의 비참함 속에서 그리스도인들은 영성에 대하여 굶주리고 있습니다. 그 무엇보다도 주님의 임재, 그 분 자신을 구하는 이들이 점점 더 많이 일어나고 있습니다.

그들은 이제 주님을 더 깊이 알기를 원합니다. 그 어느 것을 이루어도 자신의 모든 소원을 이루어도 그것은 참다운 만족이 되지 못하며 진정한 기쁨과 만족은 오직 주님을 알고 누리는 것이라는 사실을 깨달은 그리스도인들이 점점 더 많이 일어나고 있습니다.

영성 사역이란 그저 영적인 체험 몇 가지하고 은사 몇 가지 경험하고 질병 몇 가지 고쳐주고 문제 해결을 좀 더 잘 할 수 있도록 도와주고 신비한 것을 좋아하는 이들에게 신비한 체험을 할 수 있게 해주고 하는 그런 정도의 사역이 아닙니다.

영성의 사역이란 바로 주님 자신을 알게 하는 사역입니다. 사람의 영혼을 깨우고 그리하여 주님과의 아름다운 사랑의 교제 가운데 들어가게 하며 무엇보다도 더 주님을 구하게 하며 주님의 사람이 되도록 돕는 바로 그것이 영성의 사역입니다.

영의 흐름과 움직임에는 여러 원리들이 있습니다. 거기에는 전쟁이 있고 방해물이 있으며 지혜와 헌신과 경험이 필요합니다.

오늘날 영성에 대하여 추구하고 사모하는 이들은 점점 더 많이 늘어나고 있습니다. 지금은 그들을 돕는 사역자들이 많이 필요합니다.

수많은 메일과 상담의 요청에 시달리면서 나는 이 시대에 진정한 영성의 사역, 사역자들이 많이 일어나기를 기대합니다. 단순히 테크닉과 경험이 많은 사람이 아닌 그 영이 아름답고 맑으며 순결하게 주를 사모하고 추구하는 그러한 영성 사역자들이 많이 일어나게 되기를 사모하고 기도합니다. 그들은 또한 많은 순결한 주의 신부들을 섬기며 돕고 일으킬 수 있을 것입니다.

호흡기도는 실제적으로 주님의 영을 경험하게 합니다. 이를 잘 관리하고 다룰 수 있는 사역자는 주님의 임재와 그 은총의 세계에 좀 더 가까이 나아갈 수 있을 것입니다.

나는 주를 부르며 마시는 호흡기도가 유일한 길이라고 생각하지 않습니다. 이것은 하나의 통로일 뿐입니다.

나도 오래 동안 주님을 경험할 수 있는 수많은 방법들을 추구하고 연구하고 시도하였습니다. 부르짖어서 기도하기, 침묵을 통하여 기도하기, 호흡을 통하여 기도하기, 상상을 통하여 기도하기, 기름부음을 통하여 기도하기, 금식을 통하여 기도하기 등 다양한 방법들을 시도하고 추구해보았습니다. 호흡기도 외에도 우리는 다양한 방법으로 주님 앞으로 나아갈 수 있습니다.

그러나 이 예수 호흡기도는 아주 쉽게 주님을 경험할 수 있는 기도입니다. 이것은 언제 어디서나 모든 삶의 순간에 쉬지 않고 드릴 수 있고 잠을 자면서도 심지어 꿈속에서도 드릴 수 있는 기도입니다. 갈망하고 사모하는 사람이라면 누구나 이 기도를 드릴 수 있습니다.

사역자들이 이 기도에 대하여 익숙해질 수 있다면 그는 주님의 포근하고 달콤한 사랑이 흐를 수 있는 통로로 쓰일 수 있을 것입니다.

어떤 사역자가 이 영의 흐름, 기운의 흐름에 대하여 자유롭고 풍성할 때 그가 인도하는 모임과 집회는 몹시 사랑스럽고 행복하며 즐거움과 기쁨이 가득한 집회가 될 것입니다.

나는 한국의 모든 교회들이, 아니 세계의 모든 교회들, 모든 예배가 그처럼 기쁨과 하나님의 영광이 충만하게 흘러넘치는 예배가 되는 날이 올 것을 기대하고 기대합니다.

그것은 정말 영광스러운 것이 될 것입니다.

왜냐하면 주님의 나타나심, 그 영광의 현현하심..

그것은 바로 천국의 경험이기 때문입니다.

6부
예수 호흡기도 소감

독자님들에게 참고가 될 수 있도록
사랑의 영성모임 홈페이지에 올라와 있는
호흡기도의 간증들을 일부 발췌해서 수록하였습니다.

1. 너무나 달콤한 느낌 - H목사 -

사랑의 영성 모임 카페에서 호흡기도를 배운 뒤에 밤마다 호흡기도를 하면서 잠이 듭니다.
제가 잘 하고 있는지는 모르겠지만 주님을 부르면서 호흡기도를 시작한 지 10분쯤이 지나면 황홀할 정도로 가슴이 달콤해집니다.
30분 정도가 지나면 온 몸에 너무나 강렬한 전기와 같은 능력이 임하는 것을 느끼게 되는데 이것을 그대로 받으면 강한 영권이 임하게 된다는 것이 느껴집니다.
그러나 아직 내 몸이 감당하기가 어려워 호흡기도를 중단하곤 합니다.

호흡기도의 덕분인지 예배도 자연스럽게 진행이 되고 예배 가운데 평안함과 기쁨이 많이 임하고 있어서 성도들이 아주 좋아하고 있습니다.
아직 부족하지만 더 많이 호흡기도를 통해서 주님의 임재를 가까이 경험하기 위해서 날마다 기도를 하고 있습니다.
낮에는 부르짖는 기도를 드리고 밤에는 주로 호흡기도를 드리는데 이것을 통해서 너무나 많은 은혜를 누리고 있습니다.

2. 영이 예민해짐 - J권사 -

우연히 인터넷을 돌아다니다가 사랑의 영성 모임 카페를 발견하게 되고 여기서 영성의 여러 원리들을 배우게 되었는데 그 중에서 생소했던 호흡기도에 대해서 배우게 되었습니다.
신기하기도 하고 해서 호흡기도를 시도해보았습니다.
이제 한 달 정도 되었는데 너무나 많은 변화들을 경험하게 되었습니다. 그전에도 어느 정도 영성적인 경험이나 느낌들이 있었지만 특히 이 호흡기도를 통해서 기도가 아주 달콤해지기 시작했습니다.
온 몸에 전기와 같은 힘이 계속 임하고 주님의 임재가 아주 가깝게 느껴지게 되었습니다.

교회에 가려면 두 시간 정도 버스를 타고 가야 하는데 그 전에는 그저 지루하고 따분한 시간이었지만 이제는 그 시간에 호흡으로 기도하면서 주님을 부르게 되니 얼마나 마음이 후련하고 감미로운지 그 시간이 후딱 지나가는 것 같습니다. 전에는 중보기도를 드릴 때 그저 열심히 드리는 것뿐이었는데 호흡기도를 드리면서 중보기도를 하게 되자 기도의 능력이 상대방에게 전달되며 상대방의 상태가 느껴지기도 하고 좀 더 효과적인 기도를 할 수 있는 것 같았습니다.
목사님을 처음 뵈었을 때 목사님이 가까이 오시자 너무 뜨거운 기운이 가까이 와서 놀라서 옆으로 피했는데 아마 호흡기도를 통해서 영적인 감각이 예민해지게 된 것 같습니다.
영성에 대해서 오래 동안 사모하기는 했지만 호흡기도와 같은 구체적인 방법과 원리를 통해서 주님께 가까이 갈 수 있다는 것이 참 놀랍고 감사할 뿐입니다. 더 많이 주님의 사람이 되고 싶습니다.

3. 주님의 숨결이 느껴져요. -Y자매-

저도 목사님께서 말씀하시는 3가지 호흡을 열심히 하고 있는 중이랍니다. 호흡기도를 하다보면 저도 머리가 띵하고 호흡을 깊게 하려는데 거칠어지고 조절이 안 되고 들쑥날쑥 하네요..
그렇지만 특히 자연 속에서 호흡을 할 때에 기도로 호흡을 한다는 것이 너무 은혜스럽더군요.
저는 왕십리(야외 국철역)에서 지하철을 갈아타거든요.
타보신 분들은 알겠지만 성북행은 한 시간에 4번 정도 밖에
안 오거든요.
거기만 가면 크게 숨을 쉬면서 호흡기도를 하는데 주님의 숨결이 느껴지는 듯해서 지하철 갈아타는 시간이 너무 기다려져요.
감사드립니다.

4. 호흡기도의 기쁨 - M집사 -

할렐루야. 주님의 평강으로 인사드립니다.
목사님의 카페에서 늘 많은 도움과 기쁨을 얻고 있어 감사드립니다. 저는 영적인 부분에 늘 목마름과 갈증이 있어 주님을 찾던 차에 주께서 호흡기도를 주신 것 같아서 너무나 감사할 뿐입니다. 저는 특히 새벽기도 할 때 깊은 호흡을 경험합니다. 요즈음은 길을 갈 때나 무슨 일을 할 때든지 제 안에서 쉬지 않고 주님을 찾는 기도가 마치 물레방아처럼 흘러나와요. 주님을 가만히 기다리면 방언과 함께 이 호흡이 저를 깊은 기도로 이끌어갑니다. 얼마나 행복한지 달콤하고 행복한 감동에 사로잡힙니다. 저는 기도시간이 이렇게 행복한 줄 예전엔 미처 몰랐어요. 이런 기도를 제가 늘 즐기고 있는 편이라 할 수 있습니다.

직장생활이 저에게는 인간관계 때문에 너무 힘들어서 지옥과 같았었는데, 이러한 기도 후에 많은 부분에서 회복 시켜 주시고 담대함과 자유함을 주시는 것을 체험합니다.
특히 기도 가운데 강한 파워가 생기고 목소리의 톤도 바뀌는 것을 느끼고 경험하게 됩니다. 저는 목사님의 "영권은 부르짖음에서 출발한다"는 말씀을 뼈저리게 체험한 편이라 할 수 있습니다.
늘 두려워하고 눌려 살던 제가 마치 제가 아닌 것처럼 든든함과 담력을 느낍니다. 얼마나 좋은지.. 항상 그럴 수 있다면 좋겠어요.
그러나 여전히 부족함을 느끼고 때로는 실패와 낙심을 경험하기도 하지만 그럴수록 더욱 주님을 의지하게 됩니다.
마치 그럴 수밖에 없도록 주님께서 길을 인도해 가시는 것 같습니다.
그분만이 나의 길을 아시겠지요. 감사합니다. 샬롬.

5. 예수 호흡기도의 비밀   -J자매-

누워서 호흡기도를 한다.
호흡.. 그것은 비밀이다.
호흡.. 그것은 영광이다.
호흡.. 그것은 놀라움 그 자체이다.
정말 너무나도 놀랍다.
하지만 가장 중요한 것은
호흡으로 주님을 마신다는 것이다.
호흡으로 주님을 마시고
주님으로 채워질 수 있다는 것!
주님의 생명으로 넘쳐날 수 있다는 것!
그저 너무나도 놀랍고 놀라울 뿐이다.

6. 예수 호흡의 행복   -H자매-

배호흡을 시작하였다. 배를 들썩들썩 거리면서 호흡을 깊이 들이마셨다가 강하게 내쉬었다가를 반복했다. 배를 집중적으로 의식하는 데에 마음을 쓰면서 숨을 많이 집어넣으려고 시도했다.

조금 하고 있으니 약간 답답한 느낌이 들면서 하품이 나왔다. 호흡을 내보낼 때 내 안에 있는 악한 기운을 내보낸다고 생각하면서 기도하였다. 어두운 기운이 빠져나간다고 상상하면서 숨을 내뱉는데.. 휴우~~ 하고 숨을 토할 때 악하고 어두운 죄악들이 검고 탁한 기운으로 빠져나가는 상상이 든다.

그리고 호흡을 들이마실 때 맑고 청량한 주님의 기운, 그 흐름.. 투명하고 맑은 생수 같은 그 물줄기가 내 안으로 들어오는 상상이 된다.

눈물이 난다. 악하고 어두운 나의 모습, 그리고 맑고 거룩한 주님의 모습.. 나를 받으시고 더러운 내 마음에 들어오시는 주님께 너무 감사하고.. 너무나 죄송하다. 눈물이 쏟아진다.

계속 호흡하니 아랫배 이쪽저쪽이 아프다. 아픈 곳을 손으로 누르면서 계속 기도를 한다.

트림이 나온다. 예수 호흡이 들어오면 악한 기운이 견디지 못하고 쫓겨간다더니 정말 그런가보다.

내 스스로는 나의 어두움을 해결할 수 없고 깨끗하게 할 수 없지만 주님의 빛과 거룩한 기운이 내 안에 들어올 때 내 안의 어두움이 처리되고 쫓겨 나간다는 것이 얼마나 감사하고, 감사한지..

나는 죄악과 어두움 외에는 주님께 드릴 것이 없지만 주님께서는 나에게 생명과 거룩함과 정결함을 주신다.

얼마나 놀랍고 감사한지..주님.. 너무나 감사합니다. 사랑합니다.

7. 호흡기도 경험담 정리   -K자매-

제가 호흡기도에 관심을 가지기 시작한 것은 기도 업데이트를 읽고 나서부터였어요. 제가 그 책을 읽기 한 2년 전에 단전호흡을 하러 다닌 적이 있었지요. 한두 달 정도 다닌 것으로 기억이 나는데 저는 거기서 뇌 호흡이라는 것을 조금 배웠습니다.
그리고 어렴풋이 제가 호흡이 약한 사람이라는 것을 알게 되었던 것 같아요. 잠시지만 단전호흡을 배우면서 뇌 호흡을 조금 경험했었지요.
실제로 저의 뇌를 만져보는 경험도 하고 어디가 아픈지, 어떻게 하면 고치는지 아주 조금 체험을 해보았지요.
나중에 목사님께서 가르쳐 준 호흡기도를 하면서 예전에 한 단전호흡 수련이 잘못되었다는 것을 알게 되었지요. 그리고 나중에 그 때 단전호흡을 하는 중에 머리를 통해 들어온 귀신들 빼내는데 엄청난 고통을 치렀어요.

아무튼 제가 호흡이 약한 종류의 사람이라는 것을 알고 먼저 배 호흡을 열심히 했었지요. 제가 원래 정말 걱정이 많고 두려움이 많은 사람이었어요.
지금 저를 아는 친구들에게 그렇게 말을 하면 별로 믿지를 않지요. 배호흡을 하면서 정말 여러 가지를 경험했었어요.
먼저 코 안이 너무 아팠어요. 제가 호흡이 워낙 약했는데 갑자기 호흡을 세게 하니까 코 안에 있는 점막들이 놀랐나봅니다.
제가 어릴 때 한 6년 간 축농증으로 고생을 심하게 했었어요. 축농증이 있으면 머리가 항상 묵직하고 숨도 제대로 못 쉬고 입을 반쯤 벌리고 있어야 하지요
코가 항상 막혀있기 때문에 입으로 숨을 쉬어야 했습니다. 그러니 당연

히 제가 호흡이 약한 사람이 될 수밖에 없었어요. 그렇게 24년쯤을 살다가 배호흡을 하려니 정말 고역이었습니다. 저는 믿음이 그렇게 좋지도 않았고, 그저 주님을 마셔야 한다고 해서 그냥 열심히 해본 것뿐이었어요.

그런데 결과는 엄청나게 놀라웠습니다. 먼저 목소리가 달라지고, 담대함이 생겼어요. 저는 좀 거친 면이 많았고 꾸준한 면이 부족했었지요. 그런데 배호흡을 하면서 처음에 소신 있게 밝힌 것을 끝까지 밀고 나가는 면이 생겼어요.

그리고 그때 한국에서 등 수술을 받은 지 얼마 되지 않았는데 등 수술 받고 난 후에 찐 살이 배호흡을 하면서 다 빠졌어요. 꾸준히는 못했지만, 저는 호흡기도만 열심히 하면 살이 빠지는 것 같아요.

그리고 이건 좀 창피하긴 하지만, 제가 좋아하는 어떤 형제가 있었는데 그때 호흡기도 배우기 전에는 하늘만 봐도 그 형제가 보이고.. 책을 봐도 그 형제가 보이고 항상 그 형제 생각만 났었는데요.

그런데 배호흡을 배우고 하면서요, 어느 날 문득 하늘을 올려다봤어요. 그런데 하늘이 너무 아름답게 보이더라구요. 너무 신기했어요.

그 전에는 항상 한숨을 푹푹 쉬면서 하늘을 쳐다보곤 했는데 그날따라 하늘이 그렇게 예쁠 수가 없는 거 있죠. 그리고 더 이상 그 형제에 대해 아무것도 생각이 안 났어요. 그 이후로 정말 다 잊어버렸지요.

배 호흡기도 하면서 나타난 현상들은 1. 감기 몸살(정말 혹독하게 앓은 것 같아요) 2. 목소리가 달라짐 3. 담대함이 생김 4. 미련을 버릴 것은 버릴 줄 알게 됨 5. 살이 빠짐 (식탐도 없어지구요) 등이었어요.

그리고 한 3개월 있다가 머리 호흡을 해보고 싶은 마음이 들었지요. 그래서 배호흡을 잠시 멀리하고.. 머리 호흡에 좀 열중했었어요.

저는 원래 생각이 너무 많았어요. 끊임없이 주체할 수 없이 올라오는 생각들 때문에 내가 미쳐버린 것은 아닐까 할 정도로 심했어요.

그런데 지금은 생각이 많이 줄어들어서 아주 단순해졌어요.

머리 호흡에 대해선 정말 재미있는 일들이 많았어요. 먼저 머리 호흡을 하고 나면 머리가 항상 깨질듯이 아팠어요. 제가 원래 생각이 많았기 때문에 그 생각들을 틈타고 오는 나쁜 귀신들이 나가는 과정이었던 것 같아요.

머리호흡을 하면서 꿈을 많이 꾸게 되었는데 정말 죽는 줄 알았어요. 온갖 더러운 오물이 꿈속에서 많이 나오는 데다 더러운 꿈도 많이 꾸었답니다. 그런데 정말 감사한 것은 꿈의 내용들이 서서히 변하기 시작했어요. 예를 들어서 제가 꾸는 꿈의 발전 상황을 들어보자면

1. 처음에는 저를 해치려는 악령들의 공격에도 아무 대항도 못하고 가만히 웅크리고 앉은 채로 할퀴어도 가만히 있고, 꼬집어도 가만있고 그랬어요. 물론 꿈에서 깨고 나면 그 찜찜함은 이루 말할 수가 없었어요.
2. 그런데 조금씩 시간이 지나면서 제가 조금씩 도망을 치기 시작했어요. 나무 위로 올라간다든지, 아니면 건물 밖으로 도망을 간다든지.. 그리고 목사님을 찾으러 도망을 간 꿈을 꾼 적도 있었지요.
3. 그러다 이제는 꿈에서 나쁜 놈들을 막 쫓아다니면서 물리치고 죽이고 다녀요. 지난번엔 제가 노려만 보아도 이놈들이 사라지는 것을 꿈으로 꾸었답니다.

물론 이런 꿈 외에도 하늘에서 빛이 내려온다든지 하나님의 사람들과 함께 찬양을 한다든지 하나님의 성전 안에서 주님께 찬양 드리며 춤을 추며 경배하는 꿈도 꾸고요.

그리고 더욱 재미있는 것은 친구들의 꿈을 꿀 때에 꿈에서 본 일이 그대로 일어나는 일도 많이 있어요. 특히 요즘엔 더욱 그런 것 같아요. 저는 이런 현상은 특별한 사람에게만 임하는 것인 줄 알았어요. 요셉같이 특별한 사람만.. 저는 그런 사람 축에는 낄 수 없을 거라고 생각했는데 막상 보니 꼭 그런 것만은 아닌 것 같아요.

호흡기도를 계속 하다보니까 이제는 호흡이 어디로 가는지도 알 것 같구요. 숨을 들이쉬면, 머리에 호흡이 모자라면 머리로 가구요. 배에 호

흡이 모자라면 배로 호흡이 가구요. 가슴이 답답하면 가슴에 호흡이 가구요. 그런 것 같아요. 근데 과식하고 나면 호흡 제대로 안 되더라구요. 위장이 좀 비어 있을 때 호흡이 잘 되는 것을 알았어요.
가슴 호흡은 조금만 해보았는데 그냥 심장이 많이 아파지는 경험을 했어요. 가족들이나 친구들에 대한 마음, 감정을 하나님께 내려놓으려고 하는 중인데 아직 쉽지는 않군요. 주님을 사랑하는 게 무엇인지 알고 싶어요.
요즘 그냥 『순례자의 길』에서 나오는 방법대로 심장 기도를 해보고는 있는데요. 이 방법대로 예전부터 해봤지만 심장이 아파진다는 것 말고는 아직 잘 모르겠어요.
부족하지만 그냥 저의 경험담을 정리해서 올려보았습니다. 다른 분들께도 참고가 되었으면 좋겠군요. 예수님께 감사드립니다.

* 여러 가지 경험을 했군요. 그것은 자연스러운 일입니다.
그리고 자매가 경험한 대로 호흡으로 사람에 대한 지나친 애정이나 집착을 처리하는 것도 충분히 가능하지요. 그것도 영의 문제이기 때문입니다.
머리호흡을 하면 그 과정에서 생각의 치유가 이루어지므로 그 과정이 힘이 듭니다. 잠재된 생각이 처리되는 과정에서 악몽에도 시달리게 되고 여러 고통스러운 과정을 겪을 수 있지요.
심장 기도, 심장 호흡도 자매에게 많이 필요합니다. 심장이 주님께 충분히 드려지지 않은 면이 있어서 자매가 정서적으로 외로움을 많이 타는 경향이 있지요. 주님을 갈망하는 마음으로 꾸준히 기도하고 호흡하면 조금씩 나아질 것입니다.
계속 나아가기를 바랍니다. 다만 기술적인 부분이나 현상 자체에 치우쳐 주를 구하고 자신을 주님께 드리는 면이 부족하게 되지 않도록 주의해야 할 것입니다.

8. 호흡기도로 통증의 치유가   -O자매-

목사님. 안녕하세요.
목사님을 한 번도 뵙지는 않았지만 많은 것을 가르쳐주시고 제 영이 주님을 사모하도록 도와주시니 너무나 감사를 드립니다.
목사님. 제가 목사님을 통해 호흡기도라는 것을 알게 되었지요. 그래서 정말로 좋은 경험을 하였습니다. 그래서 한번 적어 보려고 합니다.
얼마 전 제가 안산에 사는 언니 집에 가고 있던 중이었어요.

전철을 타고 가고 있었는데 갑자기 배가 너무 아픈 거였어요.
화장실 갈 배처럼 아픈 게 아니고 이상하게 오른쪽 윗배인데 무언가 있는 것처럼 느껴졌어요. 꼭 덩어리인 것 같기도 하고 무언가 답답한 느낌이었지요. 그 순간 저의 언니생각이 났어요.
저의 언니도 배에 가끔 이상한 물질이 있는 것 같은, 그러한 통증을 느끼곤 하는데 겉에서 보면 불룩 튀어나와 보일 정도라고 하더군요. 그런데 그럴 때마다 방언으로 기도하면 아픈 것이 사라지고 낫는다고 하더군요.
그런 이야기를 들으면 놀랍기도 하고 부럽기도 하지만 저한테는 그러한 경험이 없었거든요.
그런데 그 순간에 호흡기도를 한번 해봐야 되겠다는 마음이 들었어요.
물론, 가끔 호흡기도를 하고는 다니지만 늘 무시로 할 정도는 아니었거든요.
그래서 호흡기도를 깊이 있게 하기 시작했습니다.
그러기를 20-30분 정도를 했습니다. 물론 호흡기도를 하면서 마음속으로 주님께 기도를 했습니다.
제 안에 있는 독성, 죄성, 악성들, 주님과 성분이 다른 것들이 많이 있으니 이러한 것들이 주님의 보혈로 씻겨지기를 원합니다.. 하면서 계속 호흡기도를 했지요.
그런데 그 정도 호흡기도를 하고 나니까 그 통증이 싹 없어지고 이리 저리 몸을 움직여 봐도 전혀 그 고통이 없는 것이었어요.
아니 이럴 수가.. 내 안에 계신 성령님이 승리하신 것이었죠.
그래서 정말 감사해요.
이 기회를 통해, 정말로 호흡기도의 진가를 발견하게 되었거든요.
그래서 주님께서 감사를 드리고 목사님께 감사를 드립니다.
앞으로도 계속 주님을 더욱더 깊이 경험하고 더욱 더 주님을 사모하는 사람이 되고 싶습니다.

* 좋은 경험입니다. 호흡기도를 통해서 속의 통증.. 나쁜 기운.. 상처.. 등을 내보낼 수 있습니다. 저는 그리 심하지 않은 질병은 호흡으로 어느 정도는 치유할 수 있을 것이라고 믿고 있습니다.

9. 나의 예수 호흡기도   -H자매-

저는 H자매예요. 처음 카페에 온 지 얼마 안 되었을 때 한참 호흡기도 바람이 불었던 기억이 나요.
특히 몇 사람이 호흡기도를 통해서 많은 자유를 경험하자 너도 나도 이 기도에 참여하게 되었고 저도 덩달아 열심히 호흡기도를 시도해 보았는데 한동안은 별 변화가 나타나지 않았어요.
그래서 난 왜 이리 무딜까.. 난 이런 영적인 것을 소화할 체질이 못되나 봐.. 하고 슬퍼했었지요.
그런데 호흡기도라는 것이 처음엔 뭔가 어렵고 신기한 것인 줄 알았는데 그냥 숨 쉬고 호흡하면서 주님을 생각하는 단순한 것임을 알게 된 후에는 대충 편안하게 지속적으로 호흡기도를 하기로 마음을 먹었지요.
게다가 목사님께서 자매는 강한 면이 있으니까 심장 기도를 많이 해라.. 하셔서 열심히 심장 호흡을 했어요.

그러던 어느 날부터인가 갑자기 심장을 무언가가 날카롭게 찌르는 느낌이 드는 것이었어요. 처음 몇 주 동안은 날카로운 느낌이 계속되다가 조금 지나면서부터는 그 범위와 폭이 넓어지기 시작했어요.
심장 좌우로 퍼져가면서 좌우 어깨에서 10센티쯤 떨어진 부분에 통증이 오더니 그 다음엔 점차 압박감을 느끼는 폭이 넓어졌어요.
그러다가 어느 날인가는 갑자기 심장주변에서 뭔가가 풍선처럼 부풀어 오르는 느낌이 들었어요. 옷이 들썩들썩 하는 느낌이 들 정도로 어떤 기운이 술렁술렁 하면서 일어나는 것이었어요.
옷에 바람이 들어갔나.. 하면서 옷을 만져보면 전혀 아무 일도 없는데 분명히 아주 부드럽고 풍성한 기운이 술렁거리는 것이 느껴졌어요.
그 즈음부터 저는 카페의 글을 읽으면서 눈물이 많이 났어요.

원래는 눈물이 거의 없어서 기도하다가 눈물 흘리는 사람을 보면 너무 부러웠는데 말예요.
카페의 글을 읽다가 온 몸이 전류에 감전된 것 같은 느낌을 받기도 하고 학교 컴퓨터실에서 엎어져서 사람들 눈총을 한 몸에 받으면서 엉엉 울기도 하고.. 어떤 글을 읽을 때는 몸이 뒤로 젖혀지는 것 같은 느낌을 받기도 했지요. 때로는 하품도 많이 나서 '어제 많이 잤는데 왜 이러지?' 그랬어요. 조금 지나면서부터는 글을 쓰면서도 많이 울기 시작했어요. 억지로 글을 쓸 때는 그런 느낌이 없다가도 마음에서 우러나와서 글을 쓸 때는 심장에서부터 무언가 강한 흐름이 쏟아져 나오는 것 같은 느낌이 들었어요. 개인 메일을 쓸 때도 마음을 담아 "보고 싶어요." 한 마디를 쓰면 온 심장이 강력한 전기로 감싸인 듯한 느낌을 받곤 했어요. 메일을 쓰다가 울기도 많이 울었죠.

그 때는 그게 호흡기도 때문에 그렇게 된 줄 몰랐는데 지금 돌아보면 호흡기도의 결과였던 것 같아요.
누워서 찬양을 틀고 천천히 호흡을 하면 억지로 상상을 하는 것도 아닌데 밝은 빛.. 맑은 시냇물.. 하늘을 나는 모습.. 이런 것들이 저절로 상상이 되었어요.
예수님의 다정한 모습이 떠올라서 울기도 했어요. 그 땐 몰랐는데 그게 아마 주님의 임재를 느낀 것이었나봐요.
그게 뭔지 몰랐기 때문에 '난 왜 이리 잘 안될까요.' 하면서 응석을 부리는 바람에 여러 사람을 괴롭혔지요.

호흡기도를 계속 할수록 호흡의 길이가 길어지기 시작했어요.
처음엔 그냥 '할딱, 할딱' 그랬는데 점차로 '후우으으읍..' 이렇게 호흡의 폭이 늘어났어요. 훈련과 연습의 의미로 호흡을 일부러 조금 천천히 한 면도 있지만 어느 정도는 그냥 자연스럽게 그렇게 된 거 같아요.
호흡의 길이가 늘어나니 심장에 흐름이 느껴지는 부위도 점차 넓어지는 것 같았어요. 처음엔 심장주변 지름 20센티 정도의 공간에서 흐름이 느껴졌는데 계속 하니까 명치부근까지 흐름이 내려오고 나중엔 배꼽 위쪽까지 흐름이 내려왔어요.
그렇게 되니까 호흡을 깊이 들이마시고 나면 가슴 전체에 일어나는 어떤 흐름이 은근히 심장을 누르는 느낌이 들었어요.
그 흐름에 자연스럽게 따라가다 보면 호흡이 잠시 정지되는 때도 있는데 (아주 잠시지만요.) 그럴 때 그러니까 숨을 멈추고 있는 동안 내부의 흐름이 아주 활발해지면서 흐름의 영역이 급속도로 확장되는 것을 느낄 수 있었어요.

그렇게 되면서 점차적으로 방언기도나 대언을 할 때 흘러나오는 것이 많아졌고 심장의 감각이 조금씩 생긴 거 같아요.
예전엔 아무리 화내고 툴툴거려도 그냥 아무 감각 없이 씩씩하게 잘 살았는데 점차로 화를 내면 답답해진다거나 불안하고 짜증나면 심장에 압박이 느껴진다거나 그런 일이 생기기 시작했지요.
그리고 목사님이 흔히 말씀하시는 '좋으면 하고 싫으면 하지 마라.' 는 말씀이 뭔지 이해하기 시작했어요.
저는 원래 억지로 인내하면서 꾸역꾸역 참고 맡은 일을 끝까지 해 내는 스타일의 삶을 살았기 때문에 처음 카페에 왔을 때 목사님이 저한테 종종 해 주셨던 말씀 '재밌으면 하고 재미없으면 하지 말아라' 그 말씀이 전혀 이해가 안 되었거든요.
제가 정말 재미있어 하는 게 뭔지, 재미없어하는 게 뭔지 분간이 잘 안될 정도로 의지적으로 억압하는 삶을 살았었으니까요.
그런데 호흡기도를 하면서 심장의 느낌이 조금 생기니까 내가 좋아하는 게 뭔지 싫어하는 게 뭔지 약간씩 구분이 되기 시작했어요.
처음엔 좋아하고 싫어하는 게 생긴다는 자체에 죄책감을 갖기도 하고 그랬는데 점차로 그것이 자연스러운 인간 본연의 모습임을 알게 되었어요. 그런데 문제는 이렇게 심장 기도만 추구하다보니 너무 예민해져서 아무 말이나 들어도 다 흡수하는 바람에 혼란, 죄책감, 눌림.. 등등으로 고생을 했어요.

한번은 책을 읽다가 눌려서 (책 자체는 너무 좋은 책이었는데, 제가 잘못 이해하는 바람에..) 심장에 압박감과 통증이 너무 강하게 느껴져서 하루 온종일 방안을 뒹굴고 다니기도 했는데 그 때 경험을 통해 심장에 통증이 느껴지면 가슴을 톡톡 두드리고 트림하고 눈 부릅뜨면 곧 괜찮아진다는 것을 터득하게 되었지요.

제가 하도 눌리고 헤매니까 목사님께서 이제는 부르짖는 기도를 해서 강해지라고 하셔서 그 이후엔 부르짖는 기도를 열심히 했는데 이제는 호흡기도는 접어놓고 열심히 초토화기도를 해서 영이 강해지고 자신감이 생기고 그렇게 되었는데 대신 다시 영의 부드러움과 달콤함이 사라지고 인생이 허무해지는 그런 느낌이 생기더군요.

그래서 돌파구를 찾으려고 머리 기도를 시도해보았는데 목사님이 아직 그쪽에 치우치지 말라는 경고에도 불구하고 시도하다가 고생을 많이 했지요.

그래서 아.. 안되겠다.. 싶어서 최근에 다시 호흡기도로 복귀하였습니다.

이제는 한쪽에 치우치지 말고 부르짖는 기도랑 호흡기도를 잘 조화 있게 해야지 마음을 먹고 있습니다.

요 며칠 심장 호흡하면서 배 호흡을 같이 하고 있는데 부드럽게 천천히 심장을 생각하면서 호흡하면 어깨에 부드러운 전류가 흐르면서 머리가 시원해지는데 호흡을 배 쪽으로 강하게 내려 보내면 아랫배 부위에 어떤 막힌 느낌, 불편한 느낌이 들어요.

꽉 막힌 부분을 집중해서 생각하면서 호흡을 하면 장의 활동이나 배변에도 도움이 되는 것 같아요.

아랫배 뿐 아니라 옆구리나 여러 부위에 막히고 답답한 느낌이 들 때가 있는데 그 부분을 집중적으로 생각하면서 호흡하면 좀 지나서 풀리는 거 같아요.

호흡의 길이는 간만에 해서 그런지 좀 짧아졌어요. 그래서 다시 조금씩 천천히, 길게, 깊게 호흡을 하려고 시도하고 있지요.
깊게 호흡을 하면 마음이 차분해지는데 조금이라도 욕심을 품거나, 잘 해야지.. 하는 생각을 갖거나 조급해지면 호흡이 잘 되지 않는 것을 느껴요. 정말 생각과 마음의 상태 그리고 호흡의 관계는 아주 밀접한 것 같아요.
호흡기도를 통해서 주님의 은혜를 더 많이 경험하고 싶어요.
주님의 사랑과 은혜에 감사를 드립니다.

참, 한 가지 더요. 저는 심장 호흡하면서 외로움을 많이 타게 되었어요. 예전엔 전혀 외로움 같은 걸 몰랐는데 심장호흡을 하면서 마음속이 공허해지고 왠지 모를 외로움.. 사랑 받고 싶은 마음.. 그런 것들이 막 올라왔거든요.. 아마도 심장을 풀어놓으니.. 그 동안 억압했던 것들이 올라온 거겠지요?

* 잘 가고 있군요.
좋은 경험입니다.
호흡은 실상이고 영입니다.
예수의 이름도 실제이며 역사하는 것입니다.
그러나 관념적으로 막연하게 주를 불러서는 효과를 감지하기 어렵지요. 우리가 주를 부르며 호흡할 때 우리 안에서 실제적인 역사가 일어납니다.
대체로 호흡기도를 통해서 이루어지는 것은
1. 신체적인 변화
2. 정서적인 변화
3. 사고, 의식의 변화
4. 영적 감각의 예민해짐
등입니다.

자매를 처음 봤을 때 정서가 많이 억압되고 막혀 있다고 느꼈습니다. 그래서 심장 호흡기도를 하라고 했지요.
그러면 막힌 정서가 풀려져서 눈물도 많아지고 부드럽게 되고 따뜻한 마음, 그리움, 사랑의 흐름에 대해서 자유롭게 됩니다.
호흡기도를 하면 영이 부드러워지고 기능이 풀려나기 때문에 주님이 실제로 보이기도 하고 느껴지기도 하고 바로 옆에 계신 임재를 선명하게 알게 되기도 합니다.
최근에 머리 기도를 하다가 고생을 많이 해서 혼이 났겠지만 그것도 시간이 좀 지나면 다시 시도해서 정복해야 합니다.
그러면 생각과 마음을 온전히 다스리고 주님께 드릴 수 있으며 온전한 자유인이 될 수 있지요.
자매의 경험은 자매가 좋은 방향으로 잘 가고 있는 것을 보여주는 것입니다.
더 실제적으로 주님을 경험하고 동행하며 주의 유용한 사랑의 도구가 되었으면 좋겠군요.
주의 이름으로 축복합니다. 샬롬

* 예수 이름은 관념이 아닌 실제! - H자매-

예수 이름은 관념이 아닌 실제! 할렐루야!
예수님을 제 삶의 주인으로 모셔들인 후 주님을 더 깊이 경험하고 싶어서 몇 년 동안 여기 저기 헤매면서 많은 책들을 읽었지요.
주님을 실제적으로 만난 사람들의 경험담을 읽을 때면 얼마나 마음이 설레고 얼마나 눈물이 나고 얼마나 흥분이 되었던 지요.
나도 이 분이 경험한 주님을 경험하고 싶다.. 그냥 구경하는 것이 아니라 실제적으로 직접 경험하고 싶다는 그러한 갈망과 소원은 너무 컸지만 막상 적용을 하려고 하면 어떻게 해야 하는지 모호해서 나중엔 너무

속상해서 울었던 기억이 많이 나요.
그래서 늘 그런 생각을 했었지요.
주님은 진열장 속의 빵과 같다고.
너무 얻고 싶고 만지고 싶고 먹고 싶은데 아무리 손을 뻗어도 유리가 가로막혀있어서 도무지 닿지 않는다고.. 그런데 목사님의 글을 읽으면 너무 실제적이고 너무 쉬워서 너무 좋아요. 마치 진열장 유리가 걷힌 듯한 느낌이에요.
이제는 조금만 다가가면 만질 수 있고 먹을 수 있다는 기쁨..
붙잡고 씨름할 수 있는 샅바가 있음을 알게 되었다는 것..
그것이 제 일생에 얼마나 놀랍고 혁명적인 변화를 가져왔는지 몰라요..
주님은 너무나 실제적인 분임을..
눈에 보이는 그 어떤 것보다도 더욱 더 가깝고 실제적인 분임을,
그리고 단순하고 쉬운 방법으로 그 분을 경험할 수 있다는 것을
알려주셔서 너무 감사해요.
목사님. 너무 감사해요. 넘어지고 헤매더라도 한 걸음, 한 걸음
포기하지 않고 끝까지 꾸준히 걸어갈게요.
감사드립니다.

10. 호흡기도로 기쁨을 얻었어요.   -K집사-

목사님 안녕하세요.
저는 목사님을 뵌 적은 없지만 카페에 들어와서 이쪽저쪽 페이지를 열어서 말씀을 대할 때마다 너무 감동이 되어 잠을 잘 수가 없어요.
저는 아직 호흡기도가 무엇인지 잘 알지는 못하지만 그래도 조금 시도해 보았어요. 그랬더니 제가 낮에 누워서 호흡기도를 하는데 우리교회 성도님의 기도가 막나오면서 한없는 눈물이 쏟아지는 것이었습니다. 그래서 잠깐 기도하려고 누운 것이 무려 4시간을 기도하게 되었습니다. 그래서 저는 호흡이 무엇인지 말로는 표현을 할 수 없지만 분명히 하나님의 영이 함께 하심을 믿고 조금씩 걸음마를 해보는 중입니다.

그런데 목사님, 호흡기도 하고 나서부터 새벽기도 지각을 면했어요. 저는 새벽기도를 가는 날마다 가는데 꼭 지각을 했거든요 그런데 이게 웬일인지.. 정말 놀라워요.
새벽 4시가 되면 정말 맑고 밝은 정신으로 기분 좋게 일어나 호흡 한번 하고 홈페이지 들어가서 잠깐 목사님 글을 하나만 읽고 가도 기도가 너무 잘되고 예배시간에 말씀을 읽을 때 눈물이 막 나서 제가 놀랐습니다. 그리고 늘 우울하던 제가 기쁨을 찾을 수 있게 되었어요. 그리고 너무 힘이 넘쳐나요. 목사님 너무 감사해요.

* 감사합니다. 성도님의 영이 순수하고 별로 걸림돌이 없으니까
쉽게 영의 흐름을 접하게 된 것 같군요.
호흡은 영이며 주님이 임재하시는 도구이므로 기도하는 마음으로 호흡을 충분히 하면 심령에 감동이 오고 몸이 가볍고 신선해지고 하는 것이 보통입니다. 더욱 풍성한 은혜로 나아가시기를 바랍니다. 샬롬.

11. 호흡기도의 효과 -K자매-

선교에 관련된 일로 중국에 몇 년 동안 있었을 때
"모든 지킬만한 것 중에 더욱 네 마음을 지키라. 생명의 근원이 이에서 남이니라.."(잠 4:23)
이 말씀을 자주 받았었는데 도대체 마음을 지키는 것이 뭔지 알 수가 없었습니다. 하지만 그 말씀이 너무너무 내 가슴에 와 닿았었지요.
그런데 이제 알았습니다. 마음을 지킬 수 있는 비밀은 호흡기도였어요.
얼마 전에 힘든 일이 있어서 참 무기력한 상태로 집에서 꼼짝하기가 싫어서 가만히 있었지요.
그런데 호흡을 깊이 마시라고 목사님이 그러셔서 호흡하면서 깊은 호흡을 들이마셨는데 활동력이 막 생기는 거였어요.
정말 신기했습니다.
정말 호흡기도는 너무 신기하고 중요한 것 같아요.

12. 호흡기도를 통한 변화들   -N집사-

저는 호흡기도를 처음 시작했을 때 어지럽고 속도 메스꺼워 누워 있을 때가 많았지요.
차츰 그런 현상들이 줄어들었고 식욕도 줄어들고 좋아하던 고기도 별로 먹고 싶지 않게 되었는데, 요즘은 식욕이 좀 늘었어요.
아랫배에 묵직한 덩어리 같은 것이 느껴지기도 했는데 지금은 없어졌어요.
꾸준하게 호흡기도를 하는 편이구요.
잠들 때도 호흡기도를 하다가 잠이 들지요.
호흡기도를 하면서 온 변화는 우유부단하고 마음이 약해서 남에게 해야 할 말이나 싫은 소리를 못했는데 당당하게 할 말을 하고 있는 자신을 발견했구요.
우울함이나 어두운 생각들은 호흡으로 내보내 버리니까 늘 맘이 편하고 행복해 졌어요.
그리고 심각한 것도 없고 단순해지네요.

늘 배 호흡기도만 해서
어느 날부터 심장기도를 하고 싶은 생각이 들어
호흡을 심장으로 보내는데
무시로 심장이 찌르르한 느낌, 쏴....아한 느낌이 들어요.
심장이 아파서 그럴까 하는 생각도 해보는데
심장기도 때문인 듯싶어요.
그리고 심장기도를 할 때 호흡을 깊이 마시고 호흡을 내 보낼 때 심장이 맥박이 뛰듯이 울컥 뛰는 것을 느끼게 됩니다.
주님을 부르며 호흡기도를 하므로 자유로워지고 단순해지고 밝아지고 행복해 졌습니다.
때로는 호흡을 배, 가슴, 머리로 일정한 시간동안
돌아가며 보내기도 해봅니다.
목사님 저 호흡기도 제대로 하고 있는 건가요.
감사합니다.

* 참 좋습니다.
모범적이고 좋은 열매들입니다.
호흡기도를 처음 할 때는 자기의 안에 있는 여러 어두움들이 표출되고 나오는 과정에서 어지럽거나 구토가 나오기도 하는 등 조금 힘이 들기도 합니다.
그러나 그 과정을 조금 통과하게 되면 많이 가볍고 자유로우며 여러 변화들을 경험하게 되지요.
호흡기도는 어떤 특별한 기법이 있다기 보다는 집사님처럼 기도하는 마음으로 꾸준하게 하시면 많은 변화와 열매와 주님의 실제를 경험할 수 있는 단순한 방법입니다.
감사합니다. 샬롬.

13. 생명의 호흡기도   -Y자매-

오늘은 문득 집중하여서 호흡기도를 해야겠다는 마음이 들었습니다.
그래서 편하게 누운 자세로 스캇 브레너 목사님의 찬양을 틀어 놓고 주
님을 마음으로 부르며 호흡기도를 했습니다.
너무 오랜만이라 처음에는 숨이 깊이 마셔지지 않았습니다.
그래서 의도적으로 배를 움직이면서 숨을 깊이 마시려고 했습니다.
점점 폐에 공기가 채워지는 느낌..
그리고 그 느낌이 쇄골 바로 밑까지 전달되었습니다.
가슴안쪽이 묵직하게 되었습니다.

처음에는 의도적으로 배를 움직였는데 계속 하다 보니 이제는 아주 자
연스럽게 숨이 깊이 세포 곳곳에 들어가 자리 잡는 그런 느낌이었습니
다.
그리고 또 한 가지 새로 발견한 점은 입에서 뽀글뽀글 입술사이로 공기
가 가끔 나온다는 것입니다.
어항에서 보면 물고기 입에서 공기가 새어 나오듯이요.
아무튼 재미있었지요.
한 30분가량 계속 했는데요.
어느새 내 영혼이 잠잠해 지면서 비몽사몽이 되었습니다.
그리고 몸이 뻣뻣해졌어요.
생각은 어.. 이제 일어나야 되는데 일어나서 나가봐야 되는데 하고 있는
데 몸은 뻣뻣해 가지고 말을 듣지 않더군요.
꿈을 꾼 것 같기도 하고 눈을 뜨고 있었던 것 같기도 하고
아무튼 비몽사몽이었습니다.
그리고 몸이 풀려서 일어나 보니 1시간30분이 지났더군요.

지금은 몸이 너무 개운하구요.
정신이 맑아요.
한 가지 깨달은 것은
주님께서 제게 생명을 채워주셨다는 거예요.
호흡이 끊기면 죽잖아요.
근데 그 호흡으로 충만히 채우는 것은
곧 내게 생명이 충만한 것임을 발견했습니다.
그리고 주님의 허락이 없다면
지금 내가 호흡하며 이렇게
살아 있을 수도 없다는 것을 깨달았습니다.
주님.. 감사합니다.
이제 저는 주님만 마시겠습니다.
더욱 충만히 주님의 생명을 마시겠습니다.
아멘.

* 호흡을 하는 과정에서 몸이 마비되는 것 같고 움직이기 어려운 것은
성령님의 기름부으심이 임할 때와 비슷한 현상입니다.
우리의 육적인 요소를 처리하시고 그 영의 감각이 발전하게 되는 과정
이지요. 그러한 경험 후에는 영적으로 예민해지고 기도나 찬양, 말씀 묵
상 등에서 많은 감동과 기쁨을 경험하게 됩니다.
계속 더 발전해 가십시오. 샬롬.

14. 호흡기도로 음식이 절제됨　-K자매-

저는 지금도 조금 비만이긴 하지만 어릴 땐 정말 심했답니다.
고등학교 3학년 때 키는 지금의 158센치에 몸무게가 무려 90킬로그램 나갔었답니다.
어땠는지 이해가 가시나요? 아마 상상도 하기 힘드실 거예요.
그러니 저의 정신상태가 어땠는지는 이해하실 거예요.
전 거의 매일 저 자신을 죽이고 있었어요.
대학교 와서 몸무게가 많이 줄긴 했는데 문제는 식탐이 없어지지는 않는다는 것이었습니다.
목사님 말씀하신 대로 식탐이 많다는 것은 신체에 대한 욕구가 상당히 크다는 것을 알 수 있었어요.
대학교 때는 몸이 너무 약해져서 살이 줄었다 늘었다를 반복하니 정말 사람의 모습이 아니더군요. 굴러가는 살덩어리 같았어요.

그런데요. 신기한 일이 생겼어요.
목사님이 가르쳐 주신 호흡연습을 하면서요.
제가 먼저 주님을 마시고 몸 안의 나쁜 기운을 없애는데
제가 막 과자나 떡볶이나 초콜릿 같은 기운을 마구 내보내는 연습을 했거든요.
그랬더니 정말 별로 먹고 싶지가 않은 거예요.
한 하루정도 연습하니 효과가 있구요.
일주일정도 하니 이젠 눈앞에 과자가 있어도 별로 먹고 싶지 않더군요.
대학교 때 하도 인생이 힘드니까 담배를 잡았는데 그래도 저 나름대로 매일 끊으려고 노력했거든요.
그렇게 담배를 끊고 다시 피우는 것을 반복하니 몸은 몸대로 망치고 영

은 영대로 망가지고... 살은 줄었다 늘었다.. 머리카락도 한 움큼씩 빠지고.. 입원을 두 번이나 했어요.
그러다 식탐도 많이 줄긴 했는데 그래도 그땐 억지로 참는 것에 불과했지요. 먹는 것에 대하여 자유로운 것이 아니었어요.
지금하곤 완전히 틀린 것 같아요.
무엇보다도 주님을 마시는 것이 제일 좋은 것 같아요.
정말 주님께 감사를 드립니다.

15. 호흡기도와 내적 치유   -O자매-

아는 자매님의 이야기를 올려드립니다.
이 자매는 지적인 면이 발달해서 목사님 글에 많이 은혜를 받아오긴 했지만 호흡기도에 대해서 실천하면 느껴지는 것도 없고 해서 많이 답답해했습니다.
그래도 저의 권유에 시도는 했었지요.
배호흡은 나름대로 잘 되고 충만하다고 했지만 심장이나 머리호흡은 하나도 모르겠다고 했었지요.

그런데 이 친구가 목사님의 '영성의 상담'을 읽다가 자신이 남을 정죄하는 것은 주님 안에서 용서의 체험이 깊지 않기 때문이라는 부분을 접하고 간절한 마음으로 심장 호흡기도를 했답니다.
정죄하는 것으로 인해 매우 답답해하던 가운데였죠.
그랬더니 호흡기도 중에 가슴 속에 딱딱한 판자 같은 것이 느껴지고 그 안이 텅 빈 것 같은데 그 안에 웬 남자가 떡 버티고 있었답니다.
내적치유는 개인의 속사정이기 때문에 자세한 이야기는 할 수 없지만 하여튼 이것을 통해서 그 동안의 남성 우월에 대한 상처들.. 그리고 그것 때문에 상처 입은 자존감 등이 실마리 풀리듯 풀리며 많은 가치관과 생각이 변하는 체험을 하였습니다.
이야기를 들으면서 참 은혜스러웠구요.. 심장기도가 앞으로 이 친구에게 더 깊은 은혜를 주지 않을까 생각합니다.
지적인 친구라서 심장기도가 어려웠는데 이 계기로 심장에 따뜻함이 많이 회복되었으면 좋겠다는 그런 이야기를 나누었지요.
그 이후 이 자매는 열심히 호흡기도에 분발했습니다.
그리고 나서의 진척은 놀라웠습니다.

저에게 전화해서 이야기를 하는데 호흡이 오히려 자매를 이끌고 가는 듯 했습니다.
무언가 나가기도 하고 무언가 쫙 빨아들이는 것 같기도 하고
무엇보다 가슴호흡이 활발하게 일어나고..
머리까지 호흡이 가고..
참 주님께 감사한 일이 아닐 수 없습니다.
공기가 항상 우리 옆에 있듯이 주님께서 이렇게 우리에게 물 붓듯이 은혜를 부어주시는데 저에게도 요즘 조금 태만했던 기도생활에 많은 독려가 되었습니다.
주님.. 항상 은혜를 주셔서 감사합니다.
주님.. 우리에게 부어주신 많은 자비와 사랑을 더욱 귀히 여기고 지키기 원합니다.
아멘. 사랑합니다.

16. 호흡기도로 열리는 영계   -Y전도사-

제가 아는 집사님은 호흡기도를 조금만 하면
어지러워서 누워야 한대요.
누워서 기도하다가 금방 입신 비슷한 상태로 들어간다는 군요.
사실 그 집사님은 입신상태에 잘 들어가요.
찬양하면서 춤을 추다가도 입신에 잘 들어가거든요.
그런데 호흡하다가 입신에 들어가는 것은
다른 때와는 다르다고 하더군요.
가슴은 굉장히 평안하고요.
주님을 만나서 많은 이야기를 하고요.
계속 질문을 하고 주님은 대답을 하시고요.
호흡기도를 알게 되어서 너무 좋다고 하면서 행복해하고 있습니다.
호흡기도를 통해 쉽게 주님을 만나는 것 같아요.
주님의 은혜에 감사를 드립니다.

* 호흡기도를 하면 영이 예민해져서 많은 체험들을 하게 됩니다. 그러나 그 자체에 너무 몰두하지 말고 주님 자신을 구하는 것이 중요합니다. 또한 어떠한 경험에 대해서 무조건 다 받아들이지는 말고 말씀에 비추어서 기도와 분별을 하는 것이 중요합니다.

우리의 목표는 신비적인 경험이 아니고 주님이니까요. 그러므로 무엇보다 주를 사랑하는 삶, 아름답게 변화된 삶이 중요하지요.

감사합니다.

17. 나의 예수 호흡기도 체험기 -J자매-

처음 제가 카페에 가입인사를 했을 때 목사님께서 말씀하셨지요. 아기를 안고 있을 때에도 주님을 생각하면 주님께서 임하시니까 그렇게 주님과 함께 행복하게 아기를 잘 키우라고 하셨었지요.
저는 그때 그 말씀을 듣고 매순간 주님을 의식하려고 애를 썼어요.
처음엔 잘 되지 않았지만 반복할수록 너무 좋았지요.
매 순간 주님을 의식하며 주님을 바라보며 호흡하는 것,
저는 그런 식으로 호흡기도를 해요.
저는 세상적인 미련이 그리 많지 않은 사람입니다.
고등학교 때 깊은 주님과의 만남은 아니었지만, 저의 집안이 가장 어려웠을 때 제가 가장 힘들었을 때 주님께서는 제게 손을 내밀어 주셨어요. 가장 힘들 때에 응답해 주셨던 우리 주님.. 얼마나 감사했는지..

그때 전 그 모든 것을 하나하나 받을 때마다 주님께 약속했어요. 주님을 위해 불쌍한 사람들을 위해 살겠다고요.
영적인 눈이 뜨이지 않았던 저는 그것만이 저의 삶의 목표요, 바램이었어요.
고등학교 졸업 후 전, 저를 위해 무언가를 해 본적이 거의 없었던 것 같아요. 남을 위해 희생하고, 봉사하는 길.. 그 길만이 제가 가야 할 길처럼 여겨졌거든요.
지금 생각해 보면 그것도 저를 위한 길이었지만요.
저의 고민은 오직 하나뿐이었어요.
오로지 불쌍한 이들을 위해 내가 할 수 있는 일은 과연 무엇인가?
많은 방황과 눈물 속에서 저의 갈 바를 알지 못해 괴로워하며 하루하루를 지내고 있었고 정말, 이제는 막바지라고 생각하고 있을 때 주님께서

는 목사님을 만나게 해 주셨어요. 지금도 그때 그 순간을 아직도 잊을 수가 없어요.
처음 목사님의 교회에 갔을 때 생전 처음 들어본 찬양들을 목사님은 부르셨고 전 찬양시간 내내 울기만 했었지요. 그 이후로 얼마 안 되어서 가슴의 통증이 있어서 괴로웠던 기억이 나요.
그리고, 3번째 목사님 교회를 갔던 날 성령님께서는 강하게 절 사로잡으셨지요. 그때의 기분은 지금도 말로 표현할 수 없을 정도예요.
가슴이 확 열린 느낌.. 자유.. 해방.. 시원함.. 기쁨과 환희..그리고 빛의 세상이 제 앞에 펼쳐졌지요.
온통 시야가 하얗게 보였어요. 전 하늘을 날아다니고 있었고요.
그 이후로 전 하늘에서 무수한 빛이 쏟아져 내려오는 것을 느꼈어요.
특히 작은 제방에 누워있으면 제 방이 온통 빛으로 가득 채워짐을 느꼈어요. 그렇게 강하게 절 사로잡으신 후 몇 주 동안은 생활하기조차 힘들었던 기억이 나요.

그 후로 제가 민감해서 주님을 쉽게 경험은 했지만, (사실, 전 민감한 지도 모르고 살아왔거든요.. 주님께서 제게 임하신 후, 민감한지 알았지요.) 그 민감함 때문에 단 한순간이라도 주님을 느끼지 않으면 숨이 막힐 정도로 너무나도 힘이 들었었지요. 충만함이 없어지고 아무것도 느껴지지 않을 땐 한동안 힘들었던 적도 있었어요.
하지만 고등학교 때 주님을 알게 된 후 전 주님을 믿었고 저의 마음을 아시는 주님께서 절 이대로 버려두시지 않을 거라는 믿음과 기다림 속에서 살았었지요.
주께서 이렇게 목사님을 통해 저를 만나주셨듯이 메말랐던 기간도 오직 주님만을 믿고 기다렸지요.
그러면서 몸의 느낌과 체험을 별로 중요하게 생각지 않게 되었어요.
오직 주님만이 제안에서 살아 숨 쉬고 계신다는 사실이 새롭게 저를 채워주었어요.

전 그 이후 주님을 느낄 수 없어도 그저 행복하고 기뻤어요.
목사님은 그때도 호흡기도를 가르쳐 주셨지요.
저도 가장 많이 했던 것이 호흡기도였어요.
"예수 충만, 예수 충만.."
특히, 길을 걸으면서 버스를 타면서 많이 했던 기억이 나요.
결혼을 하고 영적인 충만함이 고갈되어 많이 힘들었을 때 주님께서 주신 말씀은 "나를 받으라"는 말씀이었지요.
저는 처음엔 주님께서 제 안에 계신데 또 받을 필요가 있냐고 여쭤보았던 기억이 나요. 그때 주님께서는 항상 새로운 충만함으로 채워져야 함을 깨닫게 해주셨지요. 예전에 받은 은혜로는 더 많은 일을 할 수 없음을 깨닫게 해 주셨지요. 그 이후 전, 호흡기도를 더 열심히 했던 기억이 납니다.

지금도 집에서 가끔 누워 호흡을 하다보면 모든 세포 하나하나가 몸의 모든 부위가 숨을 쉬는 느낌을 받아요.
심장뿐만이 아닌 배에서도 팔에서도 다리에서도 발에서도 머리에서도 심장의 고동소리가 느껴져요.
우리가 주님을 생각하며 숨을 쉬는 것 하나만으로 그들은 생명을 얻었고 기뻐하는 것이 느껴졌어요.
그들은 모두 주님의 기운을 받아야만 생기를 얻을 수 있었던 거지요.
그렇게 주님을 들이마실 때 세포 하나하나가.. 발이.. 팔이.. 배가.. 심장이.. 머리가.. 기뻐 춤추는 것이 느껴졌어요.
온몸이 주님을 찬양하고 높여드리며 찬미하는 것이 느껴지지요.
또한 저는 모든 몸이 통해 있음을 느꼈어요.
특히 잘 때 누워서 주님을 생각하며 호흡을 하다보면 머리에서 심장으로 손, 발, 무릎에서 심장으로.. 배에서도 심장으로.. 몸의 각 부분이 주님의 빛을 수신하여 심장으로 모여짐이 느껴졌어요.
그리고, 그 심장은 다시 하늘에 연결되어 있음을 느꼈어요.

그런 것들을 경험하면서 전 영혼의 중심은 심장.. 사랑임을 느꼈어요.
우리가 부르짖고 배 기도를 하며, 영을 강화해야 하는 이유도 머리를 정결케 해야 하는 머리기도도 심장기도도 결국은 우리의 영을 우리의 심장을 우리 안에 계신 주님을 보호하기 위함임을 깨달았어요.
그리고 우리 주님은 우리 심장을 통해 말씀하시고, 내주하심을 느껴요.

혹자는 호흡기도를 부정하고, 안 좋게 생각하시는 분들도 있다고 해요.
하지만 이 온 세상은 우리가 느끼고, 보지 못할 뿐 주님의 기운으로 가득하고 또, 우리가 느끼고, 보지 못할 뿐 악한 영들도 함께 공존하고 있잖아요. 이것을 깨닫게 해주신 것도 호흡기도를 통해서지요.
언제나 제 눈엔 빛과 어두움이 함께 보일 때가 많아요.
주님을 생각하며 호흡을 하면 할수록 무수히도 많은 빛들이 한없이 제게 쏟아졌고 어두운 생각을 하며 호흡을 할 땐 어두운 영들이 제게 들어오는 것이 보였지요.
이것은 우리가 어떤 생각을 하며 호흡을 하느냐의 중요성을 보여준다고 할 수 있겠지요. 그래서 전 제 생각을 통제하기 위해 많이 노력했지요.

생각을 통제하지 못하면 결국은 머리가 막히고 머리가 막히게 되면 심장이 막히게 되고 심장이 막히게 되면 주님과의 교통이 어려웠지요.
(아참, 눈 기도, 눈을 통제해야 하는 중요성도 느꼈어요. 눈이 약한 사람.. 흐릿한 사람은 머리로 많은 어두운 생각들이 들어오고 그것은 심장을 막히게 하고 배에 악한 영들이 집을 짓게 하여 영을 약하게 한다는 사실도요.)
우리들이 주님의 기운만을 받는다면 막힐 곳도 없고 답답할 곳도 없고 기쁨과 자유와 행복만이 충만하여 살아 갈 수 있을 텐데..
하지만 우리들은 이 세상을 살면서 알게 모르게 많은 어두움들을 흡수하게 되잖아요.
그럴 땐 호흡을 통해 그 어두움들을 내보내고, 주님으로 다시금 채우면 너무나도 평안한 세상이 펼쳐짐을 느껴요.
온 사물이 숨 쉬는 소리가 온 우주가 숨 쉬는 소리가 들리지요.
주께서 이 모든 세상을 붙들고 계시는 것이 느껴지고요.
저도 호흡기도를 많이 하였어요.
다만 처음엔 배 기도, 심장 기도, 머리 기도를 따로따로 하였지만 모든 것이 통해 있음을 안 후로는 주님을 생각하며 호흡을 하면 주님께서 제게 가장 부족한 부분을 중점적으로 수술하시고, 채워주심을 느껴요.
그리고, 시간이 여유롭지 않으니깐 따로 시간을 내는 것보다는 삶에서 주님을 의식하려고 노력하는 편이고요.
저의 모든 호흡이 기도였으면 하는 바램이고요.
전.. 호흡기도를 사랑해요. 호흡은 생명이잖아요.
호흡을 하지 않으면 죽을 수밖에 없듯이 주님을 마시지 않으면, 주님을 생각하지 않으면 우리 영은 죽을 수밖에 없음을 느껴요.

주님.. 우리는 당신만을 원합니다..
그리고 오직 당신으로만 채워지기를 원합니다..
당신의 이름을 부르며 호흡을 합니다..
영이신 주님.. 당신으로 채워주소서..
당신만이 우리의 생명이십니다..
사랑합니다. 주님..
홀로 영광 받아주세요. 아멘..

18. 예수 호흡기도를 통한 변화   -K집사-

처음 홈에 들어와 이곳저곳 돌아다니며 글 쇼핑을 했다. 그러다 회원으로 가입을 했다.
어느 날인가 호흡기도라는 신기한 문구가 주위를 끌었다.
호흡기도라.. 참 생소하게 들렸지만, 무척 호기심이 갔다.
그래서 글에 올려진 것처럼 열심히 따라했다.
가끔 방법을 약간 다르게 하기도 했지만, 목사님께서 수정을 해 주셨다. 예를 들어 입으로 들이마시고, 입으로 뱉는다든지 하던 것이 호흡은 코로 들이마시며 코로 뱉는다는 등등으로.

호흡기도.. 예수를 마신다.. 참 쉬웠다.
길을 걸으며 목사님께서 설명하신 대로, 보폭에 맞춰 예수 충만, 예수 충만을 속으로 뇌이며 호흡을 한다.
그렇게 하다보면 어지러워지고 길을 걸을 수 없게 되곤 했다. 그러면 잠시 주저앉아 호흡을 가다듬고 다시 깊이 들이 마시며 호흡으로 주님을 마신다.
어느새 평강이 밀려온다. 어지러움도 있지만, 참 평안해진다.
그리고 어느 때엔 길을 걸으며 호흡기도를 하다보면 마치 내가 평강의 물결 속을 헤엄치고 있는 듯한 느낌이 들었다. 온통 세상은 주님의 평강과 영광으로 가득 차 있으며 모든 만물이 찬란하고 아름답게 빛나고 있었다.
새들의 여유로움과 나무들의 합창(그렇게 느껴졌다), 모든 만물이 풀 한 포기, 나무 한 그루가 아름다웠다. 보이는 모든 사람들이 그렇게 아름다울 수가 없었다.
처음 호흡기도를 할 땐 (누워서 함) 마치 시원한 바람이 부는 것처럼 느겨졌다. 방 문, 창이 모두 닫혀 있어서 이상하게 느껴졌었던 생각이 난다.
'어, 이상하네. 분명 창문을 닫았는데.' 실제로 일어나 다시 창문을 확인하고, 방문이 잠겼는지를 확인하기도 하였다. 어디서 부는지 모를 시원한 바람.. 그리고 행복한 느낌.. 그렇게 며칠이 지나고 거의 매일 일정한 시간이 되면 따로 기도의 시간을 가졌다. 거의 대부분 첨엔 방언으로 기도를 하다 어느 순간부터 호흡기도를 하는 형태였다.

처음 호흡기도를 시작할 때엔 배 호흡기도를 했다. 배로 깊이 주님의 호흡을 마셨다. 이렇게 배 호흡기도 중에 주님의 모습이 보이기 시작했다. 너무도 선명하게.. 주님의 고통이 영으로 느껴졌다. 망치 소리가 들릴 때마다 나의 온 몸은 마치 내가 십자가에 못 박히는 것처럼 고통스러웠다. 실제적인 아픔을 느끼진 않았지만, 그것은 고통이었다. 감당할 수 없는 고통이었다.
한동안 기도를 하면 십자가의 주님이 보였다. 마치, 십자가의 주님이 퍼즐을 맞추듯이 하나하나 보여졌다. 손과 발이 못 박히시는 모습.. 채찍에 맞은 등.. 옆구리의 창 자국.. 가시 면류관.. 멍과 상처로 일그러진 얼굴.. 그리고 호흡을 마시며 기도를 하다보니 더욱 선명하게 성경의 사건들이 보여지고 느껴졌다. 마치 그 사건 속에 내가 있는 것처럼 느껴졌다.
호흡기도는 배 호흡에서 어느새 자연스럽게 심장 호흡으로 넘어가고 있는 것을 느낄 수 있었다.
심장 호흡기도를 하면서 가슴에 통증이 일기 시작했다.
심장이 어디에 찢긴 것처럼 아리고 쓰라렸다.
심장 호흡기도는 어떤 보여지는 것보다는 심령의 달콤함과 감미로움이 있었다. 그리고 심장 호흡기도를 하다보니 몸이 많이 약해지는 듯 했다. 몸은 마치 몸살을 앓기 전의 형태였지만, 마음 깊은 곳에 흐르는 평강과 기쁨은 달콤했다.

심장 기도는 목사님의 집회에 갔다오면 느끼는 몸살 직전의 그런 형태와 비슷했다.
심장 기도의 여파인지 알 수 없으나 그리움이 많이 생겼다.
사람들이 그리워지고, 주님이 그리워지곤 했다.
부르짖는 기도와 함께 흐르는 호흡기도는 어느 때는 마치 내가 없어지고 안과 밖이 마치 하나가 되어 버리는 것 같은 느낌을 받을 때가 있다.
부르짖는 기도를 하다보면 어느새 배에서부터 시원함이 느껴지고, 그 시원함 뒤엔 자연스럽게 호흡기도로 넘어갔다.
호흡을 하며 주님을 바라보노라면 세상과 나는 간 데 없고 오로지 주님의 놀라운 은혜의 평강과 기쁨만이 있었다.

주님이 이끄시는 기도는 다시 자연스럽게 머리 기도로 이어졌다. 처음엔 그것이 머리 기도인지 몰랐다. 기도를 하다보면 어느새 머리로 숨이 쉬어졌다. 머리 기도의 계기는 목사님의 집회를 다녀 온 후부터였다.
이때엔 머리가 무척 시원했다. 가벼워진 느낌이 들었다.
그리고 어느 날인가부터 천국에서 오는 빛이 느껴졌다.
주님께 집중을 하면 천국에서부터 맑고 밝은 빛이 쏟아져 들어오는 것이 보였다.
예배를 드릴 때에도 그 빛이 쏟아져 들어왔다.
우리는 천국과 지옥에서 오는 것들을 수신하는 것임이 느껴졌다.
이때에 꿈을 많이 꾼 것 같다.
꿈의 내용은 영성에 관한 것이었는데, 여러 사람들과 토론을 한다든지 어떤 영적인 지식들을 배워오는 듯했다.
아침에 깨어나면 뭔가 많은 것들을 배웠다는 느낌이 들곤 했다.
그리고, 통찰력이 많이 느는 것 같았다.
집에서 예배를 드린다든지 성경의 대한 이야기를 한다든지 할 때에 잘 모르던 말씀들이 이야기를 하는 동안 나도 모르는 사이 정리가 되어 있었다.

이렇게 호흡기도는 생활이 되어 가고 있었다. 단지 주님을 부르며 주님을 마시는 것 뿐 이었는데 삶은 아름다워지기 시작했다.
사람들이 예뻐보인다. 사랑스러워 보인다.
보고 싶다. 그리워 눈물이 난다.
주님의 마음이 느껴진다.
주님이 한 사람 한 사람을 얼마나 사랑하시는지..
그리워하시는지..
우린 모두가 주 안에서 하나다.
그리고 모든 것이 풍요로워졌다.
내 안에 작은 천국이 이루어졌다.
무엇과도 바꿀 수 없는 그런 천국이..
주님이 함께 하시고, 인도하시는 푸른 초장이..

"주님은 먹이로 오셨다. 우리는 주님을 먹고 마셔야 한다. 주님을 호흡함으로.. 주님의 빛을 받음으로...그것은 쉬운 일이다."라는 목사님의 말씀처럼 그것은 너무나 쉽고도 쉬운 것이었다.
호흡기도는 내게 많은 변화를 주었다.
그것은 나를 주님 앞으로 가까이 이끌어 주었다.
주님 감사합니다.
오직 주님만이 찬양과 영광을 받으소서.
아멘.. 아멘.

7부
질의 응답 및 정리

사랑의 영성모임 홈페이지에 있는
예수 호흡기도에 대한 질문, 대답,
예수 호흡기도에 관련된 글을 실었습니다.

1. 단전호흡을 하는 사람도 주님을 만난 것인가?

오랫동안 주님을 갈망했지만 멀게만 느껴졌는데 지금은 어두운 터널 가운데 있다가 빛이 비춰오는 느낌이에요. 감사드립니다. 그런데 제가 아는 분 중에서 주님을 만나지 않은 분인데 단전 호흡을 하면서 그것을 통해서 나름대로 진리를 발견했다고 하며 인격적이고 선한 삶을 사시는 분이 있어서 의문이 생기는 군요. 그런 분들은 어떻게 된 것인가요? 그들도 진리를 경험한 것인가요?   -H자매-

안녕하세요. 반갑습니다.
어두운 터널 가운데 빛이 비춰온다고 말씀하시니 참 마음이 좋군요. 주님께서 자매님의 갈망을 채워주시기를 기도합니다. 아시는 분이 단전호흡을 하시는데 그분도 영적 존재를 체험하며 사랑과 섬김의 삶을 살고 있어서 의문이 생긴다고 하셨지요. 한번 생각해 보겠습니다.

1. 하나님은 우리를 지으실 때 그분을 담을 수 있는 그릇으로 만드셨습니다. 그러므로 사람의 안에는 하나님의 형상이 있습니다.
그러므로 아직 거듭나지 않은 사람에게도 영혼이 있으며 하나님의 형상의 작용이 있습니다. 그래서 영의 기능이 어느 정도는 활동합니다. 양심의 기능이 있고 사랑의 속성이 있습니다. 어떤 것이 선한 것인지 악한 것인지 본능적으로 압니다.
영의 작용이 있기 때문에 사람은 누구나 종교성을 가지고 있지요. 고대든 현대인이든 사람이 있는 곳에는 항상 미신을 믿든 귀신을 믿든 어떤 종교의식이 있습니다. 그렇게 믿음의 대상을 찾고 진리를 찾는 것도 영의 한 작용입니다. 그러나 그분은 아직 진리를 찾지 못한 것입니다.

사람의 안에 양심과 선의 작용이 어느 정도 있기 때문에 사람에 따라서는 아직 거듭나지 않은 사람들도 인격적으로 훌륭한 모습을 보이거나 남을 위하여 봉사하고 희생하기를 즐기거나 아름답게 보이는 요소들이 나타날 수 있습니다.

그러나 분명한 것은 그가 천국의 주인이신 주님을 알고 모시며 주의 영이 그에게 임재하시고 그의 안으로 들어오시지 않았다면 그는 아직 진리를 알지 못하는 것이며 그의 영은 아직 죽은 상태라는 것입니다.

오늘날 많은 그리스도인들은 피상적인 믿음을 가지고 있고 육적인 신앙 생활을 하고 있어서 주님과의 실제적인 교제도 잘 모르고 삶의 열매도 좋지 않은 이들이 많이 있어서 그러한 도를 추구하는 사람들이 일견 낫게 보일 수도 있습니다. 그러나 분명한 것은 그들은 아직 거듭나지 않았다는 사실입니다.

2. 그러한 진리를 추구하시는 분들은 영적 감수성이 예민한 사람들입니다. 그러나 오늘날 생명적인 진리와 주님께 대한 갈망이 교회 안에 부족한 면이 있어서 그들은 교회에서 만족을 얻지 못하고 다른 데서 진리를 찾는 것입니다.

교회들이 외적인 복이나 세상적인 욕망에 치우치지 않고 바른 성경의 진리를 가르치며 주님의 살아계신 풍성함을 갈망하고 드러낸다면 도를 찾고 진리를 찾아 방황하던 이들은 주님 자신이 곧 생명의 도인 것을 알게 될 것입니다.

3. 호흡은 하나의 생명행위입니다.

호흡기도는 단전호흡에서 시작된 것이 아니라 몇 천 년 전부터 기도와 묵상 등의 기독교 영성훈련 프로그램으로 수도사들이 사용하여 왔던 것입니다.

호흡기도는 주님을 누리고 경험하는 기도의 한 방법입니다.

하나님께서는 사람을 지으시고 그 코에 생기를 넣어주셨습니다. 주님께서도 요한복음 20장에서 숨을 내쉬며 성령을 받으라고 말씀하셨습니다. 숨을 내쉬고 들이마시는 것은 생명의 움직임과 밀접한 관계가 있습니다.

사람은 놀라고 상처를 받으면 숨, 호흡이 약해지고 무기력해지고 소극적이 됩니다. 사랑을 받고 웃고 즐거워하면 호흡이 증가되고 밝고 적극적이 됩니다. 성격, 삶, 활동력, 마음가짐.. 그 모든 것과 호흡은 관련이 있습니다.

사실, 은혜를 받는다, 상처를 치유한다. 그런 것도 다 호흡의 변화와 관련되어 있는 것입니다.

우리는 호흡을 사용하며 기도하고 주님께 나아갈 수 있으며 많은 풍성한 은총을 경험할 수 있습니다.

4. 숨을 쉬는 것은 영적인 교통입니다. 그러므로 성경은 살아있는 자를 '호흡이 있는 자마다..'라고 반복하여 말씀합니다.

히브리말로 영은 루아흐, 곧 바람, 호흡, 기운, 숨이라는 뜻입니다. 그러므로 우리는 호흡을 하면서 영을 마시는 것입니다. 상처와 충격이 많아서 호흡력이 약한 사람은 자연히 영의 생명을 적게 마시며 힘들게 살게 됩니다.

예전의 성경에서는 성령님을 '거룩한 숨님' 이라고 번역하기도 했습니다.

자, 이것이 왜 중요할까요? 우리가 단순히 단전호흡을 하는 것은 별 문제가 없습니다. 그러나 호흡을 하면서 들이마시면서 단군을 묵상하면 그 단군의 영이 우리 안에 들어옵니다. 부처를 생각하면서 호흡하면 그 영이 들어옵니다. 그 영들은 미혹의 영들이며 주님의 영이 아니고 세상의 영들입니다. 그들은 처음에 들어올 때는 평화로운 마음, 우주에 대한 일체감, 인류에 대한 사랑 등을 가장하여 들어옵니다. 그러나 그 마지막은 얼마나 비참해지는지 성경이 경고하고 있는 그대로입니다.

5. 악한 영들은 인격적인 존재입니다. 그들은 유혹하는 존재들이며 속이는 존재들입니다. 그들은 자신을 광명의 천사로 가장합니다.
그리스도인은 성경이 증거하고 경고하는 것을 통하여 그들의 거짓됨과 계략을 알 수 있습니다. 주님의 실제적인 임재를 누릴수록 우리는 악령에 속한 것과 주님에 속한 것이 다른 것을 분별할 수 있습니다.
그러나 주님에 대하여 피상적으로 이해하고 있는 사람은 그 영들이 주는 엑스타시, 평화로움, 기쁨을 경험하면 회의에 빠지게 됩니다. 저는 어떤 기독교 출판사에서 일하는 전도사가 성령체험과 기체험이 똑같다고 말을 하는 것을 전해들은 적이 있습니다. 물론 주님을 개인적으로 알게 되면 그렇게 어리석은 소리를 하지 않을 것입니다.

6. 단전호흡이나 기체험은 처음에는 단순히 몸에 느끼는 황홀감, 가벼운 느낌이나 붕 뜨는 듯한 느낌, 현상들을 경험하게 되며 건강에도 유익한 것 같고 마음도 평화로워지는 것 같지만 그것은 실제로 어떤 영적인 존재를 접촉하고 있는 것입니다.
그리고 그 영들은 아주 친절하고 매혹적으로 접근을 시작하고 나중에는 그의 영혼을 사로잡습니다. 삼손도, 하와도 상대방이 매혹적이지 않았다면 사로잡힐 이유가 없었을 것입니다.
예찬사에서 나온 『악마의 아름다운 가면』이나 여운사에서 나온 『사탄셀러』라는 책을 참고하시면 도움이 되실 것입니다.
이 책들은 뉴 에이지에 속했던 저자들이 처음에는 자기들이 경험하는 것이 하나님으로부터 오는 것으로 알고 미혹되었으나 나중에는 그 영들이 거짓 예수, 미혹의 영인 것을 깨닫고 치열한 전쟁을 통하여 해방되는 내용의 책입니다.
『악마의 아름다운 가면』에 나오는 여성은 치유능력을 가지고 사람들의 병을 치유하면서 자기의 능력이 하나님으로부터 온 것이며 자기는 인류를 위하여 선한 일을 하고 있다고 굳게 믿었으나 나중에 그 능력이 악령에게서 나온 것을 알고 놀랍니다. 외적으로 보기에 선하고 아름답게 보인다고 해서 그것을 다 신뢰하는 것은 아주 순진한 발상이며 위험한 것입니다.

7. 호흡을 사용하여 기도하는 것.. 그것은 단순히 외형적으로 보았을 때는 그러한 뉴에이지의 기법이나 단전호흡과 흡사한지도 모릅니다.
외형적으로는 비슷할 것입니다. 숨을 쉬는 것은 다 똑같으니까요. 하지만 중요한 핵심은 임하는 영이 전혀 다르다는 것입니다.
자기를 개발하고 초능력을 얻기 위하여 호흡훈련을 하는 것과 주님을 바라보고 주님을 의식하며 기도하고 예배하는 마음으로 호흡을 하는 것은 전혀 다른 것입니다.
단전호흡이나 기훈련을 통하여 어떤 영들이 임하는데 그들은 세상의 영이고 속이는 영들입니다. 우리는 주님을 경배하고 헌신하며 그분을 예배하고 섬깁니다. 우리에게 임하시는 영은 세상을 창조하신 분, 우주의 왕이시며 사랑의 왕이신 주님의 영입니다. 그리고 그 영이 임할 때 우리는 변화되며 주님을 닮아가기 시작합니다.
미혹의 영들은 속여서 들어오지만 주의 영은 우리의 헌신과 굴복됨의 분량만큼 오십니다. 그분은 당당하게 주인으로서 오십니다.

8. 어떤 형제가 예전에 기독교 신앙을 갖기 전에 기 체험, 단전호흡 등을 많이 하고 공중 부양(몸이 공중에 떠오르는 것)까지 경험한 적이 있었습니다. 이 형제가 거기에 회의를 느끼고 우리 교회에 나와서 주의 영을 체험하였습니다.
그가 집회에서 성령에 사로잡혀 쓰러져 한참을 꼼짝 못하고 울다가 나중에 깨어나자 나는 그에게 성령의 체험과 기 체험의 차이에 대해서 물어보았습니다. 그러자 그는 압도적인 따뜻함에 대해서 이야기했습니다.
기 체험에는 어떤 황홀경이 있지만 뭔가 불안한 구석이 있었는데 주님의 경험은 마치 아버지의 집에 온 것처럼 너무 따뜻하고 행복해서 울지 않을 수 없다는 것입니다. 그 형제는 그 후로 집회 때마다 울었습니다.
속이는 영이 주는 신비한 느낌과 주님이 주시는 평안은 전혀 다른 것입니다.

9. 자매님이 호흡에 대해서 어느 정도 안다면 기도를 할 때에 호흡을 하면서 주님을 들이마시십시오.
"주님의 충만한 역사.." 혹은 "예수 충만..." 혹은 "주여 충만하게 채우시옵소서.." 라고 마음속으로 기도하면서 호흡을 들이마시세요.
그러면 불과 5-10분만 하더라도 주님의 평강, 기쁨이 심령 안에 채워지는 것을 경험할 수 있습니다. 그것은 실제적인 경험이며 결코 공상이 아닙니다. 점차로 자매님은 주님이 단순히 즐거움만 주시는 것이 아니라 그 방안에 계시며 말씀하고 계시다는 것을 느끼게 될 것입니다.

10. 너무 길어졌군요. 마지막으로 한마디만 더하겠습니다.
이 이야기들은 주님을 경험하게 되면 모든 의문이 없어진다는 것입니다.
그분의 사랑과 임재는 너무 아름답고 거룩하고 행복한 것이어서 그분을 경험하고 알아갈수록 그분께 소유되고 사로잡히고 싶은 열망으로 더욱 가득히 채워지게 됩니다.
우리는 그분을 위해서 만들어졌으므로 이 주님을 경험할 때 우리는 진정 만족을 느끼게 됩니다.
나는 여러 청년들의 집회에서 집회를 할 때마다 성령님께서 강력하게 임하시는 것을 많이 경험했습니다.
젊은이들은 거의 통곡의 바다를 이루었고 그것은 천국이었습니다.
그러나 아쉬운 것은 많은 경우 사역자들은 그러한 주님의 체험에 관심이 없을 뿐만 아니라 그것을 싫어하는 경향이 있었습니다.
바디메오가 주님을 부르며 외쳤을 때, 어린 아이들이 주님께로 오려고 했을 때 주님의 제자들은 오히려 그들을 가로막았습니다.

만약 지도자나 주님을 보여주어야 할 위치에 있는 사람들이 주님의 실상을 가지고 있지 않다면 그들은 오히려 사람들이 주님을 만나는 것에 걸림돌의 역할을 하게 됩니다.

그들은 사람들을 주님께 이끄는 것 보다 자신의 입장이나 권위를 더 내세우게 됩니다. 이는 얼마나 비참한 일이겠습니까!

오늘날 주님의 체험을 사람들은 몹시 경계합니다. 우리가 주님의 임재와 기쁨을 느끼면 그것은 불건전한 신앙이라고 여기는 이들이 많이 있습니다.

연애를 하면서 결코 연애의 감정에 빠져서는 안 되며 오직 냉철한 이성만을 유지하기 위하여 애를 써야한다면 그것은 자연스럽지 않은 것입니다. 그와 같이 하나님을 오직 지적으로 이해해야만 하며 경험하거나 느끼는 것은 잘못이라고 여기는 것은 균형적인 자세가 아닙니다.

주님의 말씀하시는 것을 행하지 않고 오직 느낌만을 좋아한다면 그것은 역시 치우친 것입니다. 중요한 것은 균형입니다.

지나치게 치우치지 않는 한, 주님을 경험하는 것은 아름답고 행복한 일입니다. 주님도 그것을 원하시며 우리에게 그 은총을 부어주는 것을 기뻐하십니다.

우리는 그의 사랑과 은총을 경험해야 합니다.

측량할 수 없는 그분의 사랑의 물결 속에 들어가야 합니다. 그럴 때 우리는 우리의 생명과 모든 것들을 바치고 싶어집니다. 주님의 임재와 그 사랑에 빠져있을 때 주님을 위하여 어떤 어려움을 겪어도 그 상처 하나하나가 기쁨이 되는 것입니다.

주님과의 사랑에 빠져들어 가십시오.

그분이 우리를 위해서 죽으셨기 때문에 그분은 우리에게 그러한 사랑을 요구하십니다.

그러므로 미지근한 사랑은 그분을 모욕하는 것입니다.

주님을 사랑하십시오.

그분에게 미치십시오.
자신과 세상을 잊어버리고
그분과의 교통에, 그 영광에 사로잡히십시오.
그럴 때 단전호흡이니 기 훈련이니 도니 하는
각종 미혹에 흔들리지 않게 될 것입니다.
그분의 영광과 사랑은 이 우주 안에서
그 어느 것과도 비교할 수 없기에
자매님은 거기에 사로잡힐 것입니다.
주님의 끝없는 사랑,
주님이 주시는 평화와 기쁨의 물결 속에
깊이 잠기는 자매님이 되시기를 바랍니다.
안녕히 계십시오.

2. 코와 입, 사역의 관계에 대하여

목사님!
목사님 가르쳐 주신대로 또 했어요.
요즘 생각날 때마다 호흡기도를 하려고 하는데요, 또 궁금한 것이 있어요.
코로 호흡을 하라고 하셨는데, 저는 항상 호흡이 작고 미약했거든요. 그런데 목사님 말씀하신 대로 길게, 깊게 하려니 코가 쓰려요.
그리고 입으로 들이마시는 것이 훨씬 쉬운데 영 개운치 않구요. 무슨 조화일까요?
호흡에 신경을 좀 쓰게 되니 제가 얼마나 호흡이 약했는지 알았어요. 배에 힘도 하나도 없고..
전 어릴 때부터 누군가 옆에서 같이 자는 사람들이 말씀하시길, 죽은 것처럼 잔대요. 너무 조용하게 자서 살아있는지 가슴에 손을 대보기도 한다고 그랬었어요.
확실히 영이 너무 어리고 민감하니, 계속적인 연습이 자꾸 막히고, 힘들고 그래요. 머리가 가끔 띵- 할 때가 있습니다.   -J자매-

코로 호흡을 하려니 코가 쓰리다구요. 안타까운 일이군요.
하지만 자매님. 힘들어도 코로 숨을 쉬어야지 입으로 숨을 들이마시면 안 됩니다. 의학적으로도 코로 숨을 들이마시면 공기 중에 아무리 많은 먼지나 균이 있더라도 코의 점막을 통해서 걸러지지만 감기가 걸렸거나 코가 약한 사람은 자꾸 입으로 숨을 들이마시기 때문에 목이 붓고 여러 가지 문제가 생깁니다.
그러므로 반드시 사람은 코로 호흡을 해야 합니다.
또한 단순히 이렇게 물리적인 이유만은 아닙니다.
자세히 설명을 하려면 공간이 모자라니까 직관적으로 표현하겠습니다.

이해할 수 있었으면 좋겠군요.
코는 하늘과 교통하고 입은 땅과 교통합니다.
코에는 하늘의 기운이 들어가고 입에는 땅의 기운이 들어갑니다.
코로서 우리는 생기를 얻으며 입으로서 우리는 육체의 기운을 얻습니다.
코는 상징적인 면에서 신약과 관련되며 입은 구약과 관련됩니다.
구약은 육체를 설명하며 신약은 영혼을 설명합니다.
구약은 율법을, 신약은 은혜를 보여줍니다.
구약은 육을 죽이고 나를 비우는 것이며
신약은 영을 살리고 주님을 얻는 것입니다.
구약은 나의 애씀이며 신약은 주님의 은총입니다.
구약의 기도는 부르짖음이며 자신을 토하는 것입니다.
신약의 기도는 고요한 골방의 기도이며 주님을 마시는 것입니다.
구약에서 주님은 부르짖고 자신을 버릴 때 임재하셨습니다.
신약에서 주님은 단순히 그분을 바라볼 때 임하십니다.
구약은 죽음과 실패로 가득하며 신약은 승리와 영광으로 가득합니다.
구약의 족보는 항상 "죽었더라"로 끝나고 신약은 "낳았다"고 기록됩니다.

구약은 육을 죽이는 것이며
신약은 그 기초 위에서 영을 살리는 것입니다.
부르짖는 기도는 숨을 내쉬는 것입니다.
내보내는 것입니다. 입으로 내쉬는 것입니다.
마시는 기도는 코로 주님의 영을 받아들이는 것입니다.
코로 우리는 생명을 얻으며
입으로 우리는 사역을 합니다.
코로 영을 마시고 입으로 우리는 영을 내뿜습니다.
코는 영을 받아들이고 입은 우리의 받은 영을 나누어줍니다.

코로 많이 주의 영을 마시면
우리는 입으로 많은 영의 공급을 줄 수 있습니다.
그러나 코로 마시는 것이 적으면 입으로 말하고 사역하는 것이 힘들며
억지로 힘들게 말해도 별로 흘러나오는 것이 없습니다.
오늘날 사람들은 영을 거의 마시지 않으며
그러므로 영이 많이 눌려있습니다.
그렇게 호흡이 없으면서도 입으로 사역을 하므로
생기가 부족하며 입에서 나쁜 기운만 나오게 됩니다.
그래서 사역자들이 말씀을 전해도 달콤하고 생명적인 기운의 흐름이 없이 병든 기운만이 성도들의 속에 들어오게 되는 것입니다.

바람 빠진 풍선이 아름답지 않듯이 영의 기운이 충만치 않으면 아름답고 풍성하지 않으며 악의 기운이 오게 됩니다.
동물 모양의 풍선이 있습니다. 토끼, 강아지..등의 모습이 있어서 공기가 꽉 차면 그 원래의 모습이 나타납니다.
사람도 그와 같습니다.
주님의 공기, 기운이 우리 안에 충만해지면 원래의 사명, 주님이 예정하신 풍성한 복, 역사가 그의 삶에 이루어집니다.
주님의 뜻은 측량할 수 없는 풍성함입니다.
그러나 많은 이들이 은혜를 모르고 영의 흐름과 영의 호흡을 모르므로 그 풍성함을 모르고 아주 조금만 누립니다.
코로 호흡하십시오. 입으로 마시는 것은 유익이 적습니다.
상처가 많은 사람은 코의 힘이 약해서 생명을 잘 마시지 못하므로 훈련이 필요합니다. 그것이 호흡기도입니다.
말씀을 묵상할 때 입으로 읽으면 능력이 오고 마음으로 묵상하면 빛이 오지만 그 말씀을 읽으며 코로 들이마시면 그 말씀의 기운이 실제적으로 우리 안에 들어옵니다. 그래서 실제적인 말씀의 역사를 누리고 경험하게 됩니다.

사람들은 자꾸 자기 스스로의 힘으로 무엇인가를 하려고 애를 씁니다.
그것은 자연스럽지 않습니다. 그것은 사람의 영을 누르고 억압합니다.
이것을 해야 하고, 저것을 해야 하고, 하루에 몇 시간 기도해야 하고 자기를 죽이기 위해서 노력해야 한다고 생각합니다.
하지만 아무리 해보아도 자아는 쉽게 죽지 않으며 거기에는 누림이 없습니다.
신약은 주님을 받아들이는 것입니다. 이미 다 이루어지고 끝난 것을 받아들이고 누리는 것입니다.
그가 다 이루셨습니다.
내가 하는 것이 아닙니다.
그저 완전히 승리하신 그분을 받아들이는 것입니다.
그분을 먹고 그 빛을 받아들이는 것입니다.

단순히 그분을 받아들이세요.
단순히 그분을 마시세요.
단순히 그분의 의로 옷 입으세요.
지금 이 순간 당장에 충만케 되며 우리의 성질이 죽고
우리는 열매를 맺기 시작합니다.
왜냐하면 그분을 마실 때 그분의 영이 우리 안에서 운행하시고 활동하시기 때문입니다.
호흡은 주님의 한 통로입니다. 믿음으로 주를 마시고 호흡하십시오.
부디 풍성한 호흡으로 주님의 영을 먹고 마시며 누리기를 바랍니다.

3. 음식과 호흡의 관계에 대하여

저는 제 정신이 아닐 때 영혼이 공허해지면 음식에 집착하게 되는 경우가 있습니다. 그러나 영이 공허하지 않을 때는 괜찮거든요.
아무튼 음식에 관한 것은 정말 어찌해야 할지 궁금합니다.
금식을 할 때도 절제가 잘 되지 않으면 어떻게 해야 하나요?
한 끼 굶을 때 어떨 때는 어지럽고 속이 쓰릴 때도 있거든요. 그리고 음식이 더 그립구요.
아무튼 자신의 의지로 자제하는 것과 은혜로 자연스럽게 되는 것은 다른 것 같은데 어떻게 다른지요? 그리고 그 해결방법은 무엇인지요?

폭식과 거식 사이트에 들어가 본적이 있는데요.
폭식과 거식이 영에 관계가 있다고 생각합니다.
많은 사람들이 폭식과 거식.. 그리고 음식이나 다른 것들에 집착하게 되어 힘들어하고 있는데 도울 방법은 무엇인지요?
생각만 해도 가슴이 너무 아픕니다.
그리고 음식을 먹으면 가슴에 탁 막혀서 너무 괴롭습니다.
소화도 잘 안 되구요. 이것도 호흡기도를 드리면 되는 건지요?
고맙습니다.   -S자매-

식욕은 육욕의 시작입니다. 먹는 것에서부터 인간의 타락이 시작되었지요. 그러나 그렇다고 먹는 것을 터부시하고 금욕주의 쪽으로 가는 것은 좋지 않습니다. 조심스럽게 절제하면서 금욕주의와 탐식주의의 중간을 유지하는 것이 필요할 것입니다.

음식을 지나치게 즐기면 그것은 영을 위축시켜서 영의 기쁨을 방해하게 됩니다. 특히 힘들 때 그 영이 주님께 나아가 주의 위로를 구하지 않고 음식을 먹는 것으로 풀게 되면 그 영이 아주 약해집니다.

음식을 많이 먹으면 육이 강해지고 영의 느낌이 약해지기 때문에 사람들은 일시적으로 고통을 잊게 됩니다. 그러나 영의 감각이 둔해져서 고통을 감지하지 못하는 것뿐이지 고통이 사라지는 것은 아닙니다. 오히려 탐식의 기운이 자기 안에 강하게 자리를 잡고 살게 되는 것입니다. 그리고 거기에서부터 많은 부작용의 증상이 일어나게 됩니다.

그러므로 음식을 적게 먹고 충분히 기도하고 호흡하며 주의 영을 마시는 것이 좋습니다.

코로 주님을 호흡하는 것이 적을수록 입으로 음식을 많이 넣게 되지요. 또한 예수 호흡을 충분히 하면 점점 식욕이 사라지게 됩니다. 가슴에 기쁨이 넘치게 되고 만족이 되므로 음식을 통한 위로를 구하지 않게 되기 때문입니다.

코는 하늘의 기운과 관련되며 입은 땅의 기운과 관련됩니다.

그러므로 가급적이면 필요 이상으로 먹는 것을 피하십시오. 땅에 속한 기쁨을 즐기는 것보다 하늘에 속한 기쁨을 누리는 사람이 되십시오. 심령이 충만해질 때 세상에 속한, 땅에 속한 매력은 서서히 사라져가게 될 것입니다.

4. 인격적인 호흡이 되려면?

호흡기도.. 참 오묘한 것이 많네요..
어제 호흡기도를 할 때 앉아서 기도하던 중이었는데 뒤통수 부분 쪽에서부터 뭔가가 쑤욱 들어 올려져서 정수리 쪽으로 잡아 끌어올리는 것 같았어요. 지금도 약간 그러네요.
귀에서부터 아래쪽으로 목덜미를 거쳐서 뒤통수로 그리고 정수리로 쭈욱 뭐가 빠져나가는 것 같기도 하고요.
그런데 정말 호흡을 하다보면 기계적으로 하고 있는 게 아닌지 늘 걱정이 되어요. 인격적인 호흡을 하려면 어떻게 해야 하는 거지요? 기훈련이나 단전호흡 같은 것이 되지 않으려면?
예수님의 이름을 부를 때 그 분을 더 인격적으로 대하면서, 의식하면서 해야 하는 것인가요? 아니면 어느 정도 초보 단계에서는 기계적인 면이 나타날 수도 있는 것인가요?
-H자매-

감사합니다. 참 열심이군요.
호흡은 영의 작용이므로 기도하는 자세로 하다보면 많은 영적인 현상을 체험하게 됩니다.
붕 뜨는 느낌, 기쁨, 전율, 몸의 묵직한 느낌, 짜릿한 느낌, 열감, 시원한 느낌, 뭔가가 기어가는 느낌, 일시적으로 몸살같이 아프기도 하고.. 몸이 굳어지기도 하고.. 하여간 다양한 현상이 나타납니다. 치유나 변화의 과정으로 이해하면 됩니다. 그것은 자연스러운 현상이므로 별로 자랑스러워할 필요도 없고 걱정할 필요도 없습니다.

호흡기도의 방법 자체에 몰두하지 말고 인격적인 호흡을 하는 것은 필요하고 중요합니다. 주님을 의식하고 바라보면서 주를 부르며 기도하는 마음으로 드리면 됩니다. 나의 죄를 용서하시고 나를 치유하시며 나를 사랑하셔서 이 땅에 오신 주를 마시고 받아들인다는 마음으로.. 그러면 주의 영이 우리 안에 충만하게 임하십니다.

믿음으로 주를 마시고 받아들이는 것은 호흡뿐이 아닙니다.
먹는 것을 통해서도 그렇게 할 수 있습니다.
모든 먹는 것을 주님이 지으셨고 주님이 은혜로 우리에게 주신 것이니 감사하는 마음으로 '오, 주님.. 저는 지금 주님이 주신 풍성함, 은총을 먹고 마십니다.'하고 기도하는 마음으로 하면 그 믿음을 통해서 주님이 역사하십니다.

저는 어떤 사모님이 위장병으로 오래 고생했는데 물을 마시고 나았다는 간증을 직접 들은 적이 있습니다.
그 사모님이 마신 물은 보통의 평범한 물이었어요. 그러나 마시면서 "오, 주님, 이 물을 통해서 주님이 역사하실 줄을 믿습니다."하고 기도하고 마셨는데 그 물이 몸 안에 들어가면서 속이 뜨거워지고 병이 나았다는 이야기를 간증하시더군요.
우리가 성찬을 할 때도 마찬가지입니다. 포도주와 카스테라 빵을 먹지만 "오, 주님.. 이것은 당신의 몸입니다."하고 먹으면 실제적으로 주님의 성분이 우리에게 역사하시지요.
그와 같이 믿음으로 온 세상에 가득한 주님을 계속 접촉하고 먹고 마시고 누리세요. 주님은 결코 멀리 있지 않습니다.
주님의 측량할 수 없는 풍성을 더 많이 누려가기를 바래요.
샬롬.

5. 배 호흡기도에 대하여

호흡을 하고 있는데 특별한 변화가 보이지 않는 것은
제대로 호흡을 하지 못하고 있다는 것을 보여주는 것일까요?
배에는 악한 기운이 집을 짓고 살고 있고 죄성, 악성, 질병..모두가 다 배와 관련이 있
다고 하셨는데 저에게는 심장 호흡기도를 많이 하라고 그러셨잖아요..
그럼 저는 배 호흡기도는 하면 안 되나요?
저 같은 사람이 배 호흡기도를 많이 하면 강퍅함이 증폭되나요?
배 호흡기도는 권능적인 차원의 호흡기도라고 하셨잖아요.
그런데 배에서 생수의 강이 넘친다는 말씀은 배에서 나오는 능력을 말하는 것인가
요? 주님과의 영적인 교제와 생명적인 흐름은 이때의 생수와 다른 것인가요?
궁금한 것이 끝도 없군요.
-H자매-

배.. 그것은 권능적인 부분의 중심이라고 했었지요. 그래서 마음이 약하
고 상처를 잘 받는 사람은 이 배의 기능이 약하다고 볼 수 있어요.
심장은 생명의 중심이며 생명 자체이고 배는 이것을 외곽에서 보호하는
것이라고 할 수 있지요.
그런데 심장을 보호하는 역할을 하는 배가 약하니 심장이 보호가 안 되
어서 수시로 가슴이 철렁하고 놀래고 상하고 외부의 영향을 많이 받고
쓸데없는 고민에 빠지고 감정의 기복이 심하고 귀가 얇아 남의 이야기
에 잘 빨려들게 되고.. 그런 증상이 오는 것입니다.
그런 현상을 영이 약하다고 표현할 수 있어요.
그러므로 이렇게 배가 약한 사람이 주님을 바라보면서 배에 힘을 주고

호흡하면 배가 강해지고 자신감이 생기고 외부의 영향을 적게 받게 되고 사람을 두려워하지 않게 됩니다.
그렇게 배가 강해지면 심장이 보호를 받기 때문에 평안과 자유함을 누리고 유지하게 되지요.
배에서 흐르는 생수가 그것을 의미하는 것인지는 나도 잘 모르겠습니다. 아무튼 배 호흡기도를 통해서 마음이 약한 사람은 힘과 기쁨을 많이 얻게 되는 것은 분명합니다.

자매에게 배호흡보다 가슴호흡을 많이 하라고 한 이유는 배호흡을 많이 하면 권능적인 부분이 강해지지만 동시에 섬세한 부분이 약해질 수 있기 때문입니다. 강해지지만 감각이 둔해질 수 있어요.
바깥의 힘이 강하면 안의 생명이 잘 움직이기 어려운 것은 당연한 것이겠지요?
얇은 옷을 입으면 활동은 편하지만 보호가 안 되니 겨울에는 추울 것이고 갑옷을 입으면 보호는 잘 되지만 움직이는 것이 불편하겠지요.
배호흡, 배로 부르짖는 발성기도는 갑옷을 입는 것이고 심장기도, 내면의 침묵기도는 얇은 옷을 입는 것이니 외부의 공격에 노출되고 약해지게 됩니다. 그래서 조화가 필요한 것이지요.
자매는 강한 면이 있으니 내부의 달콤한 생명을 좀 더 먹는 것이 낫다는 것입니다.

심장 기도를 하면 주님의 꿀과 같은 임재를 경험하게 되어요.
하지만 너무 거기에만 치중하면 점점 움직이는 것이 싫어지고 무기력해질 수 있으니까 적당히 해야 합니다.
그렇게 되면 다시 배 호흡기도로 돌아가야 합니다. 그러므로 균형을 유지하는 것이 중요해요. 지금의 자매 상태에서는 심장 기도를 많이 해서 내면의 기쁨과 감동을 회복하는 것이 필요합니다.
기도를 하면서 호흡을 하면 주님이 우리의 기도를 인도해주시고 우리에게 각자의 상태에 맞는 기도를 할 수 있도록 내적인 감동을 주십니다.
어느 정도 한 쪽을 하다가 아, 다시 이쪽으로 가야겠다..하는 느낌이 들게 되지요. 직접 시도해보면서 경험해가면 더 분명해질 것입니다.
기도하고 호흡하고 말씀 읽고 바라보고
부르짖고 발성 기도를 하고 몸을 주께 맡기며
주의 임재를 기다리고 주를 마시고
주께 묻고 주의 감동을 따라 움직이고
말할 때, 걸을 때 주의 임재를 주목하고..
그렇게 여러 가지의 방식으로 계속 해가면서
서서히 자기만의 느낌과 결론을 가지게 될 수 있는 것입니다.
부디 주님을 사모하시고
열심히 주님께로 나아가시기를 바랍니다.
샬롬.

6. 머리 호흡기도와 후유증에 대하여

목사님. 호흡기도를 계속 하고 있는 데요.
한 가지 머리 호흡기도에 대해서 여쭈어 볼 것이 있는데요. 머리 호흡을 하면서 호흡할 때는 맑아지고 좋은데 가끔 머리가 묵직해지거나 불안한 생각이 들기도 하구요.
그리고 배 호흡기도를 할 때는 꿈을 별로 꾸지 않았는데 꿈을 참 많이 꾸게 되요.
이것들 다 지나면 괜찮은 건가요?
배호흡 할 땐 신체적인 변화가 많았는데 머리호흡은 좀 틀리네요.
배호흡을 할 때는 처음엔 몸이 많이 아프고 힘들고, 영적으로도 많이 다운되지만 시간이 지나면 다 해결이 되는 것을 많이 느꼈어요. 그리고 확실히 주님하고 더 가까워지는 것을 느낄 수 있었어요.
답변 부탁드려요.
고맙습니다.
참 그리고 침이 너무 많이 고여서 참 불편한데요. 그것을 삼켜도 되는 건가요? 아님 뱉는 게 좋은가요?
-K자매-

K 자매님.
많이 발전하고 있군요.
저도 호흡에 대해서 모든 것을 알고 있지는 않아요.
그저 같이 기도하고 나아갈 뿐이지요.
머리호흡은 주님을 바라보고 머리를 의식하면서 하는 호흡기도를 의미하지요. 이 호흡기도는 머리를 시원하고 맑게 하며 머리의 어두운 생각들을 통제하고 제어하는 효과가 있습니다.

또 많은 감미로움, 기쁨을 경험하게 합니다. 정서가 좀 더 깊이 발전하는 데도 도움이 되구요.

머리가 묵직한 것은 나쁜 기운이 처리되는 과정에서 일어나는 것입니다. 처음에는 좀 힘들지만 점차 좋아집니다. 하지만 잘 관리하지 않으면 또 묵직해지지요. 이것이 반복되면 머리가 멍~해질 때 나쁜 기운이 들어오며 그런 상태에서는 실수를 한다든지, 사소한 사고가 생긴다든지 하는 식으로 안 좋은 일들이 생기는 경우가 있음을 알게 됩니다. 그러니까 그런 상태에서는 더욱 더 조심하게 되지요.

배 호흡기도는 자신의 안에 있는 악한 기운들의 집을 공격하고 부수는 면이 있습니다. 축귀 경험자들은 악한 영들을 쫓아낼 때 배에 안수를 하곤 하지요. 그것이 악한 영들에게 충격을 주기 때문입니다.

그러므로 배 호흡기도에는 악한 영들이 빠져나가는 과정에서 전쟁이 있고 힘이 듭니다. 물론 이것은 예수 안에 있는 사람들이 기도하고 예수의 이름으로 하니까 악한 영들이 무너지는 것이지 단순히 배 호흡의 결과라고 할 수는 없습니다. 전쟁은 힘들지만 잘 통과하면 정화가 이루어지고 자유롭게 됩니다.

머리호흡은 정서적인 변화와 관련이 많고 직접적인 체험이 오지는 않지요. 그러나 미세한 변화가 많이 생깁니다. 좀 더 부드럽고 섬세해지게 됩니다.

나쁜 꿈은 잠재의식 속에 있는 어두운 상념들이 소멸되는 과정에서 나오는 것이니 그리 걱정하지 않아도 됩니다.

호흡기도의 과정에서 나타나는 현상은 개인 차이가 많으니 자세한 언급이 어렵지만 주님을 붙잡고 가면 그 모든 과정을 주님이 이끄시니 주님께 인도하심에 의탁하는 것이 좋습니다.

주님을 바라보고 그분을 마시는 것, 그리고 머리 호흡기도를 하면서 나의 의식과 생각을 주님께 온전히 의탁하는 것 - 그것으로 우리는 정화와 자유를 맛보게 됩니다.

우리는 평소에 많은 생각을 하고 그것을 별로 의식하지 않습니다. 그 가운데 사단은 우리에게 많은 쓸데없는 상념을 심어주고 사람들은 그것을 별로 주의하지 않고 그들이 넣어준 생각들을 받아들입니다.

그러한 것들은 우리의 잠재의식에 쌓이게 되어 우리의 마음과 생각이 병들게 됩니다. 그런 식으로 우리 안에는 많은 쓰레기들이 있는데 우리는 그것을 잘 의식하지 못합니다.

머리 호흡기도를 하면 우리의 머리에 주님의 빛이 비춰기 때문에 우리 안에 스며들어 있던 어둡고 쓰레기 같은 의식들이 드러나게 되고 그것들은 일시적으로 우리에게 불안감이나 고통을 줄 수 있습니다.

하지만 계속 기도하면서 주님께 우리의 어둡고 더러운 생각들을 깨끗이 씻겨달라고 호흡을 하면서 의탁하면 점차 정화와 회복이 이루어지게 됩니다.

침이 나오는 것은 나쁜 기운이 소멸되고 빠져나오는 과정인데 초기에는 계속 나오고 안 뱉으면 답답하기 때문에 어쩔 수 없이 뱉어낼 수밖에 없겠지요.

하지만 아무리 뱉어낸다고 해도 속에서 계속 형성된다면 소용이 없으니 좀 더 근본적인 내적 정화가 이루어지게 해달라고 기도해야 합니다.

과정이 피곤하고 힘들 때도 있지만 꾸준히 주를 향해, 자유를 향해 나아가시기를 바랍니다.

그 무엇보다도 중요한 것은 오직 주를 향한 갈망과 순종하는 자세인 것을 기억하시면 좋겠군요. 감사합니다.

샬롬.

7. 성도들의 호흡기도 경험에 대하여

요즘 몇몇 사람들을 만나 마음속에 계신 주님을 바라보라고 했지요.
특히 거울을 마주하며 자기 심장 속에 계신 주님을 의식하며
호흡기도를 해보라고 했습니다.
그런데 몇몇 집사님과 권사님이 주님이 자신을 아기 취급하며
"아가야 내가 널 얼마나 사랑하는지 아니.." 하시고 안고 뽀뽀하고
코를 비비고 업어주고 목마를 태우고 기저귀도 갈아주고 정말 어쩔 줄 몰라 하신 답니다.
또 어떤 집사님은 주님께서 자신을 하얀 드레스를 입히시고 같이 손잡고 입 맞추고 온몸을 쓰다듬고 알프스의 눈밭에서 놀고 나폴리의 맑은 바닷가를 손잡고 거닐고 다른 사람에게 눈길도 못 돌리게 하신 답니다. 그들은 너무너무 행복해 합니다.
저는 지도하는 입장에서 아직 한 번도 그러한 경험을 해 보지 못했습니다. 다만 저는 주님께서 제 마음속에서 잠잠히 미소 짓고 계신 것이 느껴질 뿐입니다.
이런 집사님과 권사님들을 앞으로 어떻게 지도해야 할지요?
좋은 조언을 부탁합니다.
-P목사

목사님. 안녕하세요?
별로 지도하고 뭐 할게 없습니다. 그저 단순하게 인도하시면 됩니다.
이것저것 상세하게 가르치는 것보다 그저 단순히 주님을 바라보고 호흡하면서 마시라고 하면 됩니다. 그러면 주님께서 각자의 상태에 따라 임하시고 은총을 베푸십니다.
자신이 경험하지 못한 부분을 성도님들이 경험한다고 해서 별로 신경

쓰실 필요는 없습니다. 그건 보편적인 일이니까요. 대체로 사역자들, 가르치는 사명이 있는 이들은 머리가 많이 발달되어 있고 심장의 기능이 별로 발전되지 않아서 영적 체험이 그다지 많지 않습니다. 하지만 평신도들은 아주 다양한 경험들을 합니다.
그러니 열매가 그리 나쁘지 않은 한 대충 격려해주시면 됩니다.
다만 본인의 체험이 적은 것이 유감이시라면 상상의 기도를 많이 하시는 것이 좋겠지요. 또한 호흡기도를 충분히 하시게 되면 많은 영적인 경험들을 하게 됩니다.
한 가지 조심할 것은 주님께 충분히 헌신되지 않은 분이나 지나치게 신비적인 것을 좋아하고 영매적인 기질을 가지고 있는 분들은 조심스럽게 인도해야 합니다. 예수 호흡기도는 영적인 도구이기 때문에 성결함이 많이 중요하고 평소에 정화를 위한 회개기도를 자주 시키는 것이 좋습니다. 또한 주님보다 신비적인 경험 자체를 너무 좋아하지 않도록 주의를 시킬 필요가 있습니다.

두 분의 경험을 올려주셨는데 첫 번째 분의 아기 같은 모습은 그런 대로 괜찮습니다.
그런데 두 번째 분은 조금 조심하셔야겠군요. 주님은 그렇게 만지시고 입을 맞추고 온몸을 쓰다듬고.. 그렇게 하시지는 않습니다.
주님이 임하실 때 거룩한 감동과 영광의 느낌이 있는 것이 보통입니다. 그러한 경우는 그 분이 가지고 있는 처리되지 않은 음란성 때문에 속이는 영들이 장난을 치고 있을 가능성이 많습니다.
음란성은 영혼의 성숙과 관련된 문제이기 때문에 영혼이 발전되지 않은 이들에게는 10대든 70대든 마찬가지로 나타날 수 있고 나이와는 별로 상관이 없습니다.
그러나 그리 놀라거나 겁을 주실 필요는 없습니다. 영적으로 많이 들어가신 분들도 음란성이나 혈기성이 처리되지 않아서 흔히 그런 식으로 많이 속으니까요.

정결한 마음과 삶을 위한 기도와 회개에 대해서 조금 가르치시는 것이 좋을 것 같습니다. 그리 심한 상태는 아닌 것 같습니다.
주님의 영을 경험하더라도 아주 영혼이 맑은 사람은 많지 않습니다. 어느 정도는 처리되지 않은 악과 육신의 모습이 있습니다.
그것을 통해서 속이는 영들이 장난을 치고 주님의 영과 비슷한 모조품을 만들어내기도 합니다.
예언도 마찬가지입니다. 영이 충분히 정화되기 전에는 여러 속이는 영들이 개입하게 되고 차츰 영이 정화되고 발전하면서 조금씩 더 체험의 순도가 높아지게 됩니다.
영적 경험을 하는 분들 중에서 음란에 가까운 쾌락을 경험하시는 분들이 가끔 있습니다. 그것은 속는 경험일 가능성이 많습니다.
음란성은 하체에 쾌락이 몰려 있으며 그래서 악한 영이 속일 때에는 육신적이고 성적인 느낌이 오게 됩니다. 그러나 주님의 영광이 임하실 때는 희열의 중심이 심장에 가깝습니다. 그래서 심령이 아주 개운하고 거룩하고 성결된 느낌이 일어납니다.

그러한 것들을 경험하는 분들은 좀 더 회개기도와 토하는 기도를 통해서 자신 안에 있는 더러움과 어두움을 내어보내야 합니다.
크게 일탈된 부분이 나타나지 않는다면 조금 주의를 주고 격려해주시면 됩니다. 하지만 체험을 좀 했다고 자신을 높이는 사람이 나오면 그건 마귀 밥이 되기 딱 좋으니까 경고를 해서 조심을 시켜야합니다.
주님께서 이끄시고 인도하실 테니 별로 염려하실 필요는 없습니다.
다만, 체험 자체만이 강조되면 분열이나 시기의 위험이 생기지요.
그러므로 체험이 목표가 되지 않고 그 체험의 결과로 더 겸손해지고 주를 사랑하고 따르며 가족들이나 다른 이들을 사랑하고 섬기는 그러한 열매가 목표인 것을 자주 주지시키면 체험으로 인한 부작용이나 갈등은 없을 것입니다. 좋은 열매, 아름다운 결실들이 많이 나타나게 되리라고 믿습니다. 감사합니다.

8. 예수 호흡기도와 충전에 대하여

목사님.. 저는 영이 약해서 부르짖는 기도가 좋다고 생각하여서 이전에 많이 피곤한 중에도 부르짖는 기도를 드리면서 탈진을 많이 했어요. 그렇게 하다보니 몸이 너무 힘들어서 나중에는 거의 포기하고 하지 않게 되었거든요.. 그러다 보니 다시 머리가 무겁고 잠도 자는 것이 힘들구요. 그래서 오늘 다시 부르짖는 기도를 해서 나쁜 기운을 좀 내보냈더니 지금은 좀 괜찮네요.
저는 호흡기도를 하려고 해도 잘 집중이 되지 않는 것을 보면 아직 부르짖는 기도가 많이 필요한 거죠? 충전하는 기도에 대해서 궁금합니다. 그리고 잘 집중이 안 되고 마음이 흩어지는 경우가 많아요. 전 아직도 끈기가 없이 꾸준하지 못한가 봐요.
-K자매-

자매님은 영이 약하고 영적인 공격도 많이 받는 편이어서 생각이 많고 혼란스러운 편입니다. 그래서 슬픔의 기운이나 고통들을 많이 내보내야 하므로 부르짖고 토하는 기도가 필요합니다. 그 과정에서 몸도 마음도 약하니까 힘이 들것입니다.
그러므로 어느 정도 부르짖다가 힘이 빠지고 탈진하면 그 때는 조용히 안식하면서 예수 호흡을 들이마셔야 합니다.
꼭 기억해야 합니다. 부르짖고 토하고 내보내는 것은 그 자체가 목적이 아니고 주의 영을 받아들이기 위한 것입니다. 내 속의 악하고 더럽고 나쁜 모든 것들을 다 내보내고 그 안에 주님의 영, 주님의 생명, 주님의 기운을 받아들이기 위한 것이지요.
답답하고 힘들 때 나쁜 기운, 어두움, 슬픔의 기운을 토해내고 그 후에는 조용히 안식하면서 주님의 빛과 사랑을 마시도록 하세요.

몸이 피곤하고 지치게 되면 의지도 약해집니다. 그러므로 충분히 안식하고 예수 호흡기도를 통해서 충전기도하면 다시 끈기도 생기지요.
사람은 누구든 재미있는 것에는 빠지게 되어있습니다.
그러므로 자매도 기도를 억지로 의무적으로 하지 말고 호흡기도를 통해서 주의 임재와 안식을 누리며 즐거움과 기쁨을 많이 경험하게 된다면 충분히 자유롭고 풍성한 삶을 살 수 있게 될 것입니다.
샬롬.

감사합니다. 목사님..
목사님의 글을 읽고 기도를 새로운 맘으로 시작했어요.
부르짖는 기도를 자주는 못하지만 일주일에 한두 번이라도 시간을 내어서 했던 것 같네요. 기도하면서 내 안에 이렇게 눈물이 많았구나. 생각할 정도로 많이 울었어요. 기도실에 깔아놓은 방석이 축축해지더군요. 꽉 막혀있고 답답한 것이 너무 힘들게 느껴지는데 포기하지 않고 기도하려구요. 그 답답한 와중에 예수님을 부르면 어느 사이엔가 가슴이 좀 시원해지는 것을 느끼게 됩니다.
정말 예수님의 능력.. 그 십자가의 보혈은 능력이 있습니다. 그 이름을 부를 때에 주님께서 자유케 해주시는 것은 정말 놀랍습니다. 문제는 제가 그 상태를 오래 유지하지 못하고 금방 떨어져서 막 헤매고 다닌 다는 것이지만요.

호흡기도를 하면 막혔던 가슴이 시원해집니다. 트림도 나오구요.
그런데 심장이 칼로 쑤시는 것 같이 아프기도 합니다.
기도할 때도 비슷하게 답답하구요.
꾸준히 노력하는 것이 중요하다고 하셨지요.
부족하지만 그래도 포기하지 않고 주님을 찾아보려고 합니다.
왜냐하면 저는 이미 주님이 아니면 하루라도 살 수 없는 존재임을 알았기 때문입니다. 다시 한번 감사드립니다.

9. 호흡기도를 모르는 이들은?

1. 호흡은 누구나 하는데 그것을 의식하고 훈련을 한 사람들이랑 그런 의식 없이 그냥 기도하고 하는 사람들의 차이는 어떤 것일까요? 목사님이 말씀하시는 호흡기도에 대해 잘 모르는 사람들이 참 많잖아요. 그런데 그들도 발성과 방언기도 등을 통해 여러 가지 영의 열림 현상들이 많은 걸로 알고 있습니다

2. 개인적인 경험인데요 기도를 하다보면 머리에서 쏴아.. 하는 것 같은 소리가 나는 현상이 있습니다. 방언기도를 한 이후부터요. 그리고 말을 할 때 입에서도 소리의 현상이 같이 납니다. 뭐랄까 방언을 하면 입에서 바람 같은 기운이 나옵니다. 큰소리로 찬양을 할 때라든가 말을 할 때 이 같은 현상이 더 강하게 나타나는 것 같습니다
개인적으론 이 현상들로 기분이 굉장히 상쾌해지고 영이 고양이 되는 것 같아 영이 어두울 때와 밝을 때의 어떤 기준으로 보기도 합니다.

전에 목사님의 보라매 집회 참석을 한 뒤부터는 머리에 기운이 움직이는 현상까지 생겨버렸습니다. 거의 머리 쪽에 많이 집중적으로 나타나는데요. 이게 머리호흡기도와 관계가 있는 것인지요?
목사님께서 호흡기도와 머리가 열리는 현상에 대해서도 말씀하신 것을 보았는데 이것이 머리가 열리는 것과도 관련이 있는지요?

목사님 글을 통해서 많은 도움과 은혜를 받습니다.
조언을 부탁드립니다.
감사드립니다
-S형제-

반갑습니다. 형제님. 무슨 도를 닦는 이야기 같아서 좀 쑥스럽군요. 간단하게 설명을 하겠습니다.

1. 호흡은 기도의 한 방편입니다. 호흡기도를 모르고도 얼마든지 기도할 수 있지요. 다만 알고 하게 되면 이것이 주님을 가까이 누리는 빠르고 실제적이고 쉬운 길인 것을 알게 됩니다. 컴퓨터 없을 때도 사는 데는 지장이 없었지만 있으니 유익한 면이 많은 것과 같습니다.

2. 평소에 의식 없이 하는 호흡은 그냥 생리적인 호흡입니다. 그러나 기도하는 자세로 하는 호흡은 기도이며 예배입니다.

3. 머리가 열린다는 표현은 좀 애매한 표현이기는 합니다. 하여간 우리 몸에 영혼의 몸이라고 할 수 있는 영체가 있는데 이 영체가 기능이 열어지게 될 때에 다양한 소리, 느낌, 감각이 있을 수 있습니다. 다만 기능과 인격은 다른 것이라는 이야기를 많이 한 바 있지요.
영체의 감각이 발전한 것과 영혼의 인격이 성장하여 성령의 열매를 맺는 것은 다르다는 것입니다.

4. 말할 때 입에서 무엇인가 나가는 느낌, 숨 쉴 때 나가는 느낌, 머리에서 무엇인가 움직이고 나가는 느낌.. 이것은 누구나 어느 정도는 그런 현상이 있는데 그것을 감지하는 사람이 있고 못 느끼는 분이 있는 것입니다. 사람들은 날마다 많은 시간을 꿈을 꾸지만 기억하는 사람도 있고 기억하지 못하는 사람도 있습니다. 느끼고 기억하는 것이 좋은 면도 있지요. 또한 어떤 면에서 불편한 면도 있을 것입니다.
호흡기도, 영의 기도, 발성기도 부르짖는 기도 등의 훈련을 하면 그러한 현상이 더 많아지게 됩니다. 자연히 좀 더 분별을 하고 영을 움직이는 데에 참고가 되겠지요.. 이 기도를 통해서 많은 유익을 경험하시기를 바랍니다. 샬롬.

10. 호흡기도에 대한 몇 가지 질문

저도 앞의 자매님의 경우처럼 처음에 호흡기도 할 때는 몇 번만 주님을 부르며 호흡을 하면 금방 마음이 기뻐지고, 아버지도 예뻐 보이고 그래서 신났는데, 언젠가부터 호흡기도를 해도 금방 마음이 좋아지지 않아서 하다가 그만둬 버릴 때가 많아요.
그리고 예전에 호흡기도 하면서 막 효과를 봤을 때는 식욕도 없어졌었는데, 요즘에는 흑~ 막 먹어요. 호흡기도를 많이 해도 제 짜증난 마음이 그대로인 거 같고요.
이것도 발전단계일까요? 아니면 제가 지금 상태가 안 좋은 건가요?
그리고 지난번에 누구를 만나러 가는데 좀 긴장이 되어서 가면서 배호흡을 많이 하고 갔더니, 그 사람이 저를 보자마자 멈칫 하는 걸 느꼈어요. 저는 그 순간에 제가 기선을 제압했다는 걸 느꼈어요. 그 날 처음 만나는 사람이었는데, 나이도 저보다 많고 했는데도 제가 주도권을 쥐고 대화를 이끌어가게 되는 걸 경험했어요.
근데 며칠 후에 그 사람을 만나러 갈 때는 배호흡을 안 하고 갔는데, 그 때부터는 제가 그 사람의 대화에 끌려가는 입장이 되더라구요. 이것도 호흡에 관련된 것인가요?

그리고요, 요즈음에는 오히려 호흡기도를 하면 (지금도 글 읽으면서 호흡기도를 하고 있는데) 오히려 가슴이 묵직하게 눌리거나 또는 죄어오는 느낌이 들어요. 맞아요. 심장이 죄어 들어가는 거 같은 느낌이에요. 이거 왜 그런 걸까요? 악한 영에게 눌리는 걸까요? 트림이 나오는 것도 아니고 눌린 것 같지는 않은데..지금 생각해보니까 호흡기도를 하면 심장이 편안해지기보다 오히려 묵직하고 죄어드는 느낌이 들어서 점차 안 하게 된 거 같아요. 그리고 의식적으로 호흡기도를 많이 하려고 하는데 어느 순간 제 자신을 보면 호흡을 멈추고 있을 때가 많아요. 이거 좋은 거예요? 나쁜 거예요?
그리고 요즘에 자꾸 많이 먹게 되요. 많이 먹으니 호흡하기도 힘들어지고요. 상태 안 좋을 때 호흡을 해도 빨리 채워지지 않으니까 자꾸 음식으로 채우려고 하는 거 같아요.

저도 지난번에 언젠가 한번 머리호흡을 시도해보다가 그 날 하루 종일 몽롱한 상태에서 잠만 잔 적이 있었어요. 그 때는 호흡기도도 제대로 안 할 때였고 이제 막 부르짖는 기도를 시작한 단계였는데, 제가 좀 급했지요?

그리고 나서, 카페에서 목사님의 글을 읽다가 부르짖는 기도, 배호흡기도, 심장호흡기도의 기초가 제대로 안 된 상태에서 머리호흡을 시도하면 하루 종일 잠만 잘 수도 있다는 이야기를 읽고 찔리면서 그 후로 다시는 시도하지 않고 있답니다.

조언을 좀 부탁드립니다.

-K자매-

자매님, 좋아요. 계속 발전해가기 바랍니다.

1. 처음에 호흡기도를 배우면 참 신이 나지요.
주님이 아주 가까이 느껴지기도 하고.. 내적인 변화도 많이 나타나고..
하지만 그것으로 모든 문제가 끝이 나는 것은 아니에요.
하나의 새로운 시작일 뿐이지요.
그러한 즐거움들은 얼마 가지 않아서 약해집니다.
영혼이 한 꺼풀 벗겨지는 것이고 또 벗겨져야 할 부분이 많이 있지요.
해가 뜨는 것이 아무리 즐거워도 곧 밤이 와요.
그래야 또 아침이 오지요. 그저 발전 단계라고 이해해두세요.
그러니 열매를 빨리 따려고 너무 서두르지 마세요.

2. 배 호흡기도를 하게 되면 강한 영의 기운이 자신을 갑옷처럼 두르고 있기 때문에 상대방이 감히 함부로 하지 못하고 어떤 권위와 같은 것을 느끼게 됩니다.
물론 익숙해지면 자신의 그것을 완화시키고 조절할 수 있지요. 예를 들어서 데이트를 하는데 그렇게 무장되면 안 되겠지요?

3. 심장, 가슴의 묵직한 느낌.. 사람들은 잘 못 느끼지만 평소에 자신의 영이 손상되고 남에게 공격을 받고.. 그런 일이 참 많이 있습니다. 어린 시절의 상처와 같은 것도 다 심령에 쌓여져서 가슴속에 고통으로 내재되어 있는 분들이 참 많습니다.

하지만 평소에는 바깥일에 몰두하느라고 그것에 대하여 무감각하지만 호흡기도를 하면서 내적인 영의 감각이 살아나면 속에 있는 통증이라든지 하는 부분이 느껴지게 됩니다.

그것이 치유되고 처리되는 과정에서 심장의 고통이나 묵직함 같은 것이 느껴지지요. 처음에는 아프지만 차츰 그 고통을 통하여 심장을 보호하고 주님의 음성과 지배 가운데 나아가는 데 도움이 됩니다.

나쁜 것이 들어왔을 때는 트림이나 구토가 일어나는 것이 보통이지만 그냥 속에서 죄어오듯이 아픈 것은 내면의 고통이 있는 것입니다. 치유가 필요하지요. 그냥 호흡하면서 그 부위를 주님께 맡기고 기도하면 차츰 통증이 완화됩니다.

4. 무엇에 열중을 하다보면 호흡이 멈추어져 있는 경우가 종종 있습니다. 나중에는 일종의 무호흡에 가까운 상태가 되기도 합니다. 그러나 일반적으로 그것은 좋지 않습니다. 호흡을 멈추고 있는 동안 호흡의 흐름이 막히니까 몸에도 좋지 않지요.

예를 들면 TV나 영화를 보는 데에 너무 집중을 하면 자기도 모르게 호흡을 멈추고 있게 될 때가 많이 있습니다. 그래서 나중에는 머리가 많이 아픈 것을 느끼게 되지요.

영적으로도 나쁜 기운이 들어왔겠지만 육체적으로도 호흡이 멈추어져 있는 동안 머리에 혈액이 잘 공급되지 않기 때문에 정신도 혼미하고 좋지 않은 것입니다.

그러므로 처음에는 호흡을 의식적으로 자꾸 해야 합니다.
처음에는 많은 분량을 마시는 것이 좋다는 것을 기억하십시오.

5. 과식은 참 나쁩니다. 가스가 많이 차게 되어서 호흡에 좋지 않아요. 신선한 기운이 죽고 악한 기운들이 올라오게 됩니다.

6. 머리 호흡기도에 대해서는 제가 너무 겁을 주었나 보군요.
너무 신비 현상 자체를 추구하고 신기한 것을 겪으면 좋아하고 남들은 잘 되는 것 같은데 나는 잘 안 된다 싶으면 속상해하는 경향들이 많이 있어서 조심을 시키는 거예요. 그런 것들은 다 욕심이니까요.
하지만 그리 두려워하지 않아도 됩니다. 다만 생각이 많은 분들은 머리 호흡기도를 하면 정화과정에서 온갖 잡념이 많이 와서 고통을 겪거든요. 그런 부분을 이해하고 준비하면 머리호흡기도에 그리 심각한 어려움이 있는 것은 아닙니다.
호흡기도는 참 놀라운 세계이며 거대한 산을 등산하는 것과 같습니다. 그런데 이것을 한 순간에 다 도달해버리려고 하는 것은 무리지요.
조금씩 차분하게 걸어가야 합니다.
부디 더 충만하고 풍성한 세계를 향해 나아가시기를 바랍니다.
샬롬.

11. 호흡기도의 체험과 신앙 인격과의 관계는?

다른 분들이 은혜를 많이 체험하는 것을 보니 저도 호흡기도를 열심히 할걸 하는 마음이 드네요. 특히 요즘 심장기도를 드물게 한 게 후회가 많이 드는군요. 나름대로 궁금해서 조금 알아보고 싶어서 증산도라는 곳에도 가 보았어요. 그러다가 뒤죽박죽이 되고 혼이 났지요.

군대 있을 때 찬양을 들으면서 배호흡을 했어요. 눈을 감고 마음의 눈으로 배를 보고 배에 온 느낌을 집중시키고 호흡을 하면서 주님을 생각했죠. 그랬더니 속에서 뭐가 나오는 느낌이 들어서 하나씩 뽑아 버렸죠. 그랬더니 참 상쾌한 느낌이 들었어요. 그리고 그곳을 감사와 찬양으로 채웠죠. 그렇게 한 일주일 정도 가래와 구토도 나오고 했는데 그때는 어떤 영적인 지식이 없어서 조금 의아했지요.

배에 집중하고 계속 기도하고 그러면 갑자기 자신감이 생기고 하고 싶고 몸에 힘이 넘치는 것이 느껴지더군요. 그러면 즐겁게 일을 할 수 있게 되죠.

심장기도는 별로 안 했는데요. 정말 힘들었던 것 중에 하나였어요. 어릴 때부터 감정을 누르고 사는 습관이 되어 있어서요. 처음에는 가슴이 아팠던 것 같고 그리고 시원해지더군요. 그리고 뜨거워지고 또 심장의 통증이 생기더군요.

심장기도를 하고 나서부터 사람들이 보고 싶고 다른 사람들이 어떠한 삶을 살았는지 궁금해지고 듣고 싶게 되었어요. 전에는 이런 게 없었는데 말이죠.

그리고 가슴이 충만해지면 배가 안 고프더군요. 밥을 먹으면 배가 부른데 영이 행복하면 가슴이 풍성해지더군요..

머리호흡기도는 머리가 아프고 그럴 때 하는데 머리가 맑아지고 가벼워지고 머리가 없어진 느낌, 붕 뜬 것 같은 느낌, 전체적으로 초월한 느낌이 들더군요. 머리호흡기도를 하다보면 꿈에서 전에 원망하고 억울해하던 것이 감사하고 용서하려고 하는 식으로 바뀌어지는 꿈을 꾸게 되더군요.

호흡기도를 누워서 하다보면 비몽사몽과 같은 상태에서 환상이 보이게 되는 경우가 많이 있더군요. 몸이 굳거나 차가워지는 경험도 종종 있구요. 환상에서 빛을 보는 경우도 있고 어두운 존재를 보게 되기도 하구요. 그럴 때는 열심히 보혈을 뿌리고 싸우지요. 그러한 체험을 한 뒤에는 몸이 상쾌해지고 가벼워지고 머리도 맑아지고 차분해지고 좋았던 거 같아요.

여러 가지 경험을 많이 했는데요.
정말 궁금한 것은 이러한 것을 느끼는 사람도 있고 느끼지 못하는 사람이 있을 수도 있는데 이러한 경험을 느끼는 것을 영적인 성숙의 척도로 삼을 수 있나요? 조언을 부탁드립니다.
또한 어떤 분은 능력이 흘러나와도 본인은 잘 못 느끼는 경우도 있는 것 같아요. 이러한 경우는요?
-P형제-

열심히 하고 있군요. 그런데 조심하지 않으면 큰일나겠어요. 주님을 붙들지 않고 현상을 붙드는 것은 아주 위험한 일입니다.

1. 증산도? 그런 데를 가다니 끔찍하군요. 악한 영들에게 속한 곳인데.. 그 때는 아마 잘 몰랐었겠지요. 앞으로 결코 그러한 곳에 가서는 안 됩니다.
영의 현상.. 이런 것이 기독교 밖에는 훨씬 더 많아요.
최면술, 요가, 마인드 컨트롤, 각종 마법, 단전호흡.. 그런 것들을 통해서 귀신들이 신자들을 얼마든지 속일 수 있어요.
우리는 호흡이나 의식을 하나의 도구로 해서 주님을 알고 주님께 소유되는 것을 구하는 것이지 영적 현상 자체를 구하는 것이 아닙니다.
악한 영들이 일으키는 현상이나 그리스도인이 호흡으로 기도할 때 나타나는 현상이나 비슷해 보이지만 그러나 영 자체는 완전히 다른 것입니다. 주님은 마음 중심으로 주를 부르는 자들에게 임하실 수 있습니다. 그러므로 주님께 대한 갈망이나 헌신이 부족한 이들이 방법적인 훈련에 몰두하면 주의 영이 아닌 다른 영들이 올 수 있는 것을 기억해야 해요. 앞으로는 그러한 곳에 절대로 가서는 안 됩니다.

2. 가슴과 배에 뜨거운 느낌, 묵직한 느낌, 압박감 등 영이 움직이는 과정에서 다양한 현상이 올 수 있지요. 개인차이도 있고요. 반복되는 경험을 통해서 상태를 분별하고 측정할 수 있게 됩니다. 경험한 것처럼 심장 기도를 통해서 심령이 깨어나면 사랑과 정에 민감하고 그러한 도구로 쓰일 수 있지요.

3. 머리 쪽의 기도를 하면 입신과 같은 상태가 열리게 됩니다. 환상이라든지.. 그러한 것도 머리 기도에 관련된 것입니다.
그러나 머리가 열리고 환상을 보고 하는 것 자체보다 심령의 성숙과 발전이 중요합니다. 심령이 발전하고 성숙하는 것은 신앙인격의 성장과 주님을 사랑하는 정도, 죄에서 해방된 정도를 따라 이루어집니다.
그러나 머리가 열리고 영적 세계를 보거나 경험하는 것은 하나의 기능이고 심령의 성숙이나 발전과는 상관이 없어요. 그래서 머리가 열려서 영안이 열리고 영계를 경험하게 되었다고 해도 자신의 심령이 아직 어두운 곳에 있는 상태라면 열려봤자 마귀와 씨름하기 바쁘지요. 그래서 심령이 주님께 헌신되고 성숙되어 기쁨과 사랑과 평강을 충분히 맛보고 빛의 영계로 가면서 서서히 머리가 열려야 하는 것입니다.

4. 느낌과 능력은 다른 문제입니다. 능력이 있으나 못 느낄 수도 있고 능력은 별로 흐르지 않지만 예민하게 느낄 수도 있어요. 그것은 감각의 문제입니다.
또한 성숙과 느낌도 다른 문제입니다. 마음의 중심이 주님을 갈망하며 헌신되어 있어서 영혼이 어느 정도 성장해있지만 영체의 기능 자체는 잘 몰라서 느낌이 부족한 이도 있고 영체의 기능은 잘 훈련되어서 영들을 잘 느끼지만 성숙이 부족해서 주님의 심장 가까이 나아가지 못하는 경우도 있습니다.

성숙에 대한 것, 인격에 대한 것은 머리나 배 기도 보다는 심장, 심령과 가깝습니다. 그래서 심장기도가 참 좋고 사람의 중심을 아름답게 하는 것이지요.

영적인 감각에 대해서 예민하고 여러 경험을 하는 것은 기능적으로 영감이 발달된 것입니다. 그러나 그 자체를 성숙했다고 볼 수는 없습니다. 영적으로 성숙한 사람들에게서는 주님의 인격, 주님의 아름다우심, 주님의 모습과 형상이 나타나게 됩니다.

그러므로 그 어떤 멋진 체험을 하는 것보다 주님을 사랑하고 그분의 소유가 되는 것, 영혼이 성숙하여 주님께 속한 아름다운 열매를 맺는 것이 아주 중요한 것이며 근본적인 것임을 꼭 잊지 말아야 합니다. 샬롬.

12. 호흡기도와 무기력 상태의 관계는?

호흡기도를 하다보면 마치 술에 취한 것과 같은 상태가 되어버립니다. 이때에는 어떻게 해야 되나요?
-K집사

그것은 자연적인 현상입니다. 호흡기도는 영의 움직임이고 작용이기 때문에 호흡기도를 많이 하면 그런 현상이 생길 수 있습니다.
그래서 집중적으로 호흡기도를 많이 오래 드리다 보면 일종의 입신상태가 될 수 있습니다. 입신상태는 영의 작용이 많이 일어나서 일시적으로 육체가 무기력해지게 되는 것입니다.
그러한 상태가 나쁜 것은 아닙니다. 그러한 경험을 하고 있는 동안에 영적으로 많은 긍정적인 변화가 생길 수 있지요.

그러나 항상 그런 상태에 있게 되고 그것을 통제할 수 없어서 비몽사몽 중에 헤매게 되는 것은 좋지 않습니다.
그럴 때는 눈을 크게 뜬다든지, 발성기도를 한다든지 해서 호흡, 영의 세계에서 현실의 세계로 와야겠지요.
대체로 머리 호흡기도를 많이 하면 그런 현상이 올 수 있습니다.
그것은 자연스러운 현상입니다. 다만 너무 빠지게 되면 부작용이 있을 수 있으므로 절제하는 지혜도 필요합니다.

13. 충만한 영성과 예수 호흡기도

영적 충만함, 이것은 승리하는 그리스도인의 삶을 위한 중요한 기초입니다. 그리스도인들은 삶이 어떠해야 한다는 많은 지식을 가지고 있습니다. 사역자들도 어떻게 살아야하며 어떻게 사역해야한다는 많은 관념들을 가지고 있습니다.
그러나 실제로 그러한 삶을 사는 것은 쉽지 않은 일입니다. 그것은 그들의 영이 충만하지 않기 때문이며 부족하고 모자라기 때문입니다.
강한 영성, 충만한 영성.. 사람들은 대체로 이에 대하여 추상적인 이해를 가지고 있습니다. 그러나 그것은 아주 실제적인 것입니다.
자, 어떤 이가 하나의 계획을 가지고 있습니다. 그러나 그것을 즉각 행동으로 옮기지는 못합니다. 그것은 어떠한 상태일까요? 그것은 충만하지 않은 것입니다.

만약 충만하다면 그는 자신의 열정을 다스리는 것이 어려울 것입니다.
어떤 어린 아이가 내일 소풍을 갑니다. 그는 밤새 잠을 이루지 못합니다. 그저 빨리 내일이 와서 소풍을 가기를 원합니다. 마음은 벌써 소풍 장소에 가 있는데 몸을 억제하려니 참 힘들지요.
이것이 무엇일까요? 바로 충만입니다. 소풍에 대한 열정의 충만입니다. 아들 주원이는 아주 잠꾸러기지요. 그런데 이 녀석이 소풍을 가는 날이면 새벽부터 몇 번이나 깨어 일어나는 것을 보고 나는 그 열정의 충만함에 대하여 탄복을 하곤 했습니다. 소풍에 대한 충만한 사랑, 그것이 잠에 대한, 게으름에 대한 사랑을 이겼던 것입니다.
많은 그리스도인들이 주님께 대한, 복음에 대한 열망을 가지고 있습니다. 그들은 하려고 합니다. 하는 것이 좋다고 생각합니다. 그렇게 배우고 도전을 받으며 본인들도 원합니다.

그러나 문제는 그것을 할 수 있을 만큼 충만하지 않다는 것입니다. 그들은 아직 생각이 조금 많은 정도이지 그들의 몸을 사로잡고 온 영혼, 생명을 들끓게 할 정도의 충만함을 가지고 있지 않습니다. 만약 그러한 상태가 되면 가만히 있는 것이 고통스러울 것입니다.

오늘날 많은 그리스도인들의 문제는 첫째 방향성에 문제가 있습니다. 주님이 아닌 세상을 사랑하고 욕망을 사랑하고 안이한 삶을 사랑하는 방향으로 가는 것입니다. 둘째는 방향은 바르지만 그 방향으로 갈 수 있는 힘이 없는 것이 문제입니다. 영적인 힘이 부족한 상태, 충만하지 않는 상태라는 것입니다.

첫째의 문제가 있는 이들은 아직 이 책을 읽을 필요가 없습니다. 이들은 기도 훈련을 하기 전에 먼저 기본적인 복음에 대해서 배워야 합니다. 성경을 배우고 헌신을 배우고 죄를 버리는 것을 배우고 어떻게 살아야 하고 무엇을 향하여 어디로 가야하는지에 대하여 바른 방향에 대해서 배워야 합니다.

이들은 예수 호흡기도를 할 때가 아닙니다. 그러나 첫째의 문제는 해결되었지만 두 번째의 문제, 영적 힘이 없고 충만하지 않은 이들은 이 기도를 배우고 훈련해야 합니다.

나는 언젠가 어떤 자매가 말하는 것을 들었습니다.
'나는 기도할거야.. 철야기도도 갈 거야.. 하지만 지금은 아니야. 나중에.. 언젠가는..'
바로 그것이 충만하지 않은 상태입니다. 하려고 하는 마음은 있는데, 그것이 옳고 좋다는 마음은 있는데 지금은 싫은 것입니다. 할 만한 힘과 열정이 부족합니다. 그것이 충만하지 않은 상태입니다.
우리는 이 충만함으로 가는 길.. 그 충전에 대하여 좀 더 현실적일 필요가 있습니다. 구체적일 필요가 있습니다.
내가 이 충만함을 얻기 위하여 가장 쉽게 사용하고 권하는 것은 바로 호흡기도입니다.

호흡은 바로 영이며 생명이며 영성입니다. 그리고 가장 쉬운 충전의 방법입니다. 호흡기도만이 충전의 방법이라고 할 수는 없습니다. 그러나 아주 쉽고 유력한 주의 임재의 통로입니다.

예수 호흡기도는 예수로 채워지고 충전되며 강력한 충만함이 임하는 기도입니다. 이 기도를 통하여 우리의 영이 충만하게 될 때 우리는 더 이상 망설이지 않을 것입니다. 미적거리지 않을 것입니다.

우리는 강력한 열정으로 주님께서 우리에게 맡기시고 감동하신 것을 향하여 강력한 추진력으로 나아가게 될 것입니다.

부디 충만함을 얻으십시오.
예수의 영이 당신을 강하게 사로잡게 하십시오.
당신의 머리가 주가 주신 지혜로 충만되며
당신의 배에 주가 주신 담대함과 능력으로 충만되며
당신의 심장이 예수 그리스도의 사랑과
긍휼과 열정으로 충만되게 하십시오.
부디 충만한 영성을 얻으십시오.
당신의 삶이 예수를 향한 열정으로 불타오르게 하십시오.
충만한 열정으로 예수를 갈망하며
예수를 위하여 나아가는 것,
그것은 우리 인간이 누릴 수 있는
가장 영광스러운 행복일 것입니다.
할렐루야.

결언

지금까지 예수 호흡기도의 원리와 방법과 적용, 그리고 소감들을 나누어 보았습니다. 호흡기도를 경험하신 이들의 경험과 이야기들이 보여주듯이 이것은 놀라운 기도이며 주님의 은총이 임하는 아름다운 통로입니다.
저는 독자님들이 이 책을 충분히 읽고 이 책에서 제시하는 방법대로 기도하는 마음으로 적용을 해본다면 여태까지 알지 못했던 주님의 놀라우신 은혜를 가까이 깊이 누리게 될 것으로 믿습니다.
마지막으로 강조점에 대하여 간단하게 정리를 해보고 싶습니다.

첫째로 중요한 것은 충분히 깊이 호흡을 들이마시라는 것입니다.
기도하는 마음으로 들이마신다면 그것은 단순히 공기, 산소가 들어오는 것이 아닙니다. 그것은 영적인 에너지와 충만함을 우리에게 주는 것입니다.
저는 책을 써야하는 사명을 가지고 있습니다. 영성에 대한 구체적인 원리를 최대한 알기 쉽고 적용하기 쉽게 정리해서 주님을 사랑하는 모든 이들이 주님을 경험하고 그 사랑의 품안에서 안식하고 주님의 사람이 될 수 있도록 글을 쓰고 있습니다.
그러나 항상 글이 잘 되는 것은 아닙니다. 때로는 여러 가지 일로 인하여 아주 지치고 피곤해서 글을 쓰기가 어렵습니다. 그럴 때 저는 예수 호흡기도를 드리며 충전을 합니다.
예수를 부르며 깊이 숨을 들이마십니다. 그렇게 해서 얼마의 시간이 지나면 저는 생기를 얻게 됩니다.
그러면 다시 힘을 얻고 책을 쓸 수 있게 되지요.

또한 영감이 필요하고 아이디어가 필요할 때가 있습니다. 이럴 때도 예수 호흡기도를 드리며 충분히 마시게 되면 지혜와 영감이 떠오르게 됩니다.

집회를 해야 하지만 힘이 들고 어려울 때도 있습니다. 그럴 때도 예수 호흡기도를 통하여 충분히 충전을 하면 곧 힘을 얻게 되고 집회를 통해서 사람들이 힘을 얻고 주님의 임재 가운데로 들어가게 되는 것을 많이 보았습니다.

사람을 만나야 하고 상담이나 도움을 주어야 할 때도 예수 호흡기도를 하고 가면 힘이 생기고 상대의 상태를 잘 파악하며 도움을 줄 수 있게 됩니다. 내게 있어서 이 기도는 주님의 영과 임재를 충전하고 누릴 수 있는 아주 귀한 도구였습니다.

여러분들도 충분히 호흡을 하면서 주를 마시게 되면 그 진가를 알게 될 것입니다.

둘째로 중요한 것은 호흡을 충분히 들이마시는 것 못지않게 내 안에 있는 나쁘고 어둡고 악한 기운을 토하는 것입니다.

사람들이 가지고 있는 끊지 못하는 죄, 악한 습관, 내면의 고통이나 여러 가지 상처나 증상과 같은 것도 내 안에 이미 악한 기운이 들어와 있어서 그 기운이 우리를 억압하고 끌고 가기 때문입니다.

그러므로 원치 않는 생각과 말과 행동을 자꾸 하게 되지요. 그러나 그러한 경우에 내 속에 있는 악한 그 기운을 호흡기도를 통하여 토해내면 점점 더 자유로움 속에 들어가게 되는 것입니다.

삶을 살아가다 보면 원치 않게 사랑하는 이들, 그리운 이들과 이별을 해야 하는 경우가 많지요. 특히 목회를 하다보면, 교회 생활을 하다보면 오해라든지 여러 가지 이유로 오랫동안 정이 들고 사랑을 하던 이들이 교회를 떠나고 그래서 헤어져야 할 때가 많이 있습니다.

내게도 그러한 일이 많이 있었지요. 누구나 그렇겠지만 그것은 내게도 아주 힘든 일이었습니다. 그래서 마음이 아픈 적이 많이 있었지요. 그러나 호흡기도를 알게 된 이후에는 더 이상 그러한 것이 힘들지 않았습니다.

내 안에 들어와 있는 상대방과의 만남, 나눔, 그 기운을 호흡으로 다 내보내 버리면 아무렇지도 않게 되었으니까요. 상처도 별로 없이 그저 아름다운 추억으로 기억할 수 있게 되었습니다. 호흡기도가 아니라면 오래 동안 고통을 겪었을 것입니다.

호흡기도를 통해서 내 안에 좋지 않은 기운을 내보낼 수 있다는 것은 경험한 이들은 알게 되겠지만 정말 놀라운 축복입니다. 그것은 참다운 자유와 해방을 우리에게 줍니다. 독자님들도 이 기도를 유용하게 사용하실 날이 올 것입니다. 즉 주님의 사랑과 그 순수한 아름다움, 그것에 반대되는 모든 것들을 다 내보내는 데에 도움이 될 것입니다.

셋째로, 가장 중요한 것은 이것입니다. 호흡기도는 예수 기도이며 예수 호흡기도라는 것입니다.

이미 여러 번 언급했지만 우리의 목표는 결코 어떤 신비체험이 아니며 남들보다 더 영적인 사람이 되고 깊어지는 것이 아닙니다. 우리는 오직 주님을 알기 원하며 주님을 추구하고 사모하는 사람이 되기 원하는 것입니다.

그러므로 호흡에 있어서 간절한 마음으로 주를 부르고 그분을 마신다는 마음으로 해야 합니다.

만약 그러한 간절하고 사모하는 마음이 부족하다면, 마치 무슨 기 훈련을 하는 사람들처럼 그러한 방식으로 테크닉에 치우쳐서 한다면 주님은 깊은 은총으로 임하지 않으실 것입니다.

그러나 당신의 마음이 진정 주를 사모하고 간절하다면 당신은 주님의 실제를 너무나 가까운 곳에서 경험하게 될 것입니다. 당신의 침상에서 작업장에서 그 어디에서나 숨만 쉴 수 있는 곳이라면 당신은 주님의 그 사랑과 눈물과 심장과 평강을 경험하게 될 것입니다.

넷째로, 마지막으로 한 가지만 더 나누겠습니다. 이 예수 호흡기도에는 수준과 차원이 있습니다. 우리가 간절하게 주를 부르면 주님은 우리를 불쌍히 여기시고 가까이 임하십니다.

하지만 각자가 경험하는 임재의 수준은 모두가 다 다릅니다. 많은 사람들이 주를 부르고 호흡을 해도 각 사람이 경험하고 누리는 것에는 내용이나 깊이 면에서 많은 차이가 있습니다.

어떤 사람은 몸에 약간의 감각을 경험할 것입니다. 그러나 주님의 임재는 거의 누리지 못합니다. 어떤 사람은 약간의 신비함을 경험할 것입니다. 그러나 심령에는 그다지 기쁨을 누리지 못합니다.

어떤 사람은 약간의 치유를 경험할 것입니다. 그러나 그 이상은 없습니다. 어떤 사람은 주님을 조금 경험할 것입니다. 그리고 어떤 사람은 아주 놀라운 주님의 임재와 평강을 경험할 것입니다.

그 차이는 무엇일까요? 그것은 각 사람이 정화된 정도의 차이입니다. 각 사람이 죄에서 벗어난 만큼입니다.

주님은 인격을 가진 분이십니다. 그분은 빛이십니다. 그분의 속성은 거룩하심입니다. 그러므로 어떤 이가 주를 간절하게 불러도 그의 심령이 주님의 속성과 맞지 않는 부분을 많이 가지고 있으면 그는 몸에 약간의 경험을 얻고 능력을 얻을 수는 있지만 깊은 주님과의 사귐과 그 은총을 맛보지는 못할 것입니다. 그러므로 그리스도인의 예수 호흡기도는 각 사람의 정화와 속성에 따라 그 역사의 차이가 많은 것입니다.

단전호흡과 같은 것은 그렇지 않습니다. 거기에는 속이는 미혹의 귀신들이 오기 때문에 호흡수련을 하는 자가 음란성이 많든지, 탐욕이나 교만이나 거짓이 많이 있어도 귀신들은 상관없이 들어옵니다. 그들은 오직 속이고 파괴하고 죽이려고 들어오기 때문입니다.

그러나 그리스도인은 예수 호흡기도를 통해서 은총을 많이 경험하지만 그 안에 주님이 오시는 것을 제한하는 부분이 있을 때 우리는 주님을 가까이서 경험하기 어렵습니다.

그러므로 우리는 악과 더러움을 버리며 회개에 힘써야 합니다. 우리 마음대로 살고 세상을 사랑하며 살면서 이 기도를 드린다면 그는 아무리 주의 이름을 불러도 깊은 은총에 나아가지 못할 것입니다. 주의 이름은 주문이 아니고 인격이시기 때문입니다.
헌신과 갈망이 부족한 이들은 외적인 경험은 많이 할 수 있어도 주님의 인격, 주님의 마음을 누리고 경험하는 것은 어렵습니다.
그에게는 외적인 충만은 올 수 있지만 내면의 깊은 충만함은 오기 어렵습니다. 몸에 임하는 은사들은 경험할 수 있지만 심령 깊은 곳에 임하는 아름다움과 향취와 거룩함은 누리기 어렵습니다.

마음이 낮고 주를 중심으로 갈망하며 하나님이 싫어하시는 몸과 마음의 죄들이 토해지고 극복될수록 그는 빛 되신 주님의 풍성한 임재에 가까이 나아갈 수 있습니다.
낮고 상한 심령과 거룩함의 열망은 천국과 주님과 조화를 이루어 그분의 영광에 가까워지게 하기 때문입니다.
그러므로 우리의 죄와 약함을 토하고 회개하고 적용할수록 예수 호흡기도를 통하여 얻어지는 영광과 누림도 달라질 것입니다.

예수 호흡기도를 통한 충만한 임재를 기대하고 있다가 마지막에 이러한 제한에 대해서 들으면 기대가 조금 식어질지도 모르겠습니다. 그러나 죄와의 투쟁과 승리, 천로역정의 길은 그리스도인들의 중요한 여정이며 목표입니다. 그것은 우리가 나아가는 아름다운 방향입니다.
비록 우리가 아직 많이 부족하고 한심한 사람이라고 하더라도 이 기도는 우리가 주의 은총을 경험할 수 있는 귀한 통로입니다.
주님은 우리에게, 구하는 자에게 긍휼을 베풀어주실 것입니다. 그러나 우리는 예수 호흡기도를 계속 드리면서 또한 정화와 거룩함을 향한 열망을 가지고 지속적인 죄와의 투쟁을 해야 합니다.
그럴수록 우리의 호흡기도는 깊어지게 될 것입니다.

부디 이 아름답고 놀라운 기도에 동참하십시오.
그리고 부디 꾸준하게 이 기도를 되풀이하십시오.
기도처럼 귀한 것은 세상에 없습니다.
기도로 주님을 경험하는 것보다 아름다운 것도 세상에 없습니다.
당신의 호흡이 기도가 되게 하십시오.
모든 삶에서 기도하며 성경을 묵상할 때도
호흡하며 주님과 그 말씀을 받아들이십시오.
당신은 곧 주의 임재를 알게 될 것입니다.

이 긴 책을 지금까지 읽어주셔서 감사를 드립니다.
부디 그 사랑의 주님을 향하여 간절한 마음으로 나아가십시오.
당신의 기도와 열망 가운데 주님의 은총이 함께 하시기를 기원합니다.
주님을 찬양합시다.
할렐루야.

도서구입신청

도서 구입을 원하시는 분들을 위한 안내입니다.

1. 도서 목록 확인

페이지를 넘기시면 정원 목사님의 도서 전권이 안내되어있습니다.
도서 목록을 참조하셔서 필요로 하시는 책을 선택하십시오.
각 도서의 자세한 목차와 내용을 원하시면 정원목사 독자 모임 카페의 [저자 및 저서소개] 코너를 참조하십시오. (http://cafe.daum.net/garden500)

2. 책신청

구입하실 도서를 결정하신 후에, 영성의 숲 출판사로 전화를 주세요.
(02-355-7526 / 010-9176-7526. 통화시간: 월~금 오전 9시~저녁 6시)
신청 도서 목록을 알려주시면 입금하실 금액을 안내해 드립니다.
신청하실 때는 책을 받으실 주소와 전화번호를 함께 알려주세요.
책신청은 전화 외에도 영성의 숲 홈페이지의 [책신청] 코너,
출판사 이메일(spiritforest@hanmail.net)을 사용하실 수 있습니다.

3. 송금

안내 받으신 도서 대금을 아래 계좌로 입금해 주세요.
(국민은행): 051-21-0894-062, 예금주: 홍윤미)
신청자 성함과 입금자 성함이 일치하지 않는 경우에는 입금자 성함을
꼭 알려주셔야 확인이 가능합니다.

4. 배송

입금 확인 후에 바로 발송 작업을 하는데, 발송후 도착까지 보통 2-3일 정도가 소요 됩니다. 책을 급하게 필요로 하실 경우에는 일반 서점을 이용해 주세요. 해외 배송을 원하시는 분은 총판을 담당하고 있는 생명의 말씀사로 문의해주시기 바랍니다. (생명의 말씀사 080-022-1211 www.lifebook.co.kr)

<기도 시리즈>

1. 하늘의 권능이 임하는 부르짖는 기도 1
영성의 숲. 373쪽. 13,000원 / 핸디북 10,000원
부르짖는 기도는 모든 기도의 형태 중에서 가장 기본적이고 중요한 기도입니다. 이 기도를 바르게 배우고 적용한다면 하늘의 권능이 임하는 것을 경험하게 되며 모든 면에서 강건한 그리스도인이 될수 있을 것입니다.

2. 하늘의 권능이 임하는 부르짖는 기도 2
영성의 숲. 444쪽. 15,000원 / 핸디북 11,000원
부르짖는 기도 1권은 발성의 의미, 능력과 부르짖는 기도의 전체적인 원리를 다루 었으며 2권은 부르짖는 기도의 실제로서 구체적인 기도의 방법과 적용원리를 다루고 있습니다. 3부에 수록된 다양한 승리의 간증은 독자님들에게 좋은 도전이 될 것입니다.

3. 대적기도의 원리와 능력
영성의 숲. 400쪽. 14,000원 / 핸디북 11,000원
대적기도 시리즈 1편. 대적기도는 주님께 간구하는 기도가 아니며 우리에게 주어진 권세와 능력을 발견하고 사용하여 능력과 승리를 경험하는 기도입니다. 이 기도를 알게 될 때 당신의 삶은 진정 달라지게 될 것입니다.
휴대를 위한 작은 사이즈의 핸디북도 있습니다.

4. 대적기도의 적용 원리
영성의 숲. 424쪽. 14,000원 / 핸디북11,000원
대적기도 시리즈 2편. 대적기도에도 원리와 법칙이 있습니다. 그 원리와 법칙을 잘 익혀서 실제의 삶에 적용한다면 우리는 풍성한 삶을 살 수 있습니다. 이 책에서는 그 원리들을 구체적으로 제시해 주고 있습니다.
휴대를 위한 작은 사이즈의 핸디북도 있습니다.

5. 대적기도를 통한 승리의 삶
영성의 숲. 452쪽. 15,000원 / 핸디북 12,000원
대적기도 시리즈 3편. 대적기도를 인간관계, 가정에서의 삶, 복음 전도와 사역에 구체적으로 적용하는 방법을 제시하였습니다. 여기서 제시된 원리를 잘 읽고 적용한다면 삶과 사역에 있어서 많은 변화와 승리를 경험할 수 있게 될 것입니다.
휴대를 위한 작은 사이즈의 핸디북도 있습니다.

6. 대적기도의 근본적인 승리 비결
영성의 숲. 454쪽. 15,000원 / 핸디북 12,000원
대적기도 시리즈 4편. 완결편. 1부에서는 악한 영들을 근본적으로 완전하게 제압하고 승리할 수 있는 원리와 비결을 제시하고 있습니다. 2부에서는 대적기도를 적용하고 경험한 성도들의 사례가 실려 있는데 이것은 각 사람의 적용과 승리에 좋은 참고가 될 수 있을 것입니다. 휴대를 위한 작은 사이즈의 핸디북도 있습니다.

7. 아름답고 행복한 기도의 세계
영성의 숲. 279쪽. 9,000원
〈기도업데이트〉의 개정판. 자연스럽고 편안하게 기도의 아름다움과 행복에 잠길 수 있도록 돕는 책입니다. 기다리는 기도, 듣는 기도, 안식하는 기도 등 다양하고 풍성한 기도의 원리들을 일상의 예화들을 통하여 쉽게 정리하였습니다.

8. 주님의 마음에 이르는 기도
영성의 숲. 309쪽. 10,000원
기도의 원리와 방법에 대한 200개의 조언을 담았습니다. 주님의 마음을 향하여 가는 것. 그것이 기도의 방향이며 목적임을 보여주는 책입니다.

9. 주님의 임재를 경험하는 길
영성의 숲. 308쪽. 10,000원
〈주님을 경험하는 100가지 방법〉의 개정판. 주님의 살아계심과 임재를 경험하기 위한 100가지의 실제적인 방법을 제시하고 있습니다. 사모하는 마음으로 이 방법들을 시도한다면 누구나 쉽게 그분의 역사를 경험하게 될 것입니다.

10. 예수 호흡기도
영성의 숲. 460쪽. 15,000원 / 핸디북 11,000원
호흡을 통한 기도가 주님의 임재와 영적 실제에 들어가는 중요한 비밀이며 열쇠임을 보여주는 책입니다. 이 책에 제시된 원리와 방법을 충실히 시도해 본다면 누구나 놀라운 변화를 경험하게 될 것입니다.

11. 방언기도의 은혜와 능력 1
영성의 숲. 459쪽. 16,000원 / 핸디북 12,000원
방언기도 시리즈 1편. 방언에 대한 성경적이고 균형잡힌 설명 뿐 아니라, 저자의 개인적인 경험과 간증, 방언을 받는 과정과 통역을 시도하는 과정에 대한 구체적인 설명, 여러 경험자들의 실례가 풍성하게 실려있어, 방언의 은혜에 대해 이해하고 적용하는 데에 실제적인 도움을 주는 책입니다.

12. 방언기도의 은혜와 능력 2
영성의 숲 403쪽. 14,000원 / 핸디북 11,000원
방언기도 2편에서는 방언과 통역이 발전해 나가는 과정과 그 영적인 의미를 깊이있게 다루었습니다. 방언의 가치와 의미를 바르게 이해하고 적용하게 될 때, 오래동안 방언을 사용하면서도 주님의 은총를 누리지 못하던 이들이 주님의 가까우심과 아름다우심을 풍성히 경험하게 될 것입니다.

13. 방언기도의 은혜와 능력 3
영성의 숲 489쪽. 16,000원 / 핸디북 12,000원
방언 기도 시리즈의 결론적인 부분을 다룬 책입니다. 방언에 대한 부정적인 견해와 원인들, 방언을 통해 어떻게 부흥이 시작되는지, 은사의 바른 방향과 의미, 목적 등을 정리하였고, 전체적인 요약정리와 함께 경험자들의 구체적인 사례들을 첨부하여 실제적인 적용에 도움이 되도록 하였습니다.

<영성 시리즈>

1. 영성의 실제를 경험하는 길
영성의 숲. 357쪽. 12,000원
〈그리스도인의 아름다운 영성〉의 개정판.
많은 은혜의 도구들이 있지만 그것들이 다 주님을 접촉하는 것은 아닙니다. 참다운 영성과 주님을 경험하는 원리를 제시하는 책입니다.

2. 생각의 자유를 경험하는 길
영성의 숲. 228쪽. 8,000원
〈그리스도인의 생각 다스리기〉의 개정판. 우리가 겪는 삶의 대부분의 고통들은 스스로 만들어낸 생각의 감옥에 지나지 않으며 생각을 분별하고 관리함으로써 풍성하고 행복한 삶을 살 수 있다는 메시지를 다양한 예화와 함께 설득력 있게 제시하고 있습니다. 많은 교회에서 훈련 교재로 사용되기도 했습니다.

3. 영성의 중심은 사랑입니다
영성의 숲. 243쪽. 8,000원
하나님의 은혜를 받아들이고 누림으로써 진정한 사랑과 따뜻함의 세계를 경험할 수 있도록 돕는 책. 신앙의 따뜻함과 아름다움을 회복하고, 영혼들을 이해하고 도울 수 있는 관점을 제시하고 있습니다.

4. 영성의 원리
영성의 숲. 319쪽. 11,000원
영성에도 원리가 있습니다. 이 책은 영성의 발전을 위한 다양한 원리들, 영의 흐름, 영의 인식, 영적 승리를 위한 중보 등의 원리를 실제적인 예와 함께 잘 설명해 줍니다. 영적 부흥과 충만함을 사모하는 이들에게 좋은 참고서가 될 수 있을 것입니다.

5. 문제는 주님의 음성입니다
영성의 숲. 227쪽. 9,000원
우리의 삶에 다가오는 여러가지 어려움들, 문제들은 우연이 아닙니다. 거기에는 주님의 배려와 가르치심이 있으며 반드시 우리가 배워야 할 것이 있습니다. 이 책은 그 문제들에서 주님의 뜻과 음성을 발견하는 원리를 가르쳐 주고 있습니다.

6. 영성의 발전은 어떻게 이루어지는가
영성의 숲. 254쪽. 8,000원
〈영성의 상담〉의 증보 개정판. 영성에 대한 여러 질문과 답변을 통해 다양한 영적현상의 의미와 삶 속에서 영적 성장을 이루는 구체적인 방법들을 소개하고 있습니다.

7. 지금 이 공간에 임하시는 주님
영성의 숲. 340쪽. 12,000원
주님은 믿을수 없을만큼 가까이 계시지만 사람들은 흔히 그분을 무시함으로 그의 임재를 소멸시킵니다. 이책은 그분의 가까우심과 구체적인 공간을 통한 임재, 나타나심을 경험할수 있도록 실제적인 지침을 제시하고 있습니다.

8. 심령이 약한 자의 승리하는 삶
영성의 숲. 228쪽. 9,000원
영혼의 힘이 약하고 마음이 여리고 민감하여 고통을 겪고 있는 이들을 위한 책. 영혼의 원리 및 기질과 사명을 이해함으로써 이전에 알지 못했던 자유와 해방과 놀라운 행복감을 누리게 될 것입니다.

9. 천국의 중심원리
영성의 숲. 452쪽. 14,000원
천국은 사후에만 갈 수 있는 장소가 아닙니다. 이 땅에 살면서 천국의 임재, 그 천국의 빛과 영광을 경험할 수 있습니다. 이 책에서는 내면세계의 천국을 경험하기 위한 길과 원리를 제시해 주고 있습니다.

10. 행복한 신앙을 위한 28가지 조언
영성의 숲. 348쪽. 12,000원
〈자유롭고 행복한 그리스도인 1〉의 개정판. 묶여 있고 창백한 의식의 틀을 벗어나, 자유롭고 풍성한 믿음의 삶으로 나아가도록 돕는 책입니다. 28가지 조언속에 행복한 신앙을 위한 영적 원리들을 담고 있습니다.

11. 성숙한 신앙을 위한 30가지 조언
영성의 숲. 340쪽. 12,000원
〈자유롭고 행복한 그리스도인2〉의 개정판. 의식이 바뀔 때 천국의 자유와 기쁨을 누릴 수 있음을 보여주는 책입니다. 묶여있는 사고와 습관, 잘못된 의식에서 해방되는 원리를 제시해 주고 있습니다.

12. 의식의 깨어남을 사모하라
영성의 숲. 239쪽. 9,000원
잠과 꿈과 깨어남의 실체를 보여주며 진정한 깨어있음의 세계로 인도하는 책입니다.
의식과 영혼을 깨우기 위한 방법과 원리들을 제시해 주고 있습니다.

13. 주님의 마음, 주님의 임재 속으로
영성의 숲. 348쪽. 12,000원
오늘날 주님의 마음에 대한 많은 오해가 있어서 주님의 깊으신 임재에 들어가지 못합니다. 이 책은 그 오해를 풀어주며 우리를 향한 주님의 사랑을 보여주고 그 사랑의 임재 속에 들어가는 길을 안내해주고 있습니다.

14. 영성의 발전을 갈망하라
영성의 숲. 292쪽. 10,000원
영성의 진리 시리즈 1편. 영성을 깨우고 발전시킬 수 있는 다양한 이야기, 원리, 법칙들을 묶은 36가지의 메시지가 수록되어 있습니다. 영혼의 각성에 도움이 되는 지식과 도전을 얻게될 것입니다.

15. 집회에서 흐르는 주님의 은혜
영성의 숲. 254쪽. 8,000원
이미 출간되었던 [집회 가운데 임하시는 주님]을 새롭게 개정하였습니다. 회원들의 간증을 줄이고 더 많은 분량을 추가하였습니다. 집회 가운데 나타나는 주님의 생생한 역사와 이에 관련된 여러 영적 원리를 기술하였습니다. 읽을수록 집회 현장에 있는 듯한 감동과 은혜를 얻을 수 있을 것입니다. 은혜를 사모하는 이들, 영성 사역에 관심이 있는 사역자들에게 좋은 참고가 될 것입니다.

16. 삶을 변화시키는 생명의 원리
영성의 숲. 348쪽. 값 12,000원
삶 속에서 열매를 맺을 수 있는 비결과 원리를 시편 1편의 말씀과 요한복음 15장의 말씀을 중심으로 제시하고 있습니다. 포도나무이신 주님과 가지로서 항상 연결되는 삶이 열매를 맺는 원리이며 은총의 비결인 것을 명쾌한 논지로 설명하고 있습니다. 신앙의 기초와 방향을 분명히 밝히는 책으로서 풍성한 삶과 승리하는 삶을 갈망하는 그리스도인들에게 귀한 도전이 될 것입니다.

17. 낮아짐의 은혜1
영성의 숲. 308쪽. 값 11,000원
쉽게 하나님의 임재를 경험하며 그 은혜 가운데 머무르는 사람이 있습니다. 그 은총의 비밀은 무엇일까요? 그것은 바로 낮아짐이며 이를 통하여 주의 무한한 은혜와 천국의 풍성함을 누릴 수 있음을 본서는 증명합니다. 사람을 파괴하는 높아짐의 시작과 타락, 은혜의 회복, 열매의 풍성함 등을 다루고 있으며 누구나 그 은혜의 세계에 쉽게 이르도록 길을 제시하고 있습니다.

18. 낮아짐의 은혜 2
영성의 숲. 388쪽. 값 14,000원
낮아짐은 감추어진 비밀이며 천국의 문을 여는 보화입니다. 마귀는 낮아짐을 빼앗을 때 그 영혼을 사로잡을 수 있으므로 온갖 유혹으로 이 보화를 가로챕니다. 하나님은 천국의 풍성함을 주시기 위하여 낮아짐을 훈련하시며 인도하십니다. 2권은 적용을 주로 다루며 구체적으로 풍성한 은총을 누릴 수 있도록 권면하고 있습니다.

19. 그리스도를 갈망하는 삶
영성의 숲. 268쪽. 값 10,000원
부흥과 영적 깨어남, 영성의 다양한 원리에 대한 이야기. 삶 속의 이야기와 함께 자연스럽게 풀어서 정리하였습니다. 일상의 사소한 삶에서 영적 원리를 발견하고 적용하도록 도우며 그리스도에 대한 갈망이 증가되도록 도전하고 있습니다.

20. 영이 깨어날수록 천국을 누린다
영성의 숲. 236쪽. 값 8,000원
독자들과 일대일로 마주 앉아서 대화를 하듯이 영적 성장과 풍성한 삶을 누리는 원리에 대해서 메시지를 전달하고 있습니다. 사랑하는 삶, 영성의 깨어남에 대한 새로운 통찰력을 제공해주며 기쁨으로 주님을 따르는 길을 제시해 줍니다.

<생활 영성 시리즈>

1. 주님과 차 한잔을
영성의 숲. 220쪽. 6,000원
신앙의 귀한 진리들, 주님을 사모하고 가까이 나아가는 데 도움이 되는 원리들을 유머를 통해 밝고 즐겁게 전달해주는 책입니다.
주님과 같이 차를 한잔 마시는 기분으로 부담없이 읽다 보면 자연스럽게 영적 통찰을 얻을 수 있을 것입니다.

2. 일상의 삶에서 주님을 의식하기
영성의 숲. 280쪽. 8,000원
일상의 사소한 삶 속에서 주님을 의식하며 살아가는 이야기. 신앙과 영성은 기도할 때만이 아니라 일상의 모든 삶 속에서 나타나야 한다. 작고 사소한 모든 일에서 주님을 의식하는 것이 진정한 행복의 원리인 것을 이 책은 보여주고 있습니다.

3. 일상에서 경험하는 주님의 사랑
영성의 숲. 277쪽. 9,000원
일상의 묵상 시리즈 2편. 사소한 일상의 삶에서 주님의 임재와 사랑을 느끼고 주님의 메시지를 경험하는 이야기. 항상 모든 것에서 주님의 마음과 시선으로 삶과 사람을 보고 느껴야 하며 이를 통해서 날마다 천국을 경험할 수 있음을 사소한 삶의 이야기를 통하여 부드럽게 전달해주고 있습니다.

4. 삶이 가르치는 지혜
영성의 숲. 212쪽. 6,000원
〈삶이 가르치는 지혜〉의 개정판. 우리의 삶에서 경험하는 많은 즐거운 일, 힘든 일들이 결국 우리 영혼의 성장을 위하여 주어진 일임을 보여줍니다. 가슴을 따뜻하게 하는 소박한 이야기들을 통해서 사랑의 중요성을 다시 한번 깨닫게 합니다.

5. 사랑의 나라로 가는 여행
영성의 숲. 156쪽. 5,000원
〈사랑의 나라〉의 개정판. 어른들을 위한 우화로서 한 청년이 여행을 통하여 삶의 목적과 방향을 깨달아 가는 과정이 흥미진진하게 전개되고 있습니다. 즐겁게 이야기를 읽어나가다보면 영적 성장의 방향과 중심, 영적 세계의 에너지와 원리, 흐름을 이해하는데 도움이 될 것입니다.

6. 하나님의 뜻을 발견해 가는 여행
영성의 숲. 269쪽. 신국판 변형 8,000원
성경에 등장하는 입다, 다윗, 암논의 삶과 사건들을 통하여 하나님의 아버지 마음과 하나님의 의도와 훈련을 이해하고 발견하도록 안내하는 책입니다. 등장인물들의 마음과 정서가 드라마처럼 녹아있어 흥미와 감동을 전달해 줍니다.

7. 일상에서 경험하는 주님의 은혜
영성의 숲. 253쪽. 값 8,000원
일상시리즈 3편입니다.
가족 이야기, 모임 이야기, 일상에서 경험하는 여러 가지 일들을 통해서 영적 원리와 교훈을 정리하였습니다.
일기와 이야기 형식으로 기록되어 있어서 즐겁게 읽는 가운데 주님과 같이 걷는 삶의 흐름 속으로 들어갈 수 있게 될 것입니다.

<묵상 시리즈>

1. 맑고 깊은 영성의 세계를 향하여
영성의 숲. 140쪽. 5,000원.
잠언시리즈 1편. 내 영혼의 잠언1을 판형을 바꾸어 새롭게 만들었습니다. 순결하고 맑은 영혼으로 성장하기 위한 진리의 묵상들이 간결하게 정리되어 있습니다.

2. 주님은 생수의 근원 입니다
영성의 숲. 196쪽. 6,000원
〈내 영혼의 잠언2〉의 개정판. 맑고 투명한 영성의 세계로 안내하는 영성 잠언집. 새벽녘의 신선하고 향긋한 바람처럼 우리 영혼을 달콤하게 채워주는 묵상의 글들을 모아서 정리했습니다.

3. 묻지 않는 자에게 해답을 던지지 말라
영성의 숲. 156쪽. 5,000원
삶과 사랑과 영혼의 진리를 담은 잠언 시집.
인생의 의미와 진리, 영성의 발전과정을 예리하면서도 부드러운 시각으로 표현하고 있습니다. 불신자에 대한 전도용으로도 좋은 책입니다.

4. 영혼을 깨우는 지혜의 샘물
영성의 숲. 180쪽. 6,000원
〈영적 성숙으로 향하는 여행〉의 개정판
인생, 진리, 마음, 영성 등 중요한 8가지의 주제에 대한 짧은 묵상을 담았습니다. 맑은 샘물이 흐르듯이 간결한 지혜의 메시지가 영성을 일깨워주는 책입니다.

예수 호흡기도

1판 1쇄 발행 2003년 3월 15일
1판 10쇄 발행 2008년 6월 15일
2판 1쇄 발행 2008년 12월 20일
2판 9쇄 발행 2021년 11월 20일
지은이   정 원
펴낸이   홍 윤미
펴낸곳   영성의 숲
등록번호   2001. 7. 19 제 8-341 호
전화   02 - 355 - 7526 (영성의숲)
핸드폰   010 - 9176 - 7526 (영성의숲)
E - mail   spiritforest@hanmail.net (영성의숲)
홈 페이지   cafe.daum.net/garden500 (정원목사 독자 모임)
             cafe.naver.com/garden500 (정원목사 독자 모임)

국민은행   051-21-0894-062
예금주   홍 윤미

총판   생명의 말씀사
전화   02 - 3159 - 8211
팩스   080 - 022 - 8585,6

값 15,000원
ISBN 978 - 89 - 90200 - 56 - 3 03230